Empire of Tea:
The Asian Leaf that
Conquered the World

紅茶の帝国

世界を征服したアジアの葉

マークマン・エリス／リチャード・コールトン／マシュー・メージャー 著

越 朋彦 訳

研究社

ケリー、ベッキー、シェルに

Empire of Tea: The Asian Leaf that Conquered the World
by Markman Ellis, Richard Coulton and Matthew Mauger was
first published by Reaktion Books, London, 2015

目　次

紅茶の帝国

「中国産の茶の一種」、1700年頃。17世紀末におけるイギリスと茶の出会いの名残りを伝える物質。内科医で船医のジェームズ・カニンガムが獲得した標本。カニンガムは1698–99年に廈門（シアメン）を、そして1700–03年に舟山（チョウシャン）を訪れた。驚くべきことに、手揉みされた茶葉の一部には元の緑色の痕跡が残っている。

イントロダクション

ロンドン自然史博物館のダーウィン・センターを訪れると、われわれは「植物質八五七」に出会う。この植物体を収めたボール紙容器は縦六インチほどの大きさで、内側が白い厚紙で補強され、外側は黒い繊維で覆われている。ガラスの蓋を通してかろうじて見えるのは、一〜二オンスの乾燥した葉だ。箱を開けると、緑と褐色がまだらになった葉は縮れて丸みを帯び、触れれば砕けそうな質感をしているのが分かる。箱の中からは、ほんのわずかな残り香が立ち上るかのようだ。この小さな葉の山に半ば埋もれるように二枚の紙片が入っており、一八世紀の人物が濃い褐色のインクで記した文字を読むことができる。一方の紙片にはこの植物質が「中国産の茶の一種」である旨が説明されており、もう一方には分類番号の八五七が振られている。われわれが今目にしている物質は、誰もが見慣れたものでありながら、驚異の念を掻き立ててやまない。特別コレクション室の一角を占める、温度調節されたこの気密室に保存されているのは、一六九八年頃中国で市場向けに調製された茶の標本である。短期間のうちに消費されるために作られたにもかかわらず、この茶葉は三〇〇年以上の時を超えて二一世紀まで生き残っている。その意味で植物質八五七は、グローバル近代のパターンと慣行を形成してきた商取引の名残りを伝える物質として、ほかに類を見ない存在であると言えよう。

この茶葉標本を含む植物質コレクションは、アイルランド人医師で博物学者のサー・ハンス・スローン（一六六〇―一七五三年）が何十年にもわたって集めたものである。もとは全部で一万二五二三個あった箱のうち、約三分の二が現存している。一六八〇年代にジャマイカで蒐集した標本を手始めに、やがてスローンは既知の世界のあらゆる土地から植物を集めるようになった。彼の方法は、商業や医学にとって潜在的に有用と思われる植物だけでなく、種子や果実のような植物学的に興味のある品目も保存するというものであった。植物質の種類の豊富さは壮観というほかないが、それらはスローンが蒐集した膨大な事物――古器物、書物、自然の珍品――のほんの一部を構成するに過ぎない。彼のコレクションは丸ごと国に遺贈され、大英博物館（および後の大英図書館と自然史博物館）創設の基礎となった。今日では植物質コレクションは、ダーウィン・センター八階の一区画を、スローンの膨大なハーバリウムと共有している（ハーバリウムは押し葉標本集／乾燥植物標本館のことで、乾燥植物園（ホルトゥス・シクス）ともいう）。ハーバリウムを構成する花と葉の標本は、ヨーロッパ、アフリカ、アジア、南北アメリカ大陸から送られたもので、ロンドンに到着すると台紙に載せてプレスされ、革張りの二折り本（フォリオ）に収められた（現在では一冊ずつ別々に透明アクリル樹脂の棚に保管されている）。これらの二折り本の中に、チャーリー・ジャーヴィス学芸員は茶樹（カメリア・シネンシス）の押し葉標本を探し当てた――植物質八五七と同時期の一七世紀末から一八世紀初頭にかけて、中国と日本で採取されたものである。ダーウィン・センターに保管された植物質コレクションとハーバリウムを合わせて読み解くことによって、全自然を蒐集、体系化、掌握しようと努めたスローンの知的欲望の全容が垣間見えてくる。数百年前の茶葉の存在は、次第に驚くべきものから啓発的なものへと変わっていく。

何十年もの間、スローンの植物質コレクションは博物館の保管室の引き出しや整理棚に無造作に分散して保存されていた。しかし、ジャーヴィスと共同研究者のヴィクトリア・ピカリングによる最近の調査を通じて、コレクションの中身を容易に検索し取り出すことが可能になった。そのおかげでわれわれは、植物質八五七を歴史的文脈に位置づけることができる。箱の中の小さい方の紙片に振られた番号は、スローン自筆の手稿カタログに対応している。それを参照すると、この「茶の一種」の出所が「カニンガム氏」なる人物であることが判明する。大英図書館所蔵のスローンの書簡と科学関連書類を調べると、この人物がジェームズ・カニンガム（一七〇九年没）であることが確認される。彼はスコットランド出身の船医で、二度の中国渡航経験があった。すると八五七番の茶葉は、福建の丘陵地帯の産物なのかもしれない。というのも、カニンガムは一六九八年に廈門（アモイ）（シアメン）を私的な貿易航海で訪れており、その時にこの茶葉を入手した可能性があるからだ。あるいは、それは舟山（チョウシャン）産の茶葉なのかもしれない――もしそうだとすれば、八五七番は、一七〇〇年の東インド会社による居留地確立の（頓挫した）計画にカニンガムが同行した際に獲得されたものということになる（実際、彼は舟山で野生の茶樹が他の常緑植物と一緒に自生しているのを発見している）。しかしいずれにせよ、確かに言えるのは、中国の植物を原産地で研究した最初のイギリス人であるカニンガムは、（スローン同様）熱心で周到な博物学者であり、それらの植物の特徴や用途に強い関心を寄せていたということである。当時、茶は依然として珍しい品物であり、カニンガムのロンドンの友人たちを魅了するのに十分であったに違いない――それは医学や植物学の研究者にとっては好奇心の対象であり、また貿易商人や異国の珍品の愛好者にとっても大きな関心の的であった。このようにして、カニンガムはわれわれに次のことを思い出させてくれる。つまり、イギリスと中国の最初期の関係は、単にモノの商業的伝達に関わっただけではなく、知と文化の交換を媒介する役割をも果たしたのである。そしてこの時期に中国からイギリスへ茶を輸入した者たち――カニンガムが航海を共にした人間たち――は、東洋における茶の起源とその飲み方に関する貴重な知識を祖国にもたらした。

カメリア・シネンシスの酸化・加工後の葉を煎じた熱い液体が、一七世紀のイギリス人によって初めて飲まれた時、それは途方もなく革新的な出来事であった。その風味を描写するための言葉は当時まだなく、飲み方に関する手引きの類いもほとんどなかった。初めて茶と出会うことは、好奇心と慣れが交錯する、創造的で実験的な過程であった。比較可能なものを何とか見つけようとしながら、ある医師は次のような言葉を用いて茶を描写した――「それはかすかな芳香をはらんだ干し草に幾分似ており、色は緑で、甘味の中にわずかな苦味がある」[*1]。また、茶は著しく高価であった。最上等の茶一重量ポンド（約四五四グラム）当たりの価格は最高六〇シリングで、これは最高級コーヒーの一〇倍の値段であった[*2]。茶を飲んでいたのは最初はロンドンのエリート層だけであったが、茶の需要も、茶を日常的に飲む人の数も、一八世紀全体を通じて増加し続けた。一九世紀を迎えると、茶は社会的階級、国内の地理的条件、文化的背景の違いを超えて、イギリス的生活様式と密接に結びつくようになった――早くも一八二〇年代に、評論家たちは直感的にイギリス人を「茶を飲む国民」として特徴づけていた[*3]。

茶がイギリス的アイデンティティの決定的なシンボルとなったのは、それがもっぱら中国と日本からもたらされていた時代のことである。アッサム茶——最初の「帝国」産の茶——がロンドンの市場で売り出されるのは一八三九年以降に過ぎない。したがって、イギリス人の紅茶熱の歴史は一般的なイメージでは一九世紀の植民地インドのプランテーションや、劇的なティークリッパー・レースと結びつくことが多いけれども、イギリス紅茶の物語のこれらの側面は実際には、広範な茶需要の原因というよりむしろその結果であったのである。さらには、茶が旧イギリス植民地諸国を中心として国際的に普及し、ある尺度によれば水に次いで世界で最も飲まれる飲料になったのも、イギリス人がこのアジアの葉を求めた結果にほかならなかった。ゆえに、本書が語る「紅茶の帝国」の一つの重要な局面は、イギリス帝国が辿った軌道（トラジェクトリー）そのものである。実際不思議なほどに、茶は一八世紀イギリス帝国主義の原動力となった国際間の金、商品、人、観念の複雑な流れの中心を占めていた——それは高収益の対中国貿易の基盤であり、北米植民地における本国の恣意的統治の象徴であり、南アジア一帯における農業的植民地化の要であった。そしてイギリス人が毎日飲むささやかな一杯の中で、カリブ海地域産の砂糖（イギリス人の消費パターンを一変させたもう一つの外来食品）のパートナーとなったのが茶であった。かくして、全世界が一つにつながっていることの不思議さと、国家と国民の間を相互貫流する帝国としての新たな自信の充足を、イギリスはまさに茶を通じて告知し経験したのである。

茶がそれほど目覚ましい存在になり得たのは、（個人と組織とを問わず）イギリス人が茶のエキゾチックな他者性——その植物学的特性、生理学的作用、社会的目的、文化的意味——を把握し活用する能力を備えていたからこそである。しかし本書は、茶をそうした過程における、自動力を欠いた物質的商品としてのみ理解することをよしとしない。というのも、茶はその影響を受ける者たちを能動的に変容させる力を持っているからである。確かにヴィクトリア朝のイギリスは「紅茶の帝国」であった。しかしそれはまた同時に、一九世紀に先立つ一世紀以上も前から茶によって征服されていた領土でもあったのだ。『紅茶の帝国』と題された本書は、そうした示唆的で複雑なもう一つの補完的歴史（カウンター・ヒストリー）の存在を認め、元来ヨーロッパには全く異質なものであった茶が、どのようにしてイギリスの社会生活や経済生活に浸透するに至ったのかを検討し、解明していく。

茶に関するこのような理解の仕方が、一八世紀人の想像力からかけ離れたものではないということは、一七九〇年代前半に製作された一枚の挿絵入りチラシ（または「トレードカード」）を検討してみれば分かる。この宣伝ビラは、ジョン・ホジソンが彼の商店「ティー・ウェアハウス」のために新しく拵えた印象的な看板を図像化したものである（ホジソンの店は、ロンドンのファッショナブルなウェスト・エンド地区のトッテナムコート・ロードに新しく造られた高台の角にあった）。環節のある胴体を持った一匹の奇妙な昆虫が、緩やかに起伏する風景を這って横切っていく。昆虫が移動している丘陵地帯にはこれといった特徴がなく、地平線にそびえる円筒形の多階建造物――中国のパゴダ――だけが目を引く。頭部をもたげて触角を動かすこの生き物は、一見すると七枚の翅（はね）を持っているようだが、これらの付属器官はヨーロッパ原産のどんな飛翔性昆虫のものとも似ていない。もっとよく見てみると、五枚は翅というよりもむしろ葉に近いことが分かる――それらは表面に葉脈がくっきり浮き出し、縁には緩やかなギザギザがある。実際、画面上部に掲げられた垂れ幕（バナー）によれば、これ

《生きている葉——ホジソンズ・ウェアハウス、ベッドフォード・ストリートの角、トッテナムコート・ロード、ロンドン。最も純正な、本物の、混ぜ物なしの茶》、1792年頃。エッチング（腐食銅版画）のトレードカード。一匹のエキゾチックな「木の葉虫（leaf insect）」が、起伏のある風景を這って横切っていく。遠景には中国のパゴダがそびえている。虫の翅は新鮮な茶葉の外観を思わせる。この遊び心あふれる奇想は、カルトゥーシュ（巻軸装飾）の上に生い茂った葉群によってさらに強調される。部分的に巻き上げられた巻物にジョン・ホジソンの茶商店の屋号と住所が印刷されている。そして巻物の背後には、漢字が刻印された箱がいくつか置かれているのが見える。

は「生きている葉」なのである。この虫は東インドを探検したヨーロッパ人によって一八世紀初頭から報告されていた昆虫であり、現在では「木の葉虫（leaf insect または walking leaf）」（コノハムシ科）として知られている。虫の下のカルトゥーシュ（巻軸装飾）には、ホジソンの商店の屋号と住所が記されている——顧客はここで「最も純正な、本物の、混ぜ物なしの茶」を買えることを保証される。カルトゥーシュの背後には、漢字を印した四個の木箱が垣間見える。紙の端だけが巻き上げられているために、このチラシを見る者はあたかも奥の聖域に立ち入る特権を与えられたような感覚を味わう。

一七八七年から九六年にかけて新聞に出した数多くの広告で、ホジソンは彼の商店が通りの性格に新たな意味づけを行ったことを誇示した——そこは今やトッテナムコート・ロードとベッドフォード・ストリートが交わる、「生きている葉の一角」である、というのだ。彼は茶を「生きている葉」として販売するに際して、そのような視覚的イメージがもたらすマーケティング機会を巧みに利用した。潜在顧客が広告の挿絵を見た時に、あたかも茶の木自体が生きて動いているかのように錯覚させることがホジソンの狙いであった。この図像は、人間が昆虫に対して抱く本能的な嫌悪感を——多分意図的に——掻き立てる（木の葉虫が警戒の構えを取っているために、見る者の不安感は一層強まるかもしれない）。茶は感覚のある生き物であり、生まれ育った中国の地を今まさに離れ、遠い異国の人々の住処と味覚を植民地化するための長い旅に出ようとしている——この広告はそうした遊び心あふれる想像をめぐらすのだ。画面下部の木箱は、茶がどのようにして市場に売り出されたのかを示している。実際、茶の進出の先頭に立ったのは、ヨーロッパの巨大商事会社ではなく、ホジソンの「ウェアハウス」のような地域に根差した食料品店であった。こうした商店から流通した茶は、イギリス国民の習慣に静かに浸透していった。

英語では、teaという語は少なくとも五つの別々の意味を表わす――すなわち、(一) 茶の木、(二) 茶の木から採れる葉、(三) 葉を乾燥させて作る加工品、(四) 加工品を煎じた液体、(五) 煎じた液体を飲むための機会、である。最初の三つは農業的段階である。茶の木を土に植え、木を育て、葉が芽吹いたら収穫する。それから新鮮な茶葉は作業場や工場で複数の製造工程を経て、消費に適したかたちに整えられる。葉は潰して酸化を促し、その後慎重に熱を加えて酵素の働きを抑制する（パニングあるいは「タッチング」と呼ばれる乾煎りの一形態（「平鍋」を意味する“pan”および“tatch”より））。それからさらに葉を縮らせ、よじり、揉んで市場向けに加工する。ここから茶の製造の叙述は商業的段階に入る。乾燥させた茶葉は梱包・輸送され、卸売りオークションにかけられた後で等級分けされ、ブレンドされる。そして再度梱包されてから、最終的に消費者に小売りされる。自然史博物館のスローンの標本は、一七世紀におけるteaの三つの形態を示している――すなわち、茶の木と、茶葉と、商品としてのteaである。

teaの第四段階において、つまり加工した茶葉を煎じて作る熱い飲料として、茶はさまざまな文化的態度が織り成す、複雑で変化に富んだ網の目に絡めとられるようになる。一八世紀のイギリスにおける茶は、エキゾチックで珍奇な品物であり、一個の未知数にほかならなかった。したがって当然、人々の意見もさまざまに分かれた。その繊細な香り、多次元的な風味の景観、緩やかにしかし確実に形成される中毒性――こうした要素に刺激された著述家たちは、茶をさまざまな呼び方で言い表わした。それらの「異名」の中には安心感を与えるものも、不安を掻き立てるものもあった。ある人々にとって茶は、文明化を促す液体、優しいハーブ、心地よい煎じ汁、至高の飲み物、酩酊させない神酒、清純の飲料、甘美な回復剤、天上の露、驚異の万能薬であった。しかし別の人々にとっては、茶は苦い水薬、醜聞汁、普遍的な毒、致死的な水流に過ぎなかった。「上品な会話」を風刺した作品の中でジョナサン・スウィフトは、一杯の薄い「ボヒー茶」を「魔法をかけられたただの水」と呼んだ。[*4] 第五段階の tea、つまり社会的相互作用の一形態としての茶は、常にさまざまな要因に媒介される現象であり続けてきた。そして喫茶に伴う儀式は、美術や文学において繰り返し再創造されてきた。これは現代だけでなく一八世紀についても言えることである。例えば風刺作家のイライザ・ヘイウッドは、『女性版スペクテイター』（一七四四―四六年）の中で諧謔（かいぎゃく）めかしてこう書いている――上流階級の奥方が朝起きて一番にすることといえば、「呼び鈴を鳴らしてメイドを呼びつけ、やかんが沸いているかどうか確認する」ことである。茶が運ばれると、奥方はテーブルに着き、「茶道具一式を並べ、一口味わい、一息ついてからまた少しずつ飲む。その間メイドは注意怠りなく傍らに侍（はべ）り、主人の求めに応じて貴重な液体を注いでは、空になった器を満たす」。[*5] 二〇世紀になると、茶を飲むという行為から、心安らぐ慣用表現がいくつも生み出された。若干の例を挙げれば、「tea and sympathy―お茶と同情」（困っている人に示される優しさ）、「a nice cup of tea and a sit down―一杯の美味しいお茶を飲みながらの一休み」（物事が行き詰まったときの休憩）、「Shall I be mother?―お母さん役をやりましょうか」（母親になるということではなく、「私がお茶を注ぎましょう」と申し出ること）、「more tea, vicar?―もう少しお茶をいかがですか、牧師様」（社交の場で誰かが犯した不体裁をやり過ごすための、丁寧さを装った表現）などがある。この種のフレーズは今もなお発達し続けている。二〇〇五年以来、ウィキペディアの編集文化において「a nice cup of tea and a sit down（wp:tea と略記）」という符号的表現は、誰かに褒め言葉を言ったり、礼儀に適った振る舞いを求めたりする際にさまざまな文脈で使用されている。一七世紀から今日に至るまで、イギリスにおける茶はその消費のための台本を繰り返し創造、再創造してきた。それらの台本は、言語的・社会的なパフォーマンスを想像し、演出することによって、適切な行動や振る舞いを規定する機能を果たすのである。

人類学には「文化としての食習慣（foodways）」という考え方がある。この概念は、さまざまな民族集団がどのようにしてその地域ごとの社会・経済の条件に呼応した食物消費の習慣を共有し、発達させるのかを理解するのに役立つ。本書は茶に関わるイギリスの食習慣を検討するにあたって、飲料そのものを超え、より広い国民的（および国際的）文化の中で茶が持つ有形・無形

イギリス首相（在任1979–90年）マーガレット・サッチャー（左）は、1980年8月11日、東ロンドンの住宅団地ハロルド・ヒルに住むジェームズとモーリーンのパターソン夫妻を訪れた。女性政治家と郊外に住む支持者たちとを隔てる社会的距離を取り払うため、キッチンテーブルを囲んだお茶会が展開される――両者が共有する価値観とアイデンティティを強調しようとする戦略である。しかしこの写真を仔細に見てみると、上等の茶器はミセス・サッチャー一人のために取っておかれていることが分かる。

の効果や意味に目を向けていく。遠く離れた国の大量生産農産物として、茶はイギリス人を近代的なグローバル市民に変えるのに一役買った。家庭生活に不可欠の要素として、茶は上品さや礼儀正しさといった女性的な美徳の力と（常にではないにせよ）しばしば調和しながら、家庭とコミュニティの中心に位置してきた。あらゆる社会階層を超える国民的な常飲飲料として、茶は宮殿と田舎家を結びつけると長い間言われてきた。万人が、喫茶の心安らぐ儀式を共にする――イギリスで一杯の茶が用意され飲まれるたびごとに、この同一性の「神話」が象徴的に再演されるのだ。このことをよく理解していたのが、マーガレット・サッチャー首相の政策アドバイザーたちであった。一九八〇年八月一一日、サッチャーはモーリーンとジェームズのパターソン夫妻の家を訪れた――同年に成立したばかりの買取請求権法に基づき、賃借していた公営住宅を持ち家として割安購入した夫妻に、お祝いの言葉を述べるためである。写真による記録では、このキッチンテーブルを囲んだお茶会は、権力と距離の生むぎこちなさが解消して、日常的で懇親的な出会いが生まれる出来事として描かれている。しかしもっとよく見てみると、この写真はそうした戦略の成功だけでなく失敗をも暗示的に写し出していることが分かるだろう。本書の焦点と目的は、ここに見られるような逆説と複雑性を探究することにある。栄養価ゼロの必要不可欠な奢侈品（しゃし）、地球の裏側から輸送されて大量市場を飽和状態にするアジアの換金作物、あらゆる意味において外来品でありながらイギリスを語るのになくてはならないもの――本書が語るのは、そのような茶の物語である。

第一章

ヨーロッパと茶の初期の出会い

世界規模の帝国を築けるようになる以前に、茶はまず地域に根差した勢力基盤を必要とした。ヨーロッパ到達に先立つ何世紀もの間に、茶は東アジア全域、とりわけ原産地の中国と隣の日本列島でその影響力を確立していた。これらの地域で、茶は宗教や政治の儀式における特権的な意義を付与され、節度ある社交性を促進する広範な力を授けられていた。茶はまた万能薬としても広く称賛された。そうしたわけで、一六世紀と一七世紀にヨーロッパ人が——はるか遠くの大陸での遭遇と交流を通じて——初めて茶に注目した時、彼ら初期の侵入者たちは、茶にまつわる古来の複雑な食習慣にさらされることとなった。イエズス会宣教師やオランダ商人の残した記録には、広く普及した喫茶の日常的儀式に対する困惑と受容が相半ばしている。それらを読むと、彼らのような旅行者が、茶の多様な意味や目的を自分自身の生活の一部として習慣的に取り入れていたことが分かる。茶が東インドの最も魅力的で、近づきやすく、(最終的には)手ごろな価格の物産の一つとして——特にイギリスで——明確に認識されるようになるのは、最初に西洋に渡った少量の乾燥茶葉だけでなく、遠くアジアから送られた、宣教師や商人による報告の結果でもあったのだ。一七世紀のヨーロッパ人が中国に抱いた畏敬の念、すなわち、その計り知れない富、広大な領域を統治する官僚機構、聖書の記録と同じくらい古い文書に基づく歴史、羨むべき高度の文化的達成——こうしたことに対する憧憬は、茶がイギリスで好意的に受容される条件を創り出すのにさらに役立った。[*1] 半世紀も経たないうちに——アジアへの航路が長く危険に満ち、中国‐ヨーロッパ間の交易が政治的にも商業的にも複雑きわまる世界で——茶はイギリス人の味覚をいつの間にか魅了し、その食生活に徐々に浸透していった。この伝統的なアジアの煎じ汁が勝利を収めた要因の一つは、極めて近代的でグローバルな（またそれ自身グローバル化を促す）商品として機能する新しい能力を茶が発達させたことにある。しかし同時に茶は、エキゾチックな魅力、社交を促進する力、薬としての効能といった、一連のより古い連想が絶えず作用する商品でもあったことを忘れてはならない。

忘れがたい不思議な風味、いつまでも続く余韻

中国では、茶はほとんど有史以前の時代から飲まれてきた。八世紀の賢人、陸羽（りくう）が『茶経』（七六〇年頃）で説くところによれば、「飲料としての茶は神農帝によって最初に発見された」。神農は中国の伝説上の帝王で、その統治期間は通例、紀元前二七三七年から前二六九八年とされている。[*2] 神農（「神的農夫」の意）による茶の発明に関して繰り返し語られてきた物語は以下のようなものである。

中国の植物相の薬学的特性を調べる実験を行った際、神農は一〇〇種類の薬草が自身の身体に及ぼす効果を体系的に観察した。その結果、七二種には毒性があることが判明したが、残りの二八種の一つである茶には、それらの毒性物質全てを中和する作用があった。したがって茶は万能薬として認められた。[*3] このようなわけで、中国の伝承では茶の薬効が古くから称賛されてきた（ただし、神農が行った医学的実験を記録する文献は、彼が統治したと言われる三皇五帝時代よりもずっと後に書かれたということには留意しておく必要がある）。日常的飲料としての明確な機能と市場価値を備えた加工食品として茶が初めて言及されるのは、紀元前一世紀の文献である。宣帝（在位前九一―前四九年）の宮廷に仕えた詩人で滑稽作家の王褒（おうほう）が書いた「奴隷の契約書」（『僮約（どうやく）』）という風刺的物語に、気難しい家僕が要求される無数の仕事のリストが出てくるのだが、その中には武陽（現在は成都近くの新津）の市場へ茶を買いに行き、家で熱い煎じ汁を淹れることが含まれている。[*4]

『茶経』は、中国の初期の茶論の中で最も高く評価されている作品である。[*5] イギリスの読者が『茶経』に初めて接したのは、一九世紀半ばのサミュエル・ボールの著作を通じてであった。ボールは陸羽の作品のほんの一部を翻訳・紹介したに過ぎなかったが、それでもなお原著者を「博学の士」と認めないわけにいかなかった。[*5] 茶の栽培に最も適した土壌、茶葉を浸すのに最良の水、茶の顕示と消費に最大の美的快を与える陶磁器――陸羽は、こうした事柄に関わる微妙な差異に周到な注意を向ける。『茶経』は、長い時を経て形成され深く根づいた文化的慣行に浸されたテクストである（そして、作者自身がそれらの慣行を経験していたことは確実であると思われる）――「茶は昔から大変広く飲用されてきたので、われわれの習慣に深く根づいており、現王朝においても南北を問わず普及している」。実際、「それは全ての家庭で日常的に飲まれている」[*7]。この言葉は今日では特に驚くに足らないように思われるかもしれないが、当時と現在を隔てる一二五〇年もの時を軽視してはならない。『茶経』の前半部分を読むと、唐代の中国で最も求められた茶は、乾燥させたばらの葉(ルースリーフ)としてではなく、圧縮・成形した塊りとして加工されたということが分かる。陸羽が書き手として得意とした手法の一つは、体系的なリストを作成し、茶愛好家にとって欠かせないさまざまな道具を子細に分析することである。良質の茶を作るための一五の用具の目録には、例えば以下のものが含まれている――蒸した茶葉をすりつぶす乳鉢と乳棒、茶葉を型どって塊りに成形する鉄製器具（丸型と角型がある）、穴を空けるための錐、ブロック状の茶葉に紐を通す竹棒（これに茶葉の塊りを吊るして乾燥室で乾燥させると、加工工程が完了する）[*8]。茶を淹れて飲むための用具を扱う段になると、リストはさらに入念なものになる（ただし二四の用具のうち、一つは他の用具を収納する箱である）。成形した茶は火鉢で焙(ほう)じ、竹の枠をはめた金網でふるいにかけ、計量して茶碗に入れ、煮立った（ただし、そのまま長くは沸騰させない）湯を使って煎じ出す[*9]。この後にはさらに、茶用具の洗い方や、茶を飲んだ後の茶殻の処分法が紹介される。

　このようにして、「茶」の儀式は技術的・審美的・社交的な専門知識を必要とする、ステータスの高い事象として分析される。茶の飲用に関して陸羽が述べる指示も、同様に厳密なものである。「真に優れた鑑賞家は、茶をあらゆる特徴において判断し、長所と短所の両方について評言を述べる」と陸羽は主張する。「茶の味の良否は口が決めるべきである」[*10]。陸羽が述べる茶の鑑賞法は多感覚的であり、茶器の物質的感触、釜で沸騰する湯の音、茶の香り、碗に入った茶の視覚的外観といったこと全てを含んでいる。特に価値が高いとされたのは、沸騰した湯を柄杓で茶葉の上に注ぐ際に生じる泡であった。後の宋代の著作では、泡だて器（茶筅）を使ってこの泡を増やすことが勧められるようになる。[*11] これは斗茶（闘茶）つまり茶の競争の会や、より広く知られているように日本の茶の湯（「茶のために沸かした湯」）において儀式化された慣行である。しかし、陸羽にとっては抑制こそが鍵であった。したがって、風味を最大限に味わうためには、軽く泡立った茶を繊細に少しずつ飲むべきであり、また、極度に喉が渇いている場合を除き、何杯も続けて飲むのは慎むべきであるとされた（この時代の茶碗は普通、幅広だが底の浅い逆円錐形で、最上部の直径は一二から一五センチメートルもあったが、急角度で先細りするため、液体の容量は控え

五弁碗（越窯）、10世紀頃、青磁色の釉をかけた薄灰色炻器。五弁形の縁を持った、底に向かって先細りする茶碗。上部の直径は12センチメートル強。中国東部浙江省・越窯の特徴である灰緑色の釉を施されている。中国の偉大な茶の哲人、陸羽は、『茶経』（760年頃）の中でこのような碗の美的特質を称揚した。

めであった)。「忘れがたい不思議な風味を備え、いつまでも続く余韻を残す」一杯目が最高である、と陸羽は示唆する。「茶は度を越した贅沢には馴染まない」[*12]。こうした節度ある洗練された賞味の方式は、通俗的で下等な飲み方と鋭い対照をなすものとされる――後者の方法では、茶葉に「葱、生姜、ナツメ、橘の皮、呉茱萸(ごしゅゆ)、薄荷(はっか)のような薬味」が加えられ、「どぶ水か下水ほどの」価値しかない混合飲料ができ上がる、とされた[*13]。

圧縮した茶葉の塊りの巧みな製造や、茶を用意し消費するための精緻な儀式に関する陸羽の記述は、一〇世紀末頃の中国社会における茶の重要性を理解する際の鍵となるコンテクストを例示している。茶が中国で普及した理由の一端として、その生理学的作用(覚醒を促す、素面(しらふ)を維持する等)が、仏教の説く精神性と調和したということが挙げられる。さらに、茶と茶用具が物質として目の前に現前することに陸羽が深く魅了されている点も、今ここ(ヒア・アンド・ナウ)に超越的真理を求める禅の思想と合致する(仏教徒の茶愛好家は、日本への茶の導入と普及にも極めて重要な役割を果たした)[*14]。茶は同時に、社会的な格式を引き寄せた。最も珍重された固形茶(最高級品は樟脳の蠟でコーティングし、表面に精巧な装飾的記章を押した)には高い商業価格が付けられ、その中でも最上の製品は皇帝と顕官たちへの「貢物」として徴発された[*15]。しかし、美食家・審美家として知られた北宋末期の皇帝徽(き)宗(そう)(一〇八二―一一三五年、在位一一〇〇―一一二六年)のような為政者たちが個人的に茶に魅了されたのは事実だとしても、中国国家が茶に関心を抱いた根本的な理由は全く別のところにあった。何世紀にもわたって、歴代の中国政権は茶に対する人民の嗜好を利用し、最初は(唐代の皇帝徳宗(とくそう)の治世に)茶の取引に一〇%の課税を行い、後には「茶地代」(農園に課される財産税)と市場統制(役人は農家から強制的な安値で買い、二〇〇%を越える値増し率で卸売商人に売った）を組み合わせることで、茶産業を実質的に国有化したのである。[16] こうした措置は、帝国の防衛政策にとっても決定的に重要となった。南宋、元、明の各王朝を通じて、農園いくつ分もの四川産の茶が収用され、近隣のチベット人との交易資金に充てられた（チベットの訓練された血統馬は、中国の騎兵隊用として絶えず需要があった）。[17]

陸羽の学問上、美食上の関心は圧縮された茶（緊圧茶）にあったのだが、彼は事のついでにこう認めてもいる——「人々が飲むのは、粗茶、葉茶（ルース）、粉末または固形の茶（餅茶）のいずれでもあり得る」。[18] より大衆的に思われるこれらの茶の形態が実際にどのようなものなのかは明らかにされない。しかし、エリート階級のたしなむ「固形の茶」とは別の加工法が存在したことは、『茶経』とほぼ同時代に書かれた劉禹錫（りゅううしゃく）（七七二—八四二年）の詩からも読み取れる。この詩には、茶葉を鍋で火入れする際の香ばしい匂いで満たされた調理場が、情感を込めて歌われている（火を通すことで茶葉が変性作用を受け、酸化が阻止されて緑色が保たれる。この熱処理は、ばら葉（ルースリーフ）の緑茶の製造における極めて重要な第一段階である）。[19] さらに、モンゴル人による元王朝期（一二七一—一三六八年）までには、ばら葉の茶は中国の茶市場を支配するようになっていた。次の明代（一三六八—一六四四年）の初代皇帝洪武帝（こうぶてい）は一三九一年以降、固形茶ではなくこの形態での貢物を要求した。[20]

この時代を通じて、葉茶（リーフティー）の製造法は探究と改良を経た後に完成された。土壌（テロワール）の選択、収穫時期、火入れ時間、手揉みの方法、乾燥方法（天日干しや乾燥室の使用等）——茶匠たちは、こうした諸条件に変化を加えることで茶葉と浸出液双方の風味・外観にもたらされる改良点を子細に検討した。茶に魅了された僧侶たちの技術的専門知識と結びつけられることが多いが、最も重要な革新の一つは、福建省武夷（ぶい）の山間の村落で行われた——摘みたての茶葉にすぐ火入れする代わりに日光と風にさらすと、葉が萎れて酸化が進み、結果として茶の色と風味が変化することが発見されたのである。この「発酵」を経た茶は、緑茶よりも葉の色が黒くなり、味は苦さが増すが、渋みは少なくなった。今日ではウーロン（oolong—「黒い龍」）という名で知られるこの茶は、一三世紀から武夷の寺院で作られていたのかもしれない（とはいえ、同時代の文献によってその存在が明確に証明されるのは一三世紀よりもずっと後のことである。ましてや、高級茶の伝統的正典（キャノン）への受け入れ可能性が認められるのはさらに後の時代

《茶葉を摘み、ふるいにかける女たちのいる中国の茶農園》、酸化作用を伴う被覆絵具画（グワッシュ）、1800年頃。中国の伝統的な茶栽培・製造の様子を描いた図像は、18世紀後半から19世紀前半のイギリスで人気を博した。この図は9枚の連作絵画の一部で、茶の木から新鮮な葉を手摘みする女たちを描いている。右手の建物では、別の労働者たちが、火入れの前に茶葉を等級と大きさに応じて選り分けている。

の話である)。[*21]

一六世紀の間にヨーロッパの商人と宣教師が一致して東アジアに到着し始める頃までに、茶の栽培・消費・鑑賞は中国の商業と文化の基層に深く根づいていた。古くから身体と精神の病いの万能薬として称揚された茶は、宗教上、政治上の儀式において中心的な役割を果たした。エリート階級が賞味するものであると同時に、民衆が日常的に消費するものでもあったため、茶の製造と流通は多様性に富んだ市場を形成した――極めて珍重されたファースト・フラッシュ(白毫銀針(シルバー・ティップ・ペコー))や、入念に日干しした武夷茶(伝説によると猿が摘んだと言われる大紅袍(ビッグ・レッド・ローブ))から、低等級の安い、選り分けされない緑茶やウーロン茶まで、さまざまな茶が取引された。中国の茶の慣行には、幅広い医学的・儀式的・社会的・商業的な意味が付与されていた。そしてこのことが、初めて茶に接するヨーロッパ人がこの飲料を味わい理解するうえで、決定的な影響を及ぼしたのである。

最上等の茶

茶は最初、噂を通じてヨーロッパに到達した。「熱い湯」を飲むという奇妙な嗜好に初めて注目したのは多分、一六世紀に日本を訪れた旅行者であっただろうが、文献上確定できる限りで最も早い茶への言及は、ヴェニスの有力な商人学者ジョヴァンニ・バッティスタ・ラムージオ(一四八五―一五五七年)の『航海記・旅行記集成』第二巻に現れる。[*22] ラムージオは一五三三年からヴェニス都市国家の統治機構である十人委員会のメンバーを務めた人物である。彼の本には、中国を論じた中世のテクスト（マルコ・ポーロやコリクスのヘイトン）の選集が含まれている。その序文として書かれた「解説」において、ラムージオはペルシャのチラン（現在はイランのギラン）出身の貿易商人ハッジ・モハメッド（または「チャギ・メメト」）との間に交わした会話を記録している。二人が主に関心を寄せた話題は、アジアのルバーブの輸出市場であった。（ルバーブはすでに古くから、いわゆるシルクロードを通って中東とヨーロッパにもたらされていた）。しかしモハメッドはラムージオに次のように打ち明ける――「中国全土で人々は別の植物、というかその葉を用いている。それは中国の茶(チャイ・カタイ)（*Chai Catai*）と呼ばれる」。モハメッドはさらに続けて言う――この神秘的な薬草は乾燥させるか、または新鮮な状態で用いられる。その浸出液は「耐えられる限り熱くして」飲まれ、頭と胃のさまざまな病気を緩和する。この飲料は大変重宝されており、中国人はどこへ出かけるにしてもすぐに飲めるよう必ずそれを携行するし、「ルバーブ一袋とチャイ・カタイ一オンス」を喜んで交換しようとする。実際、中国人の意見としてモハメッドが報告するところによれば、ペルシャ人とヨーロッパ人がこの飲料を試しさえすれば、「彼らの商人がもはやレヴェンド・キニ（ルバーブはそこではこう呼ばれる）を買いたいと思わなくなるのは間違いない」[*23]。この言葉の先見性には驚くべきものがある。

　ラムージオとモハメッドがヴェニスで対話を交わしていた頃までには、ポルトガルの航海者たちがすでに東アジアへ進出し、各地の要港に地歩を築きつつあった。一六世紀の前半には、明当局との関係は不安定で紛争を伴うこともあったが、一五五〇年代後半までには（主に倭寇討伐に協力した見返りとして）ポルトガル人は相当の特権を与えられていた。その特権には、広州に至る珠江(しゅこう)の河口に位置する澳門（マカオ）で、居留地を（一定の制限下で）賃借・管理する権利が含まれていた。最初の居留者の一部はキリスト教司祭であったが、その任務は複数にまたがるのが普通であった。彼らは移民のコミュニティへの司牧や土着民への布教のかたわら、（商業・軍事上の義務から奇妙に自由なヨーロッパ知識人として）自分たちが新しくやって来た土地の歴史、自然、文化に関する詳細な研究に従事した。

ドミニコ会修道士のガスパール・ダ・クルス（一五二〇―七〇年）は生涯の約二〇年間をインド、マレーシア、中国の商館の間を移動して費やし、浪白澳（ランパカウ）（澳門東方の島で、ポルトガル人居留地の先駆）でも一時期を過ごした。一五六〇年代半ばにリスボンに戻った後、ダ・クルスは「中国の諸事に関する論考」（『中国誌』）を執筆した。この作品からは、著者が中国滞在中日常的に茶を経験していたこと、茶が中国文化においては社交の機会としても、治療の手段としてもありふれたものであったことがよく分かる。[*24]『中国誌』を最初に翻訳した偉大な旅行記編纂者サミュエル・パーチャスの英訳にしたがえば、ダ・クルスは次のように語っている――「上流人士の邸宅を訪れる者に対しては誰であれ――一人でも複数人でも――、上等の籠に載せた磁器製［の杯］に飲み物を入れて出すのが中国人の習わしである。その飲料は茶（*Cha*）と呼ばれ、幾分苦く、赤い色をしており、薬効がある」。茶の赤い色について観察していることから、ダ・クルスが飲んだのはウーロン茶の一種だったかもしれないと推測される。[*25]ここで特に強調されるのは、この記述が著者の個人的な経験に依拠している点である――「彼らはこれ［茶］でもって、自分たちが尊重するあらゆる人々をもてなすのを常とする。客が異邦人であろうとなかろうとその点は同じで、私も彼らによって何度も茶を供された」[*26]。

ダ・クルスは、中国社会に身を置いた多くのヨーロッパ人旅行者の中のほんの一人に過ぎなかった。イタリアのイエズス会宣教師マテオ・リッチ（一五五二―一六一〇年）は中国で晩年の二八年間を過ごしたが、一六〇一年に万暦帝（ばんれき）（一五六三―一六二〇年、在位一五七二―一六二〇年）の招聘で北京に永住している（ただし両者は一度も面会しなかったが）。万暦帝の宮廷が感銘を受けたのは、リッチの神学に関する知識ではなく、むしろその科学的な洞察力であった。天体の食を予測するリッチの能力は、中国の最高の占星術師の自然哲学的眼識をも凌ぐものとして特に称賛された。[*27] ダ・クルスと同じく、リッチは中国人に囲まれて生活しながら、彼らの間に普及した喫茶習慣を記録した。彼は、家庭的もてなしの儀式において茶が中心的

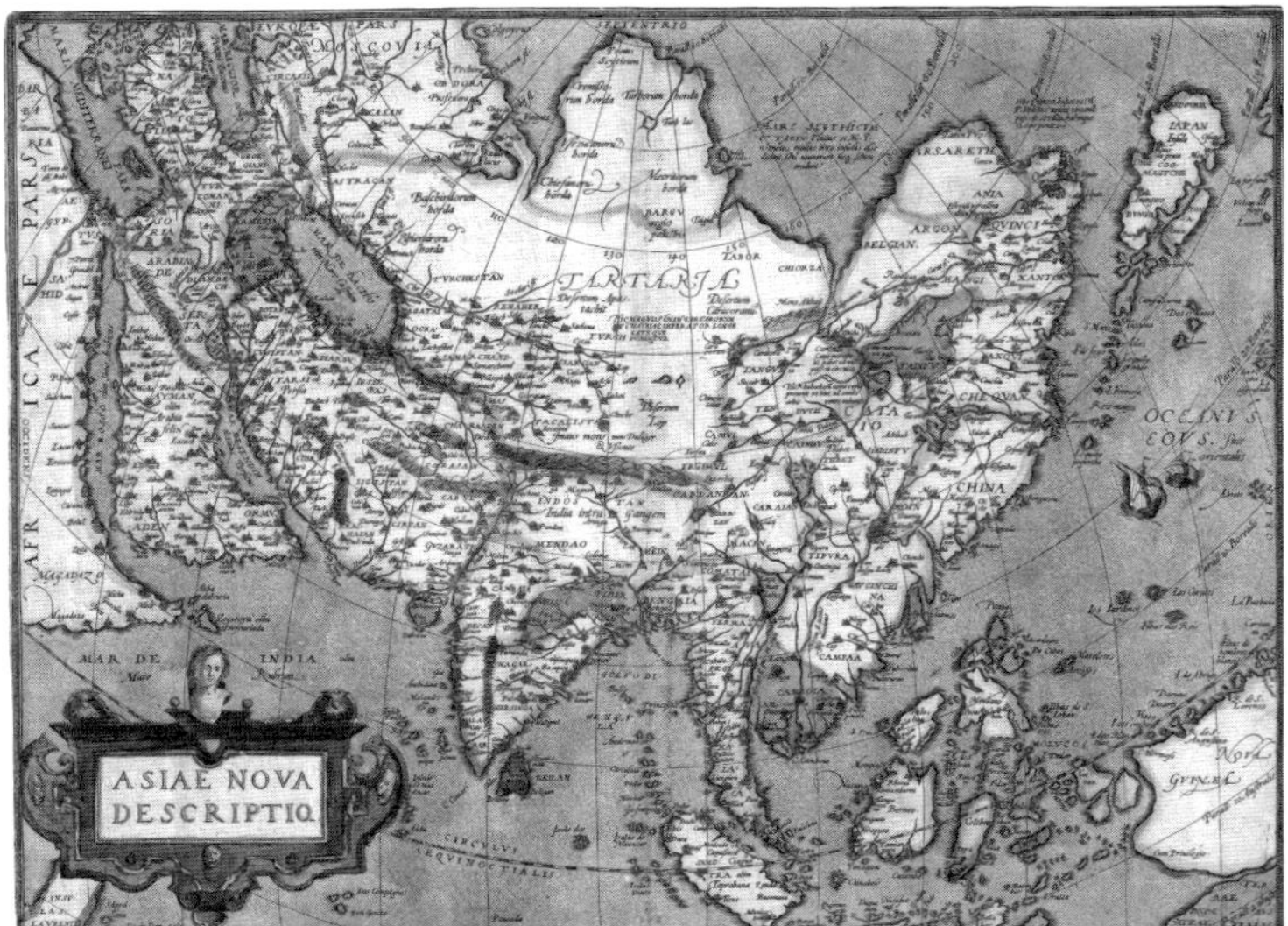

アブラハム・オルテリウス《アジア全図》、『テアトルム・オルビス・テラルム、あるいは世界の舞台』（ロンドン、1606年）所収。フランドル出身の地図製作者アブラハム・オルテリウスは、最初の近代的世界地図帳を作成したとされている。『世界の舞台』は初版（1570年）以降、各国語版が次々と刊行され版を重ねた。この地図（17世紀初頭のロンドン版からの一図）には、東インド会社の最初期の商人・船員が理解していたアジア大陸が描かれている。中国の既知の沿岸は、最北端の「杭州（キンサイ）」までしか及んでいない。日本列島は確認できるが、朝鮮半島は影も形もない。

な役割を果たすことを指摘する――「ここでは、彼らはその葉を春の季節に収穫し、日陰に置いて乾燥させる。そして乾燥させた葉から飲料を煎じ、食事の時に飲むほか、訪れてくる友人たちにもふるまう。そうした機会には、彼らが会話を交わして共に時を過ごす間、絶えず茶が供される」。この箇所の、茶の加工法に関する短い記述を読むと、（再びダ・クルスと同じく）リッチが知っていたのが半発酵茶であったらしいことが分かる。ただ、最終的に葉を「日陰」で乾燥させる前に行われる工程――つまり釜炒りと揉捻――については、リッチは知らなかったのかもしれない（あるいは、リッチがここで記述しているのは、葉を摘んで水分を抜くだけの、単純な民間製法であるのかもしれない）。中国における茶の飲用は、有史以前にまでさかのぼるほど古いわけではないと考えた点で、リッチは誤っていた（その推論は語源学的な根拠に基づいており、彼は次のように述べた――「中国人の古い書物には、この特定の飲料を表わす表意文字が存在しないのだが、彼らの文字は全て古代から使用されているものである」）。しかし一方で、リッチはこの飲み物が日本でも同様に「チャ」と名づけられている事実を突き止めており、また、乾燥させた葉を湯に浸す中国式と、粉末状にした葉から茶を淹れる日本式を正しく区別している。[*28]

実のところ、茶が最初に入手されてヨーロッパへ運ばれたのは、ほぼ確実に日本からであった。さらに、茶が英語の文献で初めて言及されたのは、オランダの商人で探検家のヤン・ヒューエン・ファン・リンスホーテン（一五六三―一六一一年）が著した『東方案内記』の英訳版（一五九八年）の中の一章、「日本島について」であった。リンスホーテンは、ヨーロッパから遠く離れた国々や海域に関してポルトガル人が蓄積していた航海上、文化上の知識を模倣し、活用しようと努めた。日本人の食事や社交の習慣について、彼は次のように述べている――「食後、彼らはある飲み物を飲む。それは壺に入った熱い湯で、茶（*Chaa*）と呼ばれる薬草の粉末で作られる。茶は非常に重宝され、彼らの間で大変評判が良い」。トルコ人の「*Chaona*［コーヒー］の飲み方」と比べながら、リンスホーテンは、日本では「紳士が自ら茶を淹れ、友人を歓待する際にはその温かい湯を供する」ことに驚いている。しかし、茶の用意が召使ではなく紳士の仕事と見なされていることよりもさらに奇妙なのは、日本人が茶器にどれほど高い価値を置いているかという点であった――「彼らは茶を淹れて飲む陶器の碗を、ちょうどわれわれがダイヤモンドやルビーなどの宝石を重んじるのと同じように大切にしている。それらが珍重されるのは新しさではなく古さのゆえであり、また優れた職人の手で作られたためである」[*29]。文化的傲慢と困惑が入り混じったこの驚異の感覚は、日本を訪れた多くのヨーロッパ人が経験したことである。例えばイエズス会士アレッサンドロ・ヴァリニャーノは、キリシタン大名の大友宗麟が「一万四〇〇〇ダカット」で買った陶製の古い茶筒に言及し、そのようなものにはたとえ「二ファージング」でも払いたくないと考えた。しかし彼はその主な理由についてこう述べている。つまり――「［これらの茶器の］価値がどこにあり、他のものとどのように違うのか」を理解できる日本の茶通たちの眼識が自分には欠けているからだ、と[*30]。

リンスホーテンの（旅行家・著作家としての）努力は、オランダ‐日本間のルートを切り拓くのに貢献した。彼は大洋を渡る旅の困難を克服しただけでなく、政治的・商業的交流の実際的な側面を促進するのにも成功した。オランダ東インド会社（ＶＯＣ）が一六〇二年に設立されると、日本での商館開設が会社の最初期の優先事項の一つとなった。実際、ヨーロッパへ最初の茶の積み荷を運んだのは、一六〇九年にデ・フリフィウーン（グリフィン）号と共に平戸に到着したローデ・レーウ・メット・ペイレン（矢を持った赤獅子）号であったかもしれない（平戸は長崎の北西に位置する港島で、VOCが居留地として目星をつけていた）。この船は一六一〇年六月二〇日にアムステルダムに帰港している。それから五年後、再び平戸で、リチャード・ウィッカムがイギリス人の喫茶習慣を、知られている限りで初めて文書に記録した。彼は平戸商館員として、（ライバルのオランダに対して巻き返しを図ろうとしていた）イギリス東インド会社の初期のプロジェクトに携わったが、日本での生活には不満が多かったようだ。一六一五年六月二七日付でウィッカムは京の都にいる同僚ウィリアム・イートンに宛てて哀れっぽい調子の手紙を書いた。その中でウィッカムは、（魚釣りくらいしかすることのない沿岸リゾート地のような）彼の駐在地では入手できなかったはずの、ある奢侈品を送ってくれるよう依頼した――彼は「どうか最上等の茶（chaw）を一壺分、私のために買ってくれたまえ」と嘆願し、同時に弓矢二組と、「煙草を入れるための」金メッキの正方形の箱を「六個ほど」所望している。[*31]

素晴らしい中国の飲み物

一六二〇年代までには――おそらくそれよりも何年か前には――東アジアへ渡ったヨーロッパ人は、茶を単にエキゾチックな社会的儀式や伝統療法として認識するだけでなく、それを自らの食事や生活様式の中に取り込むようになっていた。この新商品はヨーロッパでは未だ人気を博すには至っていなかったものの——アジア貿易の中心は依然として絹と香辛料であった——、キリスト教宣教師や東インド会社商館員が実験的に飲み始めたのをきっかけとして、茶はやがてアムステルダム、パリ、リスボンの限られた友人や親戚、後援者たちへ私的に送られるようになった。最初に西洋に運ばれた茶はごく少量で、単に珍奇な品として人を楽しませる目的で送られたことはほぼ確実である。しかし一六三七年までには、茶に対するヨーロッパ人の関心の高まりを察知した十七人会（オランダ東インド会社役員会）は、バタヴィア（ジャカルタ）総督アントニー・ファン・ディーメンへ向けて次のような訓令を送っている——「茶が一部の人々の間で用いられ始めているので、日本および中国の茶数壺を、全ての船に積載するよう期待する」[*32]。それから一五年もしないうちに、茶は控えめな量ではあるが商業的に輸入され始め、オランダだけでなくパリやロンドンの高級小売店でも扱われるようになった[*33]。

このようにしてヨーロッパで茶市場が確立されると、ほとんど時を同じくして、オランダ人の商行為に対する不満が広まり始めた。先頭に立って声をあげたのが、フランス人イエズス会司祭のアレクサンドル・ド・ロード（一五九一—一六六〇年）である。彼は一六三〇年代を澳門で過ごしたが、その前後にはベトナムに長期間滞在した（しかし最終的には事実上国外追放となり、ローマ経由でパリへ帰国することを余儀なくされた）。一六五〇年代前半の二つの著作においてド・ロードは——最初は要約的に（一六五三年）、次いでより詳細に（一六五四年）——、彼が中国および「その他のオリエントの王国」で経験したことを語っている。中国人と交易して、彼らから知識を得ることの潜在的利点を同国人に伝えようと努めながら、ド・ロードは茶について情熱を込めて書いた。茶は「オランダ人を介してフランスでも知られるようになってきている」が、そうしてオランダ経由で輸入された茶は――とド・ロードは嘆くのだが――残念なことに品質が悪く（「古くてだめになったものがほとんどである」）、しかも高価であった（「パリでは、［中国で］一ポンド当たりわずか八ソルか一〇ソルで仕入れた品が三〇フランで売られている」）。そうして獲得された不当利益（ド・ロードの概算では利幅は六〇〇〇％にも及ぶ）がネーデルラントに還流した。「オランダ人」は「我が善良なるフランス人」に自らの無気力を恥じ入らせる、とド・ロードは憤慨する。なぜなら、「我が同胞たちは、外国人が東インドとの交易で豊かになるのをみすみす許しているからである――フランス人がオランダ人に匹敵する進取の気概を持ちさえすれば、その交易から世界最高の途方もない富を得ることができるというのに」[*34]。フランス人がオランダ人の商業倫理に対して抱くこうした猜疑の念は、経済的嫉妬と宗教的緊張が混ざり合って生まれたものだったろうが、ともかくそれはド・ロードの著作が出版された後も根強く残り続けた。例えば一六六〇年代には、フランスの学者メルシセデック・テヴノ（一六二〇―九二年）が、オランダ東インド会社に関してその後も長く囁かれ続けた噂について報告している。

オランダ人は自らのために中国茶を入手する目的で、セージを乾燥させ揉むことによって、その葉を茶と同じように加工する方法を編み出した。彼らはこれら［の葉］を並外れた珍品として中国人のもとへ運ぶ。この交易［の方法］は大成功を収め、オランダ人はセージの葉一ポンドと引き換えに、中国でその四倍の量の茶を手に入れ、それをこの国で極めて高い値段で売っているのである。[*35]

オランダ人の不当利得に対するド・ロードの冷笑的な態度にはかなり偏見が混ざっているとはいえ、中国に滞在したヨーロッパ人と茶の初期の出会いを明らかにしている点で、彼の著作には高い価値が認められる。中国全土で「茶の飲用はいたって普通のことであり、一日三回以上茶を飲まないのは最も節制のある人々だけである」。実際、多くの人々は「茶を一〇回か一二回飲む。あるいは一日中飲んでいると言った方が良いかもしれない」。製造法の説明（葉を摘み、天火で乾燥し、白目（しろめ）製容器に入れて密封する）に加え、ド・ロードは加工後の茶葉の選び方についても指針を与える――「茶が良質かどうかを知るためには、色は緑で味は苦いかどうか、また指でつまむと砕けるくらい乾燥しているかどうかを観察しなければならない」。また彼は、中国式の茶の淹れ方を詳しく説明する――「完全に清潔な容器で湯を沸騰させ、ぶくぶく泡立ったら火から下ろし、葉をその中に入れる。葉の量は水量に比例する――すなわち、グラスたっぷり一杯分の水に対して茶一エキュという割合である」（ド・ロードはおそらくルイ金貨つまりエキュ・ドールの重さ＝金六・七五グラムを念頭に置いている。これはスプーン約二杯分の茶に相当する）。さらに、ド・ロード自身の経験から明らかにされるのは、茶にはさまざまな生理学的利点と宗教的利点があり、その二つは密接に関連しているということである。彼は次のように証言している――「私個人の話をすれば、偏頭痛に襲われた時に茶を飲むと、すっかり痛みがなくなる。あたかも手を使って頭痛をまるごと取り除いたかのような感じがする」。「茶の主要な長所は、頭に上ってくる有害な発散気を鎮めることである」（さらに、茶は胃と腎臓の病気のためにも薦められる)。この「長所」(「最重要の力」la principale force) こそが、茶の絶大な眠気抑制効果のもとである。眠気を払う茶の作用は、イエズス会司祭にとって職業上の利点となる——「善良な信徒たちの告解を夜通し聴かねばならない時に、私自身しばしばこのことを経験した(彼らは夜遅くにやって来ることも珍しくなかったので)[36]」。現地で行われている茶の見方やその淹れ方に適応しながら、ド・ロードは、茶の医学的・精神的効用に関して中国人が長年にわたって育んできた態度を自らの内に吸収していった。同様に、日本の喫茶慣習の瞑想的単純性も、ヨーロッパ人宣教師と日本人改宗者たちの手でキリスト教的特徴を与えられた(宣教師の中には茶の湯の儀式のための部屋を自らの住居に設ける者もいた)[37]。つまり茶は、商業的媒介の手段であるのみならず、異文化間の変容を引き起こす力ともなっていたのである。

フランス人がオランダ商人に対して抱いた不安はむろん、倫理的懸念よりむしろ嫉妬交じりの猜疑心に基づいていた。というのも、オランダ東インド会社は東インド全域で、株主のために膨大な富を生み出していたのである。そして同社の成功にとって不可欠だったのが、経済、外交、軍事上の侵略戦術である。ところが、ほかのアジア諸国と比べて中国は、オランダの富と魅惑と力を容易に受け付けないことが明らかになりつつあった。オランダ東インド会社をとりわけ悩ませたのは、ポルトガルが中国とヨーロッパ諸国の関係を一手に掌握していたこと、そして同社が広州で中国商品を十分に調達できていないことであった(その原因は、一つにはカトリックのスペイン、ポルトガルが広州近くの澳門に権益を確保していたことである。加えて、一六四四年に満州人が明王朝を征服し、清王朝を樹立した後の中国では、官僚組織内にも個人間にも複雑な利害対立が生じ、商業と政治の機能が阻害されたことも関係していた)。こうした事態を改善するため、オランダ東インド会社は北京の順治帝に直訴することを決める。一六五〇年代半ば、二人の外交使節——ペーテル・デ・ホイエルとヤーコプ・デ・ケイゼル——が、広州から北京までの困難な陸路の旅に出発した。彼らは、助手と召使から成る小規模の随行団を伴い、会社に託された賄賂または「貢物」を携えていた。中国語の通訳を雇って道中はもっぱら頼りながらの旅であった。そして一六五六年九月三日、ホイエルとカイセルはついに、皇帝との謁見を許された。しかし、その結果彼らが認められた優遇措置は極めて限定的なものだった——つまり、乗組員一〇〇名以下の船が八年ごとに広州へ入り交易を行う許可を得たものの、来訪者のうち二〇名は皇帝の宮廷を喜ばせる貢物を携えてくること、という条件が付けられていた。オランダ東インド会社自体の吝嗇さ、通訳の不備、それにヨハン・アダム・シャル・フォン・ベル(一五九二—一六六六年)のような有力なイエズス会宣教師の妨害工作——こういった要因に阻まれながら、オランダ東インド会社は以後数十年にわたってさらなる外交使節の派遣を余儀なくされ、その結果ようやく何がしかの有意義な特権を付与されたのであった(その間には、「国姓爺」としても知られる明の遺臣、鄭成功の討伐に協力するため、清朝当局への海軍力提供を求められたこともあった)。[*38]

最初のオランダ使節団の名誉ある失敗は、使節たちの執事を務めたヨハン・ニューホフ(一六一八—七二年)によって丹念に記録された。彼のテクストは、付随的にではあるが、中国社会の最上層における茶の機能と地位を詳細に跡づけている。[*39] ふんだんに図版を用いたその二折り本の中でニューホフは、広州から北京に至るまで、オランダ使節団と中国側の高官や総督との会見は、必ず精緻な茶の儀式から始まったと述べている。[*40] 順治帝本人が臨席した際も、華麗さと荘厳さが、公式の場における入念な喫茶の行為と儀式的に統合された。

皇帝は……使節たちから三〇歩ほど離れた所に座った。金と宝石で飾られた玉座はまばゆいほど光り輝き、近くに寄る者全ての目をくらませた。使節たちには、顔のほんの一部を除いては、皇帝の姿を認めることができなかった。皇帝の傍らには総督たち、王子たち、宮廷の高官たちが座り、皆一様に木の椀に入った茶を多量に飲んだ。[*41]

順治帝の宮廷では（ニューホフが旅の途中で訪れたほかの場所同様）、この「茶—*Thea*」は、新王朝を打ち建てた満州人の「韃靼（だったん）」式に従って淹れられた——「一握りの半分のテ（*The*）またはチャ（*Cha*）のハーブを清水に浸し、水の三分の一が蒸発するまで沸騰させる。そこに温かいミルクを全体の四分の一ほど加え、少量の塩を入れ、耐えられる限り熱くして飲む」[*42]。ここで、民族間の差異の感覚が、茶の飲み方を通じて微妙なかたちで顕在化してくる。というのも、茶にミルクを加えるという北方の征服者のレシピは、南方の民族には「あまり受け入れられていない」ことがニューホフによって明らかにされるからである。茶の純粋主義者のチャイ・ラテ蔑視を三世紀半も前に先取りするかのようでもあるが、より伝統的に思われる漢民族の飲み方は、（「この液体の味が苦すぎる」場合に）ただ「少量の砂糖を混ぜる」というものであった。[*43]とはいえ、満州人にとっても漢人にとっても、茶が高官貴顕の社会的・政治的儀式にとって、欠かせないものであったことは間違いない。それは、祝宴や接見の挙行からだけでなく、「一トエル［約八〇グラムまたは三オンス］分の茶」が北京滞在中のオラン

ninclyck
NKET
A. De Onder Koninck sittende alleen aen een Taefel.
B. De Lipu of tweede persoon naest hem
C. De Hollantse Ambassadeurs met de voornaemste van haer.
D. De rest van haer gevolgh.
E. Verscheyden Tartarise en Chineese Heeren.
F. Daer de Tee en andere Dranck wort geschoncken en op gedraegen.
G. Verscheijden Tartars en Chineese Dienaers.

容器に満たし、テーブルへ運ぶ」ための給仕エリアである。部屋の中央奥に中国の高官たちが威儀を正して座しており、その左手前にオランダ使節と随行団が座っている。

北京の「皇帝の祝宴」、ヨハン・ニューホフ『オランダ東インド会社派遣使節中国紀行』(1665年)の英語版(ジョン・オーグルビー訳、1669年)に所収。この挿絵は、清朝中国の政治空間における茶の儀式的重要性を描いている。前景の「F」が示すのは、「茶やその他の飲料を

ダ使節の食料支給品リストに記載されていた事実からも明らかである。[44] 茶の儀式的・政治的意義に関するこうした意識は、一〇年ほど経った後、イギリス東インド会社が王への適切な贈り物として茶を選んだ時、王政復古期のチャールズ二世の宮廷にまで伝播したと言えるだろう（第二章参照）。

オランダ東インド会社は、さらにもう少しの時間と折衝と銀を注ぎ込まないうちは、中国市場への参入を改善することはできなかったかもしれない。しかし、オランダ船が運んだ茶はすでに護国卿体制下のロンドンで、流行に敏感な市民たちのもとに届いていた。一六五八年九月二三日、コーヒーハウス経営者トマス・ギャラウェイ（一六九二年没?）は、『メルクリウス・ポリティクス』紙に次のような広告を出した――「あらゆる医師からお墨付きを得た、素晴らしい中国の飲み物（*China Drink*）。中国人はチャ（*Tcha*）と呼び、他の国民にはティー（*Tee*）またはティ（*Tay*）と呼ばれている。ロンドンの王立取引所近くのスウィーティングズ・レンツにあるコーヒーハウス、『スルタン王妃の首』にて販売中」（後にギャラウェイは、一六五七年以来「葉と飲料」両方の形態で茶を小売りしていると主張した）。[45] 数年以内に、ギャラウェイは「中国人の看板のある」二番目の茶販売店をチャリング・クロスに構え、「全ての上流人士、紳士、宮廷内やその近く、ウェストミンスターと近隣の地区に住む他の人々」を顧客として引きつけることを目指した。[46]

ギャラウェイのこの広告には、リンスホーテンの『東方案内記』の翻訳者が用いた"*Chaa*"や、リチャード・ウィッカムの手紙に現れた"chaw"よりも首尾よく英語に定着することになる新語が使われている（ただし「茶」を意味するこれらの語は形を変えて（cha または char として）現在まで英語の中に残っているけれども）。ほんの数行の新聞広告文の中で、ギャラウェイは彼の貴重な新商品を表わす四つの別々の呼称を提示している。その中で明らかに「英語」であると分かる選択肢は「中国の飲み物(*China* Drink)」だけである。"*Tcha*"あるいは*ch'a*は、茶を表わす最も重要な漢字（陸羽も『茶経』で用いている）に由来し、これをハッジ・モハメッドは"*Chiai*"と、ガスパール・ダ・クルスは"*Cha*"と音訳した。しかし、この語は（ギャラウェイの言う通り）「他の国民」によってはもはや使われていない。[*47] 一方、"*Tay*"は、一六五三年のフランス語著作でド・ロードが茶の木とその産物を表わすために用いていた（この語が英語で初めて使われるのは、ド・ロードに言及した初期の文献においてである）。彼は澳門で広東語の*ch'a*を見聞きしていたはずだが、おそらくヨーロッパに戻ってから*Tay*の方を好むようになったのであろう。[*48] 実際、アジア貿易のかなり初期の段階で、オランダ東インド会社は廈門（アモイ）（シアメン）方言から*te*または"*thee*"を借用していた。この語は廈門の港だけでなく台湾（フォルモサ）でも、またインドネシアのマレー商人の間でも使用されていた。バタヴィアの商館から役員会に宛てた一六二九年の書簡は「日本の*cha*も中国のtheeも入手できない」ことを嘆いている——ここからは、原産国の違いに応じて、粉末とばら葉という形態上の区別が設けられていたことが分かる。[*49] そして、英語には競合する二つの語が存在した——フランス語に由来する"tay"（ド・ロードが導入したこの語はやがて*thé*としてフランス語化された）と、オランダ語に由来する"tee"である。これらの語が合成して"tea"という新しい綴りが生まれた。"tay"も"tee"も、一七世紀半ばの数十年間は使われ続けたようである（しかし例えばギャラウェイ自身も、一六七〇年までには"tea"という綴りを好むようになった）。このように両面価値のある言語的装いをまとって、茶はイギリス独特の文化的形態を発見するための探求を開始したのである。

一六、一七世紀のヨーロッパ諸国の海外進出に先立つ、東アジア（特に中国）における茶の長い歴史は、この飲料が幅広い用途と意味を備えていたことを明らかにする。茶の有用性は多岐にわたった――それは農産物・換金作物としても、毎日の食事に欠かせない要素としても、社会、宗教、政治上の儀式の中心としても、種々の効果を持つ医薬としても重宝された。その効能と魅力が初めは風聞のかたちで、次いで小型の缶に入って、最終的には卸売りの高級商品としてヨーロッパ人の間に浸透し始めた時、茶は決して文化的真空状態の中で飲まれたわけではなかった。この飲み物はむしろ、はるか遠くの中国や日本の社会にとってそれが持っていると想定された多様な意味の文脈の中で消費されたのである。同時にその過程で、茶がもともと東アジアで有していたさまざまな意義は、ヴェニス、パリ、アムステルダム、ロンドンといった場所それぞれに固有の文化的環境の中で再解釈されていった。したがって、茶は単に交換と消費の対象だったのではない。それは趣味の開拓者であり、飲用者を変容させる力を備えていた。茶がその新たな愛好者たち（否応なしにヨーロッパ中心主義的な視点と認識を持つ人々）に求めたのは、想像できないくらい遠く離れた文明のエキゾチックな新奇性を経験し、内面化するということであった。それをヨーロッパ人は直接的に（アジアの葉の浸出液を摂取することで）、そしてまた間接的に（ヨーロッパの外の世界で知的、社会的に蓄積されていた豊かな意味に出会うことで）実行したのである。ポルトガル人司祭、オランダ商人、そして（最終的に）ロンドンの小売業者――こうした人々は皆、茶の帝国が西半球においてその最初の胎動を躊躇（ためら）いがちに、ほとんど無意識のうちに開始するのに貢献したと言えるだろう。

第二章

イギリスにおける茶嗜好の確立

茶が一七世紀中葉のイギリスで初めて知られるようになった時、当時の人々の間には、エキゾチックで新奇なものに対する強烈な欲求が存在した。この欲望は社会の上層において特に顕著であり、また、北ヨーロッパのプロテスタント諸国——特にイギリスとネーデルラント——に共通して見られた。イギリスでは、中国の茶、アラビアのコーヒー、メキシコのココアが、一六五〇年代にほぼ時を同じくして人々の関心を集め始めた。原産地も風味も異なるこれら三つの飲料には、共通する特徴が四つあった——すなわち、熱くして出されること、苦みがあるため砂糖を加えて飲みやすくすること、希少で高価な植物原料から作られること、そして魅力的な精神活性作用を持つことである。エキゾチックな熱い飲み物に対するこうした嗜好は、それを見つけて買う余裕のある人々の間で、イギリス文化の伝統的アルコール飲料（国産のビール・リンゴ酒・蜂蜜酒、輸入ワイン、蒸留酒）と競合しながら増大していった。

イギリスと茶との出会いは、三つの異なる社会集団の間で別々に始まった——すなわち、ヴァーチュオーソ（アマチュア科学者）、商人、宮廷女官である。これらの集団は各自異なるやり方で茶に関する理解を促進し、茶消費の文化にそれぞれ独特の刻印を残した。第一の集団、ヴァーチュオーソたちは多様な領域の科学者、自然哲学者、医学者で構成される。彼らはアジアや南北アメリカからもたらされる世界各地の新しい薬種との関連で茶に関心を抱き、独特の生理学的作用（潜在的な治癒的効能を含む）を茶の中に認めた。第二の集団、商人および貿易業者は、三つの集団の中ではおそらく茶の特性に最も関心を払わなかった人々である。エキゾチックな商品として茶に接近した彼らは、適切に需要を促せば、イギリス国内での茶販売から利益を得られると期待した。最後の集団は、王妃キャサリン・オブ・ブラガンザ（王政復古によって王位に就いたチャールズ二世の妻）を取り巻く、宮廷のエリート文化に属する女性たちである。キャサリンにとって茶はエキゾチックで高価な奢侈（しゃし）品であり、その消費の眼目は、茶そのものと茶道具双方の誇示とスペクタクルにあった。以上三つの集団全てにとって、茶に関する情報が伝えられる主要な経路はヨーロッパ大陸、特にオランダ、ポルトガルとの接触であった（ただし、世紀の終わりが近づくにつれ、イギリス東インド会社の重要性が次第に増してくることにも留意しておく必要がある）。

科学者と商人

一六五〇年代のロンドンで最初に茶に注目したイギリス人は、科学者たち、あるいは（彼ら自身の呼び方に従えば）ヴァーチュオーソたちであった。共和政期・護国卿時代のピューリタン政権は自然哲学に敵対的ではなく、むしろ知識人の集団に対して、理性と経験主義を重んじたベイコン新科学の計画を継続するよう奨励した。強い影響力を持った集団の一つとして、サミュエル・ハートリブ（一六〇〇頃―一六六二年）を中心に形成された知的サークルがある。ハートリブは自ら認める「情報提供者（インテリジェンサー）」で、自分の主な役割は情報を蒐集し、適切な受け手へ広めることであるとした。一六五〇年代半ば、ほかの数多（あまた）のプロジェクトに加えて、彼は「飲料論」に取り組んだ。その中でハートリブは、あらゆる種類の飲料の薬理作用と商業的可能性に関する知識を照合し、評価することを試みた（その対象はリンゴ酒・ワイン・ビールのような主要飲料から、茶・コーヒーなどの新しい外来飲料にまで及んだ）。ハートリブは遅くとも一六五四年からコーヒーを知っていた（その年に、彼の友人ジョン・ビールが、ロンドンはセントマイケルズ・アレーのトルコ人経営の「カフィー・ハウス」に言及している）。しかしハートリブが茶に初めて言及したのは一六五七年のことである。その年に彼はオランダ人医師ニコラース・ディルクス（一五九三―一六七四年）、別名トゥルプまたはトゥルピウスが『医学論』の中で茶を称賛しているのを読んだ。トゥルプの著書は医学的症例に関する論考で、アムステルダムで一六五二年に出版された。[*1] ハートリブと彼の仲間たちは、トゥルプの茶論を『日誌』（日記の集成）のために転写し、要約した。一六五七年五月の記載事項において、ハートリブは次のように述べている。

トゥルピウスはその著作の中で、テ（The または Te）というハーブのことを激賞している。それは中国と日本で万能薬として使われ、毒気、消化不良、結石、痛風の治癒に効果がある。中国と日本で買われ、アムステルダムに運ばれて一ポンド（約四五四グラム）当たり英貨六ポンドという高値で売られる。しかしサー・チャールズ・ハーバートはそれをアムステルダムで一〇シリングで入手しようと請け合っている。ニューポート卿は茶の飲用から大いに恩恵を得ている。（誰よりも健康に気を配る）ウォラー氏は茶の大変な愛好家である。茶には若干の苦味がある。[*2]

茶にかかる費用は驚くほど高額であった。一重量ポンド当たり六ポンドという茶の価格は、今日の貨幣価値に換算すれば八四七ポンド以上に相当する。[*3] ハートリブの要約には、愛好家たちが多額の費用をかけてアムステルダムから茶を個人的に調達していたことが述べられている。彼が名前を挙げているのは、一六四〇年代にネーデルラントに数年間暮らしたサー・チャールズ・ハーバート、初代ニューポート伯爵マウントジョイ・ブラント（一五九七―一六六六年）、そして詩人エドマンド・ウォラーである。彼らは茶を薬剤または医薬と見なしたが、そのことは茶の「苦味」によっても確証された。ビールはハートリブに対し次のように提案した――茶は「あなたの飲料論に興味深い光彩を添えることになるでしょう。あなたはさまざまな飲料を豊富に蓄えておられるけれども、茶のような高級品を私にも試させようなどとはお考えにならないでいただきたい。というのも、やれやれ、私としてはそれを飲むつもりは全くありませんし、その必要もないからです」。[*4] このように、ビールの見るところ、茶は文字通り高額すぎて試しに飲んでみるというわけにはいかなかったのである。しかしハート

ピーテル・ファン・ルーストラーテン《ティーポット、糖菓壺（ジンジャー・ジャー）、奴隷の燭台》、1695年頃、カンヴァスに油彩。ロンドンで制作されたこの*pronkstilleven*（「華美な」静物画）は、エキゾチックで贅沢な品々を、細部まではっきり見えるように誇示している。銀色の糖菓壺が一連の事物の後景を成している――すなわち、漆器製の茶筒と、中国の染付磁器製茶道具（台座付きティーポット、甘蔗糖（ケイン・シュガー）で満たされた蓋付きボウル、銀メッキのティースプーン、ソーサー付き茶碗）である。イギリス製の銀メッキの燭台は、基部が跪く奴隷の形をしており、甘蔗糖がカリブ海の奴隷プランテーションで作られたものであることを思い出させる。

リブにとっては幸運なことに、一六五七年一二月、義息のフレデリック・クローディアスから次のような知らせが届いた――イズリントン在住のさる匿名の裕福な提供者が、アムステルダムの「商人の友人」から、「テーというハーブ八ポンドを取り寄せてくれた」[*5]、というのだ。むろん、その頃までにはハートリブは、ロンドンのコーヒーハウスで自ら茶と出会っていた可能性がある。一六五八年九月にロンドンの新聞に初めて茶の販売広告を出したトマス・ギャラウェイは、後に片面刷り(ブロードサイド)チラシとして印刷した別の広告において、「一六五七年頃に……葉と飲料として前述のテーを」イングランドで「初めて一般に販売した」のは確かに自分であると言っている。[*6]

オランダ人による茶の研究はハートリブにとっては、茶葉自体の供給とほとんど同じくらい価値のあるものだった。茶の消費者は、高級輸入品を用いて飲料を作る方法に関する指針を必要とした。しかし同時に求められたのは、茶の意味に関する知識であった。茶は媒介と補間(インターポレーション)を要求したのである。したがって、オランダ語の著作であれ、中国語からの翻訳であれ、茶に関する情報はそれ自体が価値のある商品であった。一六五二年のトゥルプの「茶というハーブ」に関する論考は、中国の情報提供者から得た知識に依拠していると主張した(おそらくイエズス会宣教団やバタヴィアのオランダ東インド会社を経由して得られた情報であろう)[*7]。トゥルプはさまざまな病気に効果があるとして茶を推奨し、その健全性を擁護した。

> 茶は身体に活力を与えるだけでなく、苦痛を伴う結石の予防にも役立つ(実際、中国には結石に罹っている者はいないと言われている)。また茶は、頭痛、風邪、目の炎症、

> 精気の減退や錯乱、胃弱、下痢、倦怠感などにも効く。眠気の抑制にも目覚ましい効果がある。この煎じ汁を啜ると、何ら厄介な副作用を伴わず、しかも睡眠の欲求に屈せずに徹夜で働けるようになることもある。

トゥルプはまた、日本人が粉末状の葉に熱湯を加えて泡立てるという淹れ方をするのに対し、中国人は葉茶を用いて浸出液を作るという点にも注目している――「こうして煎じ汁を温め、招待客とその訪問に伴う栄誉のために、茶で乾杯するのが彼らの習わしである」。トゥルプの茶論では、中国の上流階級の社交と贈答において茶が果たす重要な役割と、茶の準備と消費に使われるさまざまな高級器具にも注意が向けられる（例えば「三脚器、急須、茶碗、スプーン、その他の洗練された調理器具から成る、精巧な道具一式。これらは金貨数千枚の値打ちがあるとされる」[*8]）。トゥルプの論考は、後続のオランダ人による茶研究において称賛された。その中には一六五八年のウィレム・ピエス（通称ピソ）と、一六七八年の「茶博士」コルネリウス・ボンテクーの研究が含まれる。こうした文献は全て、イングランドの自然哲学者たちによって入念に研究された。これらのオランダ人医師たちは、茶に備わっているとされた一連の医療的な特性を確証した。そうした薬効は、茶の独特の風味、希少性、大変な高値を正当化するものであった。ピエスが論じたように――

> そうして作られる煎じ汁は苦い味で、温かいのを少しずつ飲む。中国人は茶を聖なる飲料と見なしている。彼らは茶によって訪問者を迎え、茶によって客人に別れを告げる。

また彼らの間では、茶を供さずにはもてなしの作法が完了したとは考えられない。マホメット教徒がコーヒーを珍重するのと同じように、中国人は茶を珍重している。[*9]

茶の奇妙な味と温度にもかかわらず、ちょうどイスラム教徒の間におけるコーヒーと同じように、中国人の間で茶が高いステータスを有することにピエスは注目している。

茶・コーヒー・ココアが独特の新奇さを備え、外国を原産地とすることは、一部の人々の目には、激動の時代相の象徴として映った。これらの飲み物は、イングランドの消費者にとって新機軸を意味した――というのも、それらは熱くして飲まれ、苦い味がしただけでなく、非常に高価で、地球の裏側から輸入され、難解な医学小冊子によって入念に媒介されたからである。一六五九年に、ある風刺作家は次のように問いかけた。

学識ある内科医師会は、診療業務で多忙を極めているのでもない限り、次の問題について検討のうえ対処すべきではないだろうか。つまり、トルコ産のコーヒー、シャーベット、ユダヤ人が大いに飲用するココア、ロシア人が飲むブロサー、茶（タとティー）やその他の新奇な飲み物が、われわれイングランド人の体質に合うのかどうか、という問題である。[*10]

これらの熱い飲料の特徴である濃く苦い風味と、イングランド共和国の終焉および王政復古に伴う政治上、宗教上の対立との間には、一種奇妙な相関関係が認められる――風刺作家がここで観察しているのはそういうことである。これらの飲み物は刺激性飲料であったが、アルコールと違って、飲んでも酩酊やその他の乱暴行為を引き起こす恐れはなかった。したがって、茶とコーヒーは飲用者に顕著な精神活性作用を及ぼしたが、これらの飲料と結びつけられた行動形態は、当時のプロテスタント諸派が推進した道徳改革・統制の綱領におおむね合致したのである。[*11] 医学界によって推奨され、教会・行政当局から積極的な反対を受けなかった茶とコーヒーは、商人と国家による活用を受け入れやすかったと言える。

ギャラウェイが一六五八年に初めて茶の広告を出してから数年のうちには、（入手が極めて困難であるという事情も手伝って）これらの「新奇」で「苦味のある」飲み物に対する欲求が、消費者の間に生まれてきていた。サミュエル・ピープスはその日記の中で、一六六〇年に初めて茶と出会った時のことを記している。その日、ピープスは海軍省の会合に出席していたが、そこへサー・リチャード・フォードがやって来る。彼はスペインと取引する有力な商人で、「その話しぶりは理性と経験を豊かに備えた人のようであった。その後で彼は一杯の茶（中国の飲み物で、私はそれまで飲んだことがなかった）を持ってこさせ、それから退出した」。[*12] しかし、ピープスは一六六〇年代前半にコーヒーは定期的に（週に数回）飲んだけれども、茶の方はごくたまにしか飲まず、あまり気乗りもしなかったようだ。一六六五年一二月には某ピアース氏の家で「夫妻が私に茶を飲ませた」と書いている。[*13] 一六六七年六月、ピープスは妻が「茶を淹れた」と述べているが、彼女は医学的助言に基づいてそうしたに過ぎない――茶は「風邪と鼻炎に効く飲料だと薬剤師のペリング氏に言われた」とのことである。[14] 詩人のエドマンド・ウォラーは、一六五七年にハートリブが茶愛好家の一人として名を挙げていた人物だが、自然哲学者のサー・ケネルム・ディグビーはウォラーの次のような言葉を記録している――イギリス人は茶を淹れる際に「葉を熱湯に浸しておく時間が長すぎる。そのためにハーブの土臭い部分が湯の中に抽出されてしまう。茶の浸出時間は、詩篇第五一篇（ミゼレーレ）を極めてゆっくり唱える時間以上に長くてはいけない」。詩篇第五一篇は、時間を計る単位としてレシピでよく使われたのだが、およそ二分半から三分ほどの長さを表わす。ウォラーは次のように結論づけている――「こうすれば、茶の霊的な部分だけが抽出される。この部分の方がはるかに活性と浸透性が高く、人体に馴染みやすいのである」。[15]

　一六六〇年代のロンドンの新聞広告を見ると、当時のコーヒーハウスは、乾燥茶葉（本来は食料品店で売られる品）の販売と、熱い飲料としての茶の販売の両方を行っていたことが分かる。価格は高額であった。エクスチェンジ・アレーでスルタンの看板のあるグレート・コーヒーハウスを経営したウィリアム・エルフォードは、一六六三年三月一九日の『メルクリウス・プブリクス』紙上に広告を出した。それによると彼は、「品質に応じて」一重量ポンド当たり六シリングから六〇シリングの値段で茶を販売した。これは依然として驚くほど高い価格であった（六〇シリングは英貨三ポンドに等しい）。エルフォードの図式では、全ての茶は単に「茶」であり、種類ごとの違いは存在しなかった。[16] 参考のため比較してみると、同時に彼はコーヒーを豆の品質に応じて一ポンド当たり一シリングから六シリングで提供していた。つまり、茶はコーヒーの六倍から一〇倍も高価だったことになる。この価格は、淹れ方の違いを勘案しても、茶が途方もなく高価な贅沢品であったことを示している。

茶の高価さと、エキゾチックな東洋産品全般に対するエリート階層の好奇心を意識して、イギリス東インド会社はこの新商品に関心を寄せ始めた。一六六四年に東インド会社役員会は、王の宮廷における後援者に適した贈り物として茶を選んだ。一六六四年七月に会社の船がジャワのバンタム（バンテン）から戻った時、役員たちは王の好奇心を満たすにふさわしいエキゾチックな珍品――希少な鳥や動物――が積載されていることを期待していた。その船が港に到着すると、役員たちは落胆した。王への贈り物としてふさわしい博物学的珍品がほとんどなかったからである。一六六四年八月二二日、役員会の総裁は「商館員たち」が「陛下に進呈するのにふさわしいものとして指示された品物」を会社に供給しなかったと述べた。王が「当社によって全くないがしろにされたとお考えにならないように、役員会が適切と考えるならば、銀箱入りのシナモンオイルと良質の茶が提供されるべきであるというのが総裁としての見解である。そしてこれらの品なら陛下のお気に召すかもしれないことを期待する」。役員会は総裁の判断を「満場一致で承認し」、茶とシナモンオイルの贈り物を王のもとに届けさせた。[*17] この贈り物をするに際して東インド会社が想定していたのは、茶がその受け手にふさわしい奢侈品として（同時にその贈り手を象徴するエキゾチックな商品として）認められるであろうということであった。この点において同社は、ヨーロッパと中国の最初期の交易で茶が具たした役割を、おそらく無意識のうちに再現していたのである（前章で見た通り、その交易では茶の儀式的贈与が国家と宮廷の行事にとって重要な意味を担っていた）。

この時期の東インド会社は、中国との間に直接的な交易上の接触を持たなかったため、しばしばオランダから茶を輸入せざるを得なかった（例えば、一六六六年に同社は二二重量ポンド一二オンスの茶を輸入し、アムステルダム市場で五六ポンド一七シリング六ペンスの代金を支払った)。また、スンダ海峡に臨むジャワ島の港町バンタムの交易所に立ち寄る中国ジャンク船と二次的な茶貿易を行うことも時折あった――一六六九年には一四三ポンドの茶を受け取り、一六七〇年にはさらに七九ポンドの茶がこのルートを通じて得られた[*18](バンタムはその後、一六八二年にオランダによって奪われた)。一七世紀後半を通じて、東インド会社のアジア貿易の中心は高級織物、特にシルクとベルベットであった(同時に香辛料と希少金属の獲得にも力を入れたが)。したがって、茶の果たした役割は極めて小さかったのである。ボンベイの商館と廈門の間で一六八七年に行われた航海は、相当量の茶を「明確に会社のために注文した」点で異例であった。[*19] 一六八九年には会社の別の船、プリンセス号が廈門と交易を行った。その品物がロンドンで売りに出された時、役員会は次のように苦言を呈した。

最近、取引量が過剰になってきているため、しばらくの間減少させて評判回復を図らざるを得ない。トンキンと中国の漆器は売れない商品で、茶も同様である(油やその他の物質の不快な匂いが移らない壺・桶・箱に入れて売られる最高品質の茶は別として)。ここ[イングランド]の関税は一重量ポンド当たり五シリングを上回る。下等の茶は二シリングまたは二シリング六ペンス以上では売れないであろう。[*20]

茶はイングランドで活発に取引されるには高価すぎたのである。より安価な輸入品をオランダから入手できたこともあり、仕入れ原価の回収が困難であった。結果として、茶は磁器や漆器と同様、当時の人々が「drug upon the market―あり余って売れない商品」と呼ぶものになった（需要が極めて少ないにもかかわらず豊富に供給されるために売れなくなった商品の意）。どのようなルートを通じてであれ、東インド会社による中国からの茶輸入は、一六九〇年代を通じて少量かつ散発的であった。

宮廷女官

イングランドでは、茶の需要は社会の上層においてその基礎を固めた。それを促進したのは、王の宮廷、有力商人および医学者が茶に対して示した関心であった。極めて高額な小売価格は、茶とエリート層との結びつきを補強した。このような状況が生まれたいきさつを説明するために、しばしば二つの物語が語られてきた――それらはおそらく共に真偽が定かでなく、事実関係が混乱している。最初の物語は王妃と宮廷女官たちに、二番目の物語は二人の廷臣の妻たちに関するものである。これらの物語は、茶と女性の結びつき、そして茶と一七世紀宮廷エリートサークルの社交生活とのつながりを強化する。この二つの逸話の問題点は、どちらにも本当であるという証拠がないことである。両方とも、その中で描写される出来事のずっと後になって初めて語られたものであり、つまりは歴史的混乱と空想の所産にほかならないのだ。とはいえ、一七世紀後半には、王の宮廷に集まる女性たちやその他の貴族的サークルの間で、茶を通じた社交が顕著に普及していたことは間違いない。

一六六二年五月一四日、王政復古と共に即位したチャールズ二世がキャサリン・オブ・ブラガンザ

（公式名カタリナ・ヘンリケッタ・デ・ブラガンザ、一六三八―一七〇五年）と結婚した。キャサリンはポルトガルの王女で、この結婚によってイングランド、スコットランド、アイルランドの王妃となった。二人の婚姻は外交上の理由で結ばれたものであり、王妃は不幸な二番手として、王の美しい愛人たちの後塵を拝し続けた。キャサリンは莫大な結婚持参金を携えてイングランドにやって来たが、それは現金だけでなく領土というかたちでもたらされた――つまりイングランドは、タンジールやボンベイといった戦略的交易拠点に加え、ブラジルと東インドのポルトガル領植民地（澳門（マカオ）のポルトガル商館を含む）との自由貿易権を獲得したのである。王族を理想化して語る歴史記述では、キャサリン王妃は家具調度における東洋趣味や、楽しみのために茶を飲む習慣に対する庇護を確立した人物ということになっている。しかし、キャサリンが茶をイングランドに初めて伝えたという説が王室史家アグネス・ストリックランド（一七九六―一八七四年）によって提唱されたのは、ようやく一九世紀半ばになってからのことに過ぎない。しかもストリックランドはその主張を裏付ける証拠を何も提示していない。[*21]

真正性の疑わしい物語の二つ目は、チャールズ二世の宮廷に仕える二人の政治家の妻たちに関するものである。この逸話によれば、茶がイングランドに導入されたのは、一六六六年に国務大臣の初代アーリントン伯爵ヘンリー・ベネット（一六一八―八五年）と第六代オッソリー伯爵トマス・バトラー（一六三四―八〇年）が、ハーグでの外交任務を終えてロンドンに戻った時とされている。二人はオランダで茶を一包み購入していたが、帰国後に彼らの妻たちが、宮廷サークル内で社会的地位を高めるための社交上の手段として、その茶を利用したというのだ。アーリントン伯爵夫人とオッソリー伯爵夫人はエリザベス（一六三三―一七一八年）とエミリア（一六三五―八八年）のオランダ人姉妹で、ローデウェイク・ファン・ナッサウ＝ベーフェルウェールト（一六〇二—一六五年）の娘たちであった（ローデウェイクはオラニエ公マウリッツの庶子で、オラニエ公ウィレム二世の従兄）。この逸話が示唆するところでは、茶を飲む集いの目新しさが、オランダ出身の姉妹の社交界における地位向上に一役買ったのである。[*22] この物語の萌芽は、一七五六年に博愛主義者のジョナス・ハンウェイによって、喫茶の有害作用に関する論考の中で初めて語られた。しかしその内容が真実であると想定すべき理由は何もない——特に、アーリントン伯とオッソリー伯が一六六六年に外交任務を帯びてオランダへ赴いたという事実がない以上は（一六七四年には確かにそうしたという記録があるけれども）。一七五六年に、サミュエル・ジョンソンがハンウェイの本の書評において、二人の貴族がイングランドに喫茶を導入したという主張は明らかに誤りであると指摘した。というのも、ジョンソンが言う通り、茶は一六六〇年以来課税の対象となっていたからである。ジョンソンの反論はもちろん、キャサリン王妃に関するストリックランドの主張にも同じく適用することができる。[*23]

　この二つの物語は、前世紀の茶の歴史家たちによって、あたかも真実であるかのように繰り返し語られてきた。なぜなのだろうか。おそらくその答えは、これらのうまく整った物語が、貴族的・王族的なコンテクストを喫茶趣味のために確立してくれるということである。茶会社とそのマーケティング部門は、そうした結びつきを大層ありがたがる——ボヘミア出身の共和主義的「情報提供者」（ハートリブ）や、衒学的なオランダ人医師（トゥルプ）と茶との間に実際に存在した結びつきよりもはるかに。また、少数の選良が歴史のひとこまを演じるこれらの逸話は、需要と中毒と搾取に関する——複雑な分析ではなく——単純な物語でもある。しかしながら、この二つの物語は、いずれもそれ自体としては不正確であるものの、同時に、一六八〇、九〇年代のイングランドにおける茶とエリート女性サークルとの重要な結びつきを示唆していることも確かである。実際、キャサリン王妃のお茶好きは、詩人によって称賛されるほど有名なものであった。廷臣のエドマンド・ウォラーの作に、一六九〇年に死後出版された、「王妃陛下に称えられし茶について」と題する詩がある。創作年代は不明だが、最新の研究では、状況証拠から判断して一六八〇年代前半の作ではないかと推定されている。[*24] この詩はキャサリンの誕生日（一一月二五日）の祝典を契機として書かれたもので、彼女のお茶好きを礼賛することで王妃を褒め称えるという内容である。

ヴィーナスはギンバイカを、アポロは月桂樹を持つ。
王妃が称賛して下さる茶は、そのいずれにも勝る。
最高の王妃と、最高のハーブをわれわれは
かの目覚ましい国に負っている。その国は、日出ずる
輝かしい土地へ至る道を指し示してくれた。
その土地の豊かな産物をわれわれは当然ながら珍重している。
ミューズの友である茶は、われわれの想像力を助け、
頭脳に侵入する発散気を抑制し、
魂の宮殿を平静に保って、
誕生日を迎える王妃を称えるのに相応しい状態にしてくれる。

誕生日を記念する頌歌が追従的になるのはやむを得ないところである。ウォラーはこの詩の中で、茶および東インド貿易と結びつけることを通じて王妃を称揚している。詩人はポルトガル（「かの目覚ましい国」）の冒険的航海者を、新たに開拓された中国（「日出ずる輝かしい土地」）への東方交易ルートと関連づける。このルートによって、さまざまな奢侈品（「われわれが当然ながら珍重している豊かな産物」）の交易が促進された。そうした品の中でも、冒険的航海から得られる最も貴重なものとしてウォラーが特定するのが、茶にほかならない。茶は連想によっても生理学的作用によっても、「ミューズの友」である。茶は詩人の“fancy”つまり想像力を助け、「魂の宮殿を平静に」保つことによって、平穏と落ち着きを促進する、とウォラーは結論づける。[*25] ウォラー自身、一六五〇年代から熱心に茶を飲んでおり、その当時すでにハートリブは彼のことを「茶の大変な愛好家」と呼んでいた。[*26]

イングランドでは一六八〇年代までには、茶を飲むことは、貴族と上流階級の社交生活や家庭生活の一部として確立されていた。喫茶というこの新習慣が、当時どの程度浸透しつつあったのかを知る手がかりを、ある貴族のカントリーハウスに見出すことができる。第五代ベッドフォード伯爵および初代ベッドフォード公爵ウィリアム・ラッセルのウーバン・アビーの世帯は、相当量の文書記録を残したが、その中には帳簿、信書控帳、請求書などが含まれている。これらの文書によって、一家の消費者支出を詳細に跡づけることができる。ラッセル家は一六七〇年からコーヒーの購入を始めていたが、茶を発見したのは一六八五年のことであった。しかし茶は大変高価な贅沢品であったので、一家が消費する食料品の大半（コーヒーも含む）の場合とは異なり、茶の購入を執事に任せることはできなかった。茶の購入の仕事は、一家の家令で「収入役」として知られたドーソン氏なる人物か、彼の妻イライザに特別に委ねられた。彼らは、ラッセル家の特定の一員の代理として、ロンドンのリチャーズ氏から茶を購入した。また、ラッセル家の人々はそれぞれが各人専用の茶器一式を購入していた。以上から分かる通り、茶を飲むことは、一家の消費習慣のほかのいかなる側面とも違っていた。茶との出会いは遅かったにもかかわらず、ラッセル家ではやがて、茶への出費がコーヒーを上回ることになる。一六八五年に一家は合計で一〇ポンドを茶に費やした。茶の価格は一重量ポンド当たり二三から二五シリングであった。一六八七年には茶への総支出が一五ポンド近くに達した。支払い価格はたいてい一ポンド当たり二五シリングだったが、一部の高級茶の場合は一ポンドにつき三ギニー（三ポンド三シリング）もした。これは大変に高額な商品であった。一家のそれぞれが注文した茶器一式も極めて高価だった。一六八五年に公爵の娘マーガレットは、その年最初に届いた茶を飲むのに使うために、一ポンド一四シリングの茶器一式を父の執事から受け取った。彼女は一六八八年に二四シリングの六枚一組の皿と、五シリングの銀製茶盆をその一式に加え、さらに二年後には二ポンド三シリングのティーポットを追加した。茶の価格、壮観な茶道具、謎めいた供給元は、この飲み物に付与された社会的格式の高さを示していた。[*27]

ロックの恋人、茶

イギリスの道徳・政治哲学で最大の影響力を持つ思想家の一人、ジョン・ロック（一六三二－一七〇四年）は、一六八〇年代に茶を発見した。その出会いは、茶の導入に先駆的な役割を果たした三つの集団全て（医学者、商人、宮廷女官）との接触を通じて起こった。ロックはすでに一六八二年にオックスフォードで「茶」と出会っていたが、彼がこの飲料を好むようになるのは一六八三年にオランダへ渡って以後のことである。ロックはスチュアート家による迫害の恐れのためにオランダへの亡命を余儀なくされた。[*28] 彼が住んでいた時期のオランダでは、茶がイングランドに比べてより広く普及していた。オランダでも茶は奢侈品であることに変わりなかったが、消費量はイングランドよりも多かった。オランダ東インド会社は、バタヴィア

ジョン・ロックの胸像
説明は次頁

の中国商人との交易や、日本への毎年の航海を通じて、定期的に茶の供給を受けることができた。[*29] オックスフォード大学で医学を学んでいたロックは、茶の治癒効果や健康効果に関心を抱いていた。そして一六八三年一二月にアムステルダムに到着した時、彼はそうとは知らずに、茶をめぐる本格的な医学論争の影響圏内に入り込んでいたのである。

この茶論争における最も強力な論客が、コルネリウス・デッカーであった。彼はボンテクーという名で知られ、広く読まれた茶論 *Tractat van het excellenste kruyd thee*（一六七八年）の著者であった。この著作の完全な表題を翻訳すれば次のようになる――『最も優れた薬草、茶に関する論考――その正しい使用法ならびに、健康時と疾病時におけるその貴重な薬効を示す』。[*30] この本でボンテクーは、茶に備わっている可能性のあるさまざまな医療効果を説明することを試みた。茶の医学的効能を論じた文章は、幸福で健康な生活の送り方に関する助言とうまく調和している。ボンテクーの説く生理学においては、血液の適切な循環が健康維持の鍵であり、そして血液を健康な状態に保つための最も重要な手段が食事であった。ボンテクーによれば、茶は血を温かく薄い状態に保つのに有効であった。[*31] こうした茶の作用のおかげで、彼自身尿砂症（腎臓結石）が治ったという。加えて、ボンテクーの本の各章では、口、喉、血液、脳、目、耳、胸、胃、腸、腎臓、膀胱の病気の治療に茶

【前頁】ジョン・ノスト（父）に帰属《ジョン・ロック》、1700年頃、石の台座に載った鉛の胸像。イギリスの哲学者ジョン・ロック（1632–1704年）は、1680年代にオランダで亡命生活を送った。亡命中、ロックは緑茶の味に目覚めたばかりでなく、オランダ知識人の知的サークルで喫茶の社交的慣行に出会い、深く魅了された。彼は1689年にメアリー女王に随行してロンドンに戻った後も喫茶の習慣を継続し、高級種の緑茶を調達するために相当の金額を費やした。

【左頁】アドリアーン・ハールウェー《コルネリウス・ボンテクー》、1680年頃。印刷エングレーヴィング。「茶博士」として知られたコルネリウス・ボンテクー（1640–85年）は、1678年にアムステルダムで茶の飲用に関する論文を出版し、論争を引き起こした。ボンテクーは幅広い症状や疾患に効く療法として喫茶を擁護した。茶は希釈して飲用すべしというのが彼の主張で、一日2回、8杯から10杯もの茶を処方した。

がどれほど効果的であるかが論じられている。また茶には、「健康を害することなく眠気を追い払う」効能もあった。ボンテクーは茶が万能薬であると主張したわけではなく、むしろ、血液の循環を適正化する化学的過程を通じて、茶が上述の効能をもたらすと論じたのである。たいていの薬剤や医薬とは違って、茶は濃く苦いのを飲む代わりに、十分に希釈して摂取すべきであるとボンテクーは主張した。そうすれば、副作用なしで何杯もの茶を飲み、健康に役立てることができるというのである。ボンテクーは、「規則正しい睡眠を心がけるのならば、好

CORNELIUS BONTEKOE
Medicinæ Doctor, Electoris Brandeburgici à Consiliis Ejusdemque
Archiater ac Professor Francofurti ad Oderam. etc. etc.

きなだけたくさんの茶を」飲んで構わないとし、「一日に二回、八杯か一〇杯」の茶を処方した。とはいえ、その情熱にもかかわらず、ボンテクーは茶について比較的わずかのことしか知らなかった。彼の論考では、茶は単一の商品として考察されていて、異なる種類や淹れ方によって分類されてはいない。「茶博士」にとって全ての茶は緑茶であった。「茶葉の色は常に緑がかった青色であるべきで、乾燥したてのハーブのような光沢がなければならない。色が赤に近い茶ほど品質が劣る」。[*32]

ボンテクーの茶論は二回（一六七九年と一六八五年に）再版された。この著作がもたらした名声によって、彼はプロイセンの統治者、ブランデンブルク選帝侯フリードリッヒ・ヴィルヘルムの侍医に任命された。イングランドでは、この著作は王立協会の事務局長ロバート・フックの関心を引いた。フックは一六八五年六月に「ボンテクーの茶の本」を、ロンドン在住のオランダ商人で普遍言語計画者のフランシス・ロドウィックへ送り、翻訳を依頼した（この翻訳は現在では失われている）。[*33]ボンテクーは医学界でも信奉者を集めたが、その中にはステーフェン・ブランカールトという若いオランダ人がいた。彼はボンテクーの著作を発展させた『茶の使用と濫用』という論考を一六八六年に出版した。[*34]しかし、ボンテクーは気難しく論争的な男で、自らの見解をあけすけに表明したために医学界の一部から排斥されていた。とりわけ激しくボンテクーを攻撃したのがピーテル・ベルナヒー（一六五六―九九年）である。彼は多才な人物で、外科医・解剖学者でありながら劇作家としても成功していた。ベルナヒーの攻撃対象は喫茶習慣そのものではなく、むしろボンテクーの茶に対する極端な熱狂ぶりであった。また、彼はボンテクーが、茶貿易で利益を得るオランダ東インド会社の役員から報酬を得ていると示唆した。コーヒーとココアに関する分析を追加した『論考』の第二版で、ボンテクーはべルナヒーに激しく反論した。「中傷者に対する著者の弁明」において彼は、ベルナヒーのことを「頭は妄想で、心は嫉妬で、舌は苦味で、ペンは虚言で満たされたゴミムシ」と呼んで蔑んだ。[*35] ロックは一六八三年から八四年の冬にオランダへ避難した際にベルナヒーの知己を得ているので、（啓発を受けたかどうかはさておき）少なくともこの茶論争の話題を耳にはしたはずである。しかし彼はまた、茶と喫茶の慣習が、治療の手段としても社交の手段としても高い価値を持つことを確信していた。

アムステルダムでロックは、（彼が言うように）「茶やその他のもの」で歓待し合う医学者たちの懇親的グループと知り合った。これはロックにとって、茶を飲みながら定期的に社交する初めての経験であった。[*36] 彼はこのグループのメンバーたちと共に「結社（collegie）」と呼ばれる私的な医学研究クラブを形成した（collegie は、共通の関心事について議論し、研究するために定期的に集まる友人同士のグループを意味するオランダ語[*37]）。ロックは彼の「結社」に極めて高い価値を置いた。それは彼にとって、「大変に愉快で洗練された、有益で充実した会話を見出せる」場であったからである。[*38] このグループは八人のメンバーで構成され、その中には著名な医師が何人か含まれていた――アムステルダムの海軍省主席軍医ピーテル・フエネロン博士、成功した医師のエフベル・フェーン博士、そして茶論争におけるボンテクーの論敵、ベルナヒーその人である。さらにプロテスタント聖職者のフィリップ・ファン・リンボルフ博士やイングランド人学者マシュー・スレイドのような、医学的問題に関心を寄せるアマチュアもいた。そして、ロックを除く全員がレモンストラント派の信者であった。レモンストラント派は、アルミニウスの教説に従ったオランダのプロテスタントの一派で、カルヴァンの予定説を拒絶した。彼らは宗教的寛容に関するロックの思想に大きな影響を及ぼすことになる。

これらの人物との議論において、さらには医学校や解剖学公開講義への訪問を通じて、ロックはオランダでの亡命生活を医学研究に捧げることを目論んだ――実際にはその時間を主要な哲学的著作の執筆に費やすのであるが。にもかかわらず、ロックは当時の薬学的著作において展開されていた、熱帯植物とその効能をめぐる論争に夢中になった。そうした植物の中には例えば、キニーネの原料になるキナ皮があった――キニーネは「イエズス会士の皮（キナ皮の別名）」を用いて調合することで、マラリアや熱病のほとんど奇跡的な治療薬となった。[*39] 外来植物に強い関心を抱いていたロックは一六八四年にライデン薬草園を訪れ、そこには「特に東インド原産の植物が豊富に収められている」と考えた。この薬草園でロックはライデン大学植物学教授パウル・ヘルマン（一六四〇―九五年）を相手に、セイロンでヘルマンが観察していたシナモンの特性について議論した。[*40] こうして、エキゾチックな植物が近代医学にとって豊かな可能性を有していることをロックは学んだのであった。

オランダで茶への嗜好と興味を発見したことによって、コーヒーおよびイングランドのコーヒーハウスの社交的世界に対してロックが長年抱いてきた不信感は、今や完全なものとなった。コーヒーハウスは、一七世紀後半のロンドンを最もよく特徴づける社交の形態であった。そこでは男たちが集まって共通のテーブルを囲んでコーヒーを飲みながら、ニュースや風刺文を読み、政治から宗教、ゴシップから哲学に至る重要な問題について議論を交わした。ロックはこうしたことを一切好まなかった。彼は自分が非社交的な「気質」であり、「群衆や見知らぬ人々を避けるのを常とする」と考えた。[*41] オランダ亡命中の一六八四年に、ロックは自身を弁護してこう書いている。

ヤン・ヨセフ・ホーレマンス《新しい歌》、1740–60年、板に油彩。室内の場面。オランダ人が茶を飲みながら賑やかに社交する様子が描かれている。男女のグループがテーブルを囲んで座り、若い女性がハープシコードを弾くのを聴いている。ティーテーブルの上には、中国の染付磁器ティーカップ、宜興産のティーポット、真鍮製の湯沸かしが置かれている。一枚の皿またはソーサーが床の上で割れており、こうした社交の喜びが束の間のものに過ぎないことを暗示する。左前景にはやかんと火鉢が描かれている。後景で起こっている喧嘩騒ぎは、社会的相互作用の場というのはそうした猥雑な要素と常に隣合わせであることを示唆する。

私は周知の通りイングランドではコーヒーハウスをほとんど好まず、足を運びもしなかったが、ここではなおさらそうである。この国に来てもう何か月にもなるが、私がコーヒーハウスを訪れたのはほんの数回もないと言っても誇張にはならないと思う。そこでの会話も飲み物も、私には決して心地よいものではないのだ。[*42]

ロンドンに戻った後の一六九〇年代にも、ロックはコーヒーハウスとその公共的な社交形式に対して不信の念を抱き続けた。

私の生活のあり方を知っている人たちは［ご存じだろうが］、私がロンドンにいる間にコーヒーハウスへ行く頻度は三か月に一度以下であり、そこで私が他人との交わりを求めるのは、特定の用事がある誰かと会う場合に限られる。[*43]

ロックはコーヒーハウスよりも、自分の書斎と私的生活の方を好んだ。彼いわく、オランダでは「私の時間は自室の暖炉の脇で、たくさんの文章を書きながらおおむね一人で費やされた[*44]」。個人宅の客間や庭でティーテーブルを囲んで少数の男女が集う、喫茶の私的で親密な領域は、ロックが価値を置く社交的出会いを与えてくれた（そこに参加するのは彼の「結社」の関係者に限られていた）。喫茶はこうした集まりの中心に位置した。

ロックと聖職者フィリップ・ファン・リンボルフの友情は、上等の茶に対する喜びを共有することを通じて表現された。オランダ亡命中の一六八〇年代に、ロックは高品質の茶を探して購入するためにリンボルフの協力を仰いだ（さらに、ロックがイングランドに帰国した後の一六九〇年代にも、リンボルフは茶購入の仲介役となった）。一六八五年と八六年に両者が交わした書簡では、茶購入計画の困難や費用が話題にされた。茶は贈り物として、また二人が自分で飲むために購入されたが、ロックは「あまりしつこく頼んで」友人を困らせたのではないかと気を揉んでいる。[*45] 茶通として名高かったリンボルフは、風変わりな茶礼賛詩を作り、その写しをロックに送った。この茶詩はウェルギリウス作品の寄せ集め詩（cento）であった。寄せ集め詩は一種のユーモラスな学問的エクササイズで、作者はローマ古典詩人の引用をあれこれ継ぎはぎして一つの新しい詩を作り出すのが決まりだった。リンボルフの詩には、ウェルギリウス縛りが設けられた。つまり彼は、ウェルギリウスの詩行の断片のみを注意深く引用することによって自作の寄せ集め詩を作ったのである。しかし、今回に限っては、この形式の遊びにはさらなる難しさが伴った。ウェルギリウスは茶を知らなかったので、リンボルフの詩は tea と Te を掛けた語呂合わせを繰り返し用いることによって成立した（Te はラテン語で「君」または「あなた」を意味する二人称単数代名詞）。リンボルフ作の「茶についてのウェルギリウス寄せ集め詩」を受け取ると、ロックは自分のために写しを作った（現在はボドリアン図書館所蔵）。[*46] しかし彼はそれを外部の人間に開示しないことを約束した――「ウェルギリウスによって歌われたあなたの恋人である茶を、私は十分に用心し、慎みに注意を払いつつ、自分のもとに留めておきます」。ロックのイングランド人の友人で、やはりオランダに亡命していた法律家ジョン・フレークだけが、「彼女の恩寵に浴することを強く望んだため」、その詩の閲覧を許された。[*47] 詩そのものは、神々の寵愛を受ける、異国からの美しい訪問者として茶を称えるという内容であった。

ロックの日誌には、彼がオランダで行った茶の研究、特に茶の諸特性と淹れ方に関する研究が記録されている。先に見た通り、ボンテクーが説く茶の淹れ方の鍵は希釈にあった。コクのあるコーヒーと違って、茶は繊細で水のような性質を持っていた。ボンテクーは次のように忠告する。

少量の［茶葉を］ティーポット（錫製か、赤土の陶器またはデルフト磁器のいずれか）に入れる。ポットはあらかじめ少量の湯で十分にすすいで洗浄しておく。それから湯を注ぎ、すぐにポットに蓋をする。湯に色と風味が出るまで、ポットは少しの間そのまま置いておくか、熱湯を張ったボウルに入れて取り出せるようにしておく。次にこの抽出液または飲料を、注ぎ口を通して陶器のカップに注ぐ。飲む人と同じ数のカップに、縁までいっぱいに注ぐこと。それから全員がカップを取って茶を飲む。二、三回息を吹きかけながら飲むと、熱さで火傷する恐れがなくなる。常に一番上の部分を啜って飲み、カップが空になって茶かすが残るだけになるまでそれを続ける。[*48]

ロックが出会ったほかの自然哲学者たちは、茶に関してより実験的であった。彼は手稿の日誌（大英図書館所蔵）の一六八四年三月一六日付の記載項目で、ライデンのカスパール・シベリウス博士から教わった斬新な茶の淹れ方について述べている。

> パンの皮を取って、黒焦げになるまで焼いたら、火からすぐに取り出す。熱いうちに一ドラムほどを取り、一～二グレーンの竜涎香（りゅうぜんこう）を加える。まだ熱い粉末を壺の底に入れ、その上に一液量オンスの茶葉を加える。必要な時間このままにしておく。こうすると、その心地よい香りと味が浸出液と混ざり合う。*49

焦げたパンと竜涎香（マッコウクジラが産する蠟のような物質で、際立って動物的なムスクのために香水製造者によって使用された）を加えることにより、強い風味を持つ茶が作られるというわけなのだろう。この一月後の四月一四日にロックはシベリウス宅で、「日本人」の間で八年間暮らしたというブレーメン氏なる人物と出会った。彼の茶の淹れ方は以下の詳細な手順を踏んだ。

> 彼は卵の黄身を砂糖菓子と一緒にボウルに入れ、強くかき混ぜた。ずっとかき回しながら、そこへ茶の熱い浸出液を振りかけた。よく混ざったら、マカロンを割ってその中に浸し、バラ香水を加える。これはとても心地よい飲み物というかむしろコードルであった。茶液二分の一パイントに対して卵を約三個使用する。*50

長崎のオランダ東インド会社の商館から送られて来る報告を通じて、オランダ人は日本の儀式的な茶の淹れ方をよく理解していた（例えばブランカールトは中国式の茶の淹れ方との違いに注目している）。しかし、確かに日本の茶は細かく挽いた葉の粉末を泡立てて淹れるのだが、このかなり奇抜な

「コードル」（普通オートミールの粥にワインを入れ、香辛料を加えた温かい飲料で、病人に与えられることが多い）の作り方はむしろ、ココアやザバイオーネ（温かいエッグカスタードのデザート）など、別の飲食物のレシピの要素を借用しているように思える。[*51] ロックが喫茶習慣を取り入れたのには、彼が茶の治癒的特性に関心を持っていたことが影響している。

一六八八年の革命後、一六八九年二月にメアリー女王に随行してイングランドへ帰国したロックは、祖国の茶文化がオランダの洗練からは程遠い状態にあるのを知った。オランダにいる「結社」の仲間たちに宛てたロックの手紙を読むと、高品質の茶を私的に輸送してもらうよう彼が手配したことが分かる。茶は今や彼にとって、イングランドにおける懇親的ネットワーク作りの一環として機能していた。茶を探し求めるに際して、ロックは特別な種類を入手するためには大金を費やすことも厭（いと）わなかった。彼は友人のリンボルフを巻き込んで、良質の茶一包み――「最上の茶一ポンドまたは半ポンド」――をペンブルック伯爵の外交用郵袋に入れて国内に持ち込み、高額の輸入税を回避するための入念な計画を立てた。「たとえ一ポンド当たり四〇グルデンかかったとしても、私は最高の茶を望みます」――ロックにしては珍しいほどの散財ぶりは、茶が彼にとって重要な社交的目的を担っていたことを示唆している。

あなたがこのハーブの極めて経験豊かな買い手であることを私は知っています――あなたが茶の最も雄弁な称賛者であり続けてきたことと同様に。私がどれほど遠慮なくあなたのご尽力を利用するかお分かりでしょう。私としても、あなたのために同じようにお役に立てるのならば、それほど嬉しいことはありません。私の意欲に疑いの余地はありません。どうか試してみて下さい！[*52]

一〇日後にロックに宛てて書かれた返事には、リンボルフがいかに楽しんでこの任務を遂行したか、またペンブルック伯爵の帰国に間に合わなかったのを残念に思う旨が述べられている。

私は直ちに最上の種類の茶（そのようなものがどこかで見つかるとすればの話ですが）を探し始めました。そして私見ではかなり成功したと思っています。と言いますのも、その香りについても風味についても、私は完全に満足しているからです。別の種類の茶もあります。それは多くの人々に大変好まれており、普通インペリアルと呼ばれる、比較的大きめの、より全葉（ホールリーフ）に近い葉です。しかしあなたにはこの種類は必要でないと思いました。それはロンドンのミセス・ファーガソンの店で売られているからです。私は新たに入手した茶とインペリアルを同時に飲み、どちらの方がより好ましいか試してみました。そして実際、香りも風味も前者の方が優れていると思われました。二つの茶は価格の面でもかなりの違いがあります。インペリアルは一ポンド四八グルデンですが、もう一つの種類はわずか二八グルデンです。一箱だと一グルデン八スタイヴァーの値段です。[*53]

数週間後に茶がロンドンに届くと、ロックはリンボルフに宛ててこう書き送った――「あなたが大いにお骨折りのうえ入手し、送って下さった茶と本を受領しました。心より御礼を申し上げます」[*54]。両者は手紙の中で茶の種類を区別しているが、その中の一つ、インペリアルは「比較的大きめの、より全葉（ホールリーフ）に近い葉」である点が注目されている。二人とも、ミセス・ファーガソンの店のような、ロンドンの茶取り扱い店で何が入手できるのかをよく知っていた。この茶商人については何も知られていないが、一六九〇年代の新聞広告を見ると、ファッショナブルな鉱泉町には紳士・淑女双方の顧客を狙った商店やティーハウスがあり、

ジャン＝エティエンヌ・リオタール《静物画――茶器一式》、1781–83年、板に貼られたカンヴァスに油彩。中断されたお茶会。リオタールの繊細な静物画は、花柄の（漆器を模した）ブリキのトレーに載った中国製ファミーユ・ローズ磁器の茶器一式を描いている。6組のカップとソーサー（それぞれ銀のティースプーン付き）、ティーポット、トング付きシュガーボウル、水差し、蓋付き茶筒、バター付きパンの皿が並び、茶こぼしの中には使用済みのカップとソーサーが無造作に入れられている。スプーンが入ったままのカップには冷めた茶が半分残っており、ミルクなしで飲まれるボヒー（ウーロン）茶の淡褐色を確認できる。

それらが女性によって経営されていたことが分かる――例えば一六八九年には、「メアリーのティーハウス」と「ミセス・メインウェアリングのティーハウス」という店がタンブリッジ・ウェルズで営業中である旨が宣伝されている。[*55]その後の一〇年間、ロックはオランダの友人たちからさらに茶を贈り物として受け取った。例えば一六九〇年には「結社」の仲間フエネロン博士によってアムステルダムから「茶を一箱」送られている。これはロックの『人間知性論』（一六八九年）への返礼として贈られたものだった。そして一六九七年にも、ロックは商人のカウルズ氏を経由してコスト氏（ピエール・コストか？）から「上等のインペリアル茶」を受け取っている。[*56]
ロックは茶に関する著作、つまりその治療的特性やティーテーブルの社交性を論じた文章を公刊しないことを選択した。刊行された作品の中で唯一茶に言及しているのは、『知性を導くことについて』（一七〇六年に死後出版）である。ロックは、「（医師の指示に従って）就寝時に多量の茶を飲んだ」後、寝ている間にさまざまな幻影を見た女性のケーススタディを提示している。[*57]これは、彼が茶の精神活性作用を知っていたことの証拠である。ボンテクーが主張した極端な説に従うつもりはなかったにせよ、医学的連想からロックは、茶には気分や行動に影響を及ぼす強力な医薬的特性があることを理解していた。そして彼の書簡からは、ロックが次のことを認識していたのが分かる――すなわち、茶にはさまざまな種類があり、より洗練された希少な種類はほかよりも高価であること、そうした高価な茶は貴重な味覚体験を生み得ることである。一六九〇年代に、ロックは中国に深い関心を抱くようになり、マテオ・リッチやルイ・ル・コントのようなイエズス会士の旅行記と回想録の蔵書を利用して、（四五ページにわたりぎっしり書き込まれた）中国の宗教と哲学に関する覚書を作成した。[*58]しかし、茶に対する彼の鑑識眼はそれ以上に発達することはなかった。ロックの茶への嗜好はおおむね、それを包括し得る言説体系——自然哲学であれ中国学であれ——の外部で生じたのである。それぞれ異なる印象の風味を備えた、さまざまな種類の茶をミセス・ファーガソンの店から購入できたにもかかわらず、ロックは茶を描写するための、精確な情報に基づく洗練された言語を持っていなかった。エリート文化における茶嗜好に知識が追いついていなかったわけである。

この意味で、ロックが一六八〇年代にオランダで喫茶の美点を発見したことは、同時代のイギリス人の経験を代表していたと言ってよい。一六八〇年代後半には、オランダの医学的著述家たちの間で交わされた論争、特に茶の効用を誇大に主張したボンテクーの議論は、ロンドンではある程度知られるようになっていた。茶の卓越性に関してボンテクーが述べたことは、ブランカールトによって一六八六年に摘要が作成され、その後片面刷り印刷物としてオランダ語で出版された。[*59] この摘要は英訳され、手稿のままロンドンの科学者サークルで回覧された。「ティーまたはチーと呼ばれるハーブの特性と作用」という表題を付された写しが、王立協会のロバート・フックの手に渡った。この手稿を作成したのは、元商人、植民地行政官、そして王立協会員のトマス・ポヴェイ（一六一四—一七〇五年）であった。ポヴェイは科学と同じくらい流行にも熱心な紳士で、ジョン・イーヴリンは一六七六年に会食した際に、彼のことを「あらゆる上品な作法を細かく考案する人で、大変な形式家」と評した。[*60] リンカーンズ・イン・フィールズのポヴェイの邸宅は、遠近画法による極めて精緻なだまし絵、見事なワインセラー、瀟洒（しょうしゃ）なオランダのタイルを使用した小ぎれいな馬小屋のために人々の賛嘆の的となった。彼の手稿は茶について多くのことを約束している。

一、それは淀んだどろどろの血液を浄化する。
二、それは重苦しい夢を抑制する。
三、それは脳の重い湿気を除いて楽にする。
四、眩暈と頭痛を緩和・治癒する。
五、水腫を予防する。
六、頭の湿った体液を乾燥させる。
七、肌の赤味を消す。
八、閉塞を開く。
九、視力をはっきりさせる。
一〇、成人の体液と熱くなった肝臓を清め浄化する。
一一、膀胱と腎臓の欠陥を浄化する。
一二、余分な睡眠を抑制する。
一三、眩暈を追い払い、頭の回転を速くし、体を頑丈にする。
一四、心臓の働きを促進し、不安を追い払う。
一五、腸内ガスが原因の疝痛を除去する。
一六、内臓を強壮にし、肺病を予防する。
一七、記憶力を強化する。
一八、意志力を鋭くし、知力を敏活にする。

一九、胆汁を安全に浄化する。
二〇、適切な慈悲心の行使を強化する。[*61]

ポヴェイが列挙する茶の二〇の特性（ブランカールトが挙げた二五項目を少し短縮したリスト）は、中国の典拠に基づいていると主張されるが、同時にオランダの医学思想からの影響も受けている。こうして中国、オランダ、イングランドを結びつけることで、ポヴェイのささやかな手稿は、一七世紀後半の茶に関する知識の歴史を凝縮していると言えるだろう。

一六九〇年代の終わりまで、茶は依然として大多数の庶民には手の届かない、富裕なエリート層だけが享受できる高価な奢侈品であった。ジョン・オーヴィントンは一六九九年に次のように述べた——「最近ここでは茶を飲むことが遍（あまね）く普及している。茶は学者にも商人にも好まれ、宮廷では美味しい飲み物として私的に賞

味され、また公共的な娯楽の場においても用いられるようになっている」。[*62] オーヴィントンが示唆する通り、茶はさまざまな社会的利害を持つ人々を引きつけた。そして彼らはそれぞれが茶の特性や効能に関する独自の解釈を提示した——すなわち、医学的、ジェンダー的、外国的（オランダ的）、そしてエキゾチックな（中国的）解釈である。これらの多様な解釈にもかかわらず、茶を飲む者も売る者も、自分たちが飲んでいる茶の起源、製造法、品質については圧倒的に無知であった。しかしながら、茶に関するヨーロッパの初期の言説がこの飲料の需要を創出または促進したことは確かであり、その結果として、一八世紀最初の数十年間で茶ははるかに広範な市場訴求力を持つ商品として確立されることになるのだ。この新たな需要を満たすための条件は商業的かつ地政学的であり、広州の中国市場への定期的な参入を目指す東インド会社の野望と、とりわけ密接に関連していた。

【右頁】茶筒、スタッフォードシャー州、1760–70年、上絵付の塩釉炻器。ボヒーは18世紀初頭にイギリス市場で一般的に入手できた3種類の茶の中の一つで、もともとは武夷産のウーロン茶のことを意味した（残り2つはシンロとインペリアルで、これらはいずれも緑茶）。葉を摘んだ後に揉み、酸化を促すことによって作られた。茶葉は乾燥すると黒色に変わり、淹れた時の水色（すいしょく）は赤褐色であった。

第三章

中国との茶貿易

一七〇四年八月一九日。一年半前にロンドンを出港していたストレタム号の船長トマス・フリントは、船と乗組員、それに貴重な「宝物」を「中国人水先案内人」の手に委ねた。一行はポルトガル人居留地の澳門（マカオ）を出帆し、目的地の広州を目指す。珠江の入り組んだ河口をさかのぼる危険な航行が始まった。ストレタム号のようなフリゲート艦がその狭い水路を進んで黄埔（こうほ）島の安全な停泊地に到達するためには、現地人である水先案内人の知識が不可欠であった。潮の流れ、卓越風、そして絶えず変化する河床の形に関する彼の経験が活かされ、ストレタム号は季節ごとに位置と高さが微妙に異なる危険な砂州を二つ越えることになる。[*1] しかしそうした豊かな知識をもってしても、航行はあくまで慎重で遅々としたものにならざるを得なかった。船は細心の注意を払いながら進み、河口に入った後で丸五日も錨を降ろしたほどである。ヨハネス・フィンクボーンス作とされる一七世紀後半の絵画には、フリントと彼の士官たちが今後四か月間を過ごすことになる風景を眺めながら感じたに違いない不安と心もとなさがよく捉えられている。ヨーロッパ諸国との交易に使われる雑な作りの倉庫群の手前に描かれた二隻のオランダ商船は、いつになく脆弱かつ無防備で、場違いなようにさえ見える。不気味に広がる巨大都市広州そのものは、画面を横切るように伸びた防壁の背後にかろうじて見えるに過ぎない。中景の丘陵にはパゴダがそびえ、この狭い深水域にほとんど幽閉されてしまった二隻の外国船を見下ろしている。

ストレタム号の士官と乗組員（総勢約七〇名）は、この天然港に到着できてほっとしたことであろう。彼らの往航は、季節の変化、海上規律、海賊や敵国の攻撃等に関連した諸問題のために大幅に遅れていただけでなく、指揮官の死によってさらに不安定なものになっていた。当初の予定では、ストレタム号の一行はその頃までにはイング

ヨハネス・フィンクボーンスに帰属《中国、広州の眺望》、1662年頃、カンヴァスに油彩。中国の都市・広州の手前で停泊しているオランダ東インド会社船が描かれている。広州自体の細部は、画面横いっぱいに伸びた防壁の背後に隠れて窺い知ることができない。沿岸沿いに見える建物は、ヨーロッパ諸国と取引される商品を保管する倉庫（後の商館の前身）かもしれない。この眺望図には正確な地誌的情報が欠けている。というのも実際には、珠江河口は浅い水域であるため、ここに描かれているような深い竜骨を持った外洋船の航行は不可能であったからだ。

ランドへの帰路に就いているはずであった。ところが彼らの中国滞在はそれから四か月近くも続くことになり、しかもその間、海の男たちには陸地の楽しみを味わう機会がほとんど、あるいは全く与えられないのであった。[*2] その特権を中国当局から許可されるのは、特定の乗客に限られていた——彼らは船の所有者個人ではなく本国の東インド会社役員会によって雇用され、「管貨人(supracargo)」と呼ばれた(文字通りの意味は「船荷の上(over the cargo)」。やがて転訛して"supercargo"と綴られるようになった)。船がロンドンに輸送するさまざまな商品の買い入れを監督するのが管貨人の任務であった。ストレタム号には三人の管貨人が乗船していた——クリストファー・ブリュースター(主席)、ウィリアム・ダニエル、マシュー・ギボンである。[*3] 彼らは今後四か月間の大半を、広州の防壁外にある賃借「商館」(事務所と居住空間を兼ねた大きな倉庫)で過ごすことになっていた。

ストレタム号の四年間の航海(一七〇三—〇七年)は、中‐英茶貿易の展開における重要な転換期に行われた。第一に、ストレタム号は、一七〇二年の協定によって発足が決まった「合同東インド会社」が送り出した最初の船団の一部であった(同社は一八三〇年代までイギリスの茶貿易の独占権を享受することになる)。第二に、ストレタム号の航海は、中国貿易が廈門(アモイ)や舟山の港ではなく、広州に全面的に集中し始めた時期と一致している。第三に、ストレタム号は、中国‐イギリス間の直接的な茶貿易が初めて定期的に確立された時期に航海を行った——実際、ストレタム号と航海を共にした船のうちの一隻は、かつてない規模の茶の積み荷を獲得するよう指示されていた。しかし、この船の航海が、一八世紀前半の対中国貿易を可能にした危険な長距離航海に関する興味深い材料を与えてくれる理由はこれだけではない——というのも、ストレタム号には乗組員としてチャールズ・ロッキャー

（一七五二年没）が乗船していたからである。ロッキャーは後に南海会社の会計主任となる人物で、一七一一年には東インド貿易航海に関する初めての詳細な概説書を出版することになる（『インド貿易に関する報告――貿易における優れた管理の原則、時価表、図表を含む――聖ジョージ要塞、アチェーン、マラッカ、コンドール、広州……およびそれらの土地の住民・習慣・宗教・政体・動物・果物等の説明を付す』[*4]）。長い表題が示唆するように、この著作は時として収まりの悪い混淆的な書き物で、回顧録でもあり、商人向け手引書でもあり、旅行記でもあった。にもかかわらず、ロッキャーの本は、一八世紀最初の一〇年間に広州で行われた対中国貿易に関する唯一無二の記録を含んでいる。また、好奇心をそそるアジアの新商品――茶――がイギリス人によってどのように取引されていたのかを垣間見させてくれる点でも貴重である。ロッキャーの『報告』をインド省文書館の記録資料（大英図書館所蔵）と合わせて読み解くことで、われわれはストレタム号（および航海を共にしたほかの船）の物語を詳細に復元することができる。

合同経営役員会

時折追加的に購入される商品に過ぎなかった茶が、貿易航海の主目的になろうとは、一七世紀後半には予想もできなかったに違いない。茶は東インド会社の貿易の主品目ではなかったし、役員たちも当初は茶の取引に対して懐疑的であった。一六〇〇年一二月三一日に「東インドと貿易するロンドン商人の総裁と会社」として法人化された東インド会社は、ストレタム号の航海の時までには、途方もない不正確さで「東インド」として想像された地域との間でイギリスが行う貿易を、一世紀以上にわたって独占していた。東インド会社が存続した全期間を通じて、「東インド」は喜望峰の東、そしてマゼラン海峡の西の土地として定義された[*5]（喜望峰は大西洋とインド洋がアフリカ大陸最南端で合流する地点。マゼラン海峡は太平洋から大西洋へと渡る船舶が利用した、南米大陸本土の南の海路）。一七世紀の内乱と王政復古を経ても、この独占権の大枠が乱されることはなかった。オリヴァー・クロムウェルは当初、貿易を開放するつもりであったが、結局東インド会社は一六五七年一〇月に新たに特許状を与えられた。さらに一六六一年四月には、チャールズ二世が復活したスチュアート王朝による認可を確認した。[*6]東インド会社の業績はその頃までに二〇年以上好調を維持していたが、その成長を促したのは、一つには同社が織物貿易を抜け目なく発展させたことであり、もう一つには歴史家がこの時期における世界貿易の全般的興隆と見なしている現象であった。[*7]

一六八八年のスチュアート王家の没落は、東インド貿易の利益に与（あずか）ろうとする人々を大胆にさせた。政府への二〇〇万ポンドの融資に対する見返りとして、深く感謝したウィリアム三世は一六九八年六月、富裕な商人の一団が「東インドで貿易する英国会社」として連合するのを許可した。[*8]この決定は、自由貿易の利点に関する議論の成功に起因するものではなかった。[*9]実際、当初の――際限なく遅延された――目論見は、元の東インド会社（一般に「旧会社」と呼ばれる）を解体し、「新会社」が新たに独占権を持つべきであるというものであった。この不安定な商業的状況は、イギリス国内に相当の懸念を生んだ。二つの別々の会社によって運ばれる東インド産品の洪水は、供給過剰をもたらしたばかりでなく、外国からの安価な輸入品との競合に苦戦していた国内の織物産業にとっても脅威となった。そのため早くも一七〇〇年には、二つの会社を合併するための交渉が開始され、一七〇二年四月に合同文書が取りまとめられた。この取り決めによって、第三の東インド会社（「東インドで貿易する英国商人の合同会社」）の設立が決定され、既存の二つの会社には事業閉鎖のために七年間の猶予が与えられた。[*10]

　旧会社と新会社のライバル関係は束の間のものであったかもしれない。しかし、両者の激しい競合は、イギリスの対中国貿易全般の、そして特に茶貿易自体の方向性、目的、実践を根本的に変えることとなった。おそらく、必要な貿易インフラを確立するのが困難であったうえに、旧会社と違ってインド方面に中継地点を持たなかったために、新会社の革新的な取り組みは中国との貿易に焦点を合わせていった。結局のところ、中国‐ヨーロッパ間の商慣行はアジアのほかの地域と比べると、はるかに未確定の部分が大きかったのである。旧会社の中国事業は暫定的で煮え切らないところがあり、時として壊滅的ですらあったのだが、規模としては通例二、三年ごとに一隻の船を送り出す程度にとどまっていた。中国との貿易は一六八〇年代を通じて、アジアからの総輸入額の平均四％以下を占めるに過ぎなかった。一六九〇年から九六年の期間にはそれが七％強に上がっている。[*11]インド沿岸に建設された商館からはより確実な利益が見込めたため、旧会社は中国との取引に対してはどちらかといえば消極的であったし、その影響圏を超えた海域に多額の投資を行う危険を冒す理由はほとんどなかった。対照的に、新会社の役員たちは未開拓の市場の発見に意欲的で、一七〇〇年六月には「中国との貿易を最大限に推進する」ことを決議した。[*12]独立した貿易会社として操業したわずか五年足らずの期間のうちに、新会社は一七隻もの船を中国に送った（それに対し旧会社の方は一〇隻であった）。旧会社の船の数までもが以前より増えていることは、中国貿易がこの短命な競争市場によっていかに大きく刺激されたかを物語っている。[*13] 新会社創設後の一〇年間（一六九七―一七〇六年）で、中国からの輸入は、三つの会社のアジア貿易総輸入額の一四％近くにまで上昇した。

新会社の革新性は、中国貿易に関するその他の実際的側面にも見て取れる。旧会社が廈門を重視し続けたのに対し、新会社はそれに代わる商業的貿易拠点の開発に熱心であったようである。新会社が中国に送った一七隻の貿易船のうち、廈門に向かったのは五隻のみで、残りは八隻が舟山、四隻が比較的未開拓であった広州に送られた。加えて（本書にとってはこの点が最も重要なのだが）統計データを見る限り、東インド会社の企業としての地位が未確定で、同社が商業的実験を試みていたまさにこの時期に、茶の穏やかで持続的な戦略に説得されるのを厭わない商人たちがついに登場したのである。そして一世紀も経たないうちに、茶は合同会社の事業を独占することになる。K・N・チョードリーの権威ある研究によって確立された数値によれば、一七〇〇年から一七〇四年の五年間で、二〇万ポンド以上の茶が中国から輸入された。その後の数十年間に輸入された量と比べると大したことがないように思えるかもしれないが、当時この数字は膨大な量と考えられたに違いない（実際、チョードリーの算定によれば、一七〇〇年以前の茶の総輸入量は一五万ポンドにも満たなかったのである）。[*14] 船ごとの積み荷量に関して残された記録を調べると、新・旧両会社が茶への投資で互いに相手を追い抜こうと競っていたことが窺える。

ぎっしり詰められた相当量の上等茶

茶によるイギリス人の味覚の征服は、静かに始まった。乾燥茶葉は、より高収益の織物貿易の成功にうまく乗った（織物、特にインド産綿布には多くの豊富な種類があった）。一七世紀後半、茶はイングランドへ散発的に供給されていたが、これは中国との直接貿易の結果ではなく、東インド会社が東インドに持つほかの貿易拠点を経由した輸入であった。茶の初期の成功は、一六八〇年代後半にその基礎を固めた。中国行きの船に求められた「投資品目」の「リスト」に茶が初めて登場するのもこの時期からである。ボンベイから廈門に向かうロンドン号とウスター号の管貨人たちは、一六八七年五月に大量の（二万ポンド近くの）茶を購入するよう命じられた。その際、「購入する茶は、イングランド向けの特別に良質かつ新鮮なものであること」という具体的な指示が添えられた。[*15] これほどの量の茶を実際に入手できたかどうか、記録上は不明であるが、一六八九年と一六九〇年にボンベイから戻ったモデナ号とローチェスター号がロンドンに運んだある程度の量の茶はおそらく、この（ロンドン号とウスター号の）積み荷から得られたものであろう。[*16] 一六九四年一月には、ドロシー号の管貨人たちが織物、陶磁器、漆器、生きた鳥などに加えて、（未指定ではあるがかなりの量の）茶を購入するよう命じられた。

相当量の上等茶を、白銅容器にできる限りぎっしり詰め、それから中国の葉に包み、桶に入れること［。］手に入る限りで最も新鮮な最高の茶を購入すること。小さな壺、月桂樹の箱、またはほかのいかなる壺であっても、あらゆる匂い（特に蠟接油の）が完全に除去されていることが確認されるまでは、茶をそれらの容器に入れて運んではならない。*[17]

ドロシー号は、中国で茶を購入するためのこうした具体的な指示を受けてロンドンを出港した最初のイギリス船である。「白銅」（通称「中華銅」）は、その強度と耐久性ゆえに大変重宝された。打ち延ばして薄い箔にすることもできたので、その中に入れれば、茶のような傷みやすい船荷をイングランドまでの航海につきものの湿気と塩分から守ることができたし、茶に強い匂いが移ってしまうのをある程度予防することもできた。「桶」というのは、高さと幅が同じ寸法の、口の開いた樽の一種で、さまざまな積み荷の一定量を入れることができると考えられた。したがって、この用語は一八世紀前半には、商品によって異なる重量の概算測定単位（茶の場合六〇ポンド）として使われた。東インド会社の一六九七年六月三〇日付の商業日誌には、船が「相当量」（すなわち、一一九個の「桶と箱」に入った総量八九二二ポンドに達する茶。総売上額は八〇〇〇〇ポンド強）を積んでいたことが記録されている。*[18]

一六九六年にアミティ号の管貨人たちは、（ドロシー号の時と同様に）運ばれる茶の鮮度がいかに重要かという点について指示を受けた――「茶は必ず最高品質のものであること、また入手可能な限りで最も新鮮なものであること。この商品あるいはほかの商品の場合でも、品質に関係なく、同じ輸送費がかかるということを常に忘れてはならない」。彼らは八〇桶（約四八〇〇ポンド）の茶を購入するよう命じられた。さらに東インド会社は、桶は「船の最上部に置き、できる限り頻繁に……デッキに出すように」という指示を与えた。[*19] アミティ号は結局中国まで到達しなかったが、しかしちょうど一年後、トラムボール号とナッサウ号（後にストレタム号の主席管貨人となるクリストファー・ブリュースターが「助手」として乗船していた）が、茶の買い入れのために送り出され、二隻で合計五万ポンド以上をロンドンに持ち帰った。[*20] 東インド会社の役員たちがこの魅惑的な新商品に関する知識を増やしていったことは、フリート号の管貨人たちに与えられた指示に反映されている。この船は一六九八年に廈門に送られ、「入手できる限りで最高品質の、最も新鮮な茶を三〇〇桶」購入するよう命じられただけでなく、「一〇桶は良質のボヒー茶であること」という具体的な指示を受けた。[*21] 管貨人たちは最終的に約二倍の量（一一〇〇ポンド）を持ち帰ったが、これは「シンロ」の二万三〇〇〇ポンドという量に比べると全く少なく思えてしまう。[*22] 当時の茶の需要の高まりをさらによく示す事実として、一七〇〇年に広州に向かったノーサンバランド号の管貨人たちは、茶が「あらゆる身分の人々の間で大いに好評を博している」と役員会から通達された。[*23]

一七〇二年までには二つの東インド会社の競合が中国貿易を活性化していたこともあり、茶は以前には想像できなかったほどの量がロンドン市場に出回り始め、また、多くの貿易計画でかつてよりも顕著に取り上げられるようになった。その年、フリート号とユニオン号の管貨人たちは次のような指示を受けた。

> 茶はここで広く用いられている商品である。風味と効能を保つために、梱包後は極めて

and will turn to most acco.t	you shall find to bear a much greater value then expected Our Principall aim in giving you this Liberty being to give a scope to your ffancy in providing such Goods as may turn us to best Account not knowing how Marketts there may vary before your Arrivall./
Provide no Goods of English patterns	We would have you in your whole Investment to provide such Sorts of Silks whose works may be according to the ffancy of the Country, and as much differing as possible from our English Patterns, and then it is not much matter of what work they are./
Buy 300 ps. odd fashion silks or Gold or Silver Stuffs	As soon as you can with Convenience, We would have you search all or as many of the Shops in Amoy as possible, and buy up here and there 5 or 6 or more peices of any Sorts of Gold or Silver Stuffs or other Silks of any od or old ffashion, So they be fresh and strong, that you never saw before or never were sent to England, 300 peeces in the whole, the cheapest you can gett./
Fill up ye Pallating with China Ware secured by needfull props.	We would have you in the first Place to take care, that the Ships pallating be filled up as tight as possible with course usefull China Ware instead of Ballast, and so secured by Timbers and needfull props, as to be out of danger of being broken by the setling of the weighty Goods above, and the Ships labouring at Sea./
Enlarge in China Ware to Stiffen your Ship and fill up	We are sensible, that what we have hitherto ordered is not sufficient to compleat your Ships Tonnage, And it is not for our advantage to have any vacant room, when ffreights and Demorage are at such excessive rates and therefore if you should not be able to procure all the Sorts of Kintlage Goods mentiond in the said List or that you have not enough to stiffen your Ship and make her sail worthy, in such case you may enlarge in China Ware, but be sure it be of the finest best painted and usefullest Sorts possible./
Encrease the Tea to 100 Tubs	You may also encrease the number of your Tubs of Tea to 100, so as you take care it be well packd up in Tutenague as close as possible, and then wrapt up in the leaves of the Country, and put into good Tubs so close as to preserve it from all Sorts of Scents, which it is very subject to imbibe to the rendering it of very little value by the time it comes here, and to be sure let it be of the very best sort
How to pack up & preserve it	and the newest can be gott, alwayes remembring in this and all other Commoditys that the worst payes as much freight as the best, and here we must remind you, if you doe by no means put up any Tea in Chests made of Camphire Wood, neither suffer any Camphire or Camphire Wood, or any other such like strong Scents to come within the Ship, lest you spoil all the Tea, that is near them, and for the like reason, let no Tea be put in any sweet wood Chests or in small Potts nor in any Potts or tutenague, till well assured the smell of the soldering Oyle or any other Scents are perfectly removed./
To 4 or 5 Tons of Raw silk if cheap	You may enlarge your raw Silk to 4 or 5 Tons, if you find it so cheap as to turn to a good Account here, but take great care it be well stowed in the Ship for otherwise being a bulky Commodity the very ffreight will eat out a great part of the expected proffitt./
Fill up with Lacker'd boards	What Tonnage shall yet remain to be compleated you may partly supply with some more boards, lacquered Boards on both Sides fitt for Skreens and Pannells to be done by the best Artists, and of the finest Lacker & works procurable, or else

bring

繊細に扱わなければならず、その点いくら注意してもしすぎることはない。投資の得失に極めて大きく影響する品であるので、最も新鮮な最高品質のものを買うよう心がけること。……箱に入れた茶の方が、桶に入れた茶よりも質が良いことが最近分かった。それは一部の人々の考えによると、箱に詰められる茶の量のためで、つまりは箱の方が桶よりも容量が大きいからであるという。……茶は船の一番涼しい場所に保管し、……［そして］好天の時にはできる限り頻繁に空気に触れさせること。[*24]

投資が要求された品目のリストには、「シンロ」（標準等級の緑茶）、「ビング」（または「インペリアル」。より上等の緑茶）、そして「ボヒー」（より濃い色の、半酸化させた葉を指す）の相対量が記載されている。これらの語は――おおよそストレタム号の航海の時期から――茶貿易で慣習的に使われる用語の一部となった。茶の木から採れる葉の取引に必要な実際的知識や語彙は明らかに、一七一〇年代の終わりまでには整備されていた。そうした知識と語彙は茶の輸入比率の急速な増加を通じて確立されたが、それはこのエキゾチックな商品に対する国内の関心の高まりへの（一方では）反応であると同時に、（他方では）その誘因でもあった。茶貿易の成長はすでに抗い難い勢いを獲得していた。イギリス人の茶への嗜好――茶のイギリスへの嗜好はさておき――が、一八世紀前半を通じて目覚ましい発展を遂げることは未だほとんど想像されていなかったとはいえ、そのための商業的な

【右頁】「中国の廈門へ向かうアミティ号の管貨人、チャールズ・プライス氏ならびにその助手ジョン・ヒラー氏に宛てた指示」、1696年、手稿。東インド会社の「東洋への急送文書」の信書控え帳より。この控え帳には、各貿易航海に伴う公式の指示の清書が収められている。アミティ号の管貨人たちに宛てたこれらの指示には、投資が必要な「最上等・最上質の中国物産」に関する細目が述べられている。東インド会社役員会は、茶の種類に応じてロンドンへの輸送方法を細かく指定している。そして管貨人たちは、「この商品あるいはほかの商品の場合でも、品質に関係なく、同じ輸送費がかかる」ことを念押しされている。

基盤は着実に築かれていたのである。

可能な限り急ぐように

イギリスの茶貿易が以後一五〇年間にわたって頼ることになる主要な海上テクノロジーが、「東インド貿易船（イーストインディアマン）」であった。これは、ヨーロッパ諸国の東インド会社が所有またはチャーターした全ての船を表わすために当時使われた用語である。これらの船の最も重いものは一九世紀に建造され、重量はしばしば一〇〇〇トンを超えた（その中には史上最大の木造帆船も含まれている）。ストレタム号は一七〇〇年にテムズ川で建造された、比較的控えめな三五〇トンのフリゲート艦で、一八世紀初頭に東インド貿易を行った船の典型であった。[*25] フリゲート艦は速さと軽快さを第一に重視して造られた三本マストの船で、通常三〇から四〇門の大砲を甲板に搭載していた。ストレタム号自体も二八門の大砲を備えていたが、これは海賊行為や戦時における敵国の軍事行動に対する防衛として東インド貿易航海で維持された武装手段であった。

一七〇三年二月、東インドへの投資のために（おそらくスペイン銀貨で）会社の「宝物」一万ポンド以上を積んだストレタム号は、テムズ川を下ってダウンズ（北海南部の半シェルター化された停泊地）へ達していた。[*26] 船長のロジャー・マイヤーズは経験豊かな士官で、一七〇〇年にストレタム号が東インド会社用船としての処女航海でベンガルに向かった時にも、その指揮を執っていた。[*27] 東インド会社船と護衛艦の船団（当時イギリスはフランスと戦争中だったため）が結集した時までに、さらに一か月が経過していた。中国への貿易航海は通常一月に出発した。したがって、一七〇三年三月の最終週にイギリス海峡を進んでいた時――管貨人たちは「シーズンに間に合うよう航路を取るため、廈門まで可能な限り急ぐように」という訓令を受けていた――、ストレタム号はすでに貿易シーズンの危機的に遅い時期に差し掛かっていたのである。東インドへ向かう全ての船と同じように、航海は大西洋をジグザグに渡ることから始まった。海流の影響によって、喜望峰まで最速で到達するためには、南西方向へ向かって大西洋の真ん中を突っ切り、ブラジル沿岸沖の諸島が見える地点まで進む必要があった。そこからは、喜望峰に至る南東の海流を利用することができた。[*28] ストレタム号は六月二一日に赤道を横切り、七月第一週の終わりまでには喜望峰への南東航路を開始した。八月一一日に喜望峰を回り、インド洋へ出て数週間は同緯度を維持し、それから現在のインドネシアの方を目指して北東へ進んだ。卓越風は穏やかで、一日で三〇海里進むこともしばしばだったが、ジャワ島の西端が見えたのはようやく一〇月一日のことであった。スマトラ島とジャワ島の間のスンダ海峡を通過した時、ストレタム号は依然として予定より三か月遅れていた。その年の貿易シーズン中に中国へ到達する見込みは、南西季節風が止み、北東卓越風が吹き始めると共に薄れていった（卓越風に逆らいながら南シナ海を横切って進むのは事実上不可能であった）。

　貿易シーズンに間に合うように航路を取れないということは、いかなる場合でも東インド会社の貿易航海にとって深刻な商業上の打撃を意味した。マイヤーズ船長と主席管貨人のクリストファー・ブリュースターは、彼らが会社側と種々に結んでいた契約を履行できなかった場合、どのような結果を招くかをよく知っていたはずである。予定よりも遅れた航海からなんとか利益を得ようとして、ブリュースターと部下たちは、インドネシア諸島とインドの間に存在する交易機会を活用しようと試みた。彼らはバタヴィア（現ジャカルタ、当時はオランダ領東インドの首都）で、会社の「宝物」一箱を種々のエキゾチックな品物に投資した――アガラ（香木）、麒麟血（芳香植物から採れる樹脂で、薬効があるとされた）、砂糖、「安息香」（スマトラのアンソクコウノキの樹液から作られる香料）、極楽鳥の羽などである。[*29] フランスの軍艦に関する報告を受けたストレタム号は急遽マラッカに避難し、数日間そこに留まった。しかし、乗組員たちにとって最も憂慮すべき問題はほかにあった。ストレタム号が躊躇いがちにマラッカ海峡を通ってベンガル湾に達しようとしていた一二月二七日のこと、航海日誌にはこう記録されている――「昨日四時、しばらくの間病いに冒されていたマイヤーズ船長がこの世を去った」。日誌にはさらに、マイヤーズが陸に運ばれる際、二二発の弔砲が撃たれ、「雨風が非常に激しかったが、天候の許す限りにおいて最大限の厳粛さをもって」遺体が埋葬された旨が記されている。[*30]

マイヤーズに代わって指揮を執ったのがトマス・フリントで、彼は一七〇〇年にネプチューン号の一等航海士を務めたことがあった。これは指揮官という重責を突然担うことになった士官にとっては価値ある経験だった。[*31] この時ほど多難ではない航海の場合でも、東インド会社船の船長という地位は細心の手際を要した。フリントは船とその士官の総指揮を執った。そして船主に対しては、船を損壊せず、安全な航海を保証し、正確にルートを決め、乗組員の生命を保護する責任を負った。また、船上の規律を維持し、海賊や敵船の情報を判断し、時間を食うメンテナンスの必要性を見定める義務もあった。さらには、ヨーロッパに運ぶ荷の安全な積み込み（かさばるが比較的軽い茶箱のような品物の場合、特に難しい仕事だった）を監督し、船が最大積載に達するタイミングを判断しなければならなかった。しかし船長はまた同時に、船主が会社に対して行う約束（「用船契約」と呼ばれる協定書で述べられる）を履行する責任も負っていた。この文書では、船が寄るべき港、運ぶべき積み荷（茶の場合、指定された種類を正確な量積み込む必要があった）、そして取引を行ううえでの基本的条件が規定された。各航海における会社の代理人として、管貨人たちはこの契約の条件を施行する立場にあり、船に積まれる品物の細目に生じるいかなる変更に対しても責任を負うものと役員会によって定められていた。このために、一七二三年の貿易を統括した管貨人たちは、復路の航海の一部を帳簿の帳尻合わせと、役員に送る手紙の準備に費やした――その手紙の目的は、当初の注文量以上の「ボヒー茶を請求書に記載する理由についてお知らせする」ことであった。[32]

ストレタム号はベンガル湾を横切り、マドラス（現チェンナイ）の聖ジョージ要塞（要塞化した東インド会社の交易所）に達した。船の到着は、要塞の役員たちの公式審議録に手短に記録された。「ストレタム号、本月［二月］一〇日に到着、マイヤーズ船長死亡[33]」。船の到着後間もなく、船内の規律に深刻な乱れが生じたことを審議録が明らかにしている。ブリュースターとほかの管貨人たちは、フリントの昇格を受けて一等航海士となっていたリチャード・グライムズを正式に訴えた。彼らの申し立てによれば、グライムズは「ありとあらゆる背任行為」を犯し、酩酊時には「鼻を切り落とし喉を掻っ切ってやる」と言ってほかの乗組員を威嚇した。状況があまりに悪化したのを見て取った管貨人たちは、（以下のような優先順位をつけているのは興味深いのだが）「会社の財産にとっても、また船の保全にとっても、彼がこれ以上船に留まるのは安全ではない」と主張した。[*34] 会社を代表する要塞の評議会は直ちにグライムズを免職した。ほどなくして、苦難に満ちた航海を続けてきたストレタム号はさらなる運命の打撃に見舞われた。気がかりな知らせが廈門から戻った船によってもたらされた――廈門のイングランド商人が最近不利な条件を強いられているというのだ。マドラスの有力商人たちは、「広州は廈門よりもずっと自由な港であり、荷役も迅速である」という意見を述べた。また、廈門の「役人たちの特権濫用」は、「航海の全収益を飲み込まんばかりである」というのが彼らの見解であった。[*35] 再びストレタム号の管貨人たちは要塞評議会の意見を求めた。評議会の構成員たちは、仮に中国へ送る船を彼らが持っているとしたら、「廈門よりも広州を選ぶはずである」と助言した。[*36] こうして評議会から指示を受けた管貨人たちは契約上の根拠を与えられ、状況に鑑みて船を「広州へ向かわせる」ことを許可された。ここには、やがて一八世紀随一の茶貿易港となる広州の運命が予示されていると言えよう。

居留地の港に中国行きの船が停泊しているという事実は、要塞の文官を務める一人の野心あふれる若者のうちに、抑えがたい欲求を掻き立てた。チャールズ・ロッキャーは一七〇二年九月以来、会計係助手として雇われていた。居留地の会計係主任の死から一か月ほど経った時、ストレタム号が近くに停泊していることを知ったロッキャーは、「わずかな財産」を増やす可能性が与えられる「好機が今到来している」という理由で、離職を願い出た。[*37] 要塞の評議会はロンドンの東インド会社役員会に対し、「チャールズ・ロッキャー氏は四月一三日付で本人の希望により退職し、中国へ向かうストレタム号に乗船した」と報告した。[*38] 順風の南西貿易風が吹いているのが確認されると、五月半ばにストレタム号はロッキャーを乗せてマドラスを出港し、マラッカ海峡を戻って南シナ海を横断するため、北東に進路を取った。一七〇四年七月初旬、船はプロ・コンドール（ベトナム南岸沖のコンソン島）の短命に終わった居留地に短期間寄港した。ここで、聖ジョージ要塞から移送された何人かの兵士とその家族が下船した。これらの乗客たちは、ほぼ確実にこの島で死を迎えたはずである。というのも、この島のヨーロッパ人入植者たち――その中には東インド会社中国「総督」アレン・キャッチポールもいた――は、この後一年も経たないうちに虐殺されてしまうからである。[*39] プロ・コンドールでストレタム号はケント号とイートン号に出会った。両船とも次のシーズンの貿易船団の一部で、やはり広州を目指していた。今後の展開の確かな兆候とも言えることだが、ケント号の管貨人たちは、大量の――ロンドンへの輸送用に注文されたものとしては過去最大量の――茶を購入せよという具体的な指示を受けていた。彼らはシンロ約九万ポンド、インペリアル一万二〇〇〇ポンド、ボヒー二万四〇〇〇ポンドを積み込むよう求められていた。あまりに膨大な量のため、合同経営役員会は、広州で「それほど大量の茶を確実に入手できるという見込みはない」ことを認めた。三隻の船は再び北東へ向かい、八月六日に中国沿岸を確認し、それから二日後に澳門近くの珠江河口で錨を降ろした。

到着後、以下の条件を要求すること

ロッキャーも認めているように、広州は「東インド会社に認識されるようになってから」まだ日が浅かった。[*40] 新会社も旧会社も、中国に恒久的な商館を確立するために相当の時間、資金、労力を費やしたものの、全て無駄な試みに終わっていた。一六七〇年代後半、廈門の南東の港での最初の試みは、敗北した明王朝支持者の鄭経（ていけい）（反乱軍の指導者である鄭成功の息子で後継者）を旧会社が支援していることが判明したために中止された。[*41] 廈門よりも北の舟山に拠点を築こうとした新会社の試みには大きな期待が寄せられたものの、ストレタム号の航海と同時期に放棄され、イギリスと中国双方に不満と誤解を生むだけに終わった。[*42] 広州について言えば、旧会社が時折そこでの交易を試みていた（最も近いところでは一六九〇年にディフェンス号が広州を訪れたが、交戦の末両国に死者が出るという悲惨な結果に終わっていた）。しかし、一六九九年にマックルズフィールド号の到着によって、交易上の接触を開始することに成功したのは、新会社の方であった。[*43] 投資予定品目の明細記録は残っていないが、マックルズフィールド号の管貨人たちは「船倉に入れると品質を損なうので、茶のためのスペースを甲板の間に」作るように、という極めて具体的な指示を与えられた。[*44]

旧会社と新会社の合同が一七〇二年四月に合意されたのを受けて、合同経営役員会は、新旧両会社がそれぞれ開拓に努めていた交易拠点に四隻の船を送った（ただし旧会社の方は一貫して廈門にこだわり続けていたが）——すなわち、ノーサンバランド号は舟山、シドニー号は広州、ストレタム号とモンタギュー号は廈門へ。ノーサンバランド号は一七〇四年前半に舟山での交易を成功させたが、その後会社によってロンドンから舟山へ送られた船は二隻のみであった。廈門に関しては、モンタギュー号が一七〇三年のクリスマスに出港して以降、会社がそこでの交易を最後に試みたのは三二年後のことだった（そしてその試み自体も失敗に終わった）。ストレタム号は後に見る通り、最終的に広州でシドニー号と合流した。船の雄弁な観察者であるロッキャーは、是認の意を表わしながら次のように述べている――役員たちは厦門重視の路線を放棄するのを嫌っていたが、「ようやく」「この地［広州］で見込めるより確実な交易」を選択するに至った。「ここでは、船荷一つのために季節風の時期を逃す恐れなどなしに、一船団全体に荷を積むことができる」。[*45] 清朝の政策もこの時期からヨーロッパ船の広州への集中を正式に承認した。[*46]

澳門に到着した外国船は通常、貿易業務そのものに先立って、一連の形式的な手続きを順守しなければならなかった。船員たちはポルトガル人居留地の統治当局を訪問して敬意を表し、その後、広州の税関事務所の代表者たちと接触した。これらの役人たちが主席管貨人を珠江上流の広州まで案内すると、そこで省の税関長官（その官職名は一般的にホッポー「hoppo」と音訳された）との交渉が開始された。ストレタム号の主席管貨人ブリュースターは、澳門停泊中に「測定税」（船の大きさに基づく税関手数料）を課すようホッポーの役人たちを説得するのに成功した――ロッキャーの示唆するところでは、これによってイングランドの代理人たちはより有利に取引を進めることができたのだということ。この時の交渉におけるブリュースターの成功は、測定税の額が一五〇〇テールから九〇〇テールに減らされたことに反映されている（「テール（両）」は東アジアの重量単位で、一テールが約一と三分の一オンスに当たる。一テールの銀の価値に基づいた金額を表わすためによく使われた）。このようにして節約された六〇〇テールは（当時の通常の市場価格では）二〇〇〇ポンド以上の茶と同等の価値があった。[*47] これらの手続きの完了は、ホッポーが「免状」、つまり船が珠江へ出るのを認める許可証を発行した時に確認された。

その後、船の指揮官は澳門の水先案内人の乗船を手配し、神経をすり減らしながら三角州の浅い水域を進む航行を開始するのだった（この時、より水深の深い狭い水路にはしばしば、多数の小型木造平底船の姿が認められた）[*48]。

八月二四日にストレタム号が黄埔島南の深水停泊地――ストレタム号のような船舶が安全に到達できる最上流の地点――に停まると、そこにはシドニー号が停泊していた。シドニー号はストレタム号がダウンズを出発した時に一緒だった船で、前年の一〇月に中国に到着しているはずであったが、やはり予定を遅れていた[*49]。そのシーズンの貿易の難しさについてあらかじめ通告されていたストレタム号の船員たちは迷うことなく、最後の一二マイルは小型帆船に乗り換えて上流の広州に到達し、速やかに商館を賃借した。到着したばかりの管貨人たちにとっては不運なことに、彼らは強力な商売敵のオランダ東インド会社に先を越されていたことを知った。結果として、「商品には大変な高［値］が付けられ」、「茶は供給不足で、需要過多になっており、バタヴィアへの出荷用に、そこへ向かうジャンク船だけでなく、特にこの商品を買うために送られたオランダ船によっても大いに買われている」[*50]。事の成否は、「行」つまり当地で最も有力な仲買商たちの援助を確保できるかどうかにかかっていた。この中国貿易の初期段階においてすでに、「行」たちの一部はイングランドの管貨人の間でかなりの声望を得つつあった[*51]。ロッキャーは管貨人たちに次のように勧めている――「最も有力な商人の一人か二人を探し当て（彼らの名前は、あなたが去る前に、その地にいた最後の船から聞き出さなければならない）、今後さらに必要なことについて指示を受けると良い」（ただしロッ

【左頁】「ケント号の管貨人が中国の広州で購入すべきヨーロッパ向け商品のリスト」、1703年、手稿。18世紀初頭の典型的な「投資品目リスト」。「ケント号の管貨人たちに宛てた指示」に添付された文書。この中で東インド会社役員会は3種類の茶を指定している――すなわち「シンロ」（並の緑茶）と「インペリアル」（高級緑茶）、そして「ボヒー」（イギリスの貿易業では「紅茶（ブラックティー）」と呼ばれたが、現在なら「ウーロン」と呼ばれる茶に近い）である。緑茶よりも濃い色の「ボヒー」茶は、予定購入量全体のほんの一部を占めるに過ぎなかった。このことは、当時のイギリス人が飲んでいた茶は圧倒的に緑茶であったという事実を示唆している。

List of Goods to be provided at Canton in Chi[na] by ye Supra Cargo's of ye Kent proper for Euro[pe]

Peeces	Goods	Quantity	Computation of Tonnage	Computation at Canton ₤ ℏ 𝔡
	Copper – in Barrs from Iapan or in want thereof in ye largest plates	Sixty Tons	60	2. 12.
	Brass Cash	Forty Tons	40	1. 1. 6
	Quicksilver	Fifteen Tons	15	— 2. 3
	Vermillion	Five Tons	5	— 2. 6
	Tea Singlo	Seventy five thousand } pounds		— 1. —
	Do. Imperiall	Ten thousand } pounds	117	— 2. —
	Do. Bohee	Twenty thousand } pounds		— 2. —
	Green Ginger	Twenty Tons	20	16. —. —
	Rubarb	the finest & best pickd or none; Six tons Computed to Cost in the whole	6	200. —. —

We dont ty you to the Price of Rhubarb – but except you bring that which is very – fresh and new and well picked, otherwise bring none –

Peeces	Goods	Quantity	Computation of Tonnage	Computation at Canton
1500	Taffaties plain of One Colour	Fifteen hundred Ps.	2½	1. 6. —
1500	Do. Changeable	Fifteen hundred Ps.	2½	1. 6. —
1750	Do. Striped	Seventeen hund & Fifty	3	1. 7. 9
1500	Gorgorons	Fifteen hundred Ps.	3¾	1. 8. 6
2500	Goshees Flowerd	Twenty five hundred Ps.	3	2. —. —
3000 { 500	Sattins plain	Five hundred } Ps.		
1000	Do. flowerd one Colour	One thousand } Ps.	10	2. 3. 4
1500	Do. flowerd Changeable	Fifteen hundred } Ps.		
500	Damask White or Goshees White	Five hundred Ps.	1¼	2. —. —
500	Do. for Beds	Five hundred Ps.	1¼	2. 3. 4
1000	Poises	One thousand Ps.	2½	2. 5. —
2000	Hockins ye heaviest to be had	Two thousand Ps.	2	—. 2. —
1000	Masquerades	One thousand Ps.	1¾	1. 8.
600	Pelongs dyed wth Sevll Colours	Six hundred Ps.		
	Silk Raw – if procureable at a cheap rate at or under a hundred Tale a Pecul and very good to the value of Five thousand pounds Computed to be		22	

China Ware to fill up the Vacancy.

These are the Particulars we think proper to be provided for E[urope] But if you shall not be able to purchase all those Sorts of Measured go[ods] the full Quantityes of Each Sort, Or that you find some of the Species [are] cheaper or better than others, we allow you to encrease in such of the[m as] you think most advantagious here, and to buy the fewer of other So[rts]

Observa[tions]

キャー自身としては、「中国人にしては」誠実な商人として「リンカ」、「アンカ」、「ピンカ」を推薦するのにやぶさかではない)。[52] リンカとアンカはこれ以後一七二〇年代前半まで広州の中心的商人となる。[53]

ストレタム号の管貨人たちは東インド会社役員会から一連の全般的指示を受けていたが、その中には以下の注意が含まれていた。

> 中国人は狡猾で油断のならない民族であり、あらゆる取引相手を瞞着（まんちゃく）することにかけて極めて巧妙であるため、然るべき対応策が求められる。しかしながら、中国人は尊重されることを愛するので、あなた方は彼らが侮辱されたと感じないように、しかも彼らに欺かれないように振る舞わなければならない。[54]

ロッキャーの『報告』は、こうした嫌疑を受けたのが商人に限らないことを明らかにしている。通訳は「全員詐欺師」であり、船に物資を供給する仲買人（ポルトガル語の「コンプラドール（買弁）」という呼び名で知られた）は「ならず者」である。管貨人たちは次のように忠告された——売りつける品々を携えて「中国で最も悪辣な詐欺師たちが日ごとにやって来るのを覚悟しなければならない」。ロッキャーの記述によると、よく使われた詐欺の手口には次のようなものがある——すなわち、商品の計量時に軽い分銅を使って目方をごまかす。竿の長さが異なるいかさま天秤。商館から商品を盗み出すための陽動作戦（偽の喧嘩騒ぎを起こすなど）。外から見た感じよりも容量の少ない偽造箱や缶。波止場から船に運び込む際に、契約した積み荷を無価値な物品とすり替える、などである。茶の積み荷は特有の脅威にさらされていた。というのも、箱の最上部に上等の茶葉が詰まっていれば、その下はおおむね標準以下の茶葉だったとしてもバレない可能性があったし、さらには、貿易シーズンの始まりには商人たちが新鮮な茶と前年の残り物の古い葉を混合しようとすることも珍しくなかったからである。

茶は比較的新しい積み荷であったため、「行」の商人によって売り出される商品の品質をいかにして判断すべきかという問題には、格別の関心が払われた。色の濃いボヒー茶の葉について、ロッキャーは以下のように助言している。

質の良い茶と悪い茶を見分ける方法がいくつかある。しかし概してものを言うのは買い付け人自身の判断力である。茶は香りも味も良く、見た目の色が均質で、よく乾燥し、パリッとして砕けやすくなければならない。熱湯に浸すと、質の良い茶葉ほど早く開く。そして、何度も色を出すほど、より濃く美味しくなる。葉が小さくて黒いものや、埃が混じっているのは劣等品のしるしである。[*55]

売り出される緑茶の品質を見極める管貨人は「それを噛んで」から、色を観察するよう忠告された――「緑の色が鮮やかであればあるほど良質である」。あるいは、熱湯を入れた別々の容器にさまざまな茶を同時に浸すという方法もあった――「淡い琥珀色を一番長く保つものを選ぶのが良い。とい

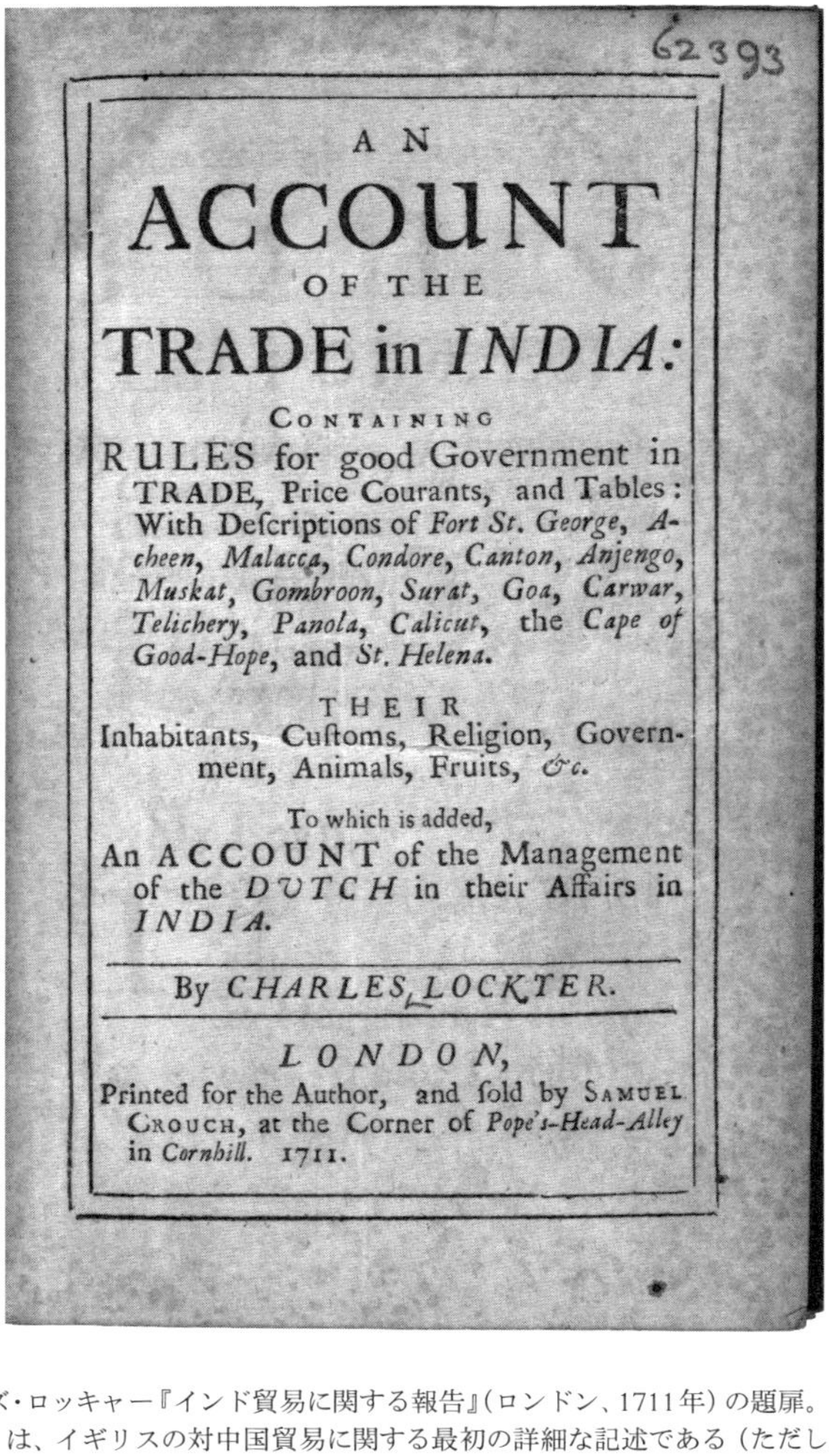

62393

A N

ACCOUNT

OF THE

TRADE in *INDIA*:

CONTAINING

RULES for good Government in TRADE, Price Courants, and Tables: With Deſcriptions of *Fort St. George*, *Acheen*, *Malacca*, *Condore*, *Canton*, *Anjengo*, *Muskat*, *Gombroon*, *Surat*, *Goa*, *Carwar*, *Telichery*, *Panola*, *Calicut*, the *Cape of Good-Hope*, and *St. Helena*.

THEIR

Inhabitants, Cuſtoms, Religion, Government, Animals, Fruits, *&c.*

To which is added,

An ACCOUNT of the Management of the *DUTCH* in their Affairs in *INDIA*.

By *CHARLES LOCKYER*.

LONDON,

Printed for the Author, and ſold by SAMUEL CROUCH, at the Corner of *Pope's-Head-Alley* in *Cornhill*. 1711.

チャールズ・ロッキャー『インド貿易に関する報告』(ロンドン、1711年)の題扉。ロッキャーの『報告』は、イギリスの対中国貿易に関する最初の詳細な記述である（ただし、長い表題が示唆する通り、広州で行われた貿易に関する叙述は、広範な話題を論じるこの本のごく一部を占めるに過ぎない)。18世紀全体を通じて、著述家たちは「インド」という総称的用語を（あるいは——もう少し具体的な——「東インド」という用語を）しばしば用いた。これらの語は、南アジア一帯の広大な地理的範囲（南アジア亜大陸からマレー半島とインドネシア諸島を越えて中国に至る地域）を表わした。

うのも、粗悪品はすぐに褐色に近くなるからである」。ロッキャーが記した指示の真価は――茶の品質評価手段としての真正性は措くとして――、実践的で半ば演劇的な一連の手順を提示している点にあるのかもしれない。その手順を踏むことで、ヨーロッパ商人たちは茶に関する「専門」知識を披露することができたはずで、その様はアマチュアワイン鑑定家がクラレットグラスを回しながらワインの色、アロマ、ブーケについて大仰に語る姿と似ていたかもしれない。[*56]

とはいえ、一七〇四年の管貨人たちにとっては、品質に関わらず、どのような茶でもありがたかったに違いない。売りに出される茶はないと当初聞かされていたケント号の管貨人たちは、最終的には限られた供給量のボヒーとシンロを買い付けることができた。その一部は陸路で廈門から運ばれ、一部は地元のジャンク船貿易の積み荷を広州当局が徴発したものだった（究極的には、税を徴収できるヨーロッパ船の積み荷は省政府にとってより魅力があった）。その年の貿易シーズンが終わりに近づくにつれ、管貨人たちは「われわれが望む量のシンロを得られる見込みは到底なく、インペリアルについても同様であると分かった以上、われわれとしては入手できる商品はどんなものでもとにかく全て買い付けるほかない」と結論せざるを得なかった。[*57] 契約済みの積み荷をストレタム号に運び込む作業は、一七〇四年一二月第二週の終わりまでに完了した。管貨人たちはホッポーに対して、船の出発を認める最終認可状の発行を要請した（出発前には、税関手数料と追加の「贈り物」というかたちで課される最終決算が済むことになっていた）。一二月一六日の航海日誌には、「われわれの管貨人たちと乗客たちは取引を片付けて広州から戻ってきた」と記録されている。最終認可状を取り付けたトマス・フリントは、船を河口の深水領域まで誘導するために地元の水先案内人を再び乗船させることが

「ファミーユ・ローズ」の大鉢（パンチボウル）の部分、1785年頃、磁器。広州の河岸沿いに建つ西洋諸国の交易所。ヨーロッパ市場向けに中国で作られたこの鉢は、広州の臨港地区に停泊する小型木造平底船（サンパン）を描いている。後景には、ヨーロッパとの貿易に使われる倉庫や保管施設が立ち並ぶ。中国商人は帽子と扇子によって、ヨーロッパ商人はステッキによって見分けることができる。

できた。

一二月一七日、ストレタム号はシドニー号、イートン号と共に黄埔を出帆した。八月に到着してから四か月弱が経過していた。最初の砂州を越える際、三隻の船はケント号と九発の礼砲を交わした。ケント号の管貨人たちは依然として、会社が期待する茶への投資を完了すべく努めている最中であった。五日間に及ぶ新年の祝い（一七〇五年一月一三日から一八日）によってさらに遅れが生じたせいもあり、ケント号が南シナ海の開水域に再び到達したのはようやく二月初旬のことだった。ケント号が運んだ茶の積み荷の内訳は、ボヒーが（元の注文量より多い）一三トン強、シンロが（管貨人たちが買い付けを指示されていた三三トンの三分の一ほどでしかない）一二トン未満、そしてインペリアルはゼロであった。[*58] これは総量にして、所期の投資量の六〇％にも満たなかった。にもかかわらず、それは東インド会社がかつて輸送した中で最大量の積み荷であった。管貨人たちが広州上陸後に遭遇した供給の問題は、茶を獲得しようとするさまざまなヨーロッパ企業の間で激しい競争が行われたことを物語っている。しかし同時に、農家から「行」に至る現地の供給網が、急激な需要の増加によって不意打ちを食らったことも見て取れる。

広州を遅れて出発したにもかかわらず、ケント号はストレタム号よりもずっと早く帰りの航海を終えた。アイルランド到着を一七〇五年一〇月三日付『デイリー・クラント』紙で報じられたケント号は、一一月二〇日にテムズ川で錨を降ろした。[*59] ストレタム号の復航は、往航と比べれば波乱が少なかった。とはいえ、一七〇五年一月中旬には再びマラッカ海峡に到達していたストレタム号は、インド国内の交易に関わる諸問題のために一年以上も足止めを食い、ようやく喜望峰を通過してロンドンへの帰路に就けたのは一七〇六年六月二三日のことであった。そして八月にセントヘレナを通過し、最終的に一七〇七年三月にロンドン港へ帰還した。およそ四年間にも及ぶ航海であった。ストレタム号はその後二回、東インド会社のための航海を行った——マドラスとベンガルへの（一七〇八—一〇年）、そして再び広州への（一七一二—一四年）航海であった。おそらくその後でストレタム号は解体されたはずである。というのも、最も耐航性に優れた東インド貿易船にとっても、四回の大西洋横断航海が寿命であると一般に考えられたからである。

広州に向かって

一二年に及んだ東インド貿易船としての現役期間中に、ストレタム号はイギリスの定期的な茶貿易の基盤が広州で固められるのを目撃した。その頃までには、商業的交流のための諸条件が十分に確立されていた。一シーズン分の船荷を積んで航海する管貨人たちは、臨時「評議会」（後に組織化され東インド会社「広州特別委員会」となる）として集まり、各船の航海を戦略的・商業的に監督した。彼らはチャールズ・ロッキャーが記録した初期の情報を土台として、以下の事柄に関わる相当の専門知識を速やかに獲得した——すなわち、広州当局との交渉、茶の積み荷の品質評価、継続的信頼と相互尊重の関係を築いた商人たちとの協定、国際貿易と外交の繊細な問題が引き起こす想定外のトラブルの解決策などである。

「管貨人日誌」――一七二〇年以降はほぼ完全な記録が残っている――には、管貨人が処理しなければならなかった東インド貿易のさまざまな日常的問題が詳細に記されている。管貨人は、船荷と荷積みの問題をめぐって、船の傾き具合や「喫水」量（船体が水に沈んでいる深さ）を気にかける東インド貿易船船長と、困難なやり取りを交わさざるを得なかった。例えば一七二四年に広州で交易したマックルズフィールド号の場合、荷積みを二週間先に控えていたが、喫水が深すぎたため、大潮による潮の高まりを利用して二つの砂州を渡り、澳門近くの深水域で荷の積み込みを完了すべきであるとされた。[*60] また、ケンブリッジ公爵号の指揮を執るダニエル・スモールが一七二三年の管貨人評議会に対して、「これ以上商品を積み込めば全体に危険が及ぶことになる」と知らせた時、彼は次のような不吉な警告を受けた――「われわれは本書類により、栄えある合同東インド会社の名において、また同社の利益のために、貴君に対し以下のように通告しなければならない。貴君と荷主たちは、用船契約の本条項への違反によって同社に生じる可能性のある全ての損失に対して責任を負うものとする」。[*61] 関税や船荷税のみならず、通訳、売買仲介人、ホッポーとその役人がイギリス商人に対して行うその他の金銭的要求に関する状況は絶えず変化したため、管貨人は常に細心の注意を払わなければならなかった。

時折、省または帝国の高官を相手にした、より困難な外交が要求されることもあったが、これは普通、規律の問題に関わった（例えば一七二二年にジョージ王号の掌砲兵曹がアヒルを撃とうとして現地の一五歳の少年に致命傷を負わせた事件など）。[*62] また別の時には、管貨人評議会はこれらの「上級官吏」に対し、不正な商取引に関する正式の苦情申し立てを行わなければならなかった。例えば一七二一年のシーズンのために到着した船は、「現地の商人たちが自発的に立ち上げた同盟または組合」について知らされた。[*63] 管貨人たちは日誌にこう記録している——ボヒーとシンロは「あまりに法外な価格が設定されており、われわれはどうあっても参入することができない。また、商人たちのこの同盟を破る何らかの手段を見出さない限り、価格を引き下げられる見込みは全くない」。[*64] 数日にわたって瀬戸際戦略が採られ、管貨人たちは交易開始に伴う正式手続き完了のための取り決めを結ぶことを一切拒否した。その後、省の総督の介入によって、管貨人たちと、「同盟」への加入を拒んだ現地商人たちが勝利を収める結果となった。

とはいえ、葉茶の積み荷を獲得する責任を負った者たちにとって、最大の問題はやはり、役員会が求める量と種類の茶を入手できるかどうかであった。一七二三年の船が行う貿易を監督する評議会の主席管貨人だったウィリアム・フェイザーカーリーは、帰りの航海で喜望峰まで確実に戻るために、余裕をもって広州を出発できるかどうかをすでに懸念していた。彼は一二月一六日の「審議記録」に次のように記している。

> われわれは取引相手の商人スクワに対し、契約を交わした茶の残りをできる限り速やかに引き渡すよう頻繁に要求し、また、遅れが生じ始めており今や全てを完了すべき時であることを強調してきた。われわれは彼がこれまでに引き渡した茶の正味重量について彼と合意し、その結果、彼が残り約一五〇〇ペカル［約二〇万ポンド］のボヒーをわれわれに引き渡す義務があることが分かった。それからスクワがわれわれに語ったところ

によると、彼は手元にあと一〇〇〇ペカルほど持っているが、われわれとの契約のために調達できたのはそれで全てであり、どうしてもと言われれば残りの分を探さざるを得ないが、品質の良いものを見つけるのはおそらく困難であり、仮に見つかるとしてもわれわれはかなりの時間待たなければならない、とのことだった。[*65]

管貨人たちはさらに交渉を続けた結果、予定量には満たなかったものの、不足分のボヒーの代わりに、「コングー」と呼ばれるより上等の茶を受け取ることで満足した。しかし、フェイザーカーリーにははっきりと分かっていた――船が予定通りに喜望峰に戻るには北東季節風に頼らねばならないのを商人たちはよく知っており、そのために、この取り決めを結ぶにあたって彼がかなり弱い立場に追い込まれてしまったということを。この件が解決するやいなや、新たな――さらに慎重な手際を求められる――問題が持ち上がり、フェイザーカーリーは外交手腕を問われることになる。こういうことである。ホッポーの役人の一人が、東インド会社船団の一隻で装飾置時計を見つけた。大して高価ではない個人所有の品物だったが、所有者はそれを広州の商人に売って一儲けしたいと思っていた。ホッポーには別の考えがあった。彼はその時計を貢物として皇帝のもとに送りたかったのである。その時計を受け渡すまで、船は出発を許可する「免状」を与えられないとされた。出帆の遅れを何としても避けたかった管貨人評議会は、まず所有者から時計を公正な価格で買い取り、その後中国当局に譲り渡すことを決めた。この決定に応えて許可状が与えられた。しかし船がまさに出ようとしている時になって、時計は、何の説明もなしに返還された。「時間も機会も失われた今となっては、それを処分しようとしても大損をするだけである」ことを認め、うんざりして頭を振る管貨人たちの姿が目に浮かぶようである。こうして全てに片が付き、管貨人たちは正式に東インド貿易船団を外洋に向けて発進させた——「全速力でロンドン港を目指すよう望み、命ずる。そこであなた方は、東インドで貿易する英国商人の合同会社の栄えある役員会に委ねられる。ロンドンへの安全な帰着を心より祈る」[*66]。

第四章

茶の価値の向上

一八世紀が始まる頃までに、イギリスにおいて茶はもはやエキゾチックな見慣れない商品ではなくなっていた。それは食料品店だけでなく、「インド」商品店、中国産品店、コーヒーハウス、遊園地（プレジャー・ガーデン）その他の小売場所でも次第に入手できるようになっていた。依然として高価ではあったが、茶は中流階級の男女にも手の届くものになりつつあった。かくして茶は成功を収めたように思われる。しかし今や容易に手に入るようになったとはいえ、茶にはまだかなり謎めいたところがあった。茶とは何を意味したのだろうか。茶の作用について教えてくれる人々がいた――医師、内科医、自然哲学者、植物学者は、（次章で見る通り）茶の生理学的特性に関する助言と研究を提供した。茶がどこからやって来るか、価格はどれくらいかを教えてくれる人々もいた――商人、貿易業者、小売店店主などである。しかし新しい世紀を迎えても、茶の文化的意味やその歴史に関する一致した見解は存在しなかった。一八世紀最初の数十年間における、茶を理解するための努力は、敵対関係にあるさまざまな人々の間の闘争でもあった――すなわち詩人と風刺作家、茶愛好家と茶嫌悪者、そしてこの新飲料を堕落と価値観の衰退のしるしと見なす者と、社会を改良する平和的な補助食品、または洗練された文化の先触れと見なす者との間の闘争である。茶の意味をめぐるそうした論争を通じて、茶の描写、消費、社会的目的のための新たなシナリオが案出された。この過程を経ることで、茶はその地位を高めたが、同時にまた馴化（じゅんか）され、そして新たなイギリス的神話を与えられたのである。

茶を試す（エッセイング・ティー）／茶論を書く

イギリス人が新たに獲得した茶の知識に関する最も重要な言明は、一六九九年に聖職者のジョン・オーヴィントン（一六五八―一七三一年）によってなされた。ダブリンのトリニティ・コレッジとケンブリッジ大学セントジョンズ・コレッジで学んだ後、オーヴィントンはインドへ向から東インド会社船の牧師に任命された。一六九〇年の雨期の間にボンベイ（ムンバイ）に到着したオーヴィントンは、そのイングランド商館が「贅沢と不品行、堕落による礼節の崩壊」に呑み込まれていると感じ、深い失望を味わった。数か月の滞在の後、オーヴィントンは喜び勇んで北部のスーラトへ移動した（スーラトは一六六二年にキャサリン・オブ・ブラガンザの持参金の一部としてイングランドに割譲された港町）。彼はそこで二年半、イングランド商館付きの牧師を務め、商館長のバーソロミュー・ハリスと共に城でかなり豪奢な生活を送った。スーラトは繁栄した豊かな都市で、「インド帝国の最も名高い商業中心地と見なされている。そこではあらゆる商品が売られている」[*1]。自由に使える時間がふんだんにあったオーヴィントンは、この土地での経験――特にヒンドゥー教徒、イスラム教徒、パルシー（ゾロアスター）教徒の現地人たちの間で過ごした経験――を文章に残した。一六九三年にロンドンへ戻った後に彼が出版した旅行記『一六八九年のスーラトへの航海』（一六九六年）は、東インド会社とその貿易事業の見通しに関する極めて好意的な見方を創り出した。この成功によってオーヴィントンはイングランド国教会で出世し、国王付きの牧師に任命されると同時に、リーのセントマーガレット（ロンドンのグリニッジにある裕福な教区）の聖職禄を与えられた。

スーラトでオーヴィントンはバ

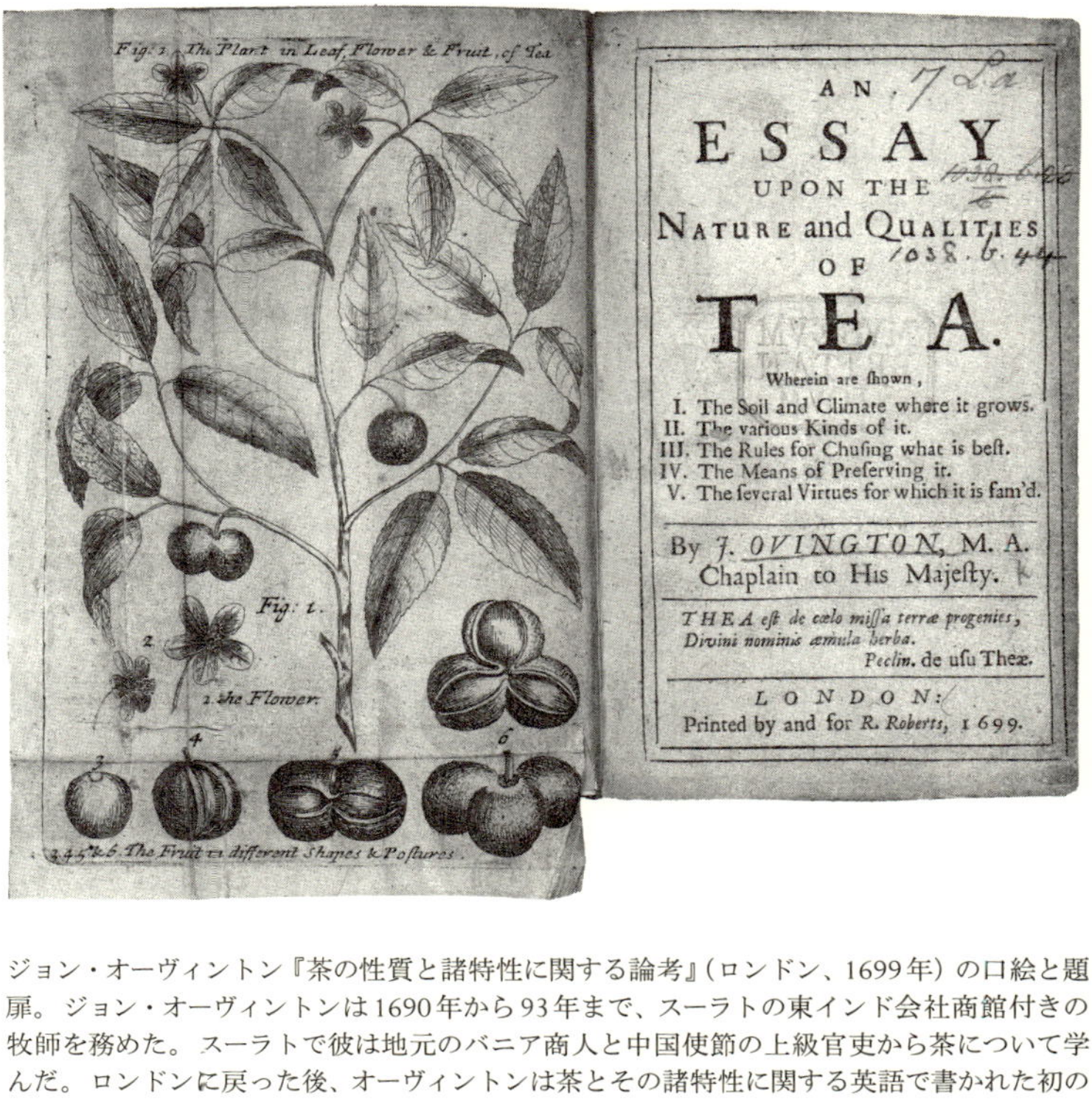

ジョン・オーヴィントン『茶の性質と諸特性に関する論考』（ロンドン、1699年）の口絵と題扉。ジョン・オーヴィントンは1690年から93年まで、スーラトの東インド会社商館付きの牧師を務めた。スーラトで彼は地元のバニア商人と中国使節の上級官吏から茶について学んだ。ロンドンに戻った後、オーヴィントンは茶とその諸特性に関する英語で書かれた初の本格的研究を出版した。

ニア（彼は「バニアン」と呼んでいる）と多くの時間を過ごしていた。バニアとはグジャラートの商人・貿易業者のカーストまたはコミュニティのことで、彼らは銀行業務、仲介業、貸金業など種々の金融サービスをイングランド商館員とインド商人双方に提供する広範な商業システムを運営した。スーラトの主要な交易品は絹その他の織物であったが、バニアは香辛料、胡椒、ダイヤモンドなども扱った。バニアを通じてオーヴィントンはスーラトとシャム（タイ）、中国、日本との地域間交易についてある程度の知識を得た。スーラトの食料品全般について解説しながら、彼はdol（キマメまたはレンズマメ）やdahi（ヨーグルト）に言及し、そして現地人が茶を好んで飲むことを強調した。オーヴィントンは茶を以下のように描写した――「現地人だけでなくヨーロッパ人も含めた、インドに住む全ての人々が共通に飲むものである。オランダ人は習慣的な楽しみとしてそれを用いているため、彼らのティーポットはほとんど常に火にかけられているか、使用されているかどちらかである」。そして茶は暑い気候にもかかわらず「好ましく」、また「頭痛、結石、胃腸痛に効く療法」であると指摘される。オーヴィントンによれば「茶はインドでは氷砂糖や、（好みのうるさい人々の間では）砂糖漬けレモンの小片と一緒に広く飲まれている。……茶は中国原産であるが、食前にこの飲み物をたくさん飲む中国人は、おおむね大変肉付きが良く健康である」。厳密には医薬でないにせよ、茶は健康的な生活に役立つとオーヴィントンは述べている。彼はまた、中国使節団の来訪の目撃者でもあった。その時の使節団を率いたのは一人の「上級官吏」で、寧波（ニンポー）から派遣された高位の使節であった（寧波はポルトガルにとって重要な貿易港で、福建（フーチェン）の山岳地帯の茶産地に近かった）。その使節は「数種類の茶を携えてやって来た」ために、イングランド商館員の間に激しい競争を掻き立てた。使節の茶は――オーヴィントンは信じられないという様子で書いている――「中国では一カッテ［重量単位。約六二五グラムに相当］が高官のための貴重な贈り物と考えられ、めったにお目にかかれない高級品である。しかし彼はわれわれの商館長のためにそれを少量携えて来た。また、使節は朝の接待の折に別の数種類の茶を商館長に贈った」[*2]。

オーヴィントンは一度も中国を訪れなかった。しかし上述の使節や、逸名（いつめい）の「何年か中国で暮らしたことのある学識豊かな医師」との出会いを通じて、彼は茶に関する知識を獲得し、帰国時にはおそらくイギリスで最も茶に詳しい人物になっていた。旅行記を出版した時点でオーヴィントンは、茶にはいくつかの異なる等級と加工法があることを認識した最初のイギリス人であった。彼は、三種類の茶について以下のように説明した。

中国で栽培され、中国人の間で極めて頻繁に飲まれている茶には次の三つがある――すなわちビング、シンロ、ボヒーである。ボヒーは小ぶりの非常に若い葉から作られる。未成熟な葉であるために水分を多く含んでおり、普通よりも長く炒る必要がある。その結果、葉ははっきりとした黒色を帯び、煎じると湯はある種の赤色に変化する。次に、シンロはもっと生長した大ぶりの葉から作られる。最後はビングで、これが最も葉が大きい。中国では相対的にほかの二種よりも値段が高い。ヨーロッパ人の間で最も広く飲まれているのはシンロである。しかし中国人の間ではボヒーが大変尊重され、ほかの二つに優ると考えられており、病気の時にはシンロとビングは飲んではならないとされるが、最も危険な病気の際には直ちにボヒーが用いられる。彼らは経験上、非常時にはボヒーを選ぶことの正しさと、その葉の効能を確信しているのだ。[*3]

オーヴィントンによるこの記述は、英語文献として初めて茶の種類を明確に識別し、二つの形態の緑茶（ビングとシンロ）と一つの「赤色」の茶（ボヒー）を特定している。彼は茶が収穫される灌木と、茶の加工法についてもある程度明らかにしている――「葉は最初緑色だが、鍋で二回以上炒ると乾燥してパリッとする。その後火から外し、縮れるまで卓上で手揉みする」。[*4] こうしたことは全て、ロンドンでは新しい情報であり、東インド会社、自然哲学者、そして消費者にとって価値があった。

一六九九年に『茶の性質と諸特性に関する論考』を出版したことで、オーヴィントンはロンドンにおける当代随一の茶専門家としての名声を確実にした。[*5] この著作は、商業、自然哲学、医学、道徳の各分野において参照可能な言説を総合することで、茶に関する英語の全知識を体系化しようとする革新的な試みであった。それはまた、著者の利己的な目的に適う本でもあった。というのも、オーヴィントンは明らかに東インド会社に取り入ることで報酬を得たからである（彼の以前の著作についても同じことが言える）。少なくとも一人の茶貿易業者は、オーヴィントンの小冊子が商品の宣伝に役立つと考えたようである。カリフォルニア州のハンティントン図書館所蔵の刊本（以前の所有者はエリザベス・ウォルターという女性）には、手書きの書き込みが残されている――「チープサイドのマーサーズ・ホールの隣、鐘とライオンの看板があるリチャード・レイパーの店では、あらゆる種類の茶、コーヒー、チョコレートが売られている」。[*6] また、この小冊子は著者の名を王の宮廷に広めた。オーヴィントンはこの作品をグランサム伯爵夫人ヘンリエッタ・ファン・アウウェルケルク（一七二四年没）に献じた。彼女は、グランサム伯爵位を授かったばかりのヘンドリック・ファン・ナッサウ・ファン・アウウェルケルク（一六七二―一七五四年）の若く美しい妻で、進歩的な趣味と東洋的なものの愛好で知られた。オーヴィントンは献辞の中で以下のように伯爵夫人を褒め称える。

ひとえに貴女の生来の善良さと、貴女に顕著に備わった謙虚なご気性ゆえに、この異国の葉は畏れ多くも貴女のご愛顧を希求し、ご歓待を受けることを望みます。世界中で最も洗練された民族の間で育った異邦人が、安んじて厚遇を期待することができますのは、中国そのものでさえ誇るに足る洗練で飾られた立ち居振る舞いのお方を措いてほかにありますまい。[*7]

オーヴィントンは茶そのものを、伯爵夫人の愛顧を求める「かよわい葉」として表象する。その葉は、洗練され文明化された民族の間で長く育てられ、同様に洗練され文明化された人々の間で「厚遇」を求める異邦人として擬人化されている。献辞に期待される型通りの賛辞の言葉を用いながら、オーヴィントンは茶とエリート宮廷文化との結びつきを強化している。

オーヴィントンにとっては、茶そのものが文明化されていると同時に文明化を促すものであった。茶がイギリス人の味覚に接近することには、野蛮なところや不健全なところは微塵もない。このような見解は、一七世紀後半のヨーロッパの哲学や歴史学における、中国文明のより広範な「発見」と符合している。ヨーロッパ諸国の宮廷は、探検、布教、貿易航海がもたらす報告を通じて、中国帝国の広大な規模と繁栄、洗練された複雑な文化、そして長く安定した歴史について知るようになった。しかしこのことは、神学的な問題を引き起こした。なぜなら、ヨーロッパの学者たちは次の事実を認めざるを得なかったからである――すなわち、中国には聖書の時代にまでさかのぼる確証された歴史があるにもかかわらず、（世界の歴史を余すところなく記述しているはずの）聖書がそれについて一言も触れていないということを。これはヨーロッパの歴史家たちにとって極めて厄介な問題であった。彼らはヨーロッパと非ヨーロッパ世界の遭遇を、文明化をもたらすキリスト教的拡張主義の物語の一部として想像することに慣れきっていた。その物語では、非ヨーロッパ世界の異教的野蛮がヨーロッパ人の優越性の前に跪（ひざまず）き、植民地化とキリスト教化という二重の祝福を受けることになっていた。ところがこの筋立ては、中国に対しては全く当てはまらなかった。オーヴィントンの献辞では、悠久の文明国の宮廷から遣わされ、尊敬と信望を要求する使者として茶が表象されているわけだが、そのことは当時のヨーロッパの学者たちが感じていたジレンマを反映していると見てよい。

　オーヴィントンは明らかに中国の歴史と、陶磁器や茶を含む中国の高級物産を熱心に研究していた。彼いわく、『茶論』の目的は茶に関する知識の質を高めることにあった。この論考は「茶の使用法／有用性に関する知識を与え、この飲料に関心を持つ愛好家たちを満足させることを目的とした、茶の性質と諸特性の叙述」であった。ここで述べられる目的は、イギリス国内で茶に対する需要が高まっているという著者の認識を反映している。オーヴィントンはイギリスの学者、商人、宮廷人の間で喫茶が広く普及していると考えたのである。「際立った評判」を獲得した茶は、もっと詳細かつ正確に論じられて然るべきであった。オーヴィントンは茶の栽培・収穫・製造法や、茶の種類の違いに関して、『スーラト渡航記』の時よりもさらに詳しい情報を提供した。エッセイ小冊子という洗練された形式によって、オーヴィントンはそうした茶の知識を広範な一般読者層へ伝えようとしたのである。

オーヴィントンは、ロンドンには彼と同じように茶に強い関心を寄せる人々がいるということを知っていた。茶に関する知識に興味を持ち、洗練された判断を下すための批評的言語を有する少数の人々が存在したのである。茶通（コノシュア）の文化は、トマス・サザンの一六九三年の喜劇『妻たちの言い訳』で風刺された。サザンはフレンドオール氏という洒落者気取りの茶通を描く。この人物はあらゆる類いの精選高級品を好むのだが、その中には新奇な茶だけでなく、希少なワインや外国産の嗅ぎ煙草なども含まれる。当世風に見えたいがために、フレンドオール氏は女性の友人たちに「庭の爽やかな外気（Fresko）の中で」一緒に茶を飲みましょうと誘う（Fresko は「戸外」の意の偽イタリア語）。彼は女性たちにいろいろな茶を薦める――「混ぜ物なしの広州茶に南京茶、ボヒー、ラザルーンにサンロ、どれでもお好きなものを」。彼女らはどの茶でも構わない様子であり、また区別もつかないようであるが、フレンドオール氏は結局「ボヒー」に決め、「私のボヒーは最高の店のもので、価格は一ポンド当たり一〇ポンドもします」と説明する。[*8] この劇におけるサザンの風刺が示唆するのは、一六九〇年代前半のロンドンには、茶に関する洗練された知識がある程度は存在したということである。しかし同時にその知識は、茶に関心がない人々にとっては不可解で秘教的で愚かしいもの――贅沢と腐敗の時代にふさわしい当世風で衒学的（げんがく）な愚行の一つ――でしかなかった。

オーヴィントンの論考が出版されてから、イギリスの消費者はさまざまな種類の茶を以前よりも巧みに描写できるようになった。一六九〇年代の茶商人は、最上等の商品を広告で「とびきり極上の茶」と描写していたが、一七〇〇年代には、東インド会社のティーオークションでも積み荷ごとに「上質のシンロ茶」と「ボヒー茶」を区別し、「緑茶」と「ボヒー茶」の違いに注意するようになった。[*9] 一七二二年までにはオークションに登録される茶の種類は五つになった――ボヒー、ペコー、ビング、コングー、シンロである。そして一七三八年までには、ロンドン・シティはウォリック・レーンの食料品店主ジョン・クラークが次のような広告を出していた――「ハイソン、ヒスーン、アウチェイン、コンゴー、インペリアル、パウキー、シンロ、ペコー、その他のあらゆる種類の緑茶とボヒー茶[*10]」。このように、製造法や産地が異なり、風味・香り・外観も種類ごとにさまざまである茶は、ますます複雑に区別されるようになっていった。これは、茶市場の洗練化が進み、茶の種類だけでなく、その描写と賞味の方法についても関心が向上したことを反映している（ただし、第六章で見るように、イギリス人によるこうした茶の種類の区別は、本場中国の分類法とはほとんどあるいは全く関係がなかった）。より舌の肥えた顧客を見つけ出し、陰影に富んだ風味と洗練された知識で報いるのは、茶の本質に適うことであった。だとすれば、茶通の言語の発達は、茶が価値を向上させ、非凡なものに高められていく過程の一部であったと考えてよいであろう。

茶の称揚

上品な育ちの良い異邦人としてイギリス市場に登場した茶は、今や新しい環境に慣れてくつろぎ始めた。この「かよわい葉」は補間（インターポレーション）の過程、つまり医師や自然哲学者、そして商人や貿易業者によって分析・描写される複雑なプロセスを経ていく。しかし同時に、茶の想像的再構成も、文化の領域において詩人、風刺作家、随筆家、画家によって着手された。彼らの仕事は、エリート文化（特に身分の高い女性の世界）との結びつきを強化することによって茶を称揚し、その価値を向上させた。そしてまた、茶は平和、洗練された社交性、上品な会話術を連想させる格式の高い商品として再創造された。一連の文化的生産物（多くは詩だが、エッセイ、戯曲、絵画も含む）が、茶と上流社会の結びつきを繰り返し語った。それらの作品で、茶は神々の世界にまで高められ、天上のティーテーブルで珍重される飲料となった。この神格化は喫茶という地上的習慣に新たな関心を向けさせ、ティーテーブルの会話と友好の輪の中に、社交の場における平等性の理想を見出したのである。

茶の価値の向上（その権威、威厳、格式の向上）は、オーヴィントンの『茶論』からすでに始まっていた。彼の論考は、フランクフルトで一六八四年に出版されたヨハン・ペクリンの茶論『テオフィルス・ビバクルス、あるいは茶という飲料に関する対話』からエピグラムを借用し、巻頭の題辞として掲げていた。ペクリンのラテン語エピグラムは「茶は天上より地上の種族へと送られる。その聖なる名にふさわしいハーブ」と訳せるが、この文はTheaという語にかけた有名な多言語的地口を用いている。これはギリシャ語の「女神（Thea）」と初期近代の科学的ラテン語で「茶」を表わすのに使われた語（Thea）を意図的に混同した言葉遊びである。[*11] ロックの友人フィリップ・ファン・リンボルフは茶に関する寄せ集め詩でこの地口を使っているが（第二章参照）、その詩もやはり“tea”と“thea”の意味をわざと取り違えることで効果を上げている。イギリス詩人たちは、社会的・空間的構築物として再形成することでこの地口を新たな段階に押し上げ、茶を文字通り神々の飲料として再解釈した。一八世紀最初の四〇年間に既成詩人と新進詩人が発表した一連の茶礼賛詩は事実上初めて、イギリス文化独自の意味体系の中に茶を位置づけたのである。

そうした茶礼賛詩の最初の作品は『万能薬――二篇より成る茶詩』と題され、ネイハム・テイトによって一七〇一年五月に出版された（題扉では誤って一七〇〇年出版とされている）。テイトは一六九三年に国王ウィリアム三世によって桂冠詩人に任命された。『万能薬』を書く以前から、彼は詩を用いて事物の起源を探究する可能性に関心を示していた。一六八六年にテイトはヴェローナの医師ジローラモ・フラカストロ（一四七八―一五五三年）によるラテン語叙事詩『梅毒――フランス病に関する詩的叙述』を翻訳した。この詩は一五三〇年に初版が出され、梅毒の起源とその治療法の発見を描写するという内容であった。フラカストロの「発明」詩に触発されたテイトは、事物に関する詩に創造的可能性を見出すに至った。テイトはジョン・オーヴィントンの親しい友人でもあり、一六九六年にはオーヴィントンの『スーラト渡航記』に称賛詩を寄せ、彼の「自然の探究」を称えた。

自然の巨大な書物であるこの世界の至る所、
好奇心の強い目は、意味の充満した全てのページに驚異を発見し、

新たな観察を述べる。そして理性はその観察を
人類の恩恵と公共の利益に役立てることができる。[*12]

オーヴィントンも、東インド会社の彼の庇護者たちも、茶という商品を詩の中で礼賛するテイトの愛国的努力への称賛と奨励を惜しまなかったに違いない。

テイトの詩は、茶とイギリスの茶貿易の歴史的起源を描写するにあたって、その両方の複雑な神話的アナロジーを創出し、領有する。テイトは詩の冒頭で、茶を知的志向の強い人々（政治家、弁護士、医師、自然哲学者、学者、音楽家、画家）に適した飲料として推奨する。これらの人々――ミューズの息子たち――に対して、茶は鎮痛剤と霊感源として薦められる。この詩では、「茶を愛飲すること」はカスタリアの泉水（デルフォイの霊泉で、古代ローマ詩人にとっての霊感源の隠喩）を啜ることになぞらえられる。第一篇の語り手はウィルトシャー州の羊飼いで、パラモンというウェルギリウス『牧歌』の登場人物を彷彿とさせる詩的な名前の持ち主である。好奇心に衝き動かされたパラモンは、世界中を旅した後、洗練され文明化された中国人に対する称賛の念を抱いてイギリスに帰国する（この点、オーヴィントンを思い出させる）。彼はさまざまな情報と珍品を持ち帰るが、その中には中国産の茶が含まれていた。仲間の「牧夫」たちを自分の「洞窟」へ招いたパラモンは、彼らに茶を振る舞い、銀製湯沸かし（ティーアーン）と中国産磁器カップに入った「喜ばしい液体」に呼びかける。客人たちが茶とその生理学的作用を味わっている間、パラモンは茶の起源について語る――それは「いかにしてこの類いまれな植物が神々しい姿で最初に生え出でたか」を述べる「魅力的な物語」である。[*13]テ

イトはオーヴィントンが『茶論』で提供した情報に通じていることを示しながら、三種類の茶の栽培を次のように描写する。

そこにソムブロー茶が、そこにはインペリアル茶と
病いを癒すボヒー茶が繁茂していた（これらは当時未だ知られざる名前であったが）。
いずれも予言者（孔子）の聖堂に敬意を表して生え出で、
その出生と同様の神的な効能を備えていると思われた。
これらの茶が民の不幸を速やかに癒やした。[*14]

茶に関する知識への渇望を和らげるにはこれだけではまだ足りないかのように、第二版でテイトは九ページに及ぶ散文の補遺「茶の性質と効能に関する叙述」を付した。これはペクリンの『茶という飲料に関する対話』（一六八四年）とオーヴィントンの『茶論』から得られる情報をおおまかに翻訳・編集したものであった。茶に関して参照可能な医学知識を概観する補遺が追加されたことで、テイトの詩は今や茶の完全な手引書となった。

テイトの詩は二篇から成り、それぞれが茶の起源に関して異なった叙述を行う。第一篇で語られるのは、桀王（けつおう）として知られる支配者の時代の古代中国史に取材した物語である。第二篇は、茶の発明の物語をギリシャ・ローマ神話の世界に移し替えることで、新機軸を打ち出している。第一篇に登場する桀王は、絶対的権力によって国を支配する。彼は追従者や寵臣を取り立て、快楽、淫蕩、「凄ま

じい悪徳」、「華美と奢侈」（酒池での水浴など）の誇示に明け暮れる。一人の忠実な高官が帝国の堕落した状態について諫言するが、王はその忠告を受け入れようとしない。結局、王の宮廷は挙げて「饗宴、音楽、仮面劇と物真似遊戯」に耽溺するようになる。最終的にアミラという側室の影響を受けた桀王は、特別に造営した歓楽宮に退き、煌々たる明かりに照らされた宮殿で、昼夜を問わず淫蕩の限りを尽くす。桀王のあまりの不行跡に反発した軍がついに蜂起し、その支配を打倒する。テイトがこの詩で語る歴史では、悪政からの解放に感謝しつつも困窮した国民が、隠者の洞窟に住む孔子を訪れて助言を求める。すると孔子は、茶の健康的な特性を人民に啓示する。かくして、茶が国土に健康、満足、繁栄を取り戻す。

ニコラース・アールトマン《茶を飲む一座のいる室内》、1740年頃、紙に鉛筆素描。オランダの画家アールトマンによるこの素描は、豪華な内装の大きな部屋でテーブルを囲み、茶を飲みながら社交する男女のグループを描いている。18世紀には、喫茶は特に社会の上層に属する女性の上品な振る舞いや会話と結びつけられた。

テイトがこの詩の序文で述べる通り、「第一篇の物語は（どれほど伝奇的に見えようとも）、中国の歴史に材を得たものである。ごく控えめな虚構を交えつつ、その素材を私は自らの主題に適合させた。茶樹の発見と産出を、より不思議と驚異に満ちたものにするためである」[*15]。桀王の物語のためにテイトが用いた材源（ソース）は、ルイ＝ダニエル・ル・コントの『中国帝国［に関する］回想と観察』である（彼が参照したのは原著フランス語版（一六九六年）の英訳で、一六九七年にロンドンで出版された）[*16]。ル・コントの歴史は、著者がイエズス会宣教団の一員として中国に長期滞在した際に発見した中国語文献の研究に基づいている。彼は桀王（現在では夏王朝（紀元前二一〇〇―一六〇〇年）の七代目にして最後の王として知られている君主）がいかに王権を濫用し、酒色にふけった挙句に打倒された暴君であったかを詳述する。ル・コントの説明によれば、中国人は桀王の没落を記念して毎年灯籠祭を祝っている。テイトの詩はル・コントによる桀王の叙述から多くの細部を借用している（例えば、王が庭園に豪壮な歓楽宮を造営し、そこで側室たちと酒池肉林にふけるくだりなど）。

テイトによる桀王の描写はさらに、中国史とイギリス史の相似性を示唆する。宮廷で放蕩と享楽にふける君主が打倒されるという筋立ては、ジェームズ二世がウィリアムとメアリーによって退位させられた一六八八年の革命を強く思い起こさせた。テイトの詩における桀王に対する反乱の表象は、革命を擁護するホイッグの著作家たちを彷彿とさせる。彼ら革命擁護者たちは、在位中だった国王の打倒を弁護し、またその結果生まれた政体を正当化しようとした。テイトによれば、中国の謀反人たちは「公共の福利」の味方として結束し、そして彼らの「革命」は平和裡かつ容易に王を打倒する。

　　罪を意識した王はこうして帝国から退く。
　　王位を継ぐ者の血統は絶えていたため、
　　高官たちが集まり、
　　国家を改革・統治すべき君主を新たに王位につける。[*17]

新君主は、感謝する国民に改革と平和をもたらす者として描かれる。孔子の茶の贈り物――平和的で鎮静的な飲料――は、圧政による傷を癒し、社会を回復させるのにふさわしい飲み物である。テイトによるこの「中国の」歴史の使い方は、単なる装飾の域を超えている。この詩の第一篇は、茶を国家のホイッグ的擁護者として称揚する。そして茶は洗練と親和の美徳というホイッグ的イデオロギーに適う飲み物とされる。

第二篇でテイトは、中国史から古典神話へと領域を移し、茶の第二の神話的起源を提示する。ここで詩人は茶を、古代ローマ神話の神々が行う競争の対象として描き出す。オリュンポス山のジュピターの宮殿に集った神々は、自分たちのうちで誰が茶の守護神になるべきかをめぐって競い合う。この新古典主義的設定は皮肉である――というのも、近代の熱い飲み物全般と同様に、茶はギリシャ・ローマの古典世界には知られていなかったのであるから。一連の女神たちが進み出て、各自の言い分を述べ立てる。ジュノーは神々の女王として、「植物の女王」たる茶に対する自らの権利を主張する。知恵と学芸の女神ミネルヴァは、学者の報酬と学芸の霊感源としての茶を要求する。「アイシス川とカム川の息子たち」（オックスブリッジの学者たち）は、「学問の鉱脈」を深く掘る勤勉な知的労働に対する報酬として茶を与えられるべきである、とミネルヴァは提案する。次に主張を述べるのは愛と美の神ヴィーナスで、彼女は青春と美の付随物としての茶を要求する。続いて多産性と処女性の神キュンティアが、茶は女性の美徳を損なわない飲み物として、女性と純潔の大義にこそふさわしいと述べる。海の精テティスは商業の技術がもたらす栄光の一つとして茶を称揚し、貿易をイギリスの「海洋帝国」の核として描き出す。健康の女神サルスは、茶は人間たちを病気から守ることができると論じて自説を展開する。茶、すなわち「生気を回復させるこの植物」は万能薬であり、あらゆる病いを治す力を備えた治療薬・医薬である。最後の競争者は眠りの神ソムヌスで、茶は心地よい睡眠を促進する、なぜなら色彩に富んだ幻視的な夢を誘発するからである、という今一つ説得力に欠ける主張を述べる。茶をめぐる神々の争いが一向に終息する気配を見せないのに業を煮やした主神ジュピターは、おもむろに腰を上げてこう宣言する――「これほど多くの美点を誇れる植物は／……我ら全員の庇護を受けるに値する」[*18]。ジュピターの介入によって、詩は再び茶(tea)と女神(thea)を掛けた地口で終わることができる。つまり、茶そのものが女神となるのだ。

茶の礼賛

その後、テイトのひそみに倣って数多くの茶の「発明」詩が書かれた。ピーター・モテュー、アンブローズ・フィリップス、ダンカン・キャンベルの作のほかに、数名の匿名詩人の手になる詩があり、それらは全て新古典主義的な観点から語られる、虚構の茶の歴史を提示する。これらの作品はおしなべて、テイトの詩と同じ学問上、歴史上のアイロニーに立脚している。というのも、古代ローマ人は中国そのものについてと同様、茶の存在についても全く知らなかったからである。しかし総体として捉えると、これらの詩は茶と喫茶文化の地位を高めると同時に、それらをヨーロッパ文明に馴化させる機能を果たすと言える。テイトの友人で、優れた詩人、翻訳者であったピーター・モテュー（一六六〇—一七一八年）は一七〇四年に『茶を称える詩』を書いた（出版は一七一二年）。この詩は、語り手が神々の饗宴を描写するくだりから始まる。その宴の席では、酒神バッコスが酒を大盤振る舞いし、神々は茶とワインのどちらが相対的に優れているかという問題をめぐって討論する。青春の女神にして神々の酌人でもあるヘーベーは、女神たちを元気づけるために茶を出すが、この行動がバッコスの怒りを買う。バッコスは、茶には「力強さが欠けている」と不満を述べる。ヘーベーはそれに応えて、茶が持つ健康増進・生気回復効果を擁護する。一方、詩の神アポロは、茶が想像力と創造性に及ぼす効果を称え、茶の起源と健康的特性について語り、そして国家の命運を握っているのは茶であることを予言的に宣言する——茶は健康、自由、平和をもたらすであろう。最終スタンザでは、アポロの弁護によって畏怖の念に打たれたバッコスさえもが、「酩酊させない茶をとうとう」飲むようになる。[*19] モテューの筆によって茶は、洗練された近代的商業国家——一六八八年の革命後にウィリアム三世とメアリー二世によって築かれたような国家——にふさわしい飲料として描き出される。おそらく一七〇一年に書かれたこの詩の初期草稿では、ウィリアムに対するモテューの賛美はもっと直接的なものであった。旧稿では茶の出現が、スチュアート家の治世に伴う混乱と闘争を経て、国家に平和と繁栄が回復したことのしるしとして明確に称揚されている。また、ウィリアム三世が着手した（特に飲酒に反対する）道徳的改革における茶の役割が称えられる。茶の政治学のおおむねホイッグ的な解釈は、この詩の末尾数行に凝縮されている。

　ワインの後には茶が続かなければならない、戦争の後には平和が続くように。
　葡萄が原因で人間同士がいがみ合うよりも、
　神々の美味なる液体、茶を共に飲む方が良い[*20]。

　古代ギリシャ・ローマの神々の社交的世界に茶を位置づけるという趣向は、これ以後の数十年間にわたって、詩的主題としての活力を保ち続けた。茶自体がこの連想を刺激したところもあったかもしれない。その繊細な風味と透明で鮮やかな色合いは、新古典主義の洗練された言説に適していたからだ。しかし、新古典主義の詩による茶の神格化は、この外来品に全く新たな文化的意味を与えることにほかならなかった。そこで試みられたのは、中国の歴史や哲学のコンテクストに茶を位置づけたり、茶の作用を中国医学の原理に沿って理解することではなかった。むしろ、茶はヨーロッパの神話と文化の内側に新たなコンテクストを与えられたのである——しかも、そのヨーロッパ文化で最も格式の高い古典化を行うオーガスタン（アン女王時代）様式に従って。以後の数十年間、新古典主義的な茶の神話創造は、著しく柔軟性に富み、抗しがたい魅力を持った詩的トポス（常套主題）となった。例えば、ある逸名（いつめい）のアイルランド詩人（ジェームズ・ダラコートとされることもある）は、恋人（ミス・

H———ltという名前でしか知られていない）に向けて書かれた『湯沸かし——一篇の詩』（一七三〇年）と題する作品を出版した。[*21] 詩人は、戸外で水浴しているヴィーナスがウルカヌスにのぞき見される夏の日の場面を想像する。女神を誘惑しようとするウルカヌスは、贈り物として何がふさわしいか、友人の太陽神ソルに助言を求める。ウルカヌスが鍛冶の技を振るうのに適した品として、ソルは銅製の湯沸かしを提案する。ウルカヌスの金属製の貢物を（特に女神の住む森を訪れたソルの力でそれが光り輝くようになると）、ヴィーナスは感謝して受け取

ティートレー、1743年、コバルトブルーで絵付けした錫釉陶器。ロンドンで製作されたこのデルフト焼ティートレーは、茶を用意する時に茶道具を運ぶためのもの。上絵付けした陶器の絵には、お茶会における適切な振る舞いが描かれている——2人の上品な女性が2人の男性を歓待している。彼らが使う茶器一式自体もトレーに載せられている。エキゾチックなターバンを巻いた、明らかにまだ子どもの黒人召使が、熱湯の入ったやかんをテーブルに運んで行くところである。

る。最終的に、女神はウルカヌスを彼女の崇拝者として受け入れる。詩人はこの物語が、彼自身のミス・H――It に対する求愛のアナロジーとして機能することを望む――つまり銅製湯沸かしの贈り物の代わりに、それを歌った詩を手段として、彼女の愛を得ようと目論むのである。新古典主義的な茶の「発明」詩の流行は、（その風味や淹れ方、それが出される社交的機会を含めた）茶に関する新しい理解の仕方を創り出した。

茶の価値向上の重要な側面は、洗練された上品さ、女性、そして会話との結びつきであった。ティーテーブルを囲んだ懇親的な集いは、社会の最上層においてもさまざまな考察の対象となった。アレグザンダー・ポープの疑似英雄詩体風刺詩『髪の毛盗み』（一七一四年）は、アン女王時代のロンドン上流社会の愚行と、（上流社会につきものの）ティーテーブルで交わされるゴシップを嘲笑した。[*22] この詩の一部は西ロンドンのテムズ河畔の宮殿、ハンプトン・コートを舞台にしている。そこでは宮廷人と女官たちが戯れ合い、トランプ遊びに興じ、「ボヒー茶を味わう」（第四巻一五六行）。アン女王（一七〇七年の合同法以降、君主としての称号は「グレートブリテン、アイルランド、およびフランスの女王」となっていた）に呼びかけて、ポープはこう言明する。

三つの王国を従える偉大なるアンよ！　ここで貴女は
時に助言を、時に茶をお召しになる。（第三巻七―八行）

茶こそは、女王の宮廷に最も特徴的な社交の場であるとポープは述べる（彼の嘲笑の真意が正確に言ってどこにあるのかは測り難いにせよ)。ほかの作品と同様、この詩でもポープは詩的文彩に風刺の効果を担わせる。この詩行を読む者の一部に向けて、ポープはこう暗示する——女王はある時は政治家や助言者たちと政治を語り、別の時には女官たちを伴ってティーテーブルに退くが、そこで交わされる会話は上品ではあっても浅薄なものに過ぎない、と。このように読んだ場合、ティーテーブル(女性とゴシップの領域)は、政治の世界(男性の助言者と国事の領域)と対立する。だが、くびき語法を構成するポープの詩行は、奇妙に両義的である(くびき語法は、一つの動詞が一文の二つの部分に働く修辞法。その二つの部分は互いに異なる意味で理解される)。ポープのくびき語法を駆使した技巧が示す通り、茶も助言も召され(take され)得るのだが、それぞれ方法が異なる——茶は飲まれるものであり、助言は従われるものである。しかし、茶も助言も、社交性の一形態を作り出し、テーブルを囲んで集まる人々がそこに参加し、情報の交換が行われるという点では共通している。

茶を馴化する

家庭のティーテーブルと、その情報交換の場としての構造は、一八世紀前半の最も重要な定期刊行物『スペクテイター』(一七一一—一四年)紙においてもやはり大きな役割を果たした。同紙のエッセイは一八世紀を通じて、洗練された振る舞い、良き趣味、優れた文体に関する考え方に多大な影響を及ぼした。一七一一年三月一二日に発行された第一〇号のエッセイで、ジョゼフ・アディソンは彼の新しい定期刊行物の目的を以下のように特徴づけた。

ソクラテスは、哲学を天上界から引き下ろして、地上の人間の間に住まわせたと言われました。私も自分について同じことが言われるのを望んでいます——つまり、哲学を私室や書斎、学校や大学から連れ出し、クラブや集会、ティーテーブルやコーヒーハウスに住まうようにさせた、と。*23

アディソンが『スペクテイター』で企てたのは、哲学を難解で衒学的な議論から引き離し、洗練された日常世界における実践的倫理の研究へと向かわせることであった。彼はこのような哲学の降下を、空間的かつ社会的な運動として想像する。哲学は私室や書斎、学校や大学を離れ、クラブや集会、ティーテーブルやコーヒーハウスを住処とする新しい生活へと導かれるべきである。これら四つの都市的な社交性の形態は、新しい洗練された都市生活の空間として、『スペクテイター』紙上で繰り返し擁護された。アディソンはこのようにして、ティーテーブルの会話のための新たな目的を思い描く——すなわち哲学的談話である。アディソンは先の引用部分に続けてこう述べる。

したがって、お茶とバター付きパンに毎朝一時間を充てておられる全ての規律正しいご家庭には、私がここで述べる哲学的考察を特別に推奨したいのです。そしてそうしたご家庭の幸福のために、本紙を注文されることを切にお勧めします。毎日決まった時間に食卓に出されれば、本紙はやがて茶道具の一部と感じられるようになるでしょう。

『スペクテイター』が各家庭の日課の中心となり、ほとんど茶道具の一つのように見なされることをアディソンは望んでいる――カップ、ソーサー、ティーポットと同じように、『スペクテイター』を読むことは、喫茶という社交的行為にとって不可欠の要素であるべきだ、というのである。同紙の多くのエッセイがこのメッセージを補強する。家族や友人同士で毎朝ティーテーブルに集い、バター付きパンと茶を楽しみながら『スペクテイター』を読むべきであるとされる。そうした集まり（一〇本以上のエッセイで言及される）は、若い女性だけの場合もあるが、おおむね男女両性で構成される。[*24]これらの場面では、ティーテーブルに集まった人々が『スペクテイター』を声に出して読み合い、茶を飲みながら、同紙のエッセイが提起する道徳的問題について議論する。朝のお茶会で重要なのは茶そのもの、つまり渇きを癒やすことではなく、むしろ相互に関連した社交的慣行のための機会が与えられることである――それらの慣行は主に洗練された会話に関わるものだったが、文学作品を読んだり思想を論じたりすることにも関係していた。

『スペクテイター』では、ティーテーブルは社交的空間――特に女性の洗練された世界を連想させる空間――として思い描かれる。クラブやコーヒーハウスは男性のみに開かれており、慎みのある女性にはほとんど近づけない場所であった。しかしティーテーブルに集まる人々に語りかければ、スペクテイター氏は女性が興味を抱きそうな事柄についても意見を述べることができた。初期の号（第四号）のエッセイで、スペクテイター氏は『スペクテイター』が特に（彼の言うところの）「女性たち（フェア・セックス）」

《ティーテーブル》(ロンドン、［1720年頃］)、エッチング。ティーテーブルは伝統的に、女性の間における洗練された家庭的社交性と結びつけられてきた。しかしそれは同時に、ゴシップとスキャンダルの温床として人々の不安を掻き立てた。この風刺版画——下にその内容を説明する韻文が付されている——では、女性の一団が茶を飲みながらおしゃべりしている。一方、画面左上では、「嫉妬」が「正義」と「真実」を部屋から追い出そうとしている。また、窓の外とテーブルの下では、男たちが会話を盗み聞きしている。

に焦点を合わせることを明らかにする。ある意味、このように女性と女性の振る舞いに重点を置いたことが、スペクテイター氏の新しい定期刊行物の試みの革新的な点だったのである。しかし女性に焦点を合わせるといっても、スペクテイター氏には女性の振る舞いを嘲笑したり、女性に対して上から目線で接したりするつもりはない。彼が望むのはむしろ、女性の行動規範や徳性を検討し、道徳的改良を視野に入れながら、自分の目に映るものを公正に批評することなのである。スペクテイター氏自身の言葉で言えば、彼は女性の「価値を貶めるのではなくむしろ向上」させることを目指している。「本紙が、道理をわきまえた女性たちの間にティーテーブルの話の種を提供するならば、私の仕事にとってこれほど光栄なことはありません」。[*25] スペクテイター氏は彼がエッセイで取り上げるような哲学的議論が、ティーテーブルを囲んだ会話の話題にもなることを望むのである。

会話は、(少なくともスペクテイター氏の見るところ) ティーテーブルで行われる活動の中心を占めている。図像資料もこの関連を裏付ける。一七二〇年頃に出版された《ティーテーブル》という題の版画は、豪華な装飾の部屋で茶を飲む六人の女性を描くことで、会話の場としてのティーテーブルを称揚している。テーブルの上には、喫茶の儀式と結びついたさまざまなもの (予備のカップとスプーンを載せたトレーなど) のほかに、一連の流行りもの (毛皮のマフ、扇子、書物など) が置かれている。書物は開かれていて、『世間話』というタイトルが見える。これは一七一九年に出版されていたトマス・キリグルー作の流行の戯曲だが、この版画の中で交わされる会話が普段の打ち解けた軽い世間話であることを暗示している。[*26] 女性たちはおしゃべりしながら茶を飲んでいる。一人がポットから茶を注ぎ、残りは取っ手のないカップを (当時の慣例に従って) 人差し指と親指で持っている。部屋の隅の壁龕（へきがん）には、女主人の磁器コレクションが誇らしげに陳列されている——カップ、ソーサー、皿、瓶、酒器、乳鉢、乳棒、コーヒーポットなどが見える。お茶会とティーテーブルは貴重な品物（茶、磁器、流行品）を消費する場であると同時に、良い作法と洗練された会話を社会的に演じる場でもあった。この版画とよく似た場面が、扇子や磁器に絵付けされることもあった。ヴィクトリア&アルバート博物館所蔵の錫釉陶器のトレー（一七四三年制作）にはお茶会の場面が描かれている。テーブルを囲んで二組の男女が茶を飲んでいるところへ、黒人の召使の少年が熱湯の入ったやかんを運んで行こうとしている。

会話とゴシップ

ティーテーブルを洗練された会話の領域へ想像的に移し替える試みが奏功した結果、多くの論者は、茶そのものよりも会話の方が重要であると考えるようになった。一八世紀の後半には、サミュエル・ジョンソンが冗談めかしてこう述べている——茶を飲む人々は喫茶の習慣を「集まっておしゃべりしたり、仕事を中断したり、暇な時間に変化を与えたりするための口実」として用いる。ジョンソンはさらに続けて言う——「彼らが集まるのは、茶そのものではなくティーテーブルのためである[*27]」。一七〇七年にある風刺作家は、茶をきっかけとして生まれる会話の方が主で、茶そのものは副次的であると論じた。この作家は、茶を飲む女性たちがいかに「情念のおもむくままに任せ、悪念の使節たるおしゃべりな舌を解き放って」いるかを描写し、「……そしてこの世のあらゆる人の陰口を叩くのが彼女らの何よりの気晴らしであり、醜聞こそが食事のメインディッシュ」であると指摘した。[*28]劇作家コリー・シバーの観察によれば、茶は、それ自体としては人を酔わせない無害な飲料であるが、にもかかわらず、ティーテーブルの社交という形を取ると、ゴシップや中傷の交換を助長するようである、という。シバーの喜劇『貴婦人の最後の賭け』（一七〇八年）には、茶に呼びかけて次のように語る人物が登場する——「茶よ！汝、口当たり良く、酩酊させない、賢明にして敬うべき液体。

以前はニコラース・フェルコリエに帰属《テーブルに着いている2人の貴婦人と将校》、1715年頃、カンヴァスに油彩。赤い上着を着た紳士が、親密なお茶会を共にする2人の女性に嗅ぎ煙草を薦めている。彼らは黒檀のティーテーブルを囲んで座っており、その上には染付磁器の茶道具一式が並べられている——すなわち、銀のティースプーンが付いた3組のカップとソーサー、シュガーボウルと茶こぼし、褐色の宜興産炻器ティーポット、光沢のある金属製やかんである。

汝、悪しき男女が朝方に集うための善意の口実。汝、女の舌を滑らかにし、微笑みを柔和にし、心を打ち明けさせ、そっとウインクさせる強壮飲料よ[*29]」。

ティーテーブルがゴシップを助長するというこの議論は、一七四三年に出版された作者不詳の詩『茶――三篇より成る詩』においても繰り返された。この詩では、茶そのものは「最高のハーブ」として擁護されるのだが、ティーテーブルの集いは破壊的醜聞の源泉と見なされる。ポープの『髪の毛盗み』のひそみに倣い、詩人は疑似英雄詩体を用いてティーテーブルの上品な会話を風刺する。第二篇では新古典主義的な「茶の神殿」が描かれる。この神殿

茶箱、1750–77年頃、木製漆器（マルタンワニス）、ピンクの絹内張り、漆塗りブリキ。制作地はフランスだが、このワニス塗りの装飾的茶箱の外側を飾っているのは、中国風モチーフを用いた意匠である。ピンクの絹の内張りを施した内側には、3個の茶筒が収まるようになっている。茶筒は金属製だが、ワニスを塗ってあるため日本の漆器のように見える。この茶箱には鍵を掛けることができ、所有者がその中身を貴重品と考えていたことを窺わせる。

には忠順な信者たちが集い、「痴愚」と「嫉妬」が注意深く見守る中、ゴシップを交換する。祭壇では双子の女神「醜聞」と「傲慢」が、「名声」の虐殺を先導する。「名声」は助けを求めて「真理」に呼びかけるが、あえなく息絶える。ティーテーブルの集いでは、ゴシップの応酬がなおも続けられる。

今や全員が、残忍な悪意に満ちた怒りを吹き込まれ、
(「醜聞」の女神の命ずるがままに）激しく交戦する。
美女と美女が相まみえ、互いの服装をけなし合う。
淑女と淑女が押し合い、伊達男と伊達男が対決する。
勝利かさもなくば死か、皆が固く決意し、
手袋、下げ緒、扇子が激しく入り乱れ飛び交う。
騒乱はいよいよ激しさを増し、ついには男も女も
けたたましく不快な音を上げながら、猛然と互角の戦いに身を投じる！
順繰りに全員が勝利し、全員が栄誉を要求する。
最も勝ち誇るのは最も多く名声を切り刻める者たち。[*30]

ティーテーブルの社交性はゴシップの交換を助長する、と作者の逸名詩人は示唆している。この作品では、ゴシップは悪意に満ちた力として表象される。それは美徳を破滅させ、名声を破壊し、卑しい動機に駆られ、流行と外見という浅薄な関心事に取りつかれている。

一四〇頁でも見た《ティーテーブル》という題の版画（一七二〇年）も、女性とティーテーブルとゴシップを結びつけて表現している。この版画はもともと、ナサニエル・ミストが発行する『ウィークリージャーナル・アンド・サタデーポスト』紙に掲載された一連のエッセイの挿絵であった。この連作中の二番目のエッセイは、ティーテーブルを題材にした詩という形式を取っており、その詩行が後にコーンヒルの版画商ジョン・ボウルズによって図版の下に印刷された。この詩は、ティーテーブルの会話の道徳的地位を痛烈に攻撃する。そしてティーテーブルは女性の帝国の本拠地、ゴシップの源泉、醜聞・中傷・虚偽・虚言の製造場として描写される。

見よ、（われわれ男性にとってはあまりに卑しい）醜聞が、
女性の種族の中に、佳人と淑女の間、扇子とメクリンレースの間に、
その恐るべき帝国の本拠を定める様を。
中傷の中心地！　そこでわれわれは常に目撃する、
濃密な醜聞が申し分ないボヒー茶と共に広まるのを。
そこは名声を黒く汚す虚偽の源、虚言の鋳造所。
貴婦人は各々悪口の才に磨きをかけ、
茶が一口飲まれるたび、一人の婦人の名誉が死ぬ。[*31]

版画の中では、ティーテーブルに集まった女性たちを中心に展開する図像学的寓意を通じて、この詩

の趣旨が再現されている。角を生やした男が、茶を飲みながらテーブルの下に身を潜めている。これはおそらく、盗み聞きする者(イーヴズドロッパー)として醜聞を擬人化した人物像である。窓のところでは、もう二人の男たちが文字通り軒下(イーヴズ)で耳を澄ませている。一方、画面左上では、胸を露出した不潔な醜い老婆として寓意詩画集(エンブレムブック)風に描かれた「嫉妬」が、棘つき棍棒と毒蛇を両手に持ち、二人の女性——秤を持つ「正義」と、本来の姿ほどには裸でない「真実」——を部屋から追い出そうとしている。洗練された理性的な議論の場というよりもむしろ、ティーテーブルは、ゴシップとスキャンダルの制御不能なエネルギーにさらされる空間であったように思われる。「かよわい葉」はオーヴィントンによって、上品で礼儀正しい異邦人としてイギリス人の世界に招き入れられたが、茶がイギリス国内の家庭に及ぼした影響は時により変化に富んだ、型破りなものであった。

第五章

茶の自然哲学

一八世紀のイギリス人が抱いた、茶を理解したいという衝動は、文化的潮流と知的潮流が混ざり合って生まれたものだった。さまざまな切望と野心が、広い範囲で力を振るった。遠くの文明に対する漠とした魅惑、自然界全体を分類し整序するための大掛かりな計画、世界中の資源と産物の効用を把握し活用しようとする断固たる決意、商業的能率と利益を最大化したいという欲求――こうした欲望が合流する地点には、三つの関連する学問的・職業的な活動領域が存在した。まず植物学者たちは、茶の木の生きた標本と出会うことを求めた――外来種としての茶樹の形態を、啓蒙主義時代の分類学の支配的体系に位置づけるためである。次に医学者たちは、実験室で、あるいは患者の体を使って、茶の薬効の実験を行った。その実験を通じて彼らは、茶の万能薬的特性に関してアジアで伝統的に（ヨーロッパではより最近になって）主張されたことを検討し、同時にまた、さまざまな茶反対論――茶には体力を弱め、気力を奪う作用があるとする議論――の是非を検証しようと試みた。そして園芸家たちは茶を自らの手で育て、その栽培、収穫、加工の方法の秘密を知りたいと願い、さらには、西洋で茶プランテーションを開き、ヨーロッパ人の喫茶習慣に即応しつつ、中国の業者よりも安く茶を供給することを夢見た。

しかし茶は——実に多くの面で優しく、従順で、控え目であるにもかかわらず——それを正確に定義づけようとするこうした試みを、どういうわけか一向に受け付けなかった。一九世紀に入ってかなり経ってからも、植物学研究者たちは、イギリス市場に出ているさまざまな種類の茶が単一の種の木から採れるのか、それとも別々の種の木から採れるのかを、完全には決定することができなかった。また、喫茶の生理学的効用と弊害——特に、過剰摂取した場合や、女性または貧困労働者が飲んだ場合の——をめぐっては、激しい医学的論争が続いた。そして、園芸家とその庇護者たちは、カメリア・シネンシスを輸入し繁殖しようと試みては失敗を繰り返した。その試みが最終的に成功した時にも、ヨーロッパまたはアメリカで茶の農業生産を始めるという目的が有意義なかたちで実現することはなかった。確かに、リーフティーはイギリスの食料雑貨品店や家庭のティーテーブルにますます普及しつつあった。しかし茶の原料である植物に関する知識は依然として解き難い謎に満ち、しばしば物議を醸し、人々の不安を掻き立てたのである。

直接的遭遇、間接的分類

ヨーロッパの植物学者たちは茶の存在について知ると、ほとんど同時に、それを彼ら自身の理解の枠組みの中に位置づけ始めた。スイスの植物学者ガスパール・ボアン（一五六〇―一六二四年）は壮大な『植物対照図表』（一六二三年）において、「茶、日本［に生育する］ハーブ」をセリ科植物の中の「ウイキョウ属（*Foeniculum*）」に組み入れた（この分類は定着せず、現在では *Foeniculum* はウイキョウ（*Foeniculum vulgare*）を含んだ植物の属を指す）[*1]。倦むことなく新種を調査し分類したボアンの著作は、リンスホーテンの『東方案内記』（一五九六年。第一章参照）から情報を拾い集めていた。初期近代の博物学者らしく、ボアンの方法は文献への依存度が高く、実際の標本の検討と並んで、外来の希少種に関する付随的な記述を旅行記や航海記の類いから集成することを重視した。入手可能な証拠の入念な精査と相互参照を通じて、自然に関する総合的真理を抽出することができるとされた。いずれにせよ、ボアンも彼の後継者たちも、続く半世紀の間は植物学的に有意義な茶の標本を検討する機会には恵まれなかった。その代わりに彼らは、中国と日本を訪れた旅行者たちが出版した記録や、観察ではなく浸出のために輸送された茶葉の箱に紛れ込んだ枝・花・種子などに頼ったのである。これらの経路から得られる情報は当然ながら偶発的で不完全なものであった。学者たちが本当に求めたのは、現場の人間――つまり茶を直に調べ、保存と調査のためにその葉や花の標本を確保することのできる人々――であった。

中国の茶農園への立入りを最初に記録したヨーロッパ人の一人は、フランス人イエズス会士ルイ＝ダニエル・ル・コント（一六五五―一七二八年）である。一六八〇年代後半に彼は栽培中の茶を直接目にした。ル・コントはジャン・ル・フォントネー神父（一六四三―一七一〇年）を長とする宣教団の一員として、またフランス科学アカデミーの「通信会員」として、東アジア全域を旅した。『中国帝国［に関する」回想と観察』——儒教とキリスト教の関係をめぐる当時の神学論争で大きな役割を果たしたことでも注目に値するテクスト——の中でル・コントが記述しているところによると、「福建」の茶農園では——

> 中国人たちはまず、小さな丘の傾斜面に生えている茶の木を観察させてくれた。それは五、六フィートの高さもなく、一インチほどの太さの茎が何本か生えており、それらがてっぺんのところで集まって……多くの小枝に分かれ、ギンバイカのように一つの房になっていた。幹は乾燥しているように見えたが、鮮やかな緑の枝と葉をつけていた。これらの葉は先端が長く伸び、ほとんどまっすぐで、大きさは縦一インチか一インチ半ほど、周りは全体がギザギザ状になっていた。[*2]

この観察をさらに補強し敷衍（ふえん）するための機会は与えられなかったようで、ル・コントは「その木を調べる時間はたった一五分しかなかった」と嘆いている。[*3] しかし、詳細な植物学的記述がほかの著作家の手で行われるのはまだ先のことではあったにせよ、国内外を問わずル・コントの著書を読んだ当時の人々は、以前には望めなかったほど広範で複雑な茶の知識が得られそうな見込みに胸を躍らせた。ル・コントの重要な功績の一つは、加工された茶葉の多様な種類を分類し記述するためのヨーロッパ語の語彙を確立したことである。「中国で一般的に飲まれている」茶は「生産地や土壌に関係なく十把ひとからげに扱われるため、特定の名称を持たない」と推論しながら、ル・コントは産地の土壌と関連した名称で呼ばれる、「上流人士」が飲む二種類の上等な茶葉について述べる。「スムロ」は束の間の「心地良い」風味と「かすかにスミレに似た」香りを持つ緑茶で、一方「ヴーイー」は「黒味を帯びた」「美味しい」浸出液を作る。[*4] これら二つの基本的な種類は同時代のイギリスではジョン・オーヴィントンによって「シンロ」と「ボヒー」と呼ばれたが、この区別がその後何十年にもわたって消費者を喜ばせ、分類学者を混乱させることになるのであった。[*5]

乾燥させた茶葉は均質的な製品ではなく、いくつかの種類と等級に分けられる商品であるという認識は、イギリスの商業界のみならず植物学界にも影響を与えることになる。ル・コントの『中国に関する回想』の英訳版がロンドンの書店で売り出されてからほどなくして、イギリス人博物学者ジェームズ・ペティヴァー（一六六五頃―一七一八年）は、最近知り合ったある人物に、あの遠方の帝国から植物標本を送ってくれるよう嘆願していた。「あなたが中国に行かれることを知り」――とペティヴァーは一六九八年初頭にジェイムズ・カニンガム（イントロダクション参照）に書き送った――「[ジョン・]オーグルビーが翻訳した[ヨハン・]ニューホフ『オランダ東インド会社派遣使節中国紀行』から抜粋して以前私が作成した、中国に生育するとされる植物に関する摘要を勝手ながらお送りいたします」。探索を依頼する八〇の植物種を列挙しながら、ペティヴァーは一五番目の項目「ティーまたはチャ」（「その花は白く、黄色の毛房と黒っぽい種子を持つ」）に関して、「どのような品種があり、ボヒー茶は普通の茶といかなる点で異なるのかを調べて下さるよう」カニンガムに求めた。[*6] その後の航海の間、カニンガムは野外標本ノートを作成した。その記録は日付と地域（マヨルカ、ジャワ、中国、マラッカ、ケープ、アセンション島）によって整理され、著者の精一杯の植物学的ラテン語で、おおむね直に遭遇した土地ごとの植物相を詳細に記述している。[*7] これらの八折判小冊子（二折判の紙を手で折って切り、八枚にしたもの）に記された覚書は、現在では文字が褪せているものの、カニンガムが「エムイ」（廈門(アモイ)）と「コロンシュ」（鼓浪嶼(ころうしょ)）の島で「茶。イラクサに似たギザギザの、下方が白みがかった葉を持つ顕花植物」と、「シンロ茶の花」の種子の標本を同定できたことを示している。[*8] さらに注目すべきことに、この手稿にはカニンガム自身が素描した後、滞在地の画家に彩色させた七〇〇以上の現地植物の絵が収められている。カニンガムはロンドンに戻った後、一六九九年一〇月二五日にそれらを王立協会で公開した。[*9]

この時の遠征は相当な植物学上の成果を挙げたものの、ボヒーと「普通の」茶（緑茶）の違いに関するペティヴァーの肝心の問いに、カニンガムは依然として答えることができなかった。そのためには彼の次の旅行を待たなければならなかった。一六九九年の冬をイギリスで短期間過ごした後、カニンガムは新東インド会社のプロジェクトに加わってロンドンを出航した。このプロジェクトはアレン・キャッチポール総督（一七〇五年没）の指揮下、中国の舟山（チョウシャン）に恒久的なイギリス商館を建設することを目指していた。[*10] 舟山は東シナ海の群島の主要な島で、商館建設候補地としてここが選ばれたのは戦略的重要性のためだった。というのもこの島は、主要貿易港の寧波（ニンポー）と、上海を越えて揚子江の上流にある南京への通り口だったのである。公式の会社付き外科医としてカニンガムは年三〇ポンドの俸給を受け、召使を置く条件でさらに一〇ポンドの年金を得た（一七〇一年に使用人のエドワード・パーカーが「言語道断の公然たる不道徳行為のために」商館長の命で本国に送還された時、この役得は失われたと思われる）。[*11] 新会社の楽観的見通しでは、舟山の商館は「日本貿易」を開始する足掛かりとして、また、「われわれの羊毛製品の相当な販路」として機能することが期待されていた（毛織物は南部の広州や廈門よりも中国北部の方がよく売れるはずだと見込まれた）。[*12]しかし新居留地の商館と評議会は一七〇〇年一〇月から一七〇二年二月までの一六か月しか存続することができなかった（その後キャッチポールはこの事業を復活させようと試みたが成功せず、結局一七〇三年一二月に最終的に断念した）。[*13]おそらく医師としての雇用契約は更新されなかったと思われるが、カニンガムはこの機会を利用して、現地の地理と自然誌を調査することにした（実際彼は同僚の大半より一年も長く、一七〇三年二月までこの島に留まった）。

カニンガムが乗船したイートン号は、一七〇〇年一〇月一一日に舟山に上陸した。時を移さずカニンガムは周辺の土地の調査を開始した。その年の暮れにペティヴァー宛てに書いた長文の手紙で、カニンガムは新居の自然の豊かさを報告している――「この島には……全体として、あらゆる種類の食料源が豊富にあります――牛、水牛、馬とロバ、山羊、鹿、野生および家畜の豚、ガチョウ、カモ、ニワトリ、米、小麦、豆類、インゲン、アブラナ属植物（キャベツ）、カブ、ジャガイモ、ニンジン、ほうれん草、ビート、小玉ねぎ、リーキ、にんにくなどです」。さらにカニンガムは「この島の五、六マイル離れたところまで遠出すると、小山を登り切った所に、松の木に混じって灌木が生えています。そこに茶の木が繁茂しているのを発見しました」と記述している――ただし舟山の茶は「もっと山がちな島々に生えている種類ほどは尊重されていない」ことが後に分かるのだが。一七〇〇年一二月二〇日付のこの信書に添えて、カニンガムは（ほかのものと一緒に）「さまざまな植物の一五〇ほどの標本を収めた小冊子」を同封した。[*14]その小包が一七〇一年七月一五日にロンドンに届くと、薬種商のペティヴァーはそれを「極めて満足のいくもの」と判断した。カニンガムへの返信の中で、ペティヴァーは特に「茶」の「鈍鋸歯状の葉」に注目した（「鈍鋸歯状」は、カニンガムから送られた「舟山の低木」に典型的であるとペティヴァーが考えた形態上の特徴のこと）。[*15]

茶樹は、カニンガムが遭遇した中国の風景の中で際立っていた。彼が一七〇一年の秋にジョン・ロバーツ船長と共に測量した群島の海図では、（舟山の主要港南方の沖合にある）ダパン・シダオ（大盤峙島）は英語で「Tea Island——茶の島」と名付けられた。[*16] 茶を自然生育地で直接観察したおかげで、カニンガムはペティヴァーの投げかけた謎を解くことができた。島の植物相の生態的・農業的サイクルを一二か月にわたって観察した後、彼は茶の性質と栽培に関するより詳細な記述をロンドンへ書き送った。

> イングランドに通常運ばれる三種の茶は、全て同じ植物から採れる。それらの違いは、収穫時期と土壌によって生まれるに過ぎない。ボヒー（またはヴーイー。茶の主産地である福建省の［武夷］山脈にちなむ名称）は三月初旬に摘んで日陰で乾燥させる、一番最初の芽である。ビングは四月に摘まれる二番目の、シンロは五月と六月に摘まれる最後の収穫物で、いずれも鋳鉄製の容器（または平鍋）に入れて火にかけ、少し乾燥させる。茶の木は常緑樹で、一〇月から一月にかけて開花する。種子は九月と一〇月に熟すので、花と種子を同時に摘むことができる。[*17]

《中国北部大海図――舟山港に入る全航路・水路を示す》部分図。この海図は、ジョン・ソーントンによる海洋学の傑作『イギリスの水先案内人』(ロンドン、1703年)の第3巻に掲載された。ジェームズ・カニンガムがジョン・ロバーツ船長と共に1701年の秋に作成した手稿の海図に基づく(カニンガムは、中国における拠点を舟山に築こうとして失敗に終わった新東インド会社の任務に参加していた)。「茶の島 Tea I[sland]」が「舟山島」の南(この図では左)に見える。舟山島そのものには、「イングランド商館」と「主都」があるのが分かる。

カニンガムが書簡に記した茶の描写は（舟山の生活や自然誌のほかの側面と共に）速やかに公刊された。それは一七〇二年に『哲学紀要』（王立協会の研究活動と密接に関連した、当代随一の科学雑誌）に掲載された。[*18]「イングランドに通常運ばれる三種の茶」に関する限り、「それらの違いは、収穫時期と土壌によって生まれるに過ぎない」というカニンガムの知見は、部分的には、農夫や商人との通訳を介した会話から得た情報に基づくに違いない。しかし、舟山滞在中にカニンガムが独力で茶の木を綿密に調査したこともまた間違いない。彼は、収穫された葉が加工される様子も目撃していたように思われる（実際彼は次のように記録している——島の限られた「製造所で……彼らは茶を作っているが、それは主に自分たちで用いるためである」）。[*19]また、カニンガムは（その意義についてはおそらくあまり意識せずに）加工方法の果たす役割についても指摘している。ボヒーは（発酵させるために）「日陰で乾燥させる」が、シンロとビングは（酸化を止めて緑色を保つために）「いずれも鋳鉄製の容器（または平鍋）に入れて火にかけ、少し乾燥させる」。カニンガムは、中国の植物を有意義かつ詳細に観察・記録・蒐集した初めてのイギリス人旅行者であった。翌一七〇三年、カニンガムに代わってペティヴァーが『哲学紀要』のために準備した標本カタログに「飲用に適した本物の中国茶」が含まれた時、彼のフィールドフークの科学的価値が改めて強調された。[*20]同じ頃、ペティヴァーは『自然と技芸の宝物蔵』の第三「組(デカス)」に収録するために、カニンガムの茶樹標本の版画制作を依頼した。カニンガムの切り枝を描いたその図版には、茶樹の根元から削り出して作られた精巧な椅子も含まれている（これは舟山の総督から新東インド会社へ贈られたもので、後に会社から当時の王立協会会長サマーズ男爵ジョン・サマーズ（一六五一—一七一六年）に寄贈された）。[*21]

ヨーロッパへ輸送されるさまざまな茶葉の具体的起源に関するジェームズ・カニンガムの植物学的見解は、この上なく明快であった――それらは「全て同じ植物から採れる」、というのだ。この主張は『哲学紀要』に掲載されたばかりでなく、ジョン・オーヴィントンの『茶の性質と諸特性に関する論考』第二版（一七〇五年）でも一言一句違えずに引用された（実際のところ、これは新版『茶論』の唯一の実質的な加筆箇所であった）[*22]。さらに言うと、一八世紀前半のヨーロッパで最大の影響力を振るった茶論、エンゲルベルト・ケンペル（一六五一―一七一六年）の「日本の茶の話」にも、カニンガムの主張と矛盾するところは何もなかった。ケンペルは一六八三年から一六九三年の間にアジアの多くの地域（中国は除く）を旅したが、日本で茶に出会い、ヨーロッパに現存する最古のカメリア・シネンシスの標本の一つを持ち帰った（ケンペルのコレクションは彼の死後、サー・ハンス・スローンによって買い取られた。現在ではカニンガムのコレクション同様、ロンドン自然史博物館のスローン植物標本集（ハーバリウム）の一部を形成している）[*23]。『廻国奇観』（一七一二年）に収められたケンペルの茶論は、地理と文化に関する局所的な相違点を別にすれば、本質的なところでカニンガムの観察と合致している。カニンガムと同じく、ケンペルも茶の収穫の三つの時期を明確に区別したうえで、この収穫時期の違いから三つの異なる等級の茶葉が生まれると論じる（ただし、ケンペルの記述はカニンガムのそれよりも詳細にわたっている）。続けて彼は「釜炒り場、あるいはその目的のために建てられた公共作業場」を中心に行われる、骨の折れる加工工程を列挙する。この仕事に関してケンペルが同情を寄せるのは明らかに日本の「茶作りに従事する労働者で、［彼らは］自らの職業の悲惨さを大いに嘆く。というのも、彼らが言うには、この国では茶ほど安く手に入るものはないのに、これほど厄介で骨の折れる

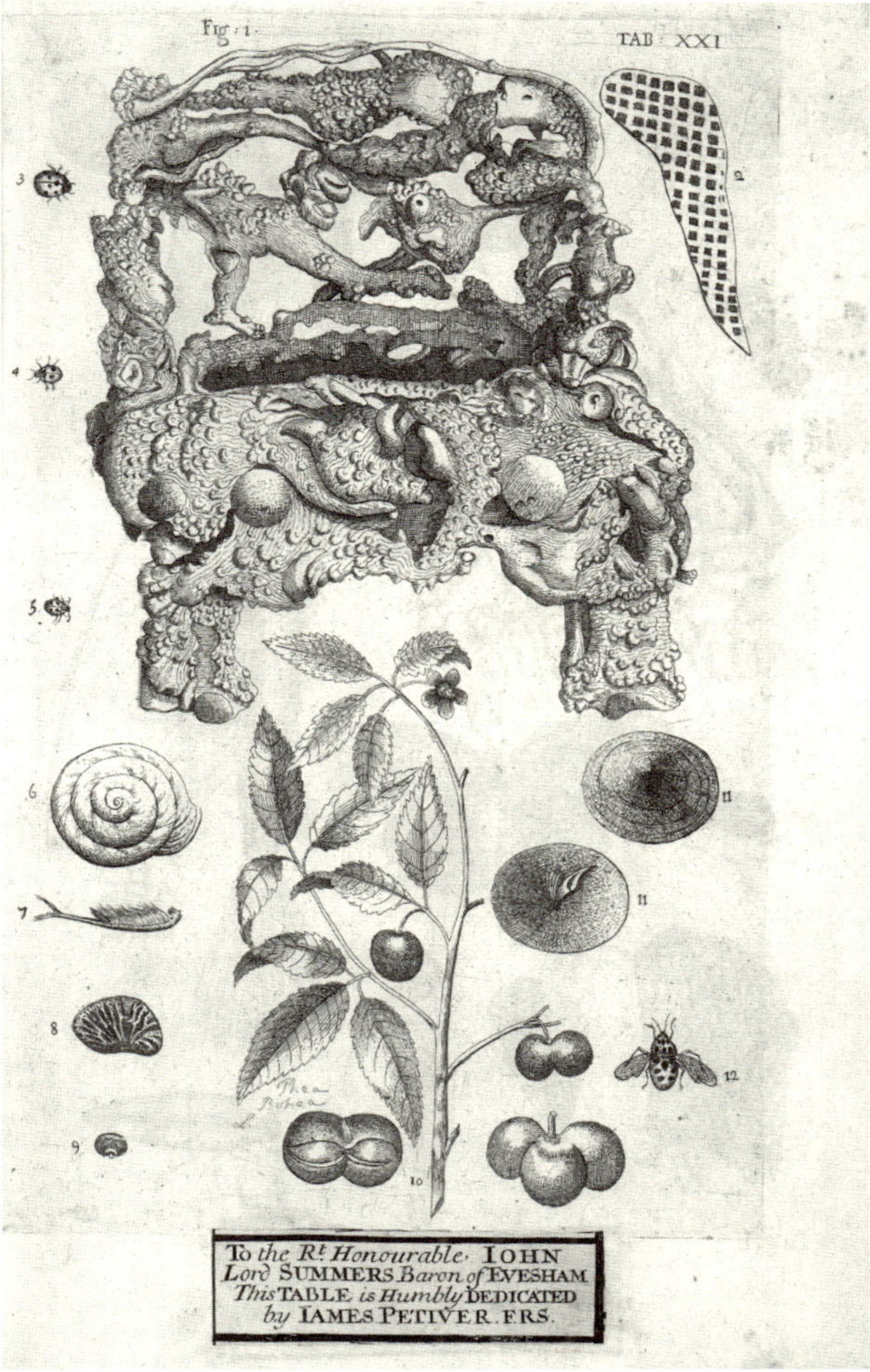

ジェームズ・ペティヴァー『「自然と技芸の宝物蔵」の第1巻または5つの組（デカス）に図解された全事物の種類別・主題別目録』（ロンドン、1709年）。ジェームズ・ペティヴァー『自然と技芸の宝物蔵』の第3「組」の一図。図版中の10番（鉛筆で「ボヒー茶」と記されている）は、ジェームズ・カニンガムが1700–01年に舟山からペティヴァーに送った茶樹標本の版画である。その上の1番は、茶の木の根元から削り出して作られた椅子を描いている。この椅子は、舟山の地方長官（または「総督」）から新東インド会社へ贈られたもの。新東インド会社は今度はそれを当時の王立協会会長サマーズ男爵ジョン・サマーズ（この図版の被献呈者でもある）に贈呈した。

カメリア・シネンシス、1700年頃（中国）、台紙に貼られた乾燥植物体。この茶の乾燥標本は、ジェームズ・カニンガムが18世紀初頭に舟山島で蒐集したもの。鈍鋸歯状の葉、淡色の花、乾燥した実を明らかに維持している。カニンガムが手書きで記した分類表示もそのまま残されている。

カメリア・シネンシス、1690年代（日本）、台紙に貼られた乾燥植物体。この茶の乾燥標本はエンゲルベルト・ケンペルが日本で蒐集したもので、ヨーロッパで保存されている最古の茶の標本の一つ。現在はロンドン自然史博物館のスローン腊葉館（さくようかん）に所蔵されている。

仕事はほかにないからである」[*24]。ケンペルの理解では、茶の分類は通常、農業状況、収穫時期、葉の加工法、乾燥後の茶葉の調製・浸出法によって決まるとされる。ケンペルが述べる日本の茶の類型論は、中国茶のボヒーとシンロの違いに着目するものではない（その代わりに「インペリアル茶」または「碾（てん）茶」、「シナ［式］茶」または「唐茶」、そして「粗茶」または「番茶」の三種の区別が設けられる）。しかし彼の議論でもやはり、全ての茶は同一の植物から作られるということが示されている[*25]。

ル・コント、カニンガム、ケンペルによる植物学上、人類学上の先駆的な試みにもかかわらず、明らかに異なる二種類の茶――緑茶とボヒー茶――を飲んだ当時のヨーロッパ人は、それらが同一種の木から採れるということをなかなか受け入れられなかった。例えば一七五九年（カニンガムが舟山で調査を行ってから約半世紀後）に、イギリス人博物学者サー・ジョン・ヒルは、緑茶とボヒー茶の真の相違点を突き止めたと主張した。「私が所有する中国の植物の中には、茶という名称の標本が二つあるが、これらは明らかに異なっている」と述べたうえで、ヒルは次のように記録した――ボヒー茶は「より短く、濃い色合いの葉と、一つの花に六つの花弁」を持つのに対し、緑茶は「より長く、薄い色合いの葉と、一つの花に九つの花弁」を持つ[*26]。部分的にこの区分法に基づき（そしてヒル自身が「それは誤りかもしれない」と言い逃れをしているのを無視して）、カール・リンネ（一七〇七―一七七八年）は二つの別々の種――「ボヒー茶（*Thea Bohea*）」と「緑茶（*Thea viridi*）」――の概略を、論文「茶という飲料」の中で述べた（これは一七六五年一二月七日の公聴会でリンネの指導学生ペール・コルネリウス・ティラエウスが演述した学位論文[*27]）。雄しべと雌しべの観察と識別に基づくリンネの植物分類法（「性の体系」）は、当時の科学界に広範な影響を与えていた。その体系の裁定者・監督者としてのリンネの権威は絶大であったため、二名法による二つの具体的名称を用いた彼の茶の分類法はやがて、自分の目で茶樹の標本を調べる機会を持たない人々によって広く受け入れられるようになった。

とはいえ、リンネの分類を受け入れず、あえて反駁することを辞さない人々もいた。例えば数多いリンネ心酔者の一人、ジョン・コークレイ・レットサム（一七四四－一八一五年）は彼の誤りを正そうと穏やかに努めた。リンネが最も大切にしたイギリス人文通者の一人、ジョン・エリス（一七一〇頃－一七七六年）も同様であった（ただしエリス自身が、リンネが依拠したヒルを忌み嫌っていたことも関係していよう）。一七六八年にエリスは、最近中国から帰国した東インド会社商館員で、信頼する友人のトマス・フィッツヒュー（一七二八－一八〇〇年）の証言に基づき、リンネ宛ての私信で次のように述べた――「あなたはヒル博士に欺かれてしまったに違いない」。またエリスは一七七〇年に出版した『種子や植物を東インドから輸送するに際しての心得』では、「緑茶とボヒー茶は……同一の種である」と主張した。[*28] 一方、一七七二年にはレットサムも『茶樹の博物誌』で同じ主張を繰り返した――「この植物には一つの種しか存在しない。緑茶とボヒー茶の違いは、土壌の性質、栽培法、葉の乾燥法によって決まる」。[*29] しかしリンネは自説を公式に変更しなかったし、そしていささか奇妙なことに、レットサム自身も後に『茶樹の博物誌』の（大幅に増補されたが初版に比べて特に内容が充実したわけではない）第二版（一七九九年）において、二つの「種」の挿絵を載せることになる。一九世紀を迎えても、通俗的ではあるが尊敬に値する園芸家で著作家のジョン・クローディアス・ラウドンは、（カニンガムが認識し、エリスも繰り返した通り）緑茶と紅茶（ブラックティー）の外観・香り・味の違いは製造過程の差異によることを認める一方で、「緑茶」と「ボヒー茶」を別々の種として彼の植物事典に記載している。[*30] 一八四〇年代になって、ロバート・フォーチュン（一八一二―一八八〇年）が西洋人としては初めて中国本土の奥深くまで入り込んだ時にようやく、カニンガムが一世紀半も前にあれほど簡明に伝えていた真実が、決定的に裏付けられたのである。フォーチュンは、どの苗木を用いても「緑」または「黒」のリーフティーを作れることを確証した。そして、茶には一つの種しかないことは、同時代のサミュエル・ボールによっても確認された（彼は東インド会社の茶検査官を務めた人物で、茶には複数の変種があることも正しく考察した）。[*31] 茶は未知の、捉え難い、人を欺く存在でいることを長い間好んできた。ヨーロッパの植物学は、自らの分類体系にこの東洋の謎を包摂し同化するために二世紀に及ぶ努力を必要としたのである。

擁護者たちと告発者たち

茶はこれまで常に、微妙だが確かな生理学的作用を飲用者に及ぼす植物として経験されてきた。植物学者と同様、初期近代の医学者は茶の自然的特性に深い関心を寄せた。中国において特定の目的のために使用され、神話化された茶は、飲む者に長寿を授け、病気を緩和する効果を持った驚くべき滋養物として認識されるようになった。そうした主張は、茶に関する最初期の噂と共にヨーロッパ人の耳に届き、例えばジョヴァンニ・バッティスタ・ラムージオがハッジ・モハメッドと交わした会話の中で取り上げられた（第一章参照）。ラムージオはモハメッドが語る中国の伝承を報告する――「この煎じ液を空腹時に一杯か二杯飲むと、解熱効果があり、［そして］頭、胃、脇腹、関節の病気に効く」（さらには痛風と消化不良も和らげるとされる）[*32]。一七世紀の間に、こうした薬用効果の列挙は茶の文献の定型的主題となり、ロバート・ラヴェルの『植物学総覧』（一六五九年）のような植物学の論文で扱われ、そこから薬種商や食料雑貨品店の宣伝文句に取り入れられた（例えばトマス・ギャラウェイの茶の片面刷り広告は、ラヴェルの楽観的見解を明らかに利用している）[*33]。医師たちも同じ考えに傾いていたようで、例えば癇癪持ちのオランダ人「茶博士」、コルネリウス・ボンテクーは、温かい液体としての茶の特性には血液の循環を改善し、体内の不純物を除去する効果があるという根拠に基づき、大量の薄い茶の飲用を勧めた。

初期近代の市場では（現代と同じく）、眉唾物の薬理作用を高価な外来食品と結びつけて箔付けを施すことがよく行われた。これは、その商品が知的魅力を獲得して速やかに流行品となるためには、不可欠の戦略であった。しかし一七世紀後半までには、茶の治癒力に関して流布した、時に奇異な主張の数々の正当性をめぐって、活発な議論が展開されるようになる。デンマークの博物学者シモン・パウリ（一六〇三―一六八〇年）は、茶を肯定する言説は本質的に虚偽であるとあえて主張した人々の一人であった。彼は（一八世紀の英訳版によると）、茶は「われわれの養生を損ない、健康を害する」と断言した。茶の効能と言われているものは全て、カッコウチョロギのようなヨーロッパ産の無害な薬草の煎じ液によっても同等の効果が得られる。さらにパウリの見解では、茶によって植え付けられた虚弱は人体から政体へと速やかに転移する。したがって、「中国からヨーロッパへ茶を輸入するという、猛威を振るう疫病のごとき狂気」は、人間身体と国家財政の双方に破滅的損害を与えるとされる[*34]。

医学言説における茶の捉え方は、茶と結びついたさまざまな社会・経済的関心事から絶えず影響を受けた。著作家たちはしばしばこの傾向を意識した。スコットランド出身の医師トマス・ショート(一六九〇頃－一七七二年)の『茶論』(一七三〇年)がその議論の出発点としたのは、茶に関する当時の薬学的評価が極端な肯定と否定に二分しているという認識であった。ショートはそうした分裂を生む不合理な偏見を厳しく批判した。一方には、「この外来品にあらゆる病いの発生を根絶し予防する特効的な効能が備わっているかのように考える者がおり」、「他方には、やはり極端なことに変わりないのだが、非常に辛辣な評価を下し……茶は作用こそ緩慢だが確実に効く毒にほかならないと考える者がいる」。[*35]こうした状況を正すために、ショートは「この四、五〇年の間にイングランドで(最下層民を除く)あらゆる人々の間に著しく普及した」「飲料」を、公正かつ詳細に研究することを約束した。十分な知識に基づいた消費の実践を唱えながら、ショートは「われわれの考察と理解は……われわれの茶の愛飲ぶりと釣り合うものでなければならない」と述べる。全体として彼の『茶論』は、文献に依存する博物学的方法と直接的な化学的・医学的実験の組み合わせに基づいて構成されている。[*36]

ショートの基本的議論は、茶には身体組織を引き締める「収斂(しゅうれん)」作用があり、その浸出液は血流を速め、血行を促進する、ということである。茶の効果は、特定の条件下にある被験者――例えば喘息患者、回復期患者、遊民――にとっては有害であり得るとされる。しかし最終的にショートは圧倒的な数に及ぶ茶の利点を次々と列挙していく。そのため、巻頭で主張されていた客観性なるものが疑わしくなってくるほどである。茶は頭痛、眩暈、眠気、眼の感染症、胸膜炎、呼吸器障害、二日酔い、便秘、水腫、風邪、カタルを追い払うことができるうえに、「慢性的な不安や苦痛の解毒剤」でさえある。[*37] さらに、ショートはパウリの議論を逆転させ、喫茶習慣の普及を通じて、個人のみならず国家・社会にも同時並行的にもたらされる恩恵があることを詳述する。茶は法人税収の増加を生み、茶道具や喫茶空間をさまざまなかたちで供給する副次的事業を刺激し、「商業、会話、交際」を確実に促進する素面の文化を定着させるというのだ。[*38]

ショートの『茶論』は、冒頭で約束した茶の性質に関する慎重かつ公平な記述に徹しようと努めるのだが、著者はいつの間にか、茶の数々の利点らしきものに対する情熱を抑え切れなくなる。初版から二〇年後に『茶に関する論述』（一七五〇年）と題して出版された改訂版では、その間の年月で肉体的には老化しながらも、喫茶の経験をさらに深めたショートの茶に対する熱意は、ほとんど衰えを見せていない（ただし初版の時と比べ、彼は今やより公然と、茶を特効薬ではなく食品として薦めるようになった）。[*39] 若い医師のトマス・パーシヴァル（一七四〇―一八〇四年）が、やがてショートとは反対の立場を打ち出すことになる。「収斂剤と苦味剤に関する実験と観察」（初版一七六七年）において、パーシヴァルは「茶が広く、あまりに頻繁に飲用されることへの反対」を精力的に表明した（ただし、例えば「鎮静作用」があるとされる点に関して、「公平を期すならば、茶が極めて重要な医学的目的に適用可能である」ことは、彼も認めざるを得ないとしている）。[*40] パーシヴァルにとって、茶の害悪は長所をはるかに凌駕する。とりわけ健康に有害なのは、茶が神経の正常な働きを阻害する点である。茶は「われわれの祖先にはおおむね知られていなかったが、現在では世間に遍く広まっている数多くの神経病をもたらした」として激しく非難される――すなわち、「ヒポコンドリー［憂鬱症］、中風、カヘキシー［悪液質］、水腫症［むくみ］、その他、弛緩と衰弱から生じるあらゆる病気」である。さらには、素面にさせる飲料であるどころか、茶はその愛飲者の間に「蒸留酒類の過剰摂取」を助長する。というのも結局、「茶が引き起こす気分の低下と減退は、強壮と高揚を与えてくれるものに依存せざるを得なくさせる」からである。そして、拡大し続ける喫茶の流行は、伝統的な社会的確信を切り崩しつつある。例えば「ヒステリーは、名称自体が示す通り、かつては女性に特有の病いであったが、今では男性女性関係なくその発作に見舞われる」とパーシヴァルは嘆く（「ヒステリー」は文字通りには「子宮の」を意味する）。また、茶が誘発するアルコール中毒からは「不摂生という忌まわしく恥ずべき習慣が生まれる。悲しむべきことに、今や身分を問わず、あまりに多くの女性がこの悪習に染まっているのだ！[*41]」茶は（直接的には）たくましい男らしさを柔弱な女々しさに変え、そして（間接的には）倒錯的なことに、女性的な繊細さを男性的な無節操に染まらせる。

パーシヴァルの批判は、実験室内の検証と医師としての観察の両方に基づいている。それらの過程を経て彼は次の結論に達する――すなわち、茶には収斂性と防腐性があり、したがって（時折は薬学的に有益であっても）概して身体の健康にとって有害である。しかしながら、パーシヴァルの医学者としての自然科学的判断と、当代の生活のエリート観察者としての社会科学的評価の間には、若干のずれがある。このように研究・調査に基づく知識とイデオロギー的な目的が相互浸透しているという感覚は、一八世紀中葉以降の茶言説の至る所に認められる。例えば、『茶の効能と弊害に関する考察』（一七五四年）で、薬種商のサイモン・メイソンは茶の薬効に疑問を投げかけ、代わりにセージの葉の浸出液を薦める。しかしメイソンによる批判の真の標的は、茶が万能薬として不当に販売されていることではない（「茶について言われていることが仮に信じられるとすれば、茶が効かない病気など一つもないことになるだろう」）――それはむしろ、盛んにゴシップが交わされる午後のお茶会という「現代の堕落」なのである。[42] 一方、サミュエル・ティソ『文学的・座業的職業の人々が罹りやすい病気に関する試論集』の英訳版を編纂したジェームズ・カークパトリック（一六九六－一七七〇年）は、この有名なスイス人医師の主張に異議を唱えた。ティソによれば、茶には血液を薄める作用があり、身体的不活発によってすでに抑制された消化作用をさらに弱めてしまうため、「学問に励む人間にとっては有害」であるという。「熱湯で満たされたティーポットが彼らのテーブルに置かれているのを見ると」――ティソは不安そうに嘆く――「そこからあらゆる悪が飛び出したというパンドラの箱を私は思い出す」。[43] 訳者のカークパトリックは長い脚注を付けて、ティソに反論する――「なるほど、本書の著者はこの哀れな東洋の葉の評判を損なうために、およそ考えられる限りのことをここに掻き集めている」。しかし、「私自身、六〇年もの長きにわたり、そのほとんどの間、毎日のように茶を用いてきたが（一日二回という日も少なくない）……その習慣が健康を害するようなことは全くなかった」。にもかかわらず、カークパトリックは「あまりに広範な茶の使用、すなわち、洗濯婦や掃除婦、その他の下層階級の働く女たちによる、あまりに頻繁な茶の消費への重大な反対理由」を付け加えずにはいられない。「彼女たちの重労働」の後に飲むべきものとして、下層労働者の賃金で賄える「不純で粗悪な茶」よりもはるかに適しているのは、「適量の良質な麦芽酒」であろう。加えて、一口のエールは「茶と違って、一杯のジンまたはほかの火酒を飲みたくなる気持ちを起こさせない」。[44] またしても、茶は網の目のように複雑に絡まり合う身体的かつ社会的な機能と作用を付与されている。つまり、茶はどういうわけか人を衰弱させると同時に活気づけ、向上心を表わしもするが不従順を生みもし、人を酔わせない飲み物でありながら酩酊を誘発するのである。

一八世紀最後の三分の一の間に茶を最も丹念に研究したのは、ロンドンの医師で博愛主義者のジョン・コークレイ・レットサムであった。[*45]『茶樹の博物誌——茶の医学的特性と喫茶の作用に関する観察』(一七七二年)は、ラテン語で執筆・印刷されていたレットサムの一七六九年の博士論文を再構成のうえ発展させた著作である。[*46]この本は第一部が微細にわたる「博物誌」(リンネへの穏やかな反論を含む)、第二部が「茶の医学史」という構成になっている。トマス・ショートと同様、レットサムは自著の目的が、茶の効用と弊害を客観的かつ正確に理解することにあると述べ、「この物質を扱うにあたって、私は公平さを欠いた擁護者としても、熱情に駆られた告発者としても理解されたくはない」と明言する。彼の論証の基礎となるのは、実験室の作業と使用者の証言を組み合わせるというおなじみの方法である。茶の防腐作用は、屠殺されたばかりの牛の肉の腐敗過程を遅らせることから証明される。そして鎮静作用は、蛙の「剥き出しにした坐骨［股関節部］神経」に「最上の、最も香りの高い緑茶」の蒸留液を注射すると、後脚の末端に生じる効果によって示される。それからレットサムは、茶仲買人とその助手たちの運命に関する、一連の恐ろしい物語を報告する。彼らは閉め切った店舗や倉庫で長い間「茶の細塵」にさらされた結果、「吐血」や、(ある症例では)「激しい眩暈、頭痛、全身の痙攣、失語症、記憶喪失」を訴えたという。また、もっと普通の方法で摂取した場合でも、茶の有害な影響が生じることがある。レットサムは、「少量の上等な茶の効果を際立って繊細に感じる」知人について記述する。たった一杯飲むだけで彼は「胃に不快感を覚え」、「食事時に全く食欲がなくなり」、「三、四時間は眠れなくなる」。それどころか、「茶はアヘンとほとんど同じ効果を彼に与える」(「程度こそアヘンの方が大きい」とはいえ) と主張される。[*47]

しかしながらレットサムにとって、茶の潜在的な有害性を何よりも明白に示すのは、「神経病という名の下に一括される一連の病い」であり、それらは「茶の飲用の結果ではないにせよ、少なくともそれが原因でひどく悪化すると言われている」。この病いに冒された患者は「たった一杯の茶を飲んだだけで、決まって大きな不安、不快感、憂鬱に襲われる」。一人の貧しい、「繊細な体質の若者」の場合には、「上等の緑茶が、沈んだ憂鬱な」気分を引き起こし、「記憶喪失、手足の震え、ごく些細な条件による大きな心的動揺の傾向、数多くの神経病を併発」した。これらの不快な副作用の苦痛や不便さをレットサムが憂慮したことは言うまでもない。しかし、この「流行のハーブ」について彼が抱いた懸念は、個人の「感受性」をいかに管理し統御するか、という当時の社会的不安と直に調和していたのである (ここで言う「感受性」とは、肉体的・道徳的・情緒的感覚といった人間の諸機能を結合すると想像された、さまざまな刺激が織り成す網の目のこと)。「病気」と「茶の一般的飲用」が結びついて引き起こされる「女々しさ」に不安を覚え、レットサムは遠回しではあるが疑いの余地のない表現を用いてこう述べている——「欲望は必ずしも体力に比例するとは限らない。欲望は肉体的力が最も衰えた時に最も強くなることがある」。換言すれば、アルコールの補助がなくとも (パーシヴァルはまさにアルコールとの関連を主張していたのだが)、茶は愛飲者たちの間に性的放縦を生み、否応なしに彼らの身体を「現代」の最も淫蕩な「悪徳」の影響下に置くことになる。[*48]

パーシヴァルとレットサムは、茶には気分を低下させ、身体の神経組織を歪める可能性があることを悲観したけれども (そして彼らが列挙する症状の多くが、現在ではカフェインの大量服用の結果であると分かっていることも認めなければならないが)、ジェームズ・ボズウェルの日記を読むと、茶を飲用した人々がしばしば全く別の効果を経験したことが分かる。慢性的な鬱状態にあったボズウェルは、(淋病発症後の回復期の)一七六三年二月一三日に、「意気消沈し」、「活気がなく」、「惨め」な気分の時に行う自己治療の成功例について記録した。

緑茶は……実際こうした類いの症状においては大変恵み深い治療薬となる。私自身そのおかげで楽になったことがよくある。私は大のお茶好きで、茶の効能という題目で論文を丸一本書けるほどである。それはアルコール飲料につきものの危険を伴わずに、慰安と活力を与えてくれる。優しいハーブよ! 赤ら顔の葡萄をお前に屈服せしめよ。お前の穏やかな影響力は、より安全に社交の喜びを呼び起こす。[*49]

ボズウェルがここで強調しているのは、茶がどれほど柔和に飲用者に「慰安」を与えるかという点である(茶は「恵み深く」、「優しく」、「穏やか」で「安全」である)。彼の文章には、レットサムが記録した不快な症状のどれ一つとして暗示されてはいない。しかしこの個人的な茶礼賛にさえ、「アルコール飲料につきものの危険」が引き合いに出されることで、より広範な問題が入り込んでくる。こうして幾度となく、茶が及ぼす心理的作用を探究する者は、身体、精神、心の不安定性の認識へと立ち返らざるを得なかったのである。

一八世紀後半の間に、茶は完全にイギリスの食事や日常習慣の一部と化した。そのために、茶は無数の肉体的・道徳的・社会的不安を分析するための試金石として直感的に想起されるようになった。実際、時としてこの飲料は、そうした不安の逆流の口実でさえあったようにも思われる。ジョン・コークレイ・レットサムにとって、茶が虚弱な消費者に及ぼす害は単なる「肉体的」衰弱以上のものである。そうした人々は情緒不安定、倫理的荒廃、自己喪失に陥りやすくなるからだ。にもかかわらず、レットサムが（ボズウェルと同じように）茶の効用を叙述せずにはいられないこともまた事実なのである――茶は飲用者の「活力を増し、元気を回復させ、精神を高揚させ」、さらには「炎症性の病気」の発症率を下げる、という。加えて、茶の潜在的有害性は、イギリス人同士を固く結束させる茶の能力によって相殺される――彼らは「どれほど多くの同胞が、同じ時間にこの同じ愉快な食事を楽しんでいるのかと思うと生まれてくる喜び」を共有するのだ。[*50] レットサムが図らずも証明する通り、茶は決定的な医学上の定義づけを施されることに抵抗し続けた。その代わりに茶は過剰決定の重荷を背負った。複数の生の領域において、外来の単なる葉の浸出液に、空前の広範な変容力が備わっていると考えられた。そして実際に茶を通じてその力が経験されたのである。

緑を育て、銀を守る

一八世紀にはヨーロッパ各国で植物学者と医学者が茶を理解しようと苦心したけれども、生きた標本に接近するのが地理的に不可能であることが、一つ大きな障害となったのは間違いない。知的名声と商業的利益の両方を目論む園芸家にとって、これは価値ある課題であった。ジェームズ・カニンガムのような中国への初期の旅行者が成し遂げたのは、茶樹をその本来の生育地で調査し、花や実の標本を入手したことだった。しかし一八世紀中葉までには、イギリスの土壌で茶樹を栽培するための探究が始まっていた。科学史家のロンダ・シービンガーが述べる通り、一八世紀の「植物学——つまり生物探査（バイオ・プロスペクティング）と植物同定・輸送・馴化の専門的技術——は、ヨーロッパ諸国の植民地の拡大と手を携えて発展した[*51]」。茶はこの相互的努力が目指した目標の一つであった。一七五〇年代後半に文通を始めた当初、カール・リンネとジョン・エリスは、いかにして「中国その他の遠隔地から外来植物の種子を植物状態のまま運ぶか」、そして「あれほど長い航海とあれほどさまざまな気候の中、植物を生きた状態で保存するための最善の方法」について、熱心に意見を交わした[*52]。実際上の困難は言うまでもなく極めて大きかった。園芸的技術を持った仲介者を東インド会社船に乗船させるだけでもかなり慎重を要したが、アジア到着後には標本の獲得の問題があり、さらに帰路に就いてからは、いくつもの海を渡り、アフリカ大陸先端の岬を回って赤道を二回越える六か月の航海の間、標本を保管し維持するという難題があった[*53]。しかし、疑似体験的な大陸間植物採集（プラント・ハンティング）に対してリンネとエリスが寄せる情熱には際限がなかった。リンネは優先事項が何であるのかを最初から明確にしていた。中国から「茶の生きた標本を運ぶことを特に検討されるようお勧めします」——とリンネは一七五八年一二月にエリスへ書き送った——というのも、「この植物はイングランドの外気にも耐えられるだろうと私は確信しているのです。スウェーデンよりも寒さが厳しい北京の気候でもよく育つのですから。私のこのお願いをどうかお忘れになりませんように[*54]」。

その後の一、二年の間、エリスとリンネは（とりわけ茶樹の）種子を輸送するための新方式をめぐって、持続的な議論を交わした。エリスは蜜蠟か獣脂を丸めた防水・気密の小球体の中に種子を納める方法を支持し、一方、リンネは保護材となる塩の中に容器を埋め込む方法を推奨した。驚くには当たらないが、商人や船乗りにこの方法を試行するよう説得するチャンスにより恵まれていたのは、ロンドン人のエリスの方であった。一七六〇年には、彼の友人トマス・フィッツヒューが「蠟の中に閉じ込められた茶の種子」を、中国船に載せて大量にイギリスへ送った。意気揚々としたエリスは、これらの種子をリンネのみならず、「ニューイングランドからジョージアに至る植民地長官全員に」も分配した。「私はいずれこの方法で茶をアメリカに定着させたいと願っています[*55]」。しかし、この時の園芸的念願は芽を出さずに終わることとなる。しばらくの間標本の種子に辛抱強く水を与え、観察を続けた（と推測される）リンネは、一七六一年四月にはエリスへこう書き送っている——「茶の種子のお礼を申し上げます。しかしそれらはまだ芽を出しません。あるいはこの先もずっとそうなのかもしれません。あなたの種子は——アメリカで撒かれたものでさえも——育たないのかもしれないと危惧しています[*56]」。二か月後、エリスは落胆と共にリンネの判断を受け入れた。「私たちの茶の種子は生育しないのではないかと恐れていますが（もともと、今月半ば頃までは芽を出さないだろうと思ってはいたのですが）」とエリスは認めた。「とはいえ、これほど有益な実験の続行を断念するつもりはありません[*57]」。

「茶をアメリカに定着させる」という計画が示唆するように、外来植物に対するエリスの欲求は単に理論的なものではなかった。大西洋の向こうの植民地での栽培は、アメリカの農業を活性化するだけでなく、イギリスの銀が中国の国庫に流出するのを防ぐためにも役立つはずであった。歴史家のリチャード・ドレイトンの言葉を借りれば、「［農業的］発展のイデオロギーは……イギリス帝国の形成を根本から支えるものであった」。イギリス帝国の拡大は別の著者が言うところの「科学的帝国主義」に部分的に基づく企図であったわけだが、[*58] リンネが祖国スウェーデンのために抱いた意向も同じ性質のものであった。早くも一七四六年には、リンネは茶の生理学的有害性（茶は「肉を弛ませ、神経を弛緩させ、頭を鈍くさせ、身体を虚弱にさせる」）を批判しながらも、その経済的可能性を称揚していた。「茶樹を中国からここへ運ぼうではないか！」とリンネは熱心に説いた。「もしも、たった一年の間に茶の代金としてこの王国を出ていく資金の半分でも使うことができたなら、この国にプランテーションを建設し必ずや多くの茶を収穫できるようになるので、将来的には一ペニーたりとも茶のためにわれわれのもとを離れることはなくなるはずである」[*59]。その後の一五年以上もの間、リンネの計画は低迷し続けた。エリスの死んだ種子のほかにも、一七五七年に別の種のカメリア（ツバキ属）であることが判明した木や、イェーテボリのネズミに食べられてしまった標本があった。しかし一七六三年八月に、カール・グスタフ・エーケベリが指揮する船が帰還するという知らせを受けると、リンネは喜びに身を震わせた。茶樹が無事スウェーデンに上陸したという報告に応えてウプサラから書き送った手紙の中で、リンネは興奮に震えるような筆致でこう約束した――「それが本当に茶であったなら、船長殿、私はあなたの名前をアレクサンドロス大王よりも不滅のものにして差し上げましょう。……それが本物の茶樹であるなら、どうか船長殿、神のために、祖国への愛のために、自然科学のために、そしてこの世の神聖にして誉（ほま）れある全てのもののために、最大限の手厚い配慮をもってお取り扱い下さるようお願い申し上げる次第です」。リンネのもとに届いたその植物は確かに「本物の茶樹」ではあった。しかしそれは明らかに枯れていた。当初は落胆したリンネだったが、彼は運を味方につけた。そして不滅の栄光はいまだエーケベリを差し招いていた。船長は賢明なことに、一〇本の苗木を別に残しておいたのである。それらを彼は妻に託し、荷車でウプサラまで届けさせた。苗木はウプサラに届くと、リンネの有名な植物園に大切に受け入れられた。[*60]

リンネはヨーロッパで最初に認定された茶樹の獲得を祝うことができたものの、欲求不満から解放されたわけではなかった――それどころか、彼の成功は束の間のものに過ぎなかった。エーケベリ夫人が苗木を届けてから二年後、リンネはエリスにこう書き送った――「私の茶樹はよく育ってはいますが、いまだに花をつけていません。これが残された最後の一本ですので、屋外でこの国の厳しい冬の冷気にさらすことも控えています」。[*61] 大体この頃にリンネは、茶樹がスウェーデンでは全く開花しないであろうという考えを受け入れたように思われる。というのも、同じ時期にエリスは、このウプサラの茶樹を買い取って、イギリスの裕福な植物蒐集家の誰か一人に譲るための交渉を開始できると感じていたからである。[*62] この取引は結局進展しなかったけれども、しかしいずれにせよ、エリス自身が広州に持つコネクションが今や役に立とうとしていた。一七六八年の貿易船がロンドンに帰港すると、エリスは穏やかな口調でこう自慢することができた――「長年中国の東インド会社商館員を務め、茶の国に滞在したフィッツヒュー氏がこのたび帰国し、茶樹を持ち帰って来ました」（「緑茶とボヒー茶という種」の違いに関するエリスの植物学的疑念の正しさが、フィッツヒューによって確証されたのもこの時だった。彼は「茶は一つの同じ植物に過ぎないと断言」したのである）。[*63] この勝利だけではまだ足りないとでもいうかのように、翌年の冬、エリスはリンネに事もなげにこう明かした──「昨年の今頃受け取った、中国から届いたブリキ缶の底にたまたま残っていた種子から、私は茶の木を育てました」[*64]。さらに、一七七〇年代前半までに、エリスは茶樹やその他の中国原産植物を定期的に調達できるようになっていたが、それはジョン・ブラッドビー・ブレイク（一七四五─七三年）の勤勉さのお陰によるところが大きかった。ブレイクは野心的な若い植物学者で、広州の東インド会社商館員として赴任したばかりであった。リンネに宛てた最後の手紙の一つでエリスが謝意を表しているのはおそらく、ブレイクの努力に対してである。その手紙は「中国から……今年運ばれたたくさんの若い茶樹」に言及している[*65]。実際、広州で種子から茶を育てたブレイクは、生長した茶樹は中国の冬の雪に耐えられ、したがってイギリスでも温室で管理する必要がないことをエリスのために確証していた[*66]。ブレイクは中国の自生植物に関するおびただしい量のメモを残し、マウク・ソウ・ユーという中国人画家に依頼して、それらの植物の美しい水彩画を描かせた。夭折さえしなければ、ブレイクは一八世紀のヨーロッパで最も重要な中国自然誌の記録者となっていたに違いない[*67]。

エリスは、中国からイギリスへ茶樹を移送するための調整役を務めながら、自分がロンドンのグレーズ・インに住んでいること──そしておそらく園芸家としては（相当なものであったに違いないにせよ）アマチュアの技量しか持ち合わせていないこと──は、茶樹の生存を確保するには有利な条件ではないことを悟った。そこで彼が採った方策は、新しく届いたあるいは育った標本を、保管のために二つの方角に分けて送ることであった──すなわち、ロンドン東部マイル・エンドの、ジェームズ・ゴードン（一七〇八頃─八〇年）が経営する商業的育種場と、ロンドン西部キューの、ウィリアム・

エイトン（一七三一―九三年）が管理する王立庭園である。一七六八年にゴードンは、フィッツヒューがエリスに贈った標本を託された。この時の（あるいはもっと後の）標本から繁殖させたものであろうが、この育種場経営者は一七七二年の秋までには次のような販売広告を出していた――「あの極めて希少で珍しい外来種、本物の中国緑茶の樹の優美で見事な苗木。我が国の北方気候に順応し、生育の盛りにあって、あふれんばかりの健康に恵まれた植物」。[*68] 一方、キュー植物園のエイトンは、エリス自身の一七六九年の苗木を世話するよう依頼された。その苗木は三年後（再び一七七二年に）、レットサムの『茶樹の博物誌』の序文で「この王国で最大の茶の木」として称揚された。[*69] そしておそらくゴードンかエイトンどちらかの肝煎りで、生育状態の良い灌木がノーサンバランド公爵ヘンリー・パーシー（一七一二頃―八六年）のロンドン屋敷、サイオン・ハウスの庭園に移植された。この茶樹の開花のニュースは、一七七一年一〇月に『ロンドン・イヴニング・ポスト』紙でいち早く報じられた。以下の記事は、王の寵臣の一人の科学的眼識（とされるもの）を土台として、国家的誇りの感覚を構築しようとするだけでなく、（以前の一〇年間におけるリンネとエリス同様）イギリスの国際貿易の展望を一変させ得るものの可能性を、茶樹の中に見出そうとしている。

　最も希少な植物の完全な栽培については誰よりも幸運に恵まれてきたノーサンバランド公爵はこのたび、満開の茶樹を手にした。それはヨーロッパで開花した初めての茶樹である。この灌木はヤナギと同じように切り穂から生育するが、おそらく我が国の外気にも適応できるだけの耐寒性を持つことが判明するだろう。もしそうなら、生長が大変早

マウク・ソウ・ユー《茶》、1770年頃、水彩。この水彩画は1770年頃に、広州の東インド会社商館員を務めたイギリス人博物学者ジョン・ブラッドビー・ブレイクによって制作を依頼された。ブレイクは精確な植物学的描写を要求したが、葉、花、実はここでは同時代の中国絵画を特徴づける平板な画法で描かれている。左の方に、茶を表わす漢字をはっきり判読することができる。

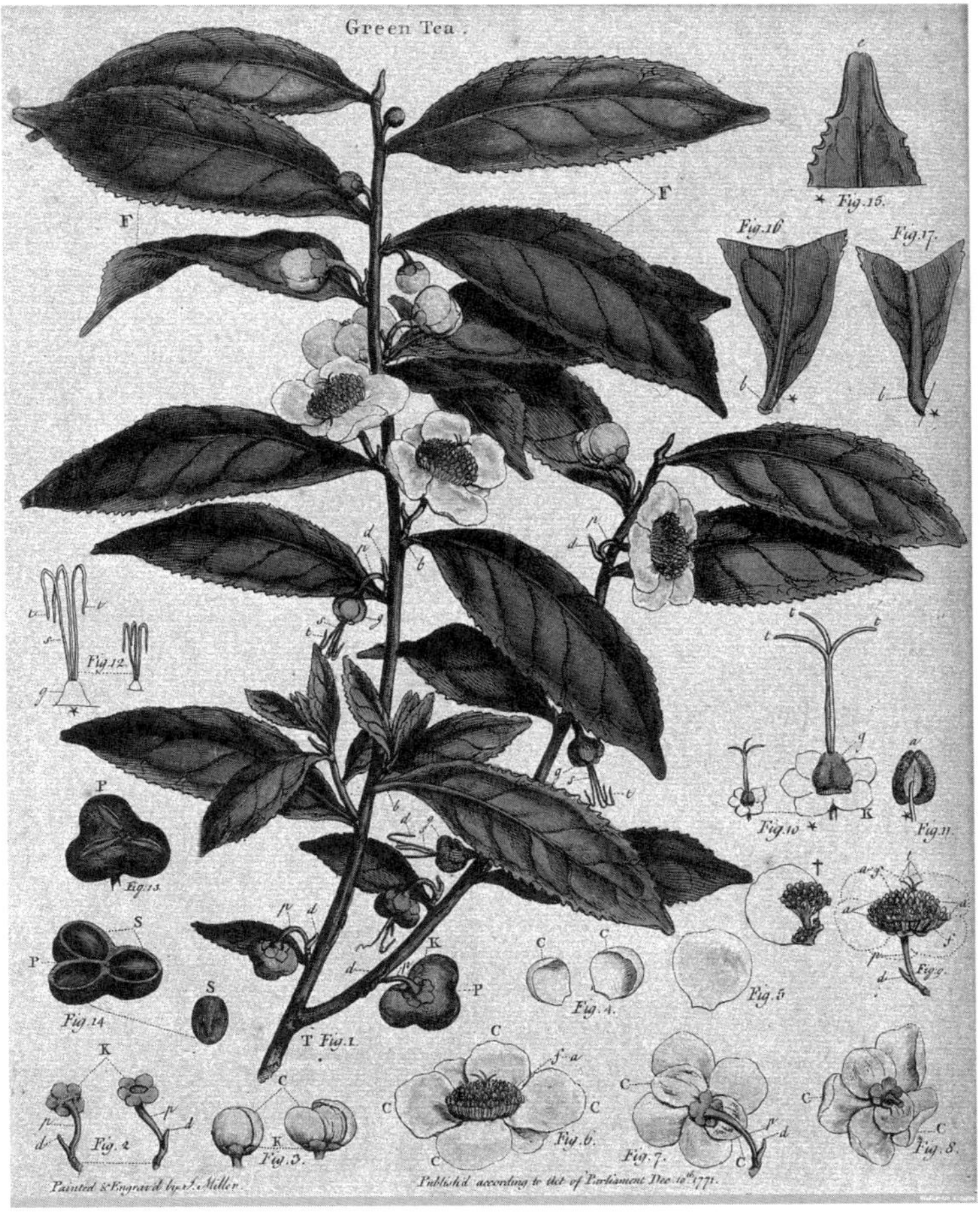

ジョン・ミラー《緑茶（議会制定法に従って出版）》、1771年12月10日、ジョン・コークレイ・レットサム『茶樹の博物誌——茶の医学的特性と喫茶の作用に関する観察』（ロンドン、1772年）所収。ジョン・ミラーによる「緑茶」の植物学的エングレーヴィングは、大きな影響力を持ったレットサムの本の口絵として使われた。ノーサンバランド公爵ヘンリー・パーシーのサイオン・ハウスの庭園で実物を写生して制作されたこの図は、ヨーロッパで最初に開花が記録されたカメリア・シネンシスを描いている。その画期的な出来事は1771年10月の『ロンドン・イヴニング・ポスト』紙上で報じられた。

い植物であるので、われわれはやがて自国産の茶を手にし、われわれの銀の一部を節約できるようになるかもしれない。[*70]

一七七〇年代前半までにはしたがって、イギリスの自然哲学者たちはようやく、茶を直接に間近で研究できるようになったのである。ノーサンバランド公爵の開花した茶樹は、当代最高の植物画家の一人、ジョン・ミラー（一七一五―九二年）の手で素描され、銅版画化（エングレーヴィング）された。ミラーの版画はレットサムによって『茶樹の博物誌』（被献呈者は当然ながらノーサンバランド公爵）の口絵に選ばれた。茶の木がイギリスで初めて人目につくかたちで開花した場所が、同時代の最高の権力者たちが所有する王立または貴族の庭園であったのは、当然の成り行きだった。国際貿易と内国税の要である茶は今や、中・上流階級の生活における日常的儀式となっていた。その生産手段を、生きたカメリア・シネンシスの木というかたちで（象徴的にではあれ）所有することは、茶が表わす地球規模の富と国家的な繁栄を領有し誇示することにほかならなかった。とはいえ、このように整然と結論づけることによって全てを語り尽くせるわけではない――というのもそうしたまとめ方をすれば、イギリス国外で活動した植物学者や東インド会社商館員といった人々の努力を軽視するだけでなく、茶が一八世紀を通じて西洋人の理解――「知識の帝国」の「認識論的権威」――に屈するのをあくまで拒んだという事実をも等閑視することになってしまうからである。[*71]

確かに、茶の木は今やロンドンで観察し、手で触れ、絵に描くことができるようになった。にもかかわらず、茶の木は本来の農業的栽培と加工の環境から切り離されて、あまりに遠い距離を移動していたために、それを使ってできることは実質的にほとんどないと言ってよかった。そうしたわけで、一七六〇年代・七〇年代の園芸的実験からは、(『ロンドン・イヴニング・ポスト』紙が期待していた)「自国産の」茶は結局生まれなかった。コーンウォール州の茶会社トレゴスナンが「歴史上初めてイギリス人にイギリス茶を」もたらしたと誇らしげに主張できるようになるまでには、まだ二世紀以上かかるのであった。[*72] 一方、ジョン・エリスの「死ぬ前に中国の茶樹が北米に定着するのを見たい」という、公共的で「熱烈な願い」もまた水泡に帰すことになる。[*73] ヨーロッパ人が所有する茶プランテーションが最終的に設立されるのは、リンネが目星をつけたスカニアの位置するスカンジナビア半島の平原でも、エリスが特定したカロライナとジョージアの熱帯雨林でもなかった。質を異にしながらも二人の間で共有されたその夢が実現するのは、リンネとエリスの死後半世紀以上も経ってからのことで、しかも一九世紀英領インドのアッサム丘陵という、彼らには想像すべくもなかった環境においてであった。さしあたって、茶は引き続き中国から供給されることになる。茶は間違いなくエキゾチックな既知の未知（ノウン・アンノウン）であり続けるのであった。

第六章

イギリスの茶市場

一七五九年のクリスマスまであと二日に迫った日曜の夕方。遅い時刻にもかかわらず、ホルボーン橋にあるウィリアム・ブロード所有の小さな食料品店（乾物屋（グローサー）のこと）は、香辛料、シリアル、コーヒー、ココア、茶を求める客でごった返している。一人で店を切り回すのは商店の「小僧（ボーイ）」、ウィリアム・ブリッジウォーターである――せっせと体を動かし、店で売られるさまざまな乾物の入った缶を開けては、少量のナッツやドライフルーツ、澱粉や湿糖を取り出して正確に計量し、客のために正方形の紙に包んでいく。大声で叫ぶ声、小銭のじゃらじゃら音、包み紙の裂ける音が作り出す喧騒のさなか、一人の若い女――エリザベス・ブレイク――が、誰にも気付かれぬよう細心の注意を払いながら、店の床に置かれた大きな箱を見つめている。箱の中身は、店主が所有する茶葉の貴重な在庫品である。女はロンドン塔近くのラグ・フェアで古着を売る貧しい未亡人の娘で、ある顔見知りは後に彼女のことを「ほかと比べると少しおつむが足りない」けれども「正直な娘」だったと評している。カウンターの後ろで立ち働くブリッジウォーターは、客の群れの中に見慣れない顔が混じっていることことにも、そわそわしながら箱の前にかがみ込んでいる者の姿にも気付かない。しかし常連客たちは見逃さず、彼に知らせる――「あの娘、万引きしてるよ」。店の商品が軽窃盗の被害を受けやすいことをよく分かっているブリッジウォータは声を張り上げる――「ちょっと、何やってるんだい」――こう問い詰めると店内を横切り、状況を見定めようとする。体を調べてみると、ブレイクはエプロンの中に一〇オンス（金額にして六ペンス相当）の緑茶を隠し持っていたことが分かる。知らせを受けた店主のプロード氏は、治安官を呼ぶよう求める。待っている間、取り乱したブレイクは作り話をこしらえ、その茶葉は店にいた知らない女がエプロンに入れたものだと主張する。「一度も見たことのない女でした」――彼女は必死に食い下がろうとする――「この店には母を探しに来ただけなんです」。三週間後に中央刑事裁判所で行われる軽窃盗罪の審理では、この話は全く信用されない。ブレイクは自らが犯した軽罪のために鞭打ち刑の判決を受ける。[*1]

茶は極めて広範かつ巧妙に、イギリス人の買い物習慣の中に浸透していた。ブレイクが起こした、ひと握りの茶葉の窃盗未遂事件――中央刑事裁判所の公刊された『審理記録』に基づき右に再現した――は、ごくありふれた一八世紀中葉の物語である。しかしそれは、ロンドンの商店に初めて現れてから半世紀を経た茶が、今や市民の日常の一部として根づいている都市の様子を垣間見させてくれる――われわれは、ロンドン市民の消費パターンや食料品小売業の実情を覗けるだけでなく、下層民の犯罪が立てる暗騒音（バックグランド・ノイズ）を聞くこともできるというわけだ。茶がロンドンの商店で一八世紀の食料品の定番品目として登場してくる様は、茶が生み出した平凡な文化的事象の断片に極めて印象深く示されている。そうした事象には以下のようなものがある――すなわち、中央刑事裁判所における茶窃盗罪の刑事訴追手続き、商店の精巧な看板に描かれた茶関連のモチーフ（番地システム導入以前には、看板が都市の商店の識別手段だった）、茶が入手できることを告げる新聞広告、都市の小売商人が配布した装飾的なトレードカードの意匠、ロンドン商工人名録に登録された「茶商人」のリスト、掛買いを認められた得意客に対して商店主が発行した明細付領収書への茶の記載などである。

茶がロンドンの流通網のさまざまな段階を通過する過程には、茶産業から生計の資を得る何千もの人々が関わっていた。まず、茶は帰港したばかりの東インド貿易船から、浅喫水ボートに載せてロンドンの「公認埠頭」へ運ばれ、波止場主の下で働く運搬人によって陸揚げされた。輸入品を計量して関税を徴収する税関吏の検査を受けた後、茶は御者の操る荷馬車に載せられて、東インド会社の倉庫に移された。そこでは倉庫番が茶の運搬、保管、保護を監督する。そして年二回開催される東インドオークションに先立って、ティーブローカー（茶仲買人）が茶の状態を査定し、その後倉庫労働者が茶を箱に戻し再び封をした。オークションで茶を購入した卸売商は、それを自分の倉庫に保管するか、もしくは東インド会社自体から貯蔵スペースを賃借りした。荷馬車の御者は卸売商から茶を受け取ると、ロンドンをはじめとする都市の何千もの小規模小売商のもとへと運んだ。そして小売店で、茶はブリキ缶や小さな木箱に入って来店客に展示された。最後に、ウィリアム・ブリッジウォーターのような食料品店員が少量の茶葉を包み紙にくるんで客に手渡した。

船から陸へ

広州から確実に茶を供給できるかどうかは、ロンドン市の繁栄にとってますます重要になってきていた――のみならず、ロンドン最大の貿易会社の財政的安定、首都の労働人口の生計、さらにはロンドン市民の住居で毎日行われる家庭的習慣にとっても同じことが言えた。おそらくこれらの理由で、東インド貿易船の帰港が近づくと、船がテムズ川に停泊するよりもずっと前に、ロンドンの新聞に予告が掲載されることがよくあった。「プール」（ロンドン橋のすぐ下手の水域。ロンドン港はここから始まる）の中まで船が入ることはごくまれだったが、これは、東インド貿易船はテムズ川のこの混雑した水域に進むには普通大きすぎると考えられたためである。一八世紀の大半を通じて――一七八九年にブランズウィック・ドックが開設されて、主水路から離れた専用の修理スペースができるまでは――東インド貿易船は通常、（これらの船の大半が建造された）ブラックウォール造船所(ヤード)近くのブラックウォール流域(リーチ)に停泊した。[2] 一七五〇年当時のこの水域を描いたジョン・ボイデル（一七二〇―一八〇四年）作の版画を見ると、到着したばかりの東インド貿易船から荷物を降ろして運ぶ小舟が絶え間なく行き来しており、一方、近くの乾ドックでは船が建造・修理されているのが分かる。東インド貿易商品は市場価値が高く、そのためこれらの船の積み荷は絶えず窃盗の危険にさらされていた（例えば、一七二九年にハリソン号がブラックウォールに停泊した際には、数日間で大量の茶が盗まれた）。[3] したがって、東インド会社の利益を守るためには、安全に保管できる倉庫へなるべく早く茶を輸送することが必要であった。しかし一八世紀後半まで、ロンドンに輸入される全ての品は、ビリングズ・ゲートの公認埠頭にあるロンドン税関の厳しい検査を通過して登録を受け、適切な関税が課されなければならなかった。軽窃盗の危険があまりに大きかったため、「船荷管理人（ハズバンド）」と呼ばれる係員が任命され、輸入茶が船から倉庫へ安全に運ばれるよう取り計らった。（地球の裏側の珠江三角州で平底船（サンパン）が果たした役割を彷彿とさせるが）茶は一箱ずつ、外洋船から小回りの利く竜骨（キール）の浅い小舟（「はしけ（ライター）」）へと移された。これらの個人所有の舟は「はしけ船頭（ライターマン）」が操縦し、最後の数マイルをテムズ川上流へとさかのぼって、船荷をロンドンのシティに運び入れた。

公認埠頭は、外国製品の陸揚げを規制しようとしたエリザベス朝時代の施策の遺産であった。そこは、川に面した階段で互いに隔てられた二〇ほどの個人所有埠頭が密集して連なった一画で、ロンドン橋のすぐ下流、テムズ川北岸のロンドン塔とビリングズ・ゲート・ドックの間に位置していた。[*4] 東インド会社の船荷は普通ここで陸揚げされ、「東インド埠頭」として知られる一画の小さな倉庫に一時的に保管された。一八世紀中葉のサミュエル・スコット（一七〇二―七二年）作の絵画（ヴィクトリア&アルバート博物館所蔵）は、まさにこの情景を描いたものかもしれない（この絵の購入時のタイトルは《ロンドン橋の旧東インド会社埠頭》であったが、描かれた場所の正確な位置はよく分かっていない）。埠頭に置かれたさまざまな積み荷が描かれており、その中には合同東インド会社の商人標（マーチャンツ・マーク）が押された梱（こり）も見える。前景では、踏み車で動かす起重機がこれらの物品の一部を荷馬車に積み込んでいる。一方、画面上方では、樽が川辺の倉庫の二階に運び込まれているところである。

これらの埠頭を日々通過する商品の量は膨大であったため、業務の組織化は難しく、統制が行き届かないこともしばしばだった。[*5] 埠頭周辺での茶箱の移動と、税関から東インド会社倉庫への輸送はしたがって、貴重な東インド貿易の積み荷が損なわれるさらなる危険を意味した。どれだけ慎重に梱包しても、長期航海の影響で茶箱が軽い損傷を受け、中身の茶葉をしっかり収められなくなることは珍しくなかった。埠頭で働く労働者は、そうしてこぼれ落ちた茶葉を自分で飲むために集めるのを習いとした。特に、茶箱を移動させる運搬人や、税関を通過した茶葉を東インド会社倉庫に輸送する荷馬車の御者の中には、こぼれ落ちる量を増やすために意図的に箱を損壊した廉（かど）で告発される者が時折いた。一七四〇年代後半、事態を重く見た東インド会社役員会は法務長官に依頼し、半ポンドの茶を盗んで告発された御者ウィリアム・マーティンの中央刑事裁判所の審理で会社の権利を要求した。法務長官は、問題の深刻さはこの特定の事案を優に超えていると

ジョン・ボイデル《グリニッジの方に向かったブラックウォールの景観》、1750年、手彩色エッチング。ブラックウォール造船所（ヤード）への入口付近の情景。テムズ川のブラックウォール流域（リーチ）に停泊中の、最近到着した商船が描かれている。造船所では、建造途中の船が数隻、乾ドックに入っている。商船の積み荷が、喫水の浅い「はしけ（ライター）」によってロンドン税関（ここには描かれていない）へ運ばれている。遠景にはグリニッジ海軍兵学校の建物が見える。

サミュエル・スコット《テムズ川の波止場》、1757年頃、カンヴァスに油彩。賑わいを見せるテムズ河畔の波止場（しばしば「東インド埠頭」と呼ばれる）。さまざまな国際貿易商品が陸揚げされている（それらは近くで停泊中の商船の積み荷であることが示唆される）。画面右下の樽や箱の中に、ロープで縛った薄い色の容器がある。その表面には「316」という識別番号と、東インド会社の独特な商人標（マーチャンツ・マーク）を読み取ることができる。前景の人物たちの背後には、踏み車で動く起重機の装置が見える。一方、彼らの頭上では、樽が持ち上げられて倉庫内に搬入されようとしている。

示唆した――「御者たちは倉庫まで運ぶ茶を受け取ると、それがどれくらいの金になるかを考え、箱に穴を開けた。一人がこうするのを別の者が見て、最終的には全員の間に広まった」。[*6]

公認埠頭の背後にはテムズ・ストリートとタワー・ストリートというロンドンの重要な大通りがあり、公認埠頭から船荷を輸送する荷馬車が、絶え間ない流れとなってそこを走って行った。これらの大通り――およびそれらを連結する狭い小道――には、倉庫や、輸入品の加工を専門にする会社（精糖所や蒸留所など）が立ち並んでいた。一八世紀最初の数十年の間、東インド会社は税関を通過した商品を、レドンホール・ストリートの本社社屋、東インド館（イースト・インディア・ハウス）に隣接する倉庫に保管した（現在その場所には、リチャード・ロジャーズの設計が印象的なロイズ保険市場本社ビルが建っている）。[*7]その倉庫は公認埠頭から半マイルもない便利な立地であったが、市場が拡大するにつれ、別に倉庫専用の敷地が必要なことがすぐに明らかになった。追加の保管スペースがビショップスゲートのセントヘレン教区で賃借りされ、一七三四年三月までに役員会は、本社社屋から少し東に行ったフェンチャーチ・ストリートからアクセスできる専用倉庫の建設を依頼していた。[*8]しかし世紀半ばまでには、役員会は再び追加の保管スペースが必要となり、テムズ川南岸ロザーハイズの賃借り倉庫に保税品の茶を保存する許可を大蔵省に求めなくてはならなかった。[*9]

フェンチャーチ・ストリートの敷地は世紀後半を通じて組織的に拡張し、相互に連結した多階倉庫の広大な集合体へと発展した。一七八〇年代後半までにこの集合体は、南はクラッチト・フライアーズ、東はジューリィ・ストリートにまで及んだ。シティの境界のすぐ外には、衛星的な倉庫地も建設されていた（ヘイドン・スクウェアを回って少し歩いたミノリーズ・ストリートの反対側にあった)。そして一八世紀末までに、東インド会社は北のニュー・ストリートとカットラー・ストリートにも巨大な倉庫施設を築いていた[*10]――この新しい六階建ての倉庫だけでも、約六五万個の茶箱を収容できたと推定される[*11]。これらの施設がまたがる広大な地理的面積は、一八〇六年の地図に明確に示されている(この地図は一七九九年の倉庫委員会の依頼によって、東インド会社所有地の測量調査の一環として作成された[*12])。一九世紀前半には、東インド会社の倉庫群で働く労働者は数千人を数えたが、これは民間の肉体労働従事者数としてはロンドンで最大の規模であった[*13]。一七六七年前半に東インド会社の会計係が算出した推定量では、当時七〇〇万ポンド以上の茶が保管されていた。この数字は一八二〇年代半ばまでには五〇〇〇万ポンドに上がっていた[*14]。箱の容量には茶四〇ポンドから七〇ポンドほどの幅があったことを考慮に入れたとして、一八〇〇年までには、これらの巨大倉庫群には優に五〇万個を超える茶箱がうず高く積まれていたと想像してみても、決して行き過ぎにはならないだろう。在庫の適切な回転をいかに確保するかは、慢性的な頭痛の種であった。東インド会社が古い在庫品をオークションにかけようとすると、ティーブローカーはたちまちそれを見抜いたからである。実際、大量のかび臭い茶――ロンドンでは事実上売り物にならない茶――を北米植民地に押しつけようとしたことが、ボストン茶会事件の直接的原因の一つであったとも言われている(第十章参照)。

茶箱がこれらの倉庫を経由することは、小規模の抜き荷が頻発するきっかけともなった。そうした窃盗はたいてい、倉庫労働者が床に落ちた茶葉を拾い集めるか、開いた箱に直接手を入れるかして行われた[*15]。東インド会社倉庫委員会の記録簿が残存していないため、中央刑事裁判所の審理で明らかにされた事件に付随する細部から、当時の状況を再現してみよう。これらの裁判記録を読むと、労働者

REFERENCE

[illegible]	Where situated	How occupied
1	East India House…	Stationary Warehouse
2	Saint Helens………	Private Trade Baggage & Cloth
3	New Street…………	Tea & Drug, Bengal, Coast & Surat
4	Leadenhall Street…	Coast & Surat Warehouse
5	Billeter Lane………	Private Trade Warehouse
6	Lime Street Square…	Military Fund Office
7	Fenchurch Street…	Tea & Drug Warehouses
8	Jewry Street………	Tea & Drug Warehouses
9	French Ordinary Court	Tea & Drug Warehouses

REFERENCE

[illegible]	Where situated	How occupied
10	Crutched Friars……	Companys Mint
11	Crutched Friars………	Tea & Drug Warehouses
12	Seething Lane………	Tea & Drug Warehouses
13	Somers & Lyons Quay	Wharfs & Export Warehouse
14	Hayden Square……	Tea & Drug Warehouses
15	Hayden Square……	Tea & Drug Warehouses
16	Coopers Row………	Tea & Drug Warehouses
17	Ratcliff…………	Salt Petre Magazine

《ロンドン・シティ市街詳細図、倉庫の建造状況を示す》部分図、1806年、手稿。このロンドン中心部の詳細図には、東インド会社の数多くの倉庫と保管施設が示されている。18世紀末に東インド会社が自社所有地を全面的に測量した際に作成された地図。地図の下の記号表には、大きな権限を持った同社倉庫委員会が把握していた各倉庫の名称が挙げられている。

を監視下に置くための保安対策に、東インド会社が多額の投資をする必要に迫られたことが分かる。各倉庫には、労働者の出入りを監視する「門番」、労働者を観察する「見張り人」、労働者の仕事を監督する数名の「提督」（または組頭）が配置された。[*16] 労働者は、倉庫に茶を持参して持ち込むことは許されなかった。したがって、隠し持っているのを見つけられた茶は、いかなる場合でも会社の所有物と見なされた。いったん倉庫の中に入ると、労働者は——厳命によって——指定された時刻まで外に出ることを禁じられた。一七三七年五月一八日の役員会議事録には、フェンチャーチ・ストリートの倉庫のために置き時計を確保することが非常に重視されたとあるが、これは、時間によって決定された労働規律という新しい慣行を、東インド会社役員会が熱心に励行しようとしたことを示している。[*17] 倉庫の外に出るとすぐ、労働者は「身体検査官（ラバー・ダウン）」と呼ばれる会社の係員か、「王の施錠人（キングズ・ロッカー）」として知られる税官吏によってボディチェックを受ける決まりになっていた。軽窃盗が発見されるのはほとんどがこの身体検査の時であった（例えば一七六一年四月二日にジョン・クインシーは、一・五ポンドの茶葉をズボンの中に隠し持っているのを見つかった）。[*18] 一七九三年八月には、フェンチャーチ・ストリートの倉庫の一つでダニエル・サージャントの「身体検査（ラビング・ダウン）」を行った税官吏が次のように証言した——「手で触って調べると、何かかさばるものがあるのが分かりました。指でつまんでみるとそれは茶でした」。彼の同僚の税官吏は、捕らわれた窃盗犯に向かってにやにや笑いながら言った——「お前さんのものじゃない何かが股の間にあるようだぞ」——これはコングー茶一八オンスが入った袋であることがすぐに判明した。[*19]

茶の積み荷（たいていは箱だったが、特に初期の数十年間は桶や缶の場合もあった）は、倉庫に入

EAST INDIA WAREHOUSES AT THE N.E CORNER OF CRUTCHED FRIARS.
ON THE SITE OF THE NAVY OFFICE . MAY 1806.

ヴァレンタイン・デイヴィス《海軍事務局のあるクラッチト・フライアーズの北東の角に建つ東インド会社倉庫》、1806年、紙に水彩。東インド会社がロンドン・シティに建てた大規模な倉庫施設群の一つを描いたもの。画家は、倉庫のデザインの端正な直線とシンメトリーを入念に強調しながら、同時にその機能性と秩序正しさを表現している。この建物は6階建てで、半地下階を使うことで空間を最大限に活用している。その半地下階には、建物の基部に設けられた光井（こうせい）から自然光が取り込まれる。

ると目録に登録され、それを運んだ船の名前と指定番号を記された。それら二つの情報を組み合わせると、全ての容器を一つずつ識別することができた。また、このシステムを使って経営陣は各容器を会社の記録上で相互参照することもできた。茶の積み荷は通常、種類に応じて特定の倉庫か、倉庫内の特定の階に保管された。[20]「東インドオークション」に先立って――厳重な監視の下――多数の（一七九三年九月の審理で証言した監督者によれば、世紀末までには「何千もの」）箱が、各倉庫の「下見会」のために準備された。まず木製の箱蓋をこじ開け、（六〇〇〇マイル離れた広州で茶が封入された）薄い白銅箔の包装材を破る。そして、招待されたフリーランスのティーブローカーが箱の状態を検査し（積み荷の扱われ方や、水害・虫害の有無を確認するため）、乾燥した茶葉を手に取った（品質、鮮度、葉の大きさ、製造の一貫性を評価するため）[21]。倉庫労働者のジョン・タドマイアによれば、「ブローカーがやって来ると、サンプルを採取できるように箱が開けられる。その後、上から紙をかけて箱を覆い、その上に鉛の重りを置く。最後に木の蓋をかぶせて釘を打ち付ける」[22]。

一八世紀後半の食料雑貨商デイヴィソン・ニューマンが残した書類に含まれる手稿文書（ロンドン首都文書館所蔵）は、茶がどのように等級分けされたのかを明らかにしてくれる。この文書は「ブローカーの記号と文字」と題された一種のアンチョコで、これを頼りに会社の代理人はプロのティーブローカーが用いた略記号による表記法を解読することができた。ここでは二つのシステムの詳細が説明されている――すなわち、後に東インド会社から広州の茶検査官に任命されたヘンリー・バグショーと、一八世紀後半のロンドンを拠点としたティーブローカー、ジョン・ポップルウェルがそれぞれ用いた表記法である。バグショーの等級表（スケール）は一一の茶の等級（グレード）――「最上等」から「中の上」、「ごく普通」、「カビ臭強」まで——を含んでいる。ポップルウェルの等級表はもっとシンプルで、「上等」から「下等」まで六つの等級から成っている。両人のシステムには、一荷口(ロット)分の茶の「特徴」をさらに細かく表示するための略記号が付いており、したがって例えば「os」は「奇妙な匂い—Odd smell」を示すのに使われ、「w」は「木のような—Woody」を表わし、「f」は「たるんだ—Flaggy」(軟らかい、または萎れた葉)を意味する。さまざまな段階の「焦げたような風味—Burnt flavour」(「B」、程度が著しい場合には「vB」を使う)や、燻したような風味(スモーキネス)(「sm」)を表わす記号も使用される。さらに別の記号を見ると、異なる種類の茶葉がサンプルに混入していた場合、ブローカーはそれを識別できなければならなかったことが分かる。例えば「cL」は「シンロとハイソンにブルームが混ざっている」を示し、「B」は(「焦げたような風味—Burnt flavour」と同じ記号なので紛らわしいが)「スーチョンとコングーにボヒーが混ざっている」荷口を区別する。[*23] これらの記号——または類似の記号——は、オークション目録に注釈を付けるためにも使われた。買い付け人はその目録を持参してオークションに臨んだわけである。このように、茶はイギリスの消費者に届こうとするまさにその瞬間に、これらの査定者による吟味を受けなければならなかった。市場という舞台に上がる時までに、茶には査定者たちによって「記号(マーク)/評点」を付けられ、彼らの分類体系に押し込められたのである。

ロンドン市場で茶を売り出す

東インド館のオークション・ルームで年二回開催される東インド貿易商品の競売は、ロンドンの商業年度の経過を計る目安となる商事的な行事の一つであった。これは時間が決められたオークション、すなわち「ろうそくによる競売（sale by candle）」であった。このオークションに出される荷口（ロット）は、さまざまな量の東インド貿易商品——織物、香辛料、そしてもちろん茶——であった。茶の各ロット（または「ブレイク」）は、東インド会社の倉庫委員会が複数の箱を一つの組にまとめたもので、中身の茶の種類、箱の容量、中国からの輸送船に応じて整理された。ある荷口の売り出し（または「設定」）価格は通常、会社側の仕入れ値（輸送経費、管貨人の手数料、保険料、輸入税等を含む）と同額であった。[*24] したがって、競売中に市価が決まるまでに売り出し価格が「競り上げられた」金額分が、会社の利益となった。一七四〇年代までにはすっかり整備され、それより数十年前にはおそらくかなり定着していたシステムによって、オークションで競り手になれるのは、「依頼主」の代理として購入する、認可を受けたティーブローカーに限定された。各荷口の競りの開始と共に、一インチの長さのろうそくが点火された。ろうそくが燃え尽きた瞬間に競り勝っていたブローカーは、その時の価格で品物を購入するよう「依頼主」との間で手筈を整えなければならなかった。[*25] 時間制限付き競売の現代版としておなじみのネットオークションサイト、ｅＢａｙで行われるオンライン競売の場合と同じように、常連の競り手は競り勝つためのテクニックを開発した。（東インドオークションではないが）一七世紀のろうそく競売に参加した「ほかよりも狡猾な」ある競り手は、サミュエル・ピープスに次のように教えたという——「火が消えようとする時には煙が下に流れる……それによって彼は最後に値を付けるべき瞬間が分かるのだ。これは大変巧（うま）いやり方である」[26]。

　ティーオークションがロンドンの商業生活で占めていた重要な位置を考えれば、ルドルフ・アッカーマンの『ロンドンの小宇宙』（一八〇八年）で取り上げられたことも別に不思議ではない。ロンドンの商業と文化を活写したこの著作は、一連の鮮やかな彩色版画とそれを解説する文章から成っている。建築空間の描写はパリ生まれのデッサン画家オーガスタス・チャールズ・ピュージン（一七六二―一八三二年）がデザインしたが、それらの空間に人物像を描く仕事は

オーガスタス・チャールズ・ピュージンとトマス・ローランドソン《オークションが行われている東インド館（イースト・インディア・ハウス）競売室の内部》、1808年、アクアチント版画。ピュージンの建築学的に精確な室内図——壁龕のクラシックな彫像と、天窓から差し込む光が強調される——が、ローランドソンの描く人物像によって、東インドオークションの場面へと変貌する。各荷口（ロット）を獲得しようと熱心に競り合う専門のブローカーたちが描かれている。彼らの下方では、東インド会社職員がオークションの進行を司り、数名の書記が取引の詳細を記録している。

イギリス人風刺画家トマス・ローランドソン（一七五六—一八二七年）に任された。[*27] 二人の画家のコラボレーションが、《オークションが行われている東インド館競売室の内部》の描写に芸術的緊張を生み出している。この版画は、簡素な新古典様式の部屋自体が持つ上品な厳粛さが、競りの規模と活気と激しい競争によって骨抜きにされる様を捉えている。ピュージンは東インド会社の事業を、帝都ロンドンの高貴で文明的な達成として表象するのに余念がないようだ。それに対し、ローランドソンの描く人物像は、その事業の利益を決定づけた商品取引の世界の非情さを示唆している。ブローカーたちは（大半が）痩せた体つきの、熱心な、喧嘩腰でさえある人物として描かれている。屋内の円形講堂の階段席に座って一心にオークション目録に見入っている者もいれば、一段高い壇の上に立って激しい身振りをしたり、盛んに指さしたりしている者もいる——後者の人物像の動作は、頭上の巨大な丸天窓を取り囲む壁龕に並んだクラシックな彫像の落ち着きと、快い対照を成している。進行役の男が正面の一段高くなった演壇（画面の左側）に立っており、一方オークション運営者は競りを統御する時計の下でゆったりと椅子にもたれている。『茶学』を一八二六年に出版した匿名の茶商人は、オークションの間は「喧騒と混乱が支配する」ことを認めた。

事情に通じていない人々にとっては、ティーオークションは単に、国王陛下の一部の臣民たちが肺の相対的強度を試す場（アリーナ）であるとしか思えない。しかし彼らがそこに集まった真の目的が何であるのかについては、誰にも疑う余地はない。[*28]

この著者によれば、オークションの喧騒は（「事情に通じていない人々」が単純に考えるように）無秩序を表わすのではない。それはむしろ、茶市場自体の繁栄と活気の表われなのである。

一六八〇年代までに確立された慣行に従って、これらの東インドオークションは毎年三月と九月に開催された（会社の都合に合わせて開始時期が遅れたり、途中で延期になったりすることはよくあったけれども）。毎回のオークションの進展は定期的に新聞で報じられた。新聞の簡単な報告記事を見ても分かることだが、オークションはしばしば何週間も続き、特定の商品群の競りが終わると、手続きを一時的に中断し、その後に再開するのが通例であった。[*29] 残念ながら、一七〇五年までの初期のオークションに関する詳細は残存しているものの、茶貿易の拡大に合わせて後に一七〇五年以降のオークションに関する情報が記録された茶・陶磁器関連の台帳は、一九世紀半ばに廃棄されてしまった。[*30] 大規模なティーオークションで詳細な情報が残っているのは一つしかなく、それは一七一九年九月一日に始まったものである。[*31] この単一の事例については、商品、売り出し価格、落札価格、購入者に関する完全な情報が収集・整理されたうえで印刷・出版された。それを要請したと思われるのは、この時のオークションの（あまり重要ではない）参加者の一人、サミュエル・プロクターである。彼は一七世紀末から買い付け人として東インドオークションに出入りしていた。

五〇〇〇個近くの箱（総量で一八万ポンド以上の茶に相当）が、一七一九年九月のオークションでは売りに出された。それらは主にカーナーヴァン号とハートフォード号の積み荷で、二隻の船は共に一七一八年に広州で貿易を行っていた。箱は一六〇〇ほどの別々の組（ロット）に分けられ、売上総額は一二万五〇〇〇ポンド近くに及んだ。これらの数字は後の時代のものに比べると少ないが、この時期のティーオークションとしては典型的である。[*32] このオークションで茶を購入したのは二〇〇人以下で、そのうちのほとんどは数種類の茶に数百ポンドを費やした。記録を分析すると、一部の購入者は小規模小売業者の代理を務め、店舗で直接客に売るための一つか二つの荷口だけを落札したことが分かる。また一方で、ブローカーの多くは相当額の（八〇〇〇ポンドもの）買い付け義務を負っていた。これほどの購買力を持つ――または必要額の貸付金を調達できる――業者は、仕入れた茶を全国の小売店に売る卸売業者であったと思われる。賃借料を払って東インド会社の倉庫に茶を保管することもできたが、そうした大規模業者は自前の倉庫を持っていた。中間層には、小売業と小規模の卸売業を兼業していたかもしれない購入者群がいた。そのうちの一人が、若き日のコレット・モーフッド（一七五八年没）であった。彼は後に有名になる、金のライオンと一角獣の看板のある茶商店をストランド街で営んでいた。

一七一九年九月のオークションの期間中、モーフッドは緑茶と「紅茶(ブラックティー)」（あるいはウーロン茶）の両方に投資し、総計一五〇〇ポンド分を購入した。このオークションでは、二種類の緑茶がロンドンの商店ですでにおなじみになっていた名称で提供された――「シンロ」として売られた並みの緑茶と、「ビング」と呼ばれた高級緑茶である。一八世紀のテクストによれば、「シンロ」は特定の茶産地（「Sung-lo Hill」、おそらく安徽(あんき)省の松蘿(しょうら)山）の名前を英語化したものだった。その葉は比較的小ぶりで、濃い茶を作ると考えられた。一八世紀初期のシンロの人気ぶりは、モーフッドが六四〇ポンドを投資していることからも窺える。購入量は三〇箱に及び、その中には最高級品と思われる茶も含まれる（モーフッドは売り出し価格の倍額を喜んで支払っている）。ビングはシンロよりも大きな葉から作られ、したがってシンロほどぎっしり容器に詰めることができなかった。そのため、たいていロンドンの市場ではより高い値が付けられた。[33] ビングは一八世紀前半には最高級品と見なされていたようだが、それは多分中国皇帝の習慣と関連があると考えられていたためである（「ビング」はおそらく「権力」と「権威」を意味する漢語に由来し、茶の広告ではよく「インペリアル」という注釈を付けられた）。ビングは世紀半ば頃には姿を消すようになるが、それと似ていると思われる「ブルーム」と呼ばれる茶が世紀後半には時折市場に出た。[34] モーフッドはビングを全く買わなかった。それどころか、興味深いことに、一七四〇年代までは紅茶よりも緑茶の消費量が多かったにもかかわらず、モーフッドは紅茶への投資により多くの資金を費やしたのである。

　等級の高い緑茶は一七三〇年代から総じて「ハイソン」と呼ばれるようになった。この語はおそらく、その収穫の季節に関連した広東語の熙春（ヒーチュン）（「明るい春」）か、そうでなければ、その栽培と最も密接に結びついた安徽省の村の名、休寧（シウニン）に由来している。[35] 通俗的な文学作品において、ハイソンという語は手に入る限りで最高級の緑茶を表わすのに使われた。ベッツィー・ソートレス（軽率な）（イライザ・ヘイウッド作の同名の小説の女主人公）は、「この世で最高の缶入りハイソン茶」を味見させてあげましょうと誘いをかけられると、椅子かごを降りて金持ちの知人宅へ入って行く。[36]「もし私が茶を盗むつもりだったのなら」――一七九五年七月、東インド会社倉庫からの窃盗罪に問われたジョージ・ブリストウは公判で主張した――「[安い]ボヒーを選んだりしなかったはずです。というのも、一ポンドで半ギニーの値打ちがあるハイソンを盗むことだってできたのですから」。[37] 並みのシンロは徐々に別の下級茶、「トンケイ」に取って代わられるようになった（おそらく“Tunxi”［屯渓。安徽省の別の茶産地の名称］が転訛した語）。とはいえ、何十年もの間、ロンドンで茶葉は両方の名称のもとで売買された。[*38]

一七一九年九月のオークションで取引されたいわゆる紅茶（ブラックティー）のうち、標準的な品質の茶は「ボヒー」として規定された。これは至る所に見られた呼称で、やがて緑茶以外のあらゆる茶を表わすラベルとしてしばしば使われるようになった。[*39] サミュエル・ジョンソンは『英語辞書』でこの語を「茶の一種。緑茶よりも赤みがかった色で、渋味が強い」と定義した。「ボヒー」はウーロン茶の主要産地名（中国南東部の福建省、武夷山脈）の転訛であるが、この単語が英語で使われるようになったのは一七世紀の最後の一〇年間で、この時期に東インド会社役員会は標準的な茶（緑茶）とは異なる種類の茶の存在に気付くようになった。一七一九年九月のオークションでは、ボヒーは重量六九ポンドの大箱一個ずつから成る荷口（ブレイク）で売られ、シンロは六箱ずつ（総重量二〇四ポンド）を一組（ロット）として売られたが、このことはおそらく緑茶のより高い消費量を反映している。モーフッドがボヒーに約二八〇ポンド投資したことは重要である（標準的な緑茶――シンロ――に費やされた額の半分以下に過ぎないとはいえ）。モーフッドにしてみれば、ボヒーの荷口が達していた価格は高すぎると感じられたのかもしれない。というのも彼は賢明にも、同じくらいの価格で売られることになっていた、より上等の紅茶を買うための資金を残しておいたようなのである。「コングー」（普通、中国語で「仕事」を意味する工夫（コンフー、通俗的にはクンフー）が語源とされる）や、「スーチョン」（おそらく「小種」に由来。原料の葉への言及）といった名称が、上等な紅茶の等級を表わした（ただし当時は、小規模小売店とその顧客の相対的無知に付け込んで、普通のボヒーをこうした高級茶と偽って売る悪徳業者がいると疑われていた）。[*40] 一七一九年九月のオークションではスーチョンは売りに出されなかったが、モーフッドは一ポンド当たり一五シリング九ペンス（このオークションでのボヒーの平均価格）という悪くない値で六〇四重量ポンドのコングーを入手した（投資額は四八〇ポンド弱であった）。全ての紅茶の中で最も珍重されたのが「ペコー」である。これは茶樹の一番若い葉のみを使って作られ、（最高級品の場合）部分的に開いた葉芽を含む（「ペコー」という名称自体は通常、若い葉の表面の細毛を表わす閩語と関連付けられる）。トマス・ショートの一七三〇年の著作によれば、この茶は「全ての中で最も心地よく繊細な風味を持つ」[*41]。この珍種と言ってよい茶に関しては、モーフッドは小箱二個の組一つ（総重量九〇ポンド）を七五ポンド弱で購入するにとどまっているが、これはペコーの市場が限定されていたことを示している。

あらゆる種類の最上の茶

一七世紀最後の数十年の間には限られた量で散発的に入手可能になっていたとはいえ、茶がロンドンの商店に幅広く普及するようになったのは、一八世紀最初の一〇年間であると考えられる。この新商品の特徴や用途に関する不透明感の広がりは、茶がさまざまな小売空間――食料品店、織物商、薬屋、雑貨商、小間物屋、生地商――で入手できることを宣伝するチラシや新聞広告に反映されている。これらの広告のうち最も早いものでさえ、東インド貿易の商業言語の一部として常用されつつあった専門用語を使っている。そうしたわけで例えば、サミュエル・ウォルターは一七〇一年に告知を出し、チープサイドにあるエリザベス女王の頭像の看板を持つ薬屋でボヒーが手に入ることを宣伝した。[42] 一七〇四年五月二日付『ポストマン』紙の広告は「聖マグナス教会近くの薬屋」(後の広告では「ロバート・フェアリー」の商店)で、「最上のボヒー茶」が一ポンド当たり一六シリングで買えることを告知した。[43] 同じ年の九月末に再び広告が出た時には、価格は一二シリングに下がっていたが、このことは茶の小売市場の変動性の一端を示唆している。[44] 一七〇七年八月一八日付『デイリー・クラント』紙上では、バーチン・レーンのマリーン・コーヒーハウスで「シンロ」が売り出される旨が告知された。また一方、一七〇五年一月二〇日付『ポストマン』紙の広告で、コヴェント・ガーデンの生地商トマス・ドイリーは、「花付きの、または花なしの」茶(茶樹の花そのものではなく、白い未熟な葉を指す)を宣伝し、この商品に関する優れた知識を持っていることを主張した。[45] また、王立為替取引所近くのエクスチェンジ・アレーにあるギャラウェイ・コーヒーハウスでビングが売り出されることが、一七〇九年七月一三日付『デイリー・クラント』紙上で告知された。そしてローレンス・グリーンは一七〇八年五月三日付の同紙において、ファリントンのフェター・レーンの食料品店で「インペリアル茶、良質品」が手に入ることを宣伝した。[46]

豊富な語彙がこれほど速やかにこの新商品と結びついたことは、その人気の急速な高まりと、流行品としての訴求力の増大を物語っている。比較例として、ここ二、三〇年の間に、スマートフォンの超小型構造や、さまざまな品種の新世界ワイン、エスプレッソベースのシアトル系コーヒー等と関連した専門用語を、メーカーと小売店がどれほど速やかに現代の消費者に馴染ませてきたかを思い起こしてみてもよいだろう。自らを「イギリスのコーヒー商人」と称したハンフリー・ブロードベントは、一七二〇年代前半までに茶の新しい流行が一部の人々にもたらした困惑を端的に表現した。「茶には二種類しかない」——と彼は鋭く指摘した——「つまり緑茶とボヒー茶である。然るに、目新しさに対する欲求が——特に感覚的満足に関わる事柄において——広く蔓延しているために、この植物の新しい種類や区別がほとんど絶え間なく増殖し、われわれに押し付けられることになるのだ」[*47]。

一八世紀前半にはさまざまな業種の店で手に入れることができたが、やがて茶は主に食料品店で扱われる商品と見なされるようになっていく。晩年のコレット・モーフッドは、一七五〇年代になってもストランド街の自分の店を頑固に「薬屋」と呼び続けていたが、彼は多分に例外的である[*48]。世紀半ばまでには、茶の小売業者が自分の店を呼ぶために最もよく使うのは、「食料品店および茶商店」になっていた。世紀後半になると、より専門的な響きの「上質の茶、コーヒー、ココアの販売店」という呼び方が次第に人気となった。茶は——または少なくとも、茶の輸送用の箱は——一八世紀の街路を特徴づける符号化された視覚的な表現の体系に、速やかに溶け込んだ。それを可能にしたのは、精巧な意匠の店の看板という象徴的な装置であった。一八世紀前半の多くの食料品店は「三本の円錐形砂糖棒」の看板の下で営業したが、これは当時の商店で砂糖が重要な役割を果たしたことを示している（この意匠は、砂糖を円錐形の型に嵌めて小売り用に調製したことを表わす）。しかし、大英博物館が所蔵する同時代のトレードカードの膨大なコレクションを検討すると、茶に関連した新たな象徴表現が小売業者によって付け加えられたことが分かる。特に、「三本の円錐形砂糖棒と茶缶」の図柄は、茶を販売する食料品店を表わす半固定的シンボルとしての地位を得た。実際、茶と砂糖という二つの商品が店の看板の中で統合されたことは、イギリス人の間で広まりつつあった文化的慣行を示唆している——すなわち、ますます多量の砂糖が茶の浸出液に加えられるようになっていたのである。

シドニー・ミンツが論じたように、熱い飲み物は多量の「美味しくて甘いカロリー」を溶かすのにとりわけ適している。したがって、イギリス人一人当たりの年間砂糖消費量が一八世紀を通じて四倍に増えたことは、茶の成功と密接に関連していた。[*49] 異文化同士が遭遇する場としてイギリスがますます重要になっていったとすれば、一八世紀中葉のささやかな食料品店はまさに、カリブ海地域産の砂糖と中国産の茶の驚くべき出会いが演出される空間であった。一八世紀の貿易で使われた用語で言えば、イギリス人が飲む一杯の茶には普通、東西両インドの産物――互いに一万マイルも隔たった土地で生まれた商品――が含まれていたのである。

一握りの成功した「茶商人（ティーメン）」は広い敷地に店舗を構え、そこで顧客は豊富な種類の茶に出会うことができた。しかし一八世紀の町や都市で茶を売った商店のほとんどは、すぐ近隣の住民が得意客となる小規模な店であった。[*50] 最も規模の小さい商店は――特にロンドン外では――開いた窓越しに商品を通行人に売るという伝統的慣習を存続させたが、首都の食料品店は室内の空間で商売を営んだようである。[*51] これらの商店は普通、建物正面の一階の部屋にあり、上の階には店主の家族が住んだ。店舗に隣接して別に「帳場」が設けられることも多かったが、ここは店主が店の会計簿を管理し、一日の売上を安全な戸棚に保管するための場所であった。乾物類は、商品ごとにラベルを貼ったブリキ缶に入れて店の棚に陳列された（あるいは床の上に並べられた）。まず顧客が特定の量を店主（または「小僧（ボーイ）」）に所望する。すると店主は店の奥の一段高いカウンターで、秤を使って商品を正確に計量し、包装紙に包む。内国消費税のかかる全ての商品の場合と同様、当該地域を担当する収税官の定期的な（とはいっても意図的に予測不可能な）監査に備えるために、茶の売上高は商店の帳簿に詳細に記録された。収税官は一つひとつの缶に入った茶葉の重量を慎重に「測り」、商店の管理する記録と照合した。食料品店の帳簿に記録された茶の量と、収税官が在庫残量として計算する量が食い違う場合には調査が必要とされた。量が多すぎれば、闇市場の茶を店主が不正に仕入れていることを意味した。逆に少なすぎれば、店主が軽窃盗の被害を受けている可能性を示唆した。

小規模の商店には「小僧」あるいはポーターがいることが多かった。彼は店舗で顧客に応対し、近くの倉庫から茶を持ってきて、店に直接足を運べない（または運びたくない）顧客に食料品を配達した。茶のような貴重な乾物がすぐ手の届く所にある環境は、これらの商店で退屈な下働きをするために雇われた多くの者にとって、誘惑が大きすぎた。そして中には相当な巧妙さを発揮して窃盗を隠蔽する者もいた。一七五八年一〇月、エドワード・サッケリルは七年間にわたって雇用主のジョン・ウォーカーから一ハンドレッドウェイト（約五一キロ）の茶を盗んだ廉で絞首刑に処された。サッケリルはウォーカーの店の在庫から定期的に少量の茶葉をくすねていたが、適当な缶に重りを入れておくという手の込んだ方法によって、店主と収税官の目を逃れた――「収税官が計量に来るたび、サッケリルは目方が一〇〇ポンド強に達するまで缶に重りを入れ続けた」。茶小売業の規則的なサイクルに関する知識が内部者に窃盗の機会を与えた事例はこれだけではない。一七六五年の裁判で申し立てられたところによると、カーナビー・ストリートのジョゼフ・フィッシャーの商店でポーターとして雇われていたベンジャミン・ワトキンズは、卸売業者から新鮮な茶葉が届けられ「店舗が商品で乱雑になる」時の混乱に乗じて、缶を隣接する通路に転がし、手づかみで茶葉を抜き取るのを常としていた。[*52]

店舗で茶を保存する缶は、家庭用の茶缶から連想される装飾的な入れ物とは異なり、実際には大きくて重く、ほとんど店の調度の一部と言ってよかった。これらの缶には定期的に新鮮な茶葉が補充された。盗みを働こうとする者たちにとってしばしば深刻な実際問題となったのは、その重さである。一七八〇年の裁判に出廷したある証人は、ジョン・シーリーとボルトン・ハドソンの「商店から……引きずり出された」缶について問われ、それが「戸口から手の届く隅のところに長年置かれて」いたことを証言した。一七四七年にホワイトチャペルのグッドマンズ・フィールズにあるジョゼフ・ハーストの店から盗まれた缶はあまりに重いと考えられたため、被告の一人は裁判でこう問われた――「盗まれたのは大きな缶だったが、それらをどうやって運んだのか」。彼の答えは実際的であると同時に真に迫っていた――「蓋を投げ捨ててなんとか運びました」。最も小規模の商店は一番安い等級のボヒーとシンロしか置いていなかったかもしれない。しかしもっと規模の大きな商店では通常、品質に応じて等級分けされた幅広い種類の茶を取り揃えていた。一七四四年一〇月七日の未明、さまざまな茶が入った一〇個もの缶が、ホワイトチャペルの別の食料品店主（ジョン・ホワイト）のもとから盗まれた。[*53] 実際、比較的大規模の店では豊富な種類を扱っていたので、慎重な商品表示が必要だったことは明らかである。例えば一七七〇年にストランド街のサマセット・ハウス近くにある「食料品店D・ハーノン」が発行したトレードカードには、「ハイソン八番」と記された容器が描かれているが、これは茶葉の品質と特徴を示していると思われる。[*54]

ロンドンの商人が週刊および日刊の新聞に出した広告は、茶が一八世紀最初の一〇年間にロンドンの商店に現れ始めたことの証拠となる。しかし大量印刷技術が発達し、安価な紙が使えるようになると、一八世紀の商店主たちは商品を宣伝するための新たなチャンスを手にした。彼らが配布するトレードカードは、世紀半ばまでには企業家の事業を端的に特徴づけるものとなり、世紀が終わりに近づく頃にはほとんどどこにでも見られるようになった。[*55] 明らかにトレードカードは、商店主が来店客や仕入れ先に、普通宣伝の一環として配布するものであったが、商標入りの便箋や価格表としても使われたようである。茶商人が配布したトレードカードのうち現存しているものの多くは、領収書として使用されるか、明細を記した「茶の勘定書」として富裕層の顧客のために毎月あるいは年四回発行された。また、一部の商店は通常よりも薄い素材にトレードカードを印刷し、顧客のために茶を包装する包み紙として使ったという証拠もある。[*56]

二〇世紀前半の名高いトレードカード蒐集家アンブローズ・ヒールは、一八世紀のトレードカードは現代の誇大広告の「見苦しい誇示」に汚されていないと熱心に主張した（というのもそれらは「［商店主の］商品に関する単純な告知」以上のものではないからである）。[*57] とはいえ、これらのトレードカードのデザインは、一八世紀を通じて食料品店がどのように茶を宣伝し販売したのかを明らかにしてくれる。一七二〇年代から六〇年代に作られたトレードカードの大半は、商店の看板を装飾化したものである。例えば「トワイニングから」茶を仕入れていたへイマーケットの「茶商店・食料品店」パーキンソンのトレードカードは、最上部に金の三連砂糖棒が描かれた、シンプルな飾り枠のデザインを用いている。[*58] 一七五〇年代にセントマーティンズ・レーンに店舗を構えた「レイッツ・ティー・ウェアハウス」も、店の「緑の缶」の看板を描いたシンプルなカードを発行していた。[*59] 世紀半ばにフェター・レーンで営業したウィリアム・チャンスの店の看板（「緑の茶缶と金の砂糖棒」）に描かれ

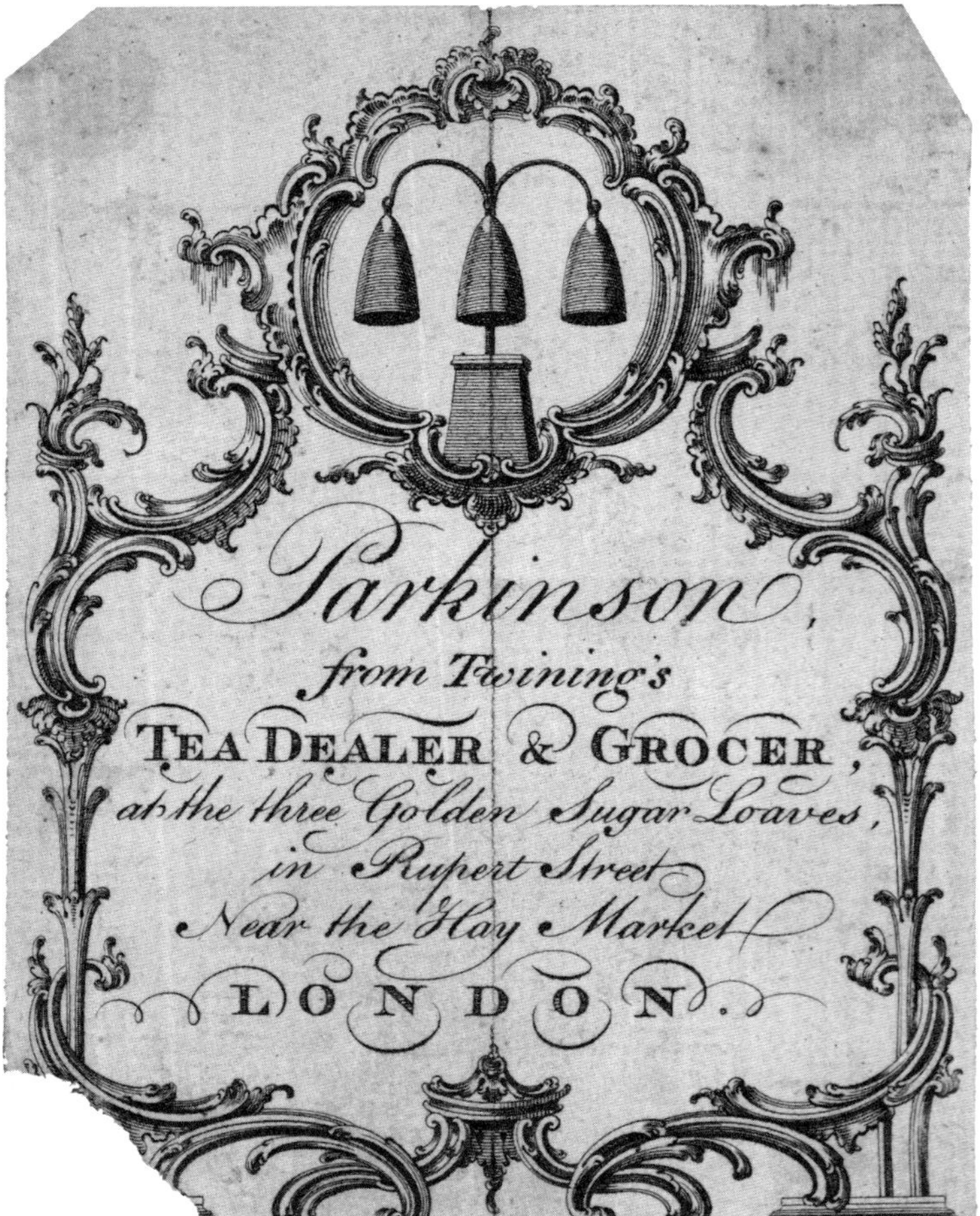

《茶商店・食料品店パーキンソン、トワイニングより仕入れた茶をロンドンのヘイマーケット近くのルパート・ストリートにて販売、金の三連砂糖棒の看板の下で営業中》、1740年頃、エッチングのトレードカード。18世紀半ばの作と思われる、パーキンソンの食料品店の広告は、茶の仕入れ先がトワイニングであることを明らかに売りにしている。デザイン自体は店の看板を様式化したもので、食料雑貨商の商店を表わす比較的ありふれた意匠である。

《レイッツ・ティー・ウェアハウス、ロンドンのセントマーティンズ・レーンのメイズ・ビルディングズ内にて、緑の茶缶の看板の下、あらゆる種類の良質の茶・コーヒー・ココア等を販売中、卸売りおよび小売り》、1757–58年頃、エッチングのトレードカード。18世紀半ばの茶商店（コヴェント・ガーデンのセントマーティンズ・レーンの「ティー・ウェアハウス（茶の倉庫）」というやや大げさな屋号の店）の広告。トレードカード上部の装飾は、この商店の看板（緑の茶缶）に基づく。

た缶には、「あらゆる種類の最上の茶」というラベルが貼られている。ほかの例——例えば一七四一年六月三〇日にジョン・ドーソンが発行した茶の勘定書のために使われたトレードカード——には、「コングー」、「ペコー」、「ブルーム」といったさまざまなラベルが貼られた複数の缶が描かれている。[*60]

一七四〇年代後半から、食料品店は視覚的な宣伝手段に訴えて茶を売り出すことがますます多くなるように思われる。その際、茶はイギリスの商業活動の目覚ましい大洋横断的拡張がロンドンにもたらす、エキゾチックな商品として表象された。[*61] こうした展開の比較的初期の例としては、セントマーティンズ・ル・グランド教会からほど近い、「緑の缶」の看板の下に店を構えたジョン・ハイアム・グレシャムのトレードカードがある。小さな缶が二個描かれており、片方には「良質のハイソン茶」、もう片方には「良質のコングー茶」と記されている。それらの間には——また別の缶を暗示する枠の中に——三人の東洋風の人物がいる。二人はパラソルを手にしており、何らかの有機物を持っているように見える——茶の収穫作業に従事する中国人農業労働者のかなり空想的な表象である。単純な中国の風景を空想的に描き出している点では、ペルメルの陶磁器とガラス製品店、ジェイン・テイラー父子商会が一七五〇年代後半に発行したトレードカードも同様である。ここでは二人の人物が田園的な環境で会話している。うち一人は、先の尖った帽子と緩やかな衣服によって類型的中国人として造形されている。彼は相手（燕尾服とステッキから裕福なヨーロッパ人商人と分かる）の注意を、「中国」の文字で覆われた二つの大きな茶箱へ向けている。また、一七六四年八月一〇日に発行された茶の勘定書の裏面には、ストランド街にあるジョン・ガーリングの商店の看板（「中国人と茶樹」）が描かれた夢想的情景の中に独りたたずむ人物が現れる。[*62]

一七七〇年代以降は、茶商店のために制作されたトレードカードで現存しているものの大半が、東洋風庭園、茶樹、パゴダ、港、中国人労働者および商人を表象する一連の定型イメージを使用した。また、一部の作例には、これらのシンボルを既存のデザインに取り込んでいるものも見られる。例えば「コレット・モーフッドの後継者」を自任するジェームズ・ランダルは、一七七〇年代半ばに、茶に関連したさまざまなシンボルを装飾的な枠の中に展開するトレードカードを発行した（そこには、漢字を印した茶箱、茶桶、画面反対側の「最良の純正緑茶」というラベルを貼った茶缶を指さす中国人が描かれている）。さらに別のト

《ウィリアム・バーバー、茶商店、ロンドンのレドンホール・ストリート21番地》、1789年頃、エッチングのトレードカード。茶商人ウィリアム・バーバーのトレードカード、18世紀末の作。前景では、扇子を手にした女性が中国人と茶を飲んでいる（男性の国籍は先の尖った帽子という紋切り型のイメージによって表わされている）。右手には、茶の木に水をやっている別の中国人がいる。遠景の景色は、中国南東部にある茶産地の山岳地帯を思い起こさせる。左手に描かれたパゴダも、ヨーロッパ人が中国を表象するのに用いた定型的な記号である。バッタ——ロンドンの商業活動と伝統的に結びついたイメージ——は、商店の看板を表わしているのかもしれない。

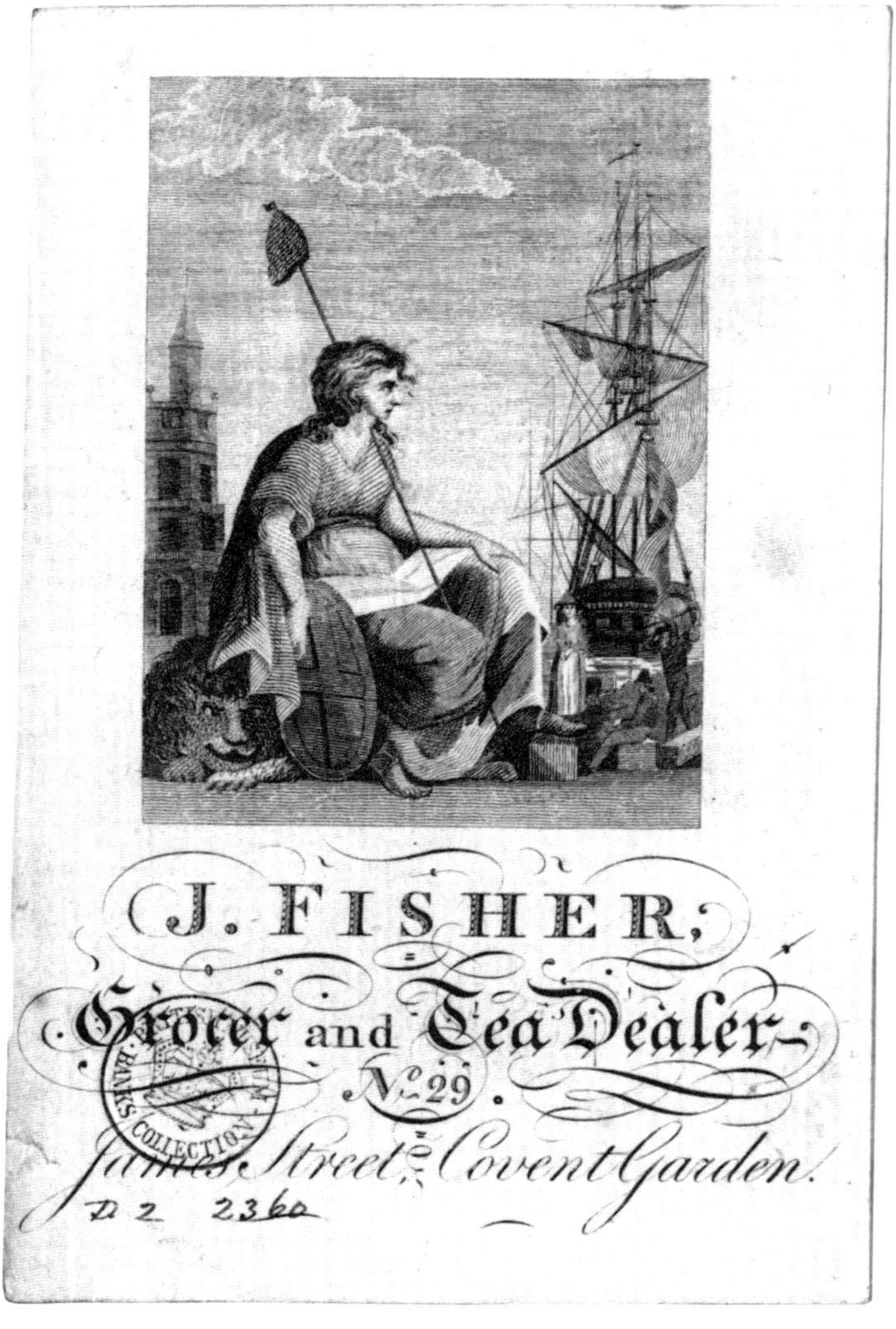

《J・フィッシャー、食料品店・茶商店、コヴェント・ガーデンのジャーミン・ストリート29番地》、1791年頃、エッチングのトレードカード。この18世紀末のJ・フィッシャーが経営する食料品店のトレードカードには、ロンドンの波止場脇の情景が描かれている。ライオンの皮の上に腰かけたブリタニアが、世界中から運ばれる品物を受け取っている。左手の建物はロンドン税関か、近くのロンドン塔を表わすと思われる。

レードカードに、東洋風の風景を描いた精巧な版画を使ったものがある。これらの多くは明らかに、商店主にサービスを売り込む印刷業者によって大量生産されたものであるが、画面中央にカルトゥーシュが配置され、そこに商店の屋号と住所を挿入できる構図になっていた。[*63] 典型的な例はウィリアム・バーバーのトレードカードである（バーバーは一七九〇年代前半にレドンホール・ストリート二一番地で営業した茶商人）。裕福そうな中国人が装飾的な風景の中で茶を飲みながらゆったりとくつろいでいる。後景では労働者が茶樹に水をやっており、地平線には山脈と高層パゴダがそびえている。[*64] 一八世紀末に人気を集め大量生産されたデザインをもう一つ見てみると、そこでは中国人商人がハイソンの箱の上に座

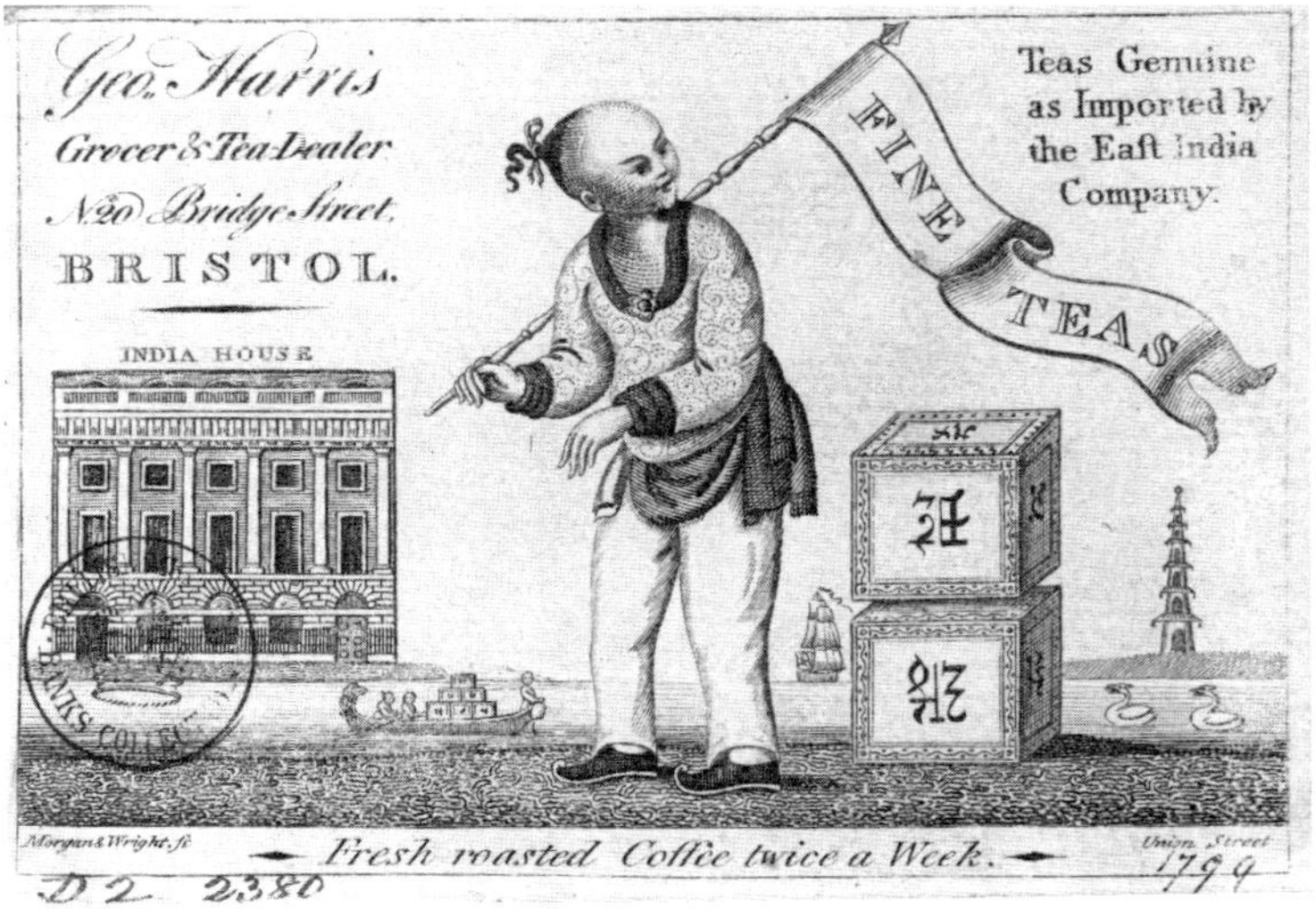

《ジョージ・ハリス、食料品店・茶商店、ブリストルのブリッジ・ストリート20番地》、1799年頃、エッチングのトレードカード。ブリストルに本拠を置く茶商人ジョージ・ハリスの商店のトレードカード。この図像のデザインは、広州を表わすシンボル（パゴダ、小型木造平底船［サンパン］）とロンドンを表わすシンボル（東インド館）とを組み合わせたもの。また、珠江とテムズ川が意図的に合成されているようにも見える。全体の構図は、商店の「上等茶」を宣伝する旗を持つ中国人によって支配されている。

り、食料品店の名前を指さしてその事業を宣伝している。後景に描かれた中国の港では、ヨーロッパの東インド貿易船が今まさに出帆しようとしている。[*65] もっと変わった作例としては、テムズ河畔の情景を背景に、陸揚げされる茶の積み荷を描いたトレードカードがある。例えばJ・フィッシャーの商店（コヴェント・ガーデンのジャーミン・ストリート二九番地の食料品店）の名前は、ライオンの上に座って公認埠頭で商品を受け取るブリタニアを描いた図像の下に示されている。これらの主題の融合が見られるのが、ブリストルの茶商人ジョージ・ハリスのトレードカードである。この奇想を凝らした図像では、東インド館が東洋の港の沿岸に建っており、近くの水域にはヨーロッパ船が航行している。[*66] このデザインが注目に値するのは、ほかのトレードカードでは暗示されるにとどまっている結びつきを明示している点である——すなわち、珠江とテムズ川、および、湾曲する河口の端に位置する港湾都市としての広州とロンドンとの結びつきである。国際貿易の拡大——東インド貿易船の航行——を通じて、茶業界は顧客に対し、消費を行うことによってロンドンと遠くの中国都市との間に一連の想像的結びつきを確立するよう促すのである。

ますます複雑かつ技巧的になっていく広告の中で、小売業者たちは、茶が栽培・収穫・製造される謎めいた環境を強調した。この傾向は同時代のシノワズリー流行と関連づけることができる（シノワズリーは茶を超えて広がった現象であるが、その普及には茶が一役買っていた（第七章参照））。そうした広告の精緻化が示唆するのは次の点である——一八世紀後半の食料品店主が関心を寄せたのは、茶の新たな消費者を見出すことよりも、むしろ同業者から顧客を奪うことであった。シノワズリーと結びついた、一見したところの茶の異国情緒化は逆説的に、茶がイギリスにますます馴化しつつあったことを示している。これらの「良質の茶の販売業者」が提示する証拠から分かるのは、一八世紀の消費者は新たに獲得した文化的慣行――帝国の生産物の消費――を、貿易大国の住民の贅沢な（しかしありふれた）習慣として再解釈するよう求められていたということである。本章で見たトレードカードを発行した商店主たちは、いわば集団的アピールを行って顧客に確信させようとした――「ハイソン八番」と「最良の純正緑茶」のいずれを選ぶにせよ、茶への嗜好を洗練させるならば、それはすなわち、全世界をまたいで二つの帝国の文明を結びつける通商に参加することを意味するのだ、と。

第七章

イギリス式の茶

一つの家族が長方形の木製テーブルを囲んで茶を飲んでいる。一人の女性とその夫、二人の娘たち——この家族は裕福な一家で、自らの富を喧伝するのに余念がない。女性が身につけているのは、光沢のあるシルクの黒いガウン（その生地の一部はゆったりと後ろに広がっている）、金色の前掛け、優美なレースの袖口、それにネッカチーフと帽子である。夫の方はボタンを外したシャツの上に緩やかな赤いガウンを羽織り、バニヤンという名で知られるターバンのような柔らかい帽子をかぶっており、落ち着いてくつろいだ状態にあることが見て取れる。彼は自宅で余暇を楽しむ紳士としての身分を宣言しているのだ。父親と母親それぞれの腕の下に守られているのは、装飾の少ない服を着たほつれ髪の子どもである。両親とも茶を飲んでおり、白いレースの飾り布（パネル）付きの青いガウンを着た年長の娘も同様である。この家族で一人だけ茶を飲んでいないのは、地味な白いガウンを着た年少の娘で、彼女はバターを塗ったパンを食べている（バターはこの絵で唯一の乳製品である。ミルクもクリームもここには描かれていない）。一家の飼うスパニエルの子犬が前景のスツールの上で戯れている。

この場面は、リチャード・コリンズ（活動時期一七二六―三二年）の《お茶会》という題の絵画に描かれたものである（創作年代は一七二七年頃。現在はロンドンのゴールドスミス・ホール所蔵。子どもが一人しか描かれていない別バージョンがヴィクトリア&アルバート博物館に所蔵されている）。喫茶は家族肖像画に描かれるのにうってつけの機会であるが、茶を飲むという洗練された家庭行事は、さまざまな社会的かつ文化的な観念が形成する、より広範な領域の中に深く埋め込まれている。

家族団欒図

コリンズの絵は、この家族が行う上流家庭的な洗練という自己呈示を称揚する。その自己呈示は一家の穏やかで優雅な「お茶会」の中で、またそれを通して示される。しかし同時にこの絵は顕示的消費の華々しい誇示でもあり、茶を飲むという一見平凡な行為を絵の具を使って贅沢に記録している――あたかも、この絵を見る者全てに対して一家の富と社会的達成を示そうとするかのように。また、ティーテーブルを囲んで集まったこの家族は、一七二七年の時点で正しく茶を淹れるのに必要とされた茶道具一式を構成する事物を、余すところなく誇示している。ここに描かれた茶道具に画家の工房の所有物である可能性もあるが、いずれにせよこれは揃いの一式ではなく、ある程度の期間にわたって個別に集められたものと思われる。白鳥か龍の口の形をした注ぎ口と黒檀（こくたん）の取っ手の付いた銀製の洋梨形ティーポットがあり、中の温度を保つためにアルコールランプの上に置かれている。

熱湯用に黒檀の取っ手を付けた八角形の蓋付き水差し、八角形の茶筒、蓋付きシュガーボウル、シュガートング、三本のティースプーンが載ったスプーン皿、茶こぼし(残った茶を空ける容器)——これらも全て銀製である。これらの銀製容器は様式の面では、この絵が描かれた数十年前に確立されていた型に従っている。[*1] 磨きあげられて光沢を放つ銀器の表面にコリンズが描いているのは、明かりの差す二つの窓と、おそらくその前に立っている画家もしくは観覧者のかすかな影である。茶はこれらの銀器を使って淹れられ、それを一家は高級な染付のカップとソーサーで飲む。茶と同じように、陶

リチャード・コリンズ《お茶会》、1727年頃、カンヴァスに油彩。家族のお茶会は、貴重な所有物と洗練された振る舞いを、人目を引くように誇示する機会となった。この逸名の家族は、茶器一式を使いこなして茶会の儀礼を首尾よく行う様を、堂々と誇示している。ティーテーブルの上には、揃いの銀製茶道具一式が並べられている——すなわち、台座付きティーポット、水差し、蓋付きシュガーボウル、シュガートング、茶こぼし、ティースプーンの載ったスプーン皿、茶筒、そして4組の染付磁器ティーカップとソーサーである。

磁器も中国が原産である。この時代に典型的なことだが、ここに描かれたカップには取っ手が付いていない。したがって、火傷するほど熱い茶で満たされると、親指と人差し指で縁と底をさまざまなやり方でつまんで持たなければならなかった――この家族は社会の上層で受け入れられていた三つの異なる方法を示している。この家族団欒図の全ての要素――茶道具一式、衣服、人物のポーズ、カップの扱い方、愛玩犬と子どもたち――が、モデルたちの完璧な趣味を上品な家庭的環境の中で誇示している。この家族団欒図で演じているのは、中流社会階層の富裕な家族という役割を上首尾に達成した姿である。家族団欒図という形式も、この絵画の目的にぴったり合致している――それは肖像画の新しい形式で、モデルは日常の状況の中で社交的な集団として描かれた。

喫茶は家族団欒図で最もよく描かれた活動の一つである。それは社交のための機会であり、男女を家庭的な状況に参加させた。アーサー・デヴィスの《ヒル夫妻》は、虚構的に広くガランとした邸内の一室に二人だけでいるモデルたちを描いている。これは現実のというよりも想像された空間であり、ヒル夫妻のブルジョワ的結婚生活を称えるために設計されたものだ。品行方正なたたずまいの二人の人物は共に誇らしげな表情を浮かべ、富裕な中流階級にふさわしい閑暇を示唆するポーズで描かれている。ヒル氏は片手を胴着に入れて立っており、一方の夫人は茶道具を扱っているところで、シュガートングを手にしている。夫人の背後のティーテーブルには、夫妻の茶器一式が並べられている。七組の小さな磁器ティーカップとソーサー、シュガーボウルと大きめの茶こぼし、銀製の水差し、宜興（ぎこう）の炻器ティーポット――これらが細部まで魅力的に描かれている（宜興産ティーポットは、ウーロンつまりボヒー茶を淹れるのに最適として中国の権威筋が薦めていると当時考えられた）。ヒル夫妻の陶磁器コレクションには、暖炉の装飾として使われている巨大な磁器製壺も含まれる。デヴィスのこの絵を含む家族団欒図では、茶と茶道具（特に磁器）は喫茶という社交的パフォーマンスの中に位置づけられ、中流社会階層における適切な家庭生活の劇的な誇示を補強する役割を果たした。[*2]

家族団欒図の絵画や茶の淹れ方の手引書を見ると、喫茶という日常の社交的行為が、一八世紀イギリスの上流社会の文化においてどれほど豊かな意味をもっていたのかが分かる。茶会は心身を爽やかにする熱い飲料を飲む場であったのはもちろんだが、単にそれだけの催しであったわけではない。むしろ、喫茶は入念なパフォーマンスの一部となったのである。そのパフォーマンスの中で、茶は人間の演者、茶器という小道具、ティーテーブルという舞台と一体になった。そしてパフォーマンス全体の意味は、そこに集められた個々の要素を常に超過した。美術史家のマーシャ・ポイントンの指摘によれば、磁器はひとつの「ステータス・シンボル」となっていたのであり、したがって、「高度に発達した一連の競合的な社会儀式の中心かつ焦点」であった。ポイントンは次のように結論づけている——「喫茶は、経済要因と行為遂行性(パフォーマティヴィティ)が表象と自己呈示に分かちがたく結びついた文化的事象の規範となる事例である」。[*3]一八世紀の茶会を演じられる出来事として検討するに際しては、その経験の歴史的な特殊性に注目しなければならない。そして、その催しが現代の午前または午後のお茶の「ルール」に合致しているはずだという思い込みを捨て去るべきである。われわれが理解している午後のお茶というささやかで心落ち着く儀式——最初にミルクを入れ、ティーポットを温め、ポットをやかんのところまで持っていく——は、一八世紀にはほとんど知られていなかったからである。しかし一八世紀においてさえ、茶会のパフォーマンスはさまざまな要因に媒介されたものだったのであり、多くの作家、風刺家、随筆家、画家がそれを語るためのシナリオと比喩表現を確立し議論するために競い合った。本章で使われる「イギリス式の茶」という皮肉なフレーズは、イギリスにおける喫茶という社交上の催しがこの時代にどのように体系化され、儀式化されたのかを暗示している。その様は茶の湯──日本式の茶または茶の儀式──と幾分似ているように思えるかもしれない（実際にはもちろん両者はほとんど全くの別物であるのだが[*4]）。

茶の儀式

茶の集いは家庭における社交上の義務であり、世帯の時間的そして空間的構成の内部に位置づけられていた。一八世紀前半の上流階層の世帯では、茶は（むろんどの時間に飲むこともできたが）たいてい午前中に社交的訪問の儀式の一部として出された。中流階級の一般家庭では、茶は集まった家族とその客に「朝の軽食」として八時から一〇時の間に提供された。朝食時の茶はもっと長くかかることがあった。一七六五年に『ロンドン・クロニクル』紙に投書したある人物は、次のように不満を述べた。彼の妻は「一日で最も貴重な時間」である午前中を、丸々ティーテーブルで浪費してしまうというのである──「彼女は一番早くても朝の九時より前に起床することがどうしてもできません。……茶はとても時間を食うため、朝食が済み、茶を淹れるための器具もろもろを然るべき場所に

アーサー・デヴィス《ヒル夫妻》、1750–51年、カンヴァスに油彩。裕福な夫婦が、地位と繁栄の重要な指標として磁器を誇示している。ここに描かれた18世紀の室内は、高価な茶器を別にすれば奇妙なほど簡素である。テーブルの上には、7組のティーカップとソーサーを載せたトレーのほか、シュガーボウル、茶こぼし、銀製水差し、褐色の炻器ティーポットがある。使われていない暖炉には、ライオンを戴いた蓋の付いた立派な磁器製保存壺が置かれている。

片付けるまでには一一時を過ぎてしまいます」[5]。多くの家族はまた、日曜の午後の礼拝後や夕方に、招かれた客を交えて茶を一緒に飲んだ。「女性（フェア・セックス）」向けに書かれたある茶の手引書は次のように勧めている――「たくさん飲む場合にはとりわけ、（早ければ早いほどいいのだが）朝が最も適当な時間［である］。夕食後すぐに飲むには少量が良く、二、三時間後ならば好みに応じてもっと多く飲んでも構わない」[6]。茶は家の応接用の部屋で出された――客間のほかに、（家族団欒図の絵画が示唆する通り）特別に装飾された茶会用の広間が使われることも

ヨセフ・ファン・アーケン《あるイギリスの家族のお茶会》、1720年頃、カンヴァスに油彩。ファン・アーケンが描く茶の準備の場面は、家庭のお茶会における、表舞台／舞台裏の役割の区別を強調している。使用人の女性が金属製のやかんからテーブル上の炻器ティーポットに熱湯を注いでいる。一家の女主人は茶箱の鍵を開け、茶筒を傾けて高価な葉を蓋に移し、茶を淹れる準備をしている。茶を淹れることは、飲食に関連する仕事の中で、使用人ではなく家族の成員が行う数少ない例の一つであった。

あった。しかし同時に、茶は化粧室や寝室のような、家の中の私的で家庭的な空間でも出された。そこでは女性たちが付き添いなしで歓待し合うことが許されていたからである。

茶の準備は、中・上流階級の男女が自分で行っている姿を他人に見られるのを誇りに思う数少ない仕事の一つであった。一般的に、中流以上の階級の女性は家庭内の肉体労働を行うことを期待されていなかったが、食べ物を出すことに関連した仕事については特にそうであった。女性の領分と見なされたのは、家事の監督や家族のための薬の調合といった、特定の形式の有意義な行為であった。[*7] 茶を介した社交が一七世紀に出現した時、地位の高い女性との結びつき、高価さ、治療薬としての評判といった要因によって、茶を淹れることは概して一家の女性たちの仕事に分類された。家族と友人が茶のために集まると、世帯で一番地位の高い女性または主人役を務める女性（時には男性）が自らの手で茶を淹れて出した。茶を淹れる実際の行為は、その場に集まった家族と客たちの見ている前で行われた。女主人はまず茶筒から十分な量の茶葉を取ってティーポットに入れ、そして召使が部屋に持って来る大きなやかんから湯をティーポットへ注ぐ。ヨセフ・ファン・アーケンの家族団欒図《あるイギリスの家族のお茶会》（一七二〇年頃）では、一家の茶葉のストックは特別にあつらえた箱に保存されている。その箱の中には、異なる種類の茶を有害な匂いから守るために二つの別々の磁器製茶筒が入っている。そうした茶筒には銀製や木製の模造品もあり、緑茶用とボヒー茶用が一組の精巧なセットを成す場合もあった。茶箱には入念な装飾を贅沢に施し、ラッカーや漆を塗り、絵付けし、錠前を付けた（ファン・アーケンやほかの同時代画家の絵に描かれているのはこのような茶箱である）。一部の記録が示すところでは、茶箱や、貴重な内容物を収めた茶筒自体が錠を下ろして厳重に保管され、家族内の特定の所有者しか開けることができなかった。このように、茶は世帯で使われるほかのほとんどいかなる消費財とも違った仕方で機能したのである。

茶を淹れる際には、全ての段階で可能な限り細心の注意を払わなければならなかった。どのような水を用いるかということさえ、入念な考慮の対象となった。『茶に関する詩』の第二版（一七〇二年）に追加された付録で、ネイハム・テイトは「茶の淹れ方の解説」を提供した。彼は使用する水の質に関する助言を述べ、雨水のような最も純粋な軟らかい水で淹れる茶が最上であると論じた。にもかかわらずテイトは、吸水器または導管から汲んだ硬水の方が「風味の良い（brisk）飲料」ができると述べた（「brisk」は新鮮な、心地よい、爽快な、の意）。彼はさらに、茶を淹れる前に湯を少し冷ましておいてから——「沸騰したら、湯が沸き立つのを止める」——茶葉の上に注ぐべきであると忠告した。そしてテイトの指示に従えば、茶は種類によってそれぞれ淹れ方が異なった。

シンロ茶とインペリアル茶は浸出のみによって淹れるべきである。これらの茶を少しでも煮沸すれば風味と色合いが損なわれる。一方、ボヒー茶は加熱や再沸騰に耐え、その後も美味しく飲める。[*8]

テイトによれば、ボヒー茶の力強い風味は再加熱にも、何回もの再沸騰にも耐えられるが、シンロやインペリアルのようなより洗練された緑茶は、沸点以下の湯に浸出させて淹れるのが良い。「味わいと色合い」が、液体としての茶の精妙で儚い風味景観の目的地であった。

数分間湯に浸された後、茶は（普通、磁器製の）カップに注がれた。一八世紀前半には、カップは小ぶりで取っ手がなく、たいていテーブルスプーン三、四杯分の液体しか入らなかった。そのため、茶会の間中繰り返しお代わりをしなければならなかった。何杯も注ぐ間に、飲まれずに冷たくなった茶は、茶こぼしと呼ばれる飲み残し用のボウルに空けられた。茶会では、カップとティーポット両方の茶の補充と再加熱を慎重に管理する必要があった。ネイハム・テイトは砂糖に関しても若干の助言を述べている。

茶（特に緑茶）を飲む自然な方法が、砂糖を入れない飲み方であることは確かである。甘くし過ぎると、茶の薬効は取り去られてしまう。しかし、少量の砂糖であれば薬効は妨げられず、むしろ鎮静効果が増す。

以下に注意せよ——砂糖が精製されていることは、茶の液体にとっては色と味の両面において常に利点となる。しかしボヒー茶の場合、砂糖は好ましいだけでなく、必須のものである。[*9]

テイトは、ミルクやクリームを加えることについては何も指示していない。この点では、茶の淹れ方に関する当時の手引書も同様であった。ただ、ミルクで煮出した薬用茶のレシピは一八世紀にも存在していた。そして一七六〇年代頃からは、「ミルク壺」、「ミルク差し」、「クリーム差し」と記述される品が磁器製茶器セットの一部として商品リストに挙げられ、朝食用品と一緒に売られるようになった。[*10] とはいえ、一八世紀前半の茶は緑茶であろうとボヒー茶であろうと、ミルクを入れずに飲むのが一般的であった。

しかし、イギリスの茶の儀式を十分に記述しようと思えば、厳密には茶の時間のずっと前から、つまり家族と客がまだティーテーブルに集まってもいない時から始めなければならない。このように考えてみてはどうだろう――茶の儀式を行うにあたっては、舞台の表と裏があり、それぞれ演者も所作も、そして筋の進行に合わせた舞台上の配置も異なっていたのである、と。[*11] 茶を淹れるのはその世帯で最も地位の高い女性の役目であったが、これは労働をいわば独演会として理想化した行為で

《茶を供される家族》、1745年頃、カンヴァスに油彩。一人の女性がハープシコードを弾いている間、家族の成員3人と2匹の愛玩犬が茶を供されている。三脚テーブルの上には、銀製トレーに載ったファミーユ・ローズの磁器製茶器一式が置かれている（一揃いになったティーポットと5組のカップ & ソーサー、茶こぼし、シュガーボウル）。茶器を扱うのはその家で一番地位の高い女性の役割である――この絵では、右から2番目の女性が一塊りの砂糖をカップに入れようとしている。男性の使用人が光沢のあるやかんを火鉢からテーブルに運んで来るところである（その磨き上げられた表面には、イーゼルを前にした逸名画家の姿が映っている）。

あった。茶の儀式を適切に行うための準備としては、世帯の召使たちが茶道具一式を洗って並べ、茶以外の消耗品（砂糖、パン、バター）を呈示する作業があった。また、湯を沸かして、ティーテーブルに集まった一座のところまで持って来るのも召使の役目であり、これによって舞台裏の仕事が表舞台の演技と交差した。舞台のさらに奥には、火の維持に関わる雑役があり、その向こうには、茶商人と食料雑貨商による、世帯へのティーテーブル用品の供給があったが、それを仲介するのは執事や女中頭の役目であった。

ロバート・ドズリーは、従僕から詩人に転じた後、書籍商として財を成し文化的著名人となった人物だが、「喫茶の時間」を召使の視点から描写した詩を残している。

やかんが満たされ、湯が沸騰し、
クリームが用意され、ビスケットが積まれ、
アルコールランプが灯されると、私は直ちに
カップ、ソーサー、スプーン、トングから成る
小さな一式を取り揃え、
その他のこまごました物を全て準備する。
茶器一式を秩序正しく整えてから
運び込んで、一座の前に置く。
それから緑茶かボヒー茶を注ぎ、

命じられた通りに配膳する。[*12]

ここでドズリーが思い出させてくれるように、「秩序正しく整え」られた茶器一式を完璧に呈示できるかどうかは、その所有者の趣味次第であったが、同時に、召使たちのほとんど人目に触れない労働によっても左右された。ティーテーブルの集いは家庭内の舞踏術的な瞬間である。そこでは表舞台の演技と舞台裏の仕事がシンクロするわけだが、舞台裏の仕事は人目につかぬよう消し去ることができた。ファン・アーケンの《あるイギリスの家族のお茶会》は、やかんを持った召使が部屋に入ってくる瞬間を捉えた絵である。女中は気怠い表情を浮かべながら呑気そうな様子で、ほんの一時、舞台裏から舞台上へ横切ろうとしている。ファン・アーケンはここで次のように示唆している——「お茶会」を上首尾に演じることで、上流階級の女性が行う労働を必要とするのは、あくまで茶を淹れるという特定の行為に限られるという幻想が維持されるのだ。とはいえ、召使たちが演じる役割が完全に忘れ去られることは決してなかったのも事実である。

茶のパフォーマンスのシナリオを書く

社交的な茶の集いは、一八世紀前半の詩や風刺作品において広範に描かれた。当初から、茶を出すことは重要な社交上の機会であると考えられた。その場では、適切な行動規範を遵守する必要があり、そして入念な茶道具一式が絶対に必要とされた。一八世紀半ばまでに、イギリスでは茶の消費は中流階層の間でも一般的になっており、洗練されたエリート層および女性と茶との長年にわたる結びつきは、新たな方法で精緻化された。ダンカン・キャンベルは『茶に関する詩』(一七三五年)の中で、茶を淹れることは優雅な、女性化された行為であると述べた。

それはこの上なく洗練された手で淹れられ、扱われる。
磁器製のポットに入った茶は
そこから透明のカップに注がれ、
苦いホップの代わりに砂糖で味付けされる。[*13]

一八世紀前半までに、茶と女性と洗練された振る舞いの間には深い結びつきが存在していた。だからといって、もちろん男性が茶を飲んだり出したりしなかったというわけではない。しかし、喫茶は文化と政治において女性の社交的世界とその価値観に強く結びついていた。喫茶という行為は女性化されていたのである(それ自体が必ずしも女性化を促すわけではなかったにせよ)。同様に、茶そのものと、磁器製茶道具一式もまた女性化されていた。キャンベルは『茶に関する詩』の中で、喫茶のジェンダー化された特性を字義通りに解釈し、読者への忠告を含んだ序文を二つ別々に書いた。一つは男性に、もう一つは女性に向けられており、男性に対しては、茶と愛情は本来的に「女性」の領分であると説いている。キャンベルは次のように茶を称える――「美しく賢明な人々の飲み物/少しの偽りもなく人の心を慰める」。そして特に、「酩酊させ、全ての感覚を害する」酒よりも茶の方が好ましいとしている。社交のために集まった茶愛好家たちの方が（酒飲みよりも）礼儀正しくて親切なのは、キャンベルの議論によれば、茶そのもののおかげなのである。

［茶は］その愛好者を互いに親切にさせる。
それは彼らを微笑ませ、小さなミツバチのようにちびちび飲ませ、
結婚、誕生、血統、恋人や夫、
そしてよく見るほどに父親似の
可愛い子どもたちについての話をさせる。

人々が集まって和やかに語らうティーテーブルは、懇親的な礼儀正しさが発揮される場所であり、そこでは愛想のいい慇懃さが習わしである。

このようにして、奥様は自宅でテーブルに着いて
周りを見渡し、招かれた客一人ひとりに微笑みかける。
さてみなさま、何を召し上がりますか、ボヒー茶か、それとも緑茶がよろしいですか。
婦人たちは穏やかな物腰で答える。
両方でも、どちらかでも、奥様がお飲みになるものでしたら喜んでいただきます、

ボヒー茶でも緑茶でも、あるいはお好みなら二つを混ぜても。[*14]

社交上の礼儀作法が遵守され、飲酒につきものの悶着や騒動とは無縁のティーテーブルの集い――この場での鍵は、慇懃と平穏である。

『茶――三篇より成る詩』（一七四三年）において、逸名の詩人はティーテーブルを構成する各要素の目録を韻文形式で作成する。第一篇では、詩人は文明と繁栄の先触れとして茶を称える。日曜の礼拝後に女性たちが集まる茶会を想像しながら、詩人は家庭的な場における茶を描写する。彼は茶道具一式を検討しながら、諸々の茶器によって示される贅沢好みの異国情緒趣味へ、疑似英雄詩的な関心を向ける。描写はティーテーブルそのものから始まる。

茶の聖壇は整然として新しくなければならない。
古い流行がどんな形を生んだかなど気にかけるべきでない。
昨今では丸いものが最もよく使われ、最上とされる。
この上なく洗練された外観と精妙な肌理（きめ）のために
マホガニーが今や並ぶ者なく君臨している。
流行はその木を最も相応しいものとして好む。
流行の命ずるところに従え、そうすれば決して誤ることはない。

流行が命ずるのが円形か楕円形いずれのテーブルであるにせよ、詩人はその洗練された外観を描写する。テーブルは高価な外来種の木で作られ、詩人が続けて説明するように、化粧張りの複雑な象嵌（ぞうがん）模様が施されている。次に注目されるのは、半透明の優美な陶器または磁器のティーポットと湯沸かしである。

テーブルの準備が整ったら、ティーポットに
適切な気遣いと熱心な配慮を向けよ。
ここで入念に手を尽くせ、高貴な主題は
最も洗練された美女と同様の骨折りに値する……
中国の純粋な透明の土をして
優美さを備えた堂々たる湯沸かしを作らしめよ。

入念に注意深くティーテーブルを整えることは――と詩人は忠告する――真っ当な若い上流階級女性には当然期待されるたしなみである。ティーポットの横に、詩人は同じく磁器製のカップとソーサーを配置する。

カップとソーサーも忘れてはならない。
それらはポットと同じ洗練された素材の型から

作られ、ゆえに同等の注目を要求する。
その構造は整然として優雅かつ大胆であるべきで、
大きすぎても小さすぎてもいけない。正しく中庸を守るべし。
流行に相談せよ。流行の命令ほど真実なものはない。
流行が命ずるや、見よ、無数の色合いに
燦然と輝きながら模造花が豊かに咲き出で、
華やかさを誇示しながらカップとソーサーの表面を飾る。
そしてこれらの磁器の縁には金色の輪が光り輝く。

ここで詩人は、繊細な磁器製茶器の装飾的構成に賛嘆している。それらは複雑な花の文様で装飾され、縁には上絵付けと金めっきが施されている。最後に注意を向けられるのは、中の湯が冷めないようアルコールランプの上に置かれた銀製または銅製のやかんである。

インドの鉱床から採れる磨きあげられた銀
または最上質の銅によって、好みの聖堂を建造せよ。
ランプの上に高く、その美しい構造物を安置せよ。*15

茶道具一式に含まれる各品の機能状態を反復するだけでなく、詩人はそれぞれの形態と外観が流行と奢侈によって規定されていることを記録する。道徳家たちは、そうした品によって掻き立てられる消費欲には、油断した隙に美徳を腐敗・堕落させる力があると警告した。

茶道具一式を構成する品――一七四〇年以後は「ティー・シングズ（茶用具）」とも呼ばれた――は単なる事物であり、茶を淹れて出す際に使われるモノに過ぎなかった。しかし茶器はまさにそうしたモノとして、決して無視できない象徴的な重要性と文化資本を付与されたのである。茶道具の各品は驚くほど多様な形状で入手可能であり、品質と価格もさまざまであった。したがって、個人の茶道具一式はその所有者がどのように美的判断を下したかを如実に示す実例であり、個人の趣味が開示される一種の見世物でもあった。さらに言えば、茶と茶道具、そして社交的茶会は全て女性と結びついていたので、これらを表象することには必然的に不安と緊張が伴ったが、それゆえに道徳家と風刺家双方の関心を引きつけたのである。実際、ここに一つの重要な詩的比喩が生まれ、女性と茶道具の象徴的な等価性を探究するために使われた。アンブローズ・フィリップスは彼の詩『ティーポット』（一七二五年頃）で、新古典主義的な茶の神話（第四章参照）を試みた。この片面一ページのブロードシートとして印刷された詩の中で、フィリップスはヴィーナスが人間の女と競い合う姿を描いた。ヴィーナスは女が軍神マルスを誘惑したのではないかと疑っている。結婚の女神ジュノーは、生意気にも神を誘惑しようとした人間の処女に罰を与えることを提案する。ほかの女性たちに永遠に奉仕する定めの磁器製茶道具に変身させてはどうかというのである――「ティーポットの姿となって／女たちにいつも付き添い奉仕させることにしよう」。詩人はこの後、「乙女」がティーポットに変身する様を描き出す。彼女の腕は凝固して取っ手に変わり、口と唇は開口部と蓋に、鼻は注ぎ口に変化し、ついには

「ジュノーの手によって／乙女は完成したティーポットとなる」[*16]。

同様の着想をさらに推し進めたのが、逸名詩人による『茶、一篇の詩――または磁器カップに変えられた婦人たち――変身』（一七二九年）である。この詩が描写するのは天界に置かれたティーテーブルで、そこには女神の一団が集い、談笑しながらゴシップを交わしている。夫や恋人からのひどい仕打ちに腹を立てた女神たちは（高級磁器を作るように）三重に精錬された粘土から人間の女――パンドラ――を創造し、自分たちの神力を全て彼女に与えることに決める。女神たちはマーキュリーを「インド」へ送り、「ティーという草」を取ってこさせる（ここでは「インド」という語はアジア全域を緩やかに指すために使われているが、同時に、東インド会社が中国の茶をイギリスに輸入していたという事実を反映している）。この詩では、茶が女神たちに及ぼす影響が描写される――女神たちは茶のせいで好戦的になり、盛んに他人を中傷するようになる。パンドラは女神たちのティーポットを持って地上の人間の間に降り立つ。茶の蒸気に刺激された女性たちは悪口と中傷を始め、ついにはヴィーナスやジュノーなどの女神たちさえも敵意を含んだゴシップの標的となる。見えない雲に乗って地上に降りた女神たちは、人間のティーテーブルを訪れる。女神の神力によって、ゴシップに興じている女性たちは茶を一口飲もうとするたびにカップを落としてしまう。カップは床に落ちて砕け、茶が服にはねかかる。詩の末尾近くのオウィディウス風イメージを用いた一節で、壊れた磁器カップが女性の作法と美徳の象徴として、再び無傷の状態に戻される――それは光沢を放って美しいけれども、透明で壊れやすい[*17]。女性の振る舞いと磁器をこうして同一化することにおいて、この詩の作者はポープの『髪の毛盗み』（一七一四年）に応答しているのである。ポープの詩では、ヒロインのベリンダの処女性は一個の磁器に見立てて描写される。

その乙女がダイアナの法を破るにせよ、
もろい磁器の壷がひび割れるにせよ。

この詩の末尾では、ベリンダの髪の毛が切られ、彼女の処女性が危険にさらされた後で、女性のセクシュアリティと壊れやすい磁器の同一化というテーマが反復される。

憐れむ天に向かって、これほどけたたましい悲鳴があげられることは絶えてない——
夫や愛玩犬が息を引き取る時にも、
あるいは豪華な磁器が高所から落下し
光り輝く塵と彩色された断片と化す時にも。[*18]

繊細な高級磁器としての——美しく貴重であるが壊れやすい——女性のセクシュアリティというこのイメージの展開は、長い歴史を持つ女性嫌悪の言説を暗示するため、多くの読者を悩ませてきた。[*19] ベンジャミン・フランクリンは一七五〇年にこの冗談を繰り返した——「ガラスと磁器と名声は簡単にひび割れ、決して完全には直らない」。[*20] これらの風刺が示唆するように、イギリス式の茶が一八世紀文化において与えられた高い評価を拒絶する観察者も決して少なくはなかった。茶の儀式は、広い範

ヘンリー・キングズベリー《当世風の女》、1787年1月18日、手彩色エッチング。当世風の服装をした売春婦が、傍らに猫を置き、気取った態度で茶を飲んでいる。茶を用意するのはお仕着せを着た黒人の召使で、大きな湯沸かしからティーポットへ熱湯を注いでいる。鳥かごに入ったエキゾチックなオウムと、壁に掛かったいささか猥褻な絵が室内の装飾を完成させる。喫茶の習慣がイギリスでほとんど遍く普及するようになった後も、茶は女性および贅沢との結びつきを長い間保ち続けた。

囲に及ぶさまざまな文化的不安の結節点であった。そうした不安の焦点となったものを挙げれば、以下のごとくである——すなわち、茶の儀式の煩雑な規則や慣例、磁器と茶道具への美的関心、そしてより一般的には、異国趣味の贅沢や消費文化に対する不信と、帝国がイギリス国内に及ぼす影響である。

中国熱

一八世紀における喫茶は、中国からのもう一つの輸入品の使用を促進した——すなわち磁器である。全ての磁器は、全ての茶と同様、中国原産であった。磁器は茶を飲むために絶対に必要だったというわけではない。というのも、ティーポット、やかん、水差し、シュガーボウルなど、茶道具の多くは銀または別の金属で作ることができたからである。そしてイギリスはこれらの品の製造に関しては、ほかのどの国にも後れを取らなかった。しかし、茶は熱くして出される飲み物だったので、茶碗に金属は向かないと考える人が大半であった——金属は熱伝導が良く、口につけると熱すぎたのである。一七世紀に茶とコーヒーが最初にイギリス市場に入ってきた時、熱い飲料の熱衝撃に耐えられる陶器は国内で製造されていなかった。イギリス産の陶器を使って飲むと、釉(ゆう)をかけたものであっても、器は物理的に劣化し、すぐに傷が入ったりひび割れたりした。磁器は薄く壊れやすいにもかかわらず、熱い液体に対して高い耐性を持つ点が大いに評価された。このパラドックスをよく捉えているのが、アディソンに認められた詩人トマス・ティッケルが一七二二年に発表した『ケンジントン公園』である。磁器のカップは以下のように描写される。

中国の至純の型から作られた繊細なカップ、
青色の釉を施され、金色を散りばめ……
沸騰したボヒー茶の動乱をものともせず、
コーヒーの漆黒の波を押しとどめる。[*21]

したがって、茶の物語は同時に磁器の物語でもある――これら二つの中国物産は商業的に固く結びついていた。

磁器は極めて高品質な焼き物であり、精錬した粘土を窯で摂氏一三〇〇から一四〇〇度の非常に高い温度で焼くことによって作られる。その結果、硬く丈夫でありながら、外観は白く透き通るような焼き物ができ上がる。磁器は頑丈なガラス質の表面を持ち、汚れにくく、熱ストレスに強い。また、軽く叩くと、独特の余韻を残す音を鳴らす。これらの特徴のために、磁器は初期近代のヨーロッパにおいて激しい欲望の対象となった。磁器そのものは中国で長い歴史を持っていた。それは土器の古い形態から発展し、宋代（九六〇―一二七九年）末期までには真正の磁器が生まれていた。これは漸進的な技術上の洗練の過程であり、次の三つの要素から成り立っていた――すなわち、良質の原料（白粘土［kaolin］と白不子（はくとんし）［petuntse］、英語名は中国語からの音訳）を適切に混合すること、超高温に達するように設計された革新的な「龍窯（りゅうよう）」を使ってむらなく持続的に焼くこと、高い技能を持つ労働力を大規模に養成することである。一八世紀の初めまでには、中国の磁器産業の中心地景徳鎮（けいとくちん）は、毎年三〇〇万点以上もの磁器製品を生産していた。そして大量の景徳鎮産磁器が世界中に輸出された。

磁器は最初、茶よりも早く、間接的なルートを通じてイギリスに輸入された。最初期の磁器はオスマン帝国の趣味を反映し、おそらくシルクロードを辿って陸路で輸入されたが、後にはポルトガル船やオランダの私掠船によってヨーロッパにもたらされた。しかし、一七世紀前半までにイギリスに輸入された染付中国磁器の量は極めて限られていた。貴族の家の中には相当なコレクションを築いたところがあり、例えばアランデル伯爵夫人アリシア・ハワード（一五八二―一六五四年）は、染付のクラーク磁器や徳化窯白磁（ブラン・ド・シン）のコレクションを、「宴会-装飾部屋（バンケティング・ルーム）」と呼ばれる専用の一室で陳列した。ジュリエット・クラクストンが明らかにした通り、この部屋は、宴会やその他のエリート階級の懇親的集まりのために特別に設計された空間で、そこでは異国情緒あふれる高価な磁器の陳列と使用が重要な役割を果たした。[*22] 中国磁器を家庭の室内構成の装飾的要素として唱道した一七世紀の人物の中で、最も影響力があったのはメアリー二世（一六六二―九四年）である。一六八九年にネーデルラントから帰国した際、メアリー二世は大規模な磁器コレクションを携えて来たが、それは喫茶に使うためでもあり、陳列するためでもあった。女王はハンプトン・コートで大量の中国磁器とオランダのファイアンス焼き「デルフト」陶器を、特別に設計された小部屋――「磁器の間（*Porzellankammer*）」――に陳列し、印象的な効果を上げた。「磁器の間」では、磁器は棚、扉の上、台座、楣（まぐさ）、炉棚などの至る所に陳列された。このような豪華な展示は、メアリー二世がオランダで室内装飾の構成を経験したことに刺激されたものだが、もともとはプロテスタントのオレンジ家の宮殿に見られる特徴であった。[*23] 貴族の女性たちは女王にならって、大量の中国磁器を陳列するというこの（愛国的かつホイッグ的な）流行を追ったのである。例えば、モールバラ公爵夫人サラ・チャーチルは徳化窯白磁を蒐集し、一方サフォーク伯爵夫人ヘンリエッタ・ハワードとポートランド公爵夫人マーガレットは共に中国染付磁器の注目すべきコレクションを所有していた。

シノワズリー、すなわち中国風装飾を愛好する趣味は、エリート階層の女性の美的価値観と、そうした女性のために取っておかれた家庭内の空間と特に深く結びついていた。「ブルーストッキング（青鞜）の女王」ことエリザベス・モンタギュー（一七一八―一八〇〇年）は一七四〇年代後半に、ヒル・ストリートのロンドン別邸（タウンハウス）の広間を中国風に装飾した。[*24] モンタギューはこの「中国部屋」を使って、知的活動に従事する男女のグループを歓待した。彼らはやがて「青鞜派哲学者」を名乗るようになる。「中国部屋」の装飾にあたって、モンタギューは東インド会社に勤める兄ロバート・ロビンソン大尉の助けを借りた。彼は数回にわたってマドラスと広州に航海し、中国磁器やその他の「東洋の」珍しい品々を妹のために持って帰ってきた。これらの事物をモンタギューは自らの装飾計画に取り込むことができた。当時、シノワズリーを批判する者も少なくなかった。それは商業的利益という利己的な目的に促された、堕落した贅沢趣味であるとして非難されたし、あるいは、異教を連想させて不敬であり、倫理的にもいかがわしいと論じる者もいた。しかしモンタギューが気付いていた通り、「中国趣味」の流行は、穏やかに女性化された空間の創造を可能にした。「中国部屋」では、モンタギューの女性の友人たちは互いの知的関心を落ち着いて語り合うことができたのである。同時にまたその空間は、裕福な土地所有者としての、そして「社交的な人間」としてのモンタギューの地位を正確に反映していた。興味深いことに、モンタギューは中国部屋の存在によって自分が新たな役割を演じられると想像した。夫に宛てた一七五一年の手紙の中で、モンタギューは自身を清の女帝として思い描いた――「今年の冬は、ぜひとも本物の中国の女帝のように座ってみたいと思います。隠棲状態にある女帝さながら、周囲にはうなずいて賛意を示す高官たちをはべらせるつもりです。私には中国の宮殿があるのですから、中国女帝のほかの特権だって持っていて良いはずではありませんか」[*25]。シノワズリーは一方では、中国趣味のエキゾチックな経験に対する思想豊かで積極的な反応であった――対象が磁器や茶であれ、あるいはほかの外来商品であれ、その点は同じだった。しかし他方では、シノワズリーはこれらの品物を浅薄

ボウ磁器工房、ロンドン、ティーポット、1750年頃、青で下絵付けした軟質磁器。イギリスの磁器は中国製品の装飾と意匠を模倣した。このティーポットは、磁器の模倣がイギリスで初めて成功してからわずか数年後に、ボウ磁器工房の「新広州」工房で作られたもの（ボウはロンドンから4マイルほど東にある村）。

模様プレート、景徳鎮、中国、1790年頃、多色の鉛釉で上絵付けした金彩磁器。ヨーロッパの紋章を装飾としてあしらった注文製中国磁器の輸出品は、非常に高価であった。ヨーロッパの紋章の（あるいはほかの形象の）デザインが中国に送られると、景徳鎮で施釉磁器に取り込まれるか、もしくは広州で無地の磁器に鉛釉で絵付けされた（その後で磁器を再び焼成した）。制作を依頼してから注文品を受け取るまでの過程は、2、3年を要することもあった。こうした模様プレートのおかげで、ヨーロッパの家族は磁器製茶器の装飾を自由に選ぶことができた。

な装飾的構成に還元してしまった。そうした構成は、ヨーロッパと中国の経済上、文化上の出会いに伴う、より道徳的に複雑な（搾取的ですらある）側面と真剣に関わり合うことを拒絶した。

完成後間もなくモンタギューの中国部屋を訪れた者の一人に、フランスの著名な劇作家マリー＝アンヌ・ドゥ・ボカージュ（一七一〇－一八〇二年）がいる。一七五〇年にロンドンに滞在したドゥ・ボカージュはイギリス人の朝の社交の流儀に魅了された。彼女の報告によると、そこにはさまざまな人々が集まり、「素晴らしい食べ物」と贅沢な茶用具を楽しむのであった。

今日はモンタギュー夫人の邸宅に伺い、この方式で朝食をとりました。そこは北京の彩画壁紙が張られ、選りすぐりの中国家具を備えた小部屋でした。極上のリネンで覆われた長テーブルの上には無数のきらびやかなカップが置かれ、その中にはコーヒー、ココア、ビスケット、クリーム、バター、トースト、そして最上の茶が入っていました。美味しいお茶はロンドン以外の場所では飲めないことを知っておかねばなりません。この家の女主人は神々のテーブルで給仕を受けるに値するほどの方なのですが、自らお茶を注いでくれました。そうするのが慣習なのです。[*26]

このフランスの知識人にとって、イギリスの茶の儀式の最も目覚ましい側面は、「この家の女主人」がそこで果たす役割であった。彼女がその富と権勢にもかかわらず、自ら茶を注ぐことを選んだからである。

中国磁器の市場は茶と同様に、公式ルートを通じてであれ、管貨人が行う「私貿易」を通じてであれ、東インド会社によって掌握されていた。磁器は比較的重く壊れやすかったが、絹や茶のような貴重だが嵩張る商品とは違って、水害を受けなかった。この利点のために、磁器は東インド貿易船の補完貨物として重宝された。破損を減らすためにサゴヤシの粉で満たした磁器用の桶は、船倉の低い位置に積み込まれた（サゴヤシの粉はいかなる状態であっても到着後に売られることは期待されていなかった）。東インド会社が一八世紀前半に中国への航海の数を増やすにつれ、「陶磁器製品（チャイナウェア）」の量も増加した。[*27] 一七〇五年、東インド会社は広州行きのフリゲート艦オウリー号に対し、絹三〇トン、茶一〇〇トン（シンロ六〇トン、インペリアル一五トン、ボヒー二五トン）、磁器製品一〇トンを購入するよう指示した。[*28] これは耐久商品としては相当の量であった。一七一〇年の議事録には、四月の競売で売りに出される予定の磁器製品の量が詳細に記録されている。それによると、ほかの品目に加え、カップとソーサー一八万組、大皿二万七〇〇〇枚、鉢と皿二万六〇〇〇個、ティーポット四〇〇〇個が売られることが提案された。この時のような競売で付けられた価格を見ると、中国から輸入された実用品のカップとソーサーは、卸価格約二ペンスで買えたことが分かる。[*29] 世紀が進むと、膨大な量の中国製磁器が輸入されていく。一七三四年だけで、一〇〇万点以上が輸入された（ただし、個々の品目は控え簿に記録されていないため、正確な数量を計るのは困難である）。[*30] それらの多くは普通の日用品であり、限られた数の中国的な図柄を複製したものだった。これらのティーカップとソーサーは、貴族の「磁器の間」に陳列された精巧な器や皿と比べれば平凡であるとはいえ、ステータスの高い商品であることに変わりはなく、イングランドの諸都市で拡大しつつあった高級品市場を介して流通した。東インド会社の競売では、磁器は専門の買い付け人たちに売るための大きな荷口（ロット）に分類された。彼らは「陶磁器商人（チャイナメン）」として知られ、イギリス中の卸売市場で商品の流通と販売を行ったほか、植民地へも輸出した。[*31] 茶詩を書いたピーター・モテューは東インド館の近くにあったレドンホール・ストリートの店「二本の扇の看板のインディア・ウェアハウス」で、中国磁器のカップと中国茶の両方を販売した。リチャード・スティールは『スペクテイター』紙上でこう書いている——「モテューの広々とした店（ウェアハウス）は茶と陶器とインド物産で満たされ、飾られていた」。[*32]

　東インド会社の磁器と茶の輸入量が最も著しく増加したのは同じ歴史的瞬間、つまり一八世紀最初の数十年間であった。これは茶の文化にとって重要な時期で、その間に茶の消費量は急増し、また、オーヴィントンの『茶論』（一六九九年）以降、茶は詩や風刺作品の中にますます取り込まれるようになった。同時にそれは磁器にとっても重要な数十年で、一六九〇年以降、磁器の輸入量は際立って増加していった。茶の歴史を扱った著作には、茶が磁器を求めたと決め込んでいるものが少なくない——つまり、この熱い飲料を飲むには国内産陶器では耐久性等の点で不十分だったために、適切な器を輸入する必要があったというのである。しかし元帳の記録を見る限り、逆のことも言えるかもしれない——すなわち、中国磁器への欲求が、それを使って行うのにふさわしい何かに対する嗜好を促し、そして、その何かとは次第に磁器で茶を飲むことになっていったのだ。一つの中国物産に対する嗜好が、別の中国物産に対する嗜好を高めたというわけである。

　中国磁器は、西洋陶器にはない独特の性質を持っていた——それは半透明の白色で、軽いうえに硬く、熱い液体にも移り香にも強かった。そのため、中国磁器は今日言うところのディスラプティブ技術に近いものとなり、ヨーロッパ各地の陶器製造業者を不安にさせ、模倣と革新の激しい循環を生み出した。ヨーロッパ大陸全域で、中国磁器はローマ時代から焼き物として主に使われてきた肌理の粗い褐色土器を一変させ、マヨリカやデルフト焼きのような、錫釉をかけたファイアンス陶器による模倣品を生んだ。また、中国磁器との競合に駆り立てられた各地の製造業者と、ヨーロッパ各国の国家元首は、国内で生産可能な代用品または模倣品を探し求めた。[*33] 最初に成功を収めたのは、一七〇九年にザクセン選帝侯フリードリヒ・アウグスト一世（一六七〇―一七三三年）の庇護の下、ザクセンのドイツ都市ドレスデン近郊のマイセンで製造された磁器である。突破口を開いたのは、白陶土と白不子の発見を通じて、より高品質の高温窯で焼かれる「本物の」硬質磁器の製法が実現されたことだった。磁器とその「秘密」に関するヨーロッパ人の知識を大いに高めたのは、イエズス会宣教師フランソワ・グザヴィエ・ダントルコールが一連の書簡で書き残した、景徳鎮の陶磁器製法の記述が公刊されたことである（彼の書簡は一七一二年に書かれたが、最終的に出版されたのは一七三五年である）。[*34] 一七六〇年までには、ヨーロッパに三〇以上の競合する磁器工房が開かれていた。

イングランドでは、最初の磁器製造所はロンドンのボウ、ライムハウスおよびチェルシーに一七四〇年代半ばに作られた。このうち最後の二つは小像やその他の美術品を製造したが、ボウの磁器工房は、東インド会社の競売で売り出される陶磁器に対抗する商品を生産するために創設された。一七四八年にはロンドン商人の組合が一つの工房を建てたが、その目的は、煆焼した骨灰、白陶土、ボールクレイを用いて作る軟質磁器の革新的な製法を活用することであった（その製法が高品質の「ボーン・チャイナ」の開発を導くことになる）。[*35] 作品は東インド会社の中国商館を模倣して「新広州」と名付けられた場所で作られた（それはリー川の支流ボウ・バック川のほとり、現在はポルシェのショールームとなっている店舗の真下にあった。ちなみに本書が執筆された場所から一マイルほどしか離れていない）。これは慎重に選択された立地で、磁器の主要市場であるロンドンに近く、壊れものを運ぶのに最適な水上輸送が容易であり、さらには、骨灰の原料供給源であるロンドン精肉市場の食肉処理場や屠殺場にも近かった。このプロジェクトは税法上の利点によっても促進された。というのも、国内生産の磁器なら「絵付け」磁器にかかる高額の輸入税を回避できたからである。ボウの磁器製造所は普通の染付茶器の販売で競合することを目指し、オークションだけでなく、新広州の倉庫やロンドン中の無数の陶磁器店で製品を売った。一七五三年には「ボウ陶磁器倉庫」がシティの中心、コーンヒルの王立取引所近くにオープンし、「都会と田舎のあらゆるお客様の便宜のために、あらゆる種類の陶磁器を販売中」と謳った。[*36] やがて、ボウの磁器製造所はその創業者がまだ存命中の一七七六年に閉鎖されてしまう。しかしながら、ボーン・チャイナ自体は製造され続け、一八世紀後半にほかの磁器製造所、特にジョサイア・スポードとジョサイア・ウェッジウッドがダービーに創設した製造所によって完成された。

皇帝の茶詩

ヨーロッパ産の磁器は、中国磁器が商業生活と社会生活に及ぼした革命的な影響に対する創造的、技術的、科学的な反応であった。この点でも、磁器がイギリス文化に与えた影響は茶の場合と似ている。茶にせよ磁器にせよ、シノワズリー好みは受容側の文化に変化を要求し、行動と知識の新しい混成的形式を創り出した——その一つがイギリス式の茶だったのである。中国の文物に対する欲求を示す最も驚くべき例の一つは、一七七〇年七月一四日付の『パブリック・アドヴァタイザー』(ロンドンの新聞)に、中国皇帝その人が詠んだ茶詩が掲載されたことである。乾隆帝(けんりゅう)(当時の英語ではKien-Longと音訳された)は、清王朝の第六代皇帝として一七三五年から一七九六年まで統治した。学者として、また芸術や文化の目利きとして称賛された乾隆帝の指揮の下、清王朝の宮廷は庇護と蒐集の極めて重要な担い手となり、皇帝の工房の拡張、古器物の蒐集、宮殿の建造に取り組んだ。そして乾隆帝自身の素養の一つには、詩作趣味

北京の造辦處(ザオバンチュウ)(皇帝宮廷の工房)、銅生地に白と青の上絵付けをした蓋付きボウル[「三清茶」の詩の銘文入り]、1746年。この中国の蓋付き茶碗は、乾隆帝が詠んだ茶詩の銘文で装飾されている。皇帝の詩は、茶を淹れることを瞑想的かつ感覚的な枠組みの中で称揚する内容で、1770年7月にロンドンの新聞『パブリック・アドヴァタイザー』紙上において英語で初めて印刷された。

があった。[37]

乾隆帝の詩は茶の淹れ方について述べたものであるが、同時に、中国人が喫茶に対して抱く瞑想的で儒教的な態度を描写している。中国式の茶では、喫茶は自然のさまざまな美を儀式的かつ共感覚的に鑑賞することの一部として存在した。乾隆帝の詩がその例として挙げているのは、茶を飲む者が梅（学名 *Prunus mume*）の花や仏手柑（ぶしゅかん）（学名 *Citrus medica* var. *sarcodactylis*）の果実を目にし、その香りを嗅ぐことに対して感じる喜びである。そして正しい茶の淹れ方が詳細に述べられ、乾隆帝は次のように忠告する。

> 三脚の湯沸かしを中火にかけよ。湯沸かしは、よく使い込まれているのが形と色から分かるものが良い。澄んだ雪解け水で満たしてから、魚族の肉が白くなり、甲殻類の殻が赤くなる温度まで熱する。それから越窯（えつよう）の磁器製の碗に注ぎ、湯気がまずたっぷり立ち昇って厚い雲を作り、その後徐々に薄まって狭霧（さぎり）のようになるまで、そのままにしておく。そうすればこの美味なる液体をゆっくり味わうことができる。[38]

皇帝が続けて言うには、喫茶の目的はまさに、「このように淹れた液体によって知らぬ間に感覚にもたらされる静穏」にある。乾隆帝はまた、軍事遠征の際に天幕の中に座っている時、いかに茶が心を落ち着かせ、その日の行動について瞑想的に思索できるようにさせるか述べている。

一八世紀に皇帝や王が詩を出版するというのは頻繁にあったことではない。『パブリック・アドヴァタイザー』の読者にとって、『茶に寄せる頌歌』の散文訳。中国および韃靼の現皇帝、乾隆帝が一七四六年に執筆」と題された記事を目にするのはちょっとした驚きであったに違いない。翻訳者はこの詩を「珍品」――皇帝ほどの「高位の人物の手」になる「東洋の詩」――として紹介し、アンリ・レオナール・ベルタン所有の「特別な種類の磁器製ティーカップ一式に印されて」いるのがフランスで発見されたと記している（ベルタンは親中国派の国務卿で、フランス東インド会社の運営に携わったこともあった）。ロンドンの新聞に掲載された皇帝の「茶に寄せる頌歌」はおそらく、イエズス会宣教師ジャン・ジョゼフ＝マリー・アミオ（一七一八―九三年）によるフランス語訳からの重訳である（アミオは長期の北京滞在中、乾隆帝の信頼を得ていた）[*39]。より優れた翻訳が二年後の一七七二年に同じ新聞紙上に掲載され、さらに別の翻訳が一七七三年にサー・ウィリアム・チェンバーズによって出版されたが、これらもやはりアミオのフランス語版からの重訳であった[*40]。皇帝の茶詩はある種の悪名を馳せた。一部の学者や詩人は、中国の茶の哲学に関する知識が得られることに興奮した。その一方で風刺作家たちは、作者の地位の高さと詩の題材の明らかな些末さとの間にある滑稽な落差を指摘した。こうして乾隆帝の茶詩の影響により、数多の「皇帝詩」が世紀後半の数十年間に流布することとなった。中国とイギリスの文化の懸隔を巧みに利用しつつ、これらの詩は新作が書かれるごとに不条理さを増していった[*41]。例えば、一七九二年に初めて出版されたピーター・ピンダーの「コーヒーに寄せる乾隆帝風頌歌」がある。この詩はコーヒーの淹れ方をかなり詳しく描写することで乾隆帝の「茶に寄せる頌歌」を模倣し、また、いつの間にか寝入って側近たちの夢を見る詩人皇帝を描くことで、乾隆帝の茶の瞑想を格下げする[*42]。これらの風刺が示唆する通り、皇帝の学問的な茶の審美主義は儒教思想と中国の文化政治学に根差しており、イギリス式の茶とは本質的に相容れなかった。というのも、一八世紀末までには、茶の経験はイギリスのほとんど至る所に浸透し、日常生活の確固たる一部となっていたからである。

第八章

密輸と課税

一七八〇年代半ばまでには、茶は重大な政治的問題となっていた。ウィリアム・デントが一七八四年七月初旬に印刷した風刺漫画《猫なめ水よ永遠に、または密輸業者の没落》には、「免税ボヒー茶」、「東インド法案」と書かれた茶箱の上に立っている首相ウィリアム・ピットの姿が描かれている。[*1] ピットの背後には、彼の若々しい横顔を縁取るようにして、東インド館の正面（ファサード）がそびえる。この建物は「特権」、「独占」と書かれた二本の人工的な控え壁に支えられている。当時広く流布した定型的な風刺表現に従って、ピットは痩身の超然とした人物として描かれ、彼の前に立っている騒々しい女たちの一団――大っぴらにピットを支持しており、うち一人は彼を「坊や」と呼んでいる――にも動じず、画面左の禿げ頭の身なりの良い男に対しても我関せずといった風に見える（この男は拳を振り上げてピットをやじっている――「お前の猫なめ水などくそ食らえだ。窓と石炭とろうそくを我らによこせ。さもないと畜生、どてっ腹をぶん殴るぞ」）。「猫なめ水（catlap）」とは、一七八〇年代に造られた俗語で、猫に飲ませるしかないような、味気ない酒のことを意味した。この漫画の笑いの

ウィリアム・デント《猫なめ水よ永遠に、または密輸業者の没落》、1784年、エッチング。ロンドン中心部のレドンホール・ストリートに建つ東インド館の外で、首相ウィリアム・ピットが女たちの一団を前に演説している。ピットは茶箱の上に立っているが、その茶箱自体、うつ伏せで横たわるチャールズ・ジェームズ・フォックスの上に積まれている（フォックスは議会における反ピット勢力の領袖）。ピットの（およびここに描かれたほかの多くの人物の）言葉は、議会を通過したばかりの減税法に言及している。この減税法によって、茶に課される消費税は窓への追加税で置き換えられることになった。

基礎となっているのは、茶は一種の猫なめ水であり、味気なく無害で当たり障りのない無価値な混合飲料であるという考えである（そうした見解は、イギリス文化における茶に対する理解の少なくとも一部に存在していた）。ピットの言葉は禿げ頭の男の言葉と同じく、茶と窓・石炭・ろうそくの関連を示唆している。しかし彼にとって茶は「女性のための天の恵み（マナ）と呼ぶにふさわしい、滋味ある草」である。そして、「日光、暖炉の火明かり、ろうそくの光が失われる」のは、人民が「茶の価格低下」と引き換えに支払った代価であるけれども、この不便さは「一滴のジン」によって容易に克服することができるという。画面最下部の地面に横たわっているずんぐり体型の男はピットの偉大な政敵、チャールズ・フォックスである。彼はピットが立っている茶箱の重量に押しつぶされながら、「あいつをどけてくれ、さもないとわしの肺臓が絞り出されてしまう」と叫んでいる。フォックスの言葉は、この漫画が明かり（とその消滅）に関心を寄せていることに掛けた洒落である（「肺臓」と訳した"lights"には、「明かり」の意味もある）。ここでは商品と政治家の関係は共生的である――小柄で鳥を思わせるピットは重い茶箱を利用することで、敵を押しつぶして人民主義的勝利を収めるために必要な政治的重みを得ているのだ。同様に茶の方も、ピットの政治手腕の力を借りて、イギリス人の味覚を征服するための次なる段階に乗り出そうとしている――「猫なめ水よ永遠に」、茶に勝利を。

茶を「猫なめ水」と見なすことは、一七八〇年代には風刺的モチーフとして広く流布していた。実際、フランシス・グロースの『古典俗語辞典』（一七八五年）でこの語の意味を調べた読者は、それが――直截に――「茶」と定義されているのを発見するだろう。このような用法は、茶に力強い風味が欠けていることに対する単純な嘲笑に起源をもつのかもしれない。ところがややこしいことに、グロースの『辞典』はまた、より政治的な「醜聞汁（scandal broth）」というフレーズを定義するためにも「茶」を用いている。[*2]「茶」のこうした両義的な響きは、国家（ボディ・ポリティック）全体においては、個人にとって茶を飲むことは健康かどうかという問題をめぐる、より広範な論争となって繰り返される。しかしともかく、茶の両義性は、デントの風刺漫画を理解するためのヒントを与えてくれそうである。一七八〇年代までにピットは（それどころか東インド会社も）、茶が「猫なめ水」として（つまり穏やかで無害で、脅威を与えない、日常生活の平凡な一部として）見なされることによって利益を得る立場にあった。しかし残念ながら、そしてピットと東インド会社にとっては不快かつ迷惑なことに、茶は政治的な性格を帯びてしまっていた。穏やかな滋養物というよりむしろ、茶は（政治的・商業的・法的コンテクストにおける）「醜聞汁」だったのであり、社会を不安定にし、政治上、文化上の変容を能動的に引き起こす力を備えていた。しかしながらデントはピットを狡猾な策士として描いている。茶をより広く「猫なめ水」として理解させるのに熱心でありつつも、ピットは自らの利益となるよう茶の政治的な力を活用するのに余念がない。われわれとしては、「醜聞汁」と「猫なめ水」という茶の二重の役割を十分に理解するためには、ロンドンの商業的・政治的影響圏の外へ、そして東インド会社の商業的勢力の及ばない場所へ移動しなければならない。確かに、東インド会社の貿易はイギリス人の茶に対する嗜好を確立するうえで重要な役割を果たした。しかしその物語は圧倒的に首都の観点から語られ、したがって必然的にロンドンに関連したコンテクスト――ロンドンの商業機関や公職、さらにはロンドンの中・上流階級の間で流行する習慣など――を重視したものである。

茶のイギリス文化への浸透は一七世紀最後の数十年間にロンドンで始まったかもしれないが、しかし一八世紀半ばまでには国内全域で、ますますイギリスの風土に馴染む淹れ方や飲み方のパターンがはっきり認められるようになっていた。商取引の権利に関する特許状の内容がたとえどうあれ、国内の茶の小売りについて、東インド会社は実質的にいかなる独占権も持っていなかった。さらに、安価な代替品ではなく自社の商品を選ぶよう地方の食料品店を説得できるような市場的自由も、東インド会社にはなかった。そうした代替品は、東インド会社の競合相手によってヨーロッパに輸入され、非合法にイギリスへ運ばれた。イギリスの商人が好んだ安いボヒー茶をヨーロッパの企業が敬遠したことを考慮に入れると、この非課税茶の大半は、ボヒー茶よりも上等のコングー茶であった可能性が極めて高い。東インド会社の茶はもちろんロンドンの外でも飲まれていた。地方への公式的な流通網は、ロンドンに拠点を置く茶卸売業者の（ますます閉鎖的になっていく）寡占によって支配されていた。しかし一八世紀の大半を通じて、合法茶は大量の非課税茶と競合しなければならなかった。そうした茶はスコットランド、イングランド北部諸州、ウェールズ沿岸地域、イングランド極西部や、よりロンドンに近い南東部へ不法に持ち込まれた（つまり「密輸［run］」された）。イギリス全土の多くの消費者が密輸茶を選んだ理由は単純な経済的要因であった――密輸茶の方が合法茶よりずっと安かったのである。東インド会社の茶が高価だったのは、同社が企業として無能だったためでも、供給網から不当利得を得ていたためでもなかったし、あるいはイギリスの管貨人たちが広州で競合に失敗したためでもなかった。というのも、確かに茶貿易の批判者はこれらの要因が茶の市場価格をつり上げているとしばしば主張したけれども、実際にはその影響は極めて小さなものだったからである。茶の小売価格を高額にさせた本当の原因は、急速に需要が増大する商品から税収を得たいというイギリス政府側の思惑だった。課税のために茶の小売価格は一八世紀半ばまでにほぼ二倍に上がったのである。

茶の国内消費に課税することで、イギリス政府は図らずも、茶が東インド館の聖域を遠く離れて、庶民の食卓に移動するのを促進した。というのもそのおかげで、「関税法および消費税法に抗(あらが)って」イギリス全土の沿岸の小港と直接取引する無数の快速船に、茶が密かに積み込まれることになったからである。[*3] そしてその結果、沿岸地域の経済に重要な役割を果たす地方市場が出現した。小売業者がかつてないほど大量かつ安価に入手できるようになると、茶は国庫の税収減には無頓着な市場によってすぐさま受け入れられた。しかし茶の密輸には、より広範囲にわたる文化的反響が伴っていた。これらの文脈において、非合法で禁じられた危険なものとして――つまりは「醜聞汁」として――自らを再定義することで、茶はロンドンのファッショナブルな習慣と喫茶との結びつきを破ることができた。ロンドンの統御を超えた密輸茶を飲むことは本質的に、国家のみならず首都の商人、株式仲介人、金融業者の権力に反抗する行為であった。茶は、ロンドンの政治上、財政上の支配力と、全国のより多くの人々の独立した欲求と意思とがぶつかり合う領域の境界を定めた。この中毒性飲料は何百万もの人々の習慣を変えた。しかし少なくとも合法的取引に利権を持つ人々の意見では、茶は社会不安、不道徳への寛容、そして国家の行政能力の公然たる格下げを引き起こした。大胆にも闇市場の違法薬物として自らを確立させるというのは、高いリスクを伴う戦略であった。しかし茶は、合法商品の取引から大蔵省が得る税収のために、法的処罰を免れたのである。したがって、ロンドン商業界の便益を図って「密輸業者の没落」をもたらしたピットの政治的達成は、茶が今一度自らを再定義するのを可能にしたことにあった――健康的な強壮剤や、流行の外来商品や、刺激的な麻薬としてではなく、むしろ「猫なめ水」として。

申告品あり

国庫の歳出がかさんだ時、議会が繰り返し注意を向けたのは、ファッショナブルな外来商品の三つ揃い――茶、コーヒー、ココア――であった。茶の消費に課税しようとする試みが最初に行われたのは、定期的な茶貿易が開始される以前の時期で、一六六〇年のスチュアート王朝復活後に実施された歳入確保策の一環としてであった。[*4] 課税は、茶が国際貿易の一品目として輸入される時ではなく、飲料として国内で「製品化」される時に行われた。この「消費税」(または「内国税」)は一ガロン(約四・五リットル)当たり八ペンスの割合で課されたが、後の一六七〇年の立法でその倍の額になった。[*5] 実際には――驚くには当たらないかもしれないが――こうして茶への課税によって歳入を確保しようとする初期の試みは惨憺たる失敗に終わり、一六八八年には消費税に代えて関税手数料が導入された(以後しばらく、料金は輸入品一重量ポンド当たり一シリングから五ポンドの間を変動した)。[*6] しかしこれによって茶商人が消費税に悩まされなくなったというわけではない。最初は護国卿体制下の共和国政府による新制度として導入された内国税は、一八世紀前半に新たに脚光を浴びることとなる。[*7] およそ一七二一年から一七四二年まで首相を務めたロバート・ウォルポールは次のことを確信していた――

ロンドンが国際貿易の中枢として継続的に発展できるかどうかは、物品がどれだけ速く国境を通過できるかによって決まるところが大きい、と。ウォルポールが構想していたのは自由港としてのロンドンで、そこでは輸入品は国内消費の指定を受けるまではほとんどあるいは全く課税されないことになっていた。[*8] 最初に課税される主要貿易品目として定められたのはコーヒー、茶、ココアであった。一七二三年の制定法によって、国内で消費されるこれらの商品一重量ポンドにつき四シリングの消費税が課され、ロンドンの卸売業者に売られる時点で徴収されることに決まった。[*9] 関税手数料は大幅に減額されたが、一重量ポンド当たり一シリングの料金は維持された。

ウォルポールの消費税を支えたのは、保税倉庫という革新的なアイデアであった。東インド会社は国内消費にかかる税を支払わずに茶をこの倉庫に保管することを許可された。ここで茶は消費税局の役人たちの厳重な監視下に置かれた（これらの官吏は「王の施錠人」とも呼ばれ、茶の搬入と、卸売業者による定期的な搬出を監視した）。[*10] 東インドオークションで茶を獲得すると、茶商人は購入した茶の正味重量を内国税徴収官立ち合いのもとで記録し、然るべき額の消費税を支払わなければならなかった。この手続きを経て初めて、茶は商人の所有となることができた。[*11] しかし、一七二三年の制定法によって想定された茶販売の監視は、東インド会社の茶倉庫を優に超えた範囲にまで及んだ。消費税徴税官は、卸売・小売業者の商店への茶の流通を追跡する権限を与えられた。これは、非合法の密輸茶が「公正に取引された」ものとして洗浄されるのを制限するためであった（こうした監視を綿密に遂行することにかけては、通関港だけで仕事をする税関吏より、流通網をまたいで仕事をする消費税徴税官の方がずっと有利な立場にあった）。[*12] 制定法第九項によれば、全ての「薬屋、食料品店、雑貨商、コーヒーハウス経営者、ココアハウス経営者」、およびいかなる「コーヒー、茶、ココアの販売者または取扱い業者」も、その土地の消費税局へ「倉庫、貯蔵所、部屋、店舗、穴蔵、地下貯蔵室」および商品を保管できる敷地内の「ほかの場所」を全て申告する必要があった。日中の時間帯、消費税徴税官はこれらの「登録済みの場所」の立ち入り調査を要求し、茶の移動に関する商店側の記録が供給業者と顧客側の記録と合致しているかどうか点検する権限を持っていた。

ロンドンおよびイングランド南部・中部の広い地域で、消費税局は茶の流通に関わる人々を厳重に見張っていた。監視の対象は東インド会社の職員から、大手の販売業者や卸売業者を経て、(首都および地方の)小規模食料品店や「茶商店」にまで及んだ。都市部の茶商人にとって、「税務計量官」――消費税対象品目の現在庫量を計量する消費税徴税官――の定期的訪問は、業務の規則的なサイクルの一部であった。税務計量官は詳細な「訓令事項」マニュアルを通じて、仕事内容を細かく指示されていた。このマニュアルは、任務中は常時携行することが求められ、法令上何か重要な展開があればその都度更新・再発行された。[*13] 税務計量官への指示の具体的内容としては、在庫品元帳に記載する際の正確な形式、使用すべき略記号、商人との会話中に守るべき態度などがあった。都市部の外では、騎馬の税務官は定期的に多くの商店を調査する「旅(ライド)」の責任を負った。消費税徴税官は訪問した商店の正確な記録を付け、その土地の収税事務所に保管される在庫品元帳を更新しなければならなかった。ここで監督官がその記録をほかの収税官によって戻された記録と照合し、正確であるかどうか点検を行った。このようにして、個々の消費税徴税官が見落としていたかもしれない不正を発見し、さらには徴税官たち自身を監視下に置くことができたのである。[*14]

関税法・消費税法に抗って

一七三五年四月中旬、イプスウィッチ関税事務所の係官二人——オリヴァー・ニュービーとジョージ・ファイルデン——は、ハドリー近郊のサフォーク州の田園地帯で、約四五〇ポンドの密輸茶の押収に成功した。そこから約八マイル東にある事務所に運搬するまで、押収品が安全とは言えないことを彼らは熟知していた。二人はこの旅が無事に終わることをある程度期待していたかもしれない——用心のために五人の武装騎兵（軍曹一人と歩兵または「竜騎兵」四人）の護衛を付けていたのであるから。ところがさほど遠くまで行かないうちに、一行は「らっぱ銃、火縄銃、拳銃で武装した」二〇人の騎馬隊に急襲された。次に起こったことを竜騎兵の一人、ジョン・ホーソンは宣誓証言において以下の通りに説明した。

先述の一味の一人が本証人に歩み寄り、火縄銃を発砲した。弾丸は本証人の上着を貫通した。次に一味の一人が……真鍮製のらっぱ銃を本証人に投げつけ、銃は彼の頭に当たった。同時に先述の一団の別の一人が本証人に近づき、火縄銃の台尻で打ってかかった。やがてこの乱闘の最中、本証人の馬が乗り手もろとも倒れた。すると先述の一味の数名が彼に襲い掛かり、殴りつけた。本証人の確信するところによれば、前述の一味は密輸業者であり、当該の武装集団が前述の茶を本証人から奪い取り、持ち去ったのである。[*15]

ホーソンの緊迫した語りからは、イギリス全土の田園地帯で茶の違法取引によって引き起こされた悪質な暴力犯罪の一端を窺い知ることができる。ここにはまた、たいていの場合数のうえではるかに勝った密輪団が、監視官側をほとんど脅威に感じていなかったことがはっきり示されている。国家の取り締まり活動が、無税茶の上陸と流通の阻止を図るうえで圧倒的不利に直面するというこの物語は、イギリス各地の外港に駐在した監視官による何百もの直話の中で、繰り返し出会うものである。それらの記録は大蔵省の記録文書に保存され、茶の違法取引が行われたおよそ一七二〇年から一七九〇年までの七〇年間をカバーしている。[*16]

熱烈な茶反対運動家のジョナス・ハンウェイ（第九章参照）にとっては、非合法茶の市場の発達は、茶の罪悪を証明するために彼が蒐集した膨大な証拠の重要な一部であった。ハンウェイの主張によれば、何百万ポンドもの密輪茶の購入は非愛国的行為にほかならない。というのもそれは結果的にデンマーク、スウェーデン、オランダ、そして――最悪なことに――フランスの貿易を利することになるからである。「われわれは理不尽にもあれやこれやのかたちで、フランスにどれだけの利得を与えていることか」とハンウェイは激しい口調で非難した。

> われわれはフランスの貿易拡張に手を貸している。のみならず、われわれはフランスが船乗りを養成し、軍艦を建造し、フランス東インド会社の信望を維持し、そしておそらくは近い将来、極めて危険で多大な出費を要する戦争にわれわれを巻き込むのを可能にしている。かくしてわれわれはフランスの手に諸刃の剣を握らせたのである。われわれ

が自分自身を憐れむ以上に神意がわれわれに憐れみを示さない限り、フランスからしたたかな一撃を食らい、われわれが深く後悔することになるのは必至である。[*17]

ハンウェイの「茶論」は、この議論を象徴的に表現するよう意図されたライン・エングレーヴィングを口絵として掲げている。木の下で、小さな浜辺を見下ろしながら、貧しい田舎者たちが即席のティーテーブルに着いている。痩せこけた体にぼろをまとっているが、彼らは身なりに気を遣うよりも、茶と粗末な茶道具一式を買う方を優先したのだ。放置された赤ん坊が、やかんを沸かしているたき火に這って行こうとしているが、誰も気に留める様子はない。この機能不全家族における子どもの運命が、国家全体の道徳機構の破綻を象徴していることは明らかである。すぐ沖合には密輸業者の小船が停泊している（おそらく水平線上に垣間見える大型船に追跡されているのだろう）。数人の男たちが茶箱を陸揚げしており、その箱には漢字のような文字がかろうじて読み取れる。密輸茶がもたらす国家的破滅は、海岸線に建つ荒れ果てたパブによって示されている（言うまでもなく、パブは最もイギリス的な飲料であるビールを提供する場である）。店の看板こそ、壁に取り付けた腕木にかろうじて掛かってはいるものの、ほかのあらゆる点でこの建物は廃墟化が進んだ状態にある。扉は蝶番（ちょうつがい）が外れ、外壁の下塗りはひび割れ、窓は煉瓦でふさがれ、屋根はなく、煙突は壊れている。もし茶の密輸がこのまま続けば、イギリス国家という建造物自体がやがて倒壊することになるだろう――読者はこう結論づけるよう求められるのだ。

コレット・モーフッド（第六章で見た通り、一七一九年の東インドオークションでさまざまな種

ジョナス・ハンウェイ「茶論」の口絵、《ポーツマスからキングストン・アポン・テムズまでの8日間の旅の日誌》(ロンドン、1756年) 所収。喫茶の悪影響が国民の道徳を腐敗させるとしたハンウェイの論考の趣旨を図解した挿絵。自堕落な男女数名が、浜辺の近くで簡素なティーテーブルをしつらえている。赤ん坊がたき火の方へ這って行こうとしているが、誰一人気付く者はいない。そのたき火では、茶を淹れ替えるための湯が沸かされている。浜辺に目を転じると、密輸業者の一団が、近くに停泊中の小帆船から陸揚げされた茶箱を運んでいる。その傍らには廃墟化したパブの建物が見え、中国茶ではなく国産ビールが国民の味覚を満足させていた過去の幸福な時代をわびしく思い出させる。

類の茶を購入した「薬屋」）は一七四六年に、「悪辣極まりない密輸行為の原因究明のために任命された」議会委員会で証言するよう求められた。[*18] モーフッドにとって、茶密輸の「原因」は疑いようがなかった。彼の報告によると、一番最近の東インドオークションでは「ろうそく競売で最低品質のブラックボヒー茶に一ポンド当たり三シリング四ペンスの値が付いた」。[*19] この茶一ポンドだけで約二シリングの消費税が課せられた（税関手数料は売り出し価格の中にすでに含まれていた）。容器の重量（「風袋（ふうたい）」）、商品のうち輸送中に揺さぶられて売り物にならなくなると予想された量（「減損見越し添え量」）、競売後の即時払いによる割引といった条件に基づいた一連の控除の結果、「商人はこの茶を一ポンド当たり約四シリング八ペンスの価格で仕入れることになる」。[*20] このことはモーフッドによると、オランダの市場と著しく異なっていた。というのもオランダでは同じ茶が一ポンド当たり二シリングで買えたのである。そしてスウェーデンではさらに低価格であるとモーフッドは主張した。茶の輸送コストを考慮に入れ、さらには、船荷五つのうち一つは差し押さえられると想定しても、モーフッドが算出したところでは、非合法茶の原価は合法茶に比べて一ポンド当たり一シリング以上も低かった――前年に税額が大幅に下がった後でさえもそうなのであった。モーフッドの算定は控えめなものであったかもしれない。というのも、この時の委員会への証言者の中には、オランダ経由でイギリスに持ち込まれたボヒー茶は一ポンド当たりたった二シリング九ペンスであると主張する者もいたのだ。[*21]

一八世紀の歴代政権は、茶の国内消費に課税して多額の歳入を確保しようと努めた。そのことによって、国家の監視体制の水面下で機能する非公式市場が確立されるための豊かな土壌が作り上げられた。合法茶の取引の組織化と、税関や消費税局の官吏による一定額の徴税は、単一の入口——ロンドン港——を確保することに基礎を置いていた。もちろん実際には、グレートブリテン島は非課税茶の陸揚げに対して著しく無防備であった。無数の記録文書から容易に見て取れることだが、密輸の影響を受けなかった沿岸地域はほとんどないと言ってよい。スコットランドとイングランド北東部の海岸後背地は複雑な地形をした、しばしば人口の希薄な地域であるが、これらはスウェーデンやデンマークからやって来る密輸業者の主要な標的になった。他方、オランダやフランスから茶を密輸する商人は（途中ガーンジー、オールダニーなどチャネル諸島の島々を通過することが多かったが）、ウォッシュ湾からリザード半島に及ぶイギリス海峡の長い沿岸地域を好んだ。また、ブリテン島西海岸（南ウェールズのスウォンジーからヘブリディーズ諸島に面したスコットランド沿岸地域まで）では、アイルランドおよび（一七六五年に購入法の下イギリス議会が獲得するまでは）マン島経由での茶密輸が横行していた。[*22]

一七三三年に関税委員会は、各地の税関吏によって調査・報告された茶およびブランデーの密輸の実態に関する概要を、大蔵省に提出した。これは、「貿易利益を損ない、税収減をもたらす、関税における不正と悪習の調査のために任命された」議会委員会に提出された証拠の一部であった。[*23]これらの実見談の細部を読むのは実に興味深い。茶の密輸が行われ始めて比較的間もないこの時期においてさえ、沿岸地域で徴税に当たる税関吏と消費税徴税官は、密輸の阻止や、捜し当てた禁制品の押収という段になると、数のうえで著しく劣勢であったようである。一七三三年の調査が報告したところでは、過去一〇年間で二五〇名の税官吏が「殴打され、虐待され、負傷し」、さらには六名が「任務の遂行中に実際に殺害されている」[24]。一七二三年一二月、サフォーク州ウッドブリッジの河港に駐留する税官吏たちが密輸品を差し押さえようとしていたところ、馬に乗った男たち三〇人に襲われ、鞭と棍棒で殴られた。それから八年後、ウッドブリッジの税官吏たちは、拳銃と「大きな鞭」を持った密輸業者に襲われた別の事例について報告した。同様の例として、一七二六年四月には、ノーフォーク州北部の沿岸の町ウェルズに駐留する二人の税官吏が、茶とブランデーを押収し終えたところで、突然、棍棒で武装した男たちに襲われた。密輸業者たちは「税官吏を殴り倒し、踏みつけ、極めて野蛮な扱いをしてから」押収された茶を取り返した。同じ年の後半、テムズ河口のリーで、別の密輸団の船に税関鑑定官が乗り込んだところ、だしぬけに「船外に放り出された」。その後で密輸業者たちは約一七〇〇ポンドの非合法茶を陸揚げする手筈を整えたという[25]。国王陛下の歳入を護る責務を負った者たちがしばしば激しい攻撃の標的となり、生命の危険を感じることも決して珍しくなかったのは明らかである。

この関税委員会の報告には、沿岸地域の町や村の住人たちが密輸業者と共謀していたことを示す記述が少なからず含まれている。一七二九年九月にリンカンシャー州ボストンでフランス船によって密輸品が陸揚げされたのを受けて、地元の税官吏たちは次のように報告した――「海岸近くに住む田舎の人々のうち、いくらかでも資産のある者は密輸業者を恐れており、あえて税官吏に協力しようとはしなかった。夜陰に乗じて上陸した密輸団に家を荒らされたり、放火されたりしては堪らないからである」。対照的に、一七三一年五月、アングルシー島南東沿岸の村ボウマリス近辺の地元民たちは、密輸団に喜んで手を貸したもようである――「税官吏たちは……地元住民によって浜辺から石つぶてを浴びせられ、また、渡船の乗組員によって発砲された」。一七三二年九月には、サウスウォルドとイプスウィッチの税官吏たちが次のように訴えた――彼らは四〇人の密輸団を追跡して遠くサフォーク州のスウェートにまで辿り着いたのだが、「地元民は十分な報酬を約束されたにもかかわらず……協力を拒んだ」。同じ月には、コーンウォール州のフォイで五〇人の地元民が崖の頂上に並び、入港しようとしていた船に税官吏の存在を知らせたことが報告された。[*26]

歴史的証拠の中に生き残っているさまざまな声の中でも最も注目すべきものとして、元密輸業者たちが一七四六年の委員会に対して行った証言がある（彼らはその証言と引き換えに、一七三六年の制定法に基づく起訴からの免除を求めていた）。[*27] サミュエル・ウィルソンはその時までには「立派な」食料品店主としてロンドンで商いをするようになっていたが、彼によると、上述のようにして地元民が密輸団を援助するのはごくありふれたことであった。

押収の危険性は陸上よりも海上の方が大きいが、それでも密輸業者たちはたいてい、海岸の住民たちがもたらす情報を利用して、関税局のスループ帆船を逃れる。彼らは官吏の船がいつ出港するのかを把握しているのだ。沿岸地域の住民の大半は、関税局の官吏よりもむしろ密輸業者の良き味方なのである。[*28]

ロンドン関税局で「関税検査官の監督官」を務めたロバート・フォスターの証言によれば、これと似た情報網が、陸上に拠点を置く税官吏の活動を混乱させた――「税官吏と兵士が路上で一緒にいるところを目にすると、人々はその目的を察知し、密輸業者に情報を送る。すると密輸業者はただちに品物を隠すか、別の道を行くかする」[*29]。逮捕され裁判という事態になった場合でも、地方巡回裁判に召喚される密輸業者を援助するために地元住民が介入することも珍しくなかった。「時として陪審員が密輸業者に対して極端に好意的なことがある」——関税局の弁護士ジョージ・メットカーフはこう訴えた——「というのも、密輸業者は一切抗弁を行わなかったにもかかわらず、弁護人による赦免の嘆願に基づき、陪審員が被告に有利な評決を下した事例が複数存在するのである」[*30]。密輸が沿岸地域の共同体に金と貴重な雇用をもたらしたことは明らかであるが、現存する証拠はまた、密輸業者が田舎の地域では——エリック・ホブズボームの用語を使えば——「義賊（social bandit）」として称えられたことを示唆している[*31]。したがって密輸茶を消費することは、中央政府と首都の商業的・国家的機構が行使する監視と権威への公然たる抵抗を明示する行為として解釈できる。さらに、ジェームズ・ウォルヴィンが論じたように、民衆の日常的慣行が国家による抑圧的な介入や監視と対立していた一八世紀の地方生活における「モラル・エコノミー」の中に、密輸茶の消費を位置づけることができる[*32]。

一七三三年と一七四六年の議会委員会がそれぞれ発表した報告書は興味深い対照を示している。一七三三年の調査では、密輸の中で最も横行し厄介であると考えられたのは非課税煙草の取引だったのに対し、一七四六年の報告書になると、それが茶に取って代わられていたことが分かる。一七四六年の委員会が一人の元密輸業者から聴取したところでは、「茶は段違いに最も多く密輸される商品である。ほかのほとんどの種類の物品を密輸するかどうかは、茶と一緒に密輸できる機会の有無によって決まる」[*33]。多くの証人たち——リチャード・スクレイター、元密輸業者のエイブラハム・ウォルターとシュート・アダムズ、そしてモーフッドその人を含む——は、毎年約三〇〇万ポンドの茶が密輸されていると主張した[*34]。この数字はほぼ確実に多過ぎである。仮にそれが正しいとすれば、この時期にイギリスで飲まれた茶四杯のうち三杯は密輸茶葉の浸出液だったことになる。とはいえ、国民的に消費される飲み物として急成長する茶が、拡大の一途を辿り収益も上がる一方の密貿易を支えたことは明らかである。そしてひいてはこのことが、密輸の組織化形態の漸進的発達と、より複雑な流通網の確立を促進した。

そうした違法取引ネットワークの中でロンドンが果たす役割は、この時代を通じて発展し続けた。一七二〇年代前半から三〇年代後半にかけての記録は、密輸茶の大半が——少なくともイングランドの海岸で陸揚げされたものは——ロンドンに運ばれたことを示している。このことにはおそらく二重の理由があった。一八世紀初頭の数十年間に、茶消費のパターンが最も広く確立されていたのはロンドンであった。しかし同時にロンドンは、東インド会社の茶の加工・流通のための全国的中心でもあった。もしも消費税による規制を回避し、非合法茶を合法的なものとして洗浄することができれば、大きな利益をあげられたのである。税関吏への暴行罪のため一七二二年に流刑に処せられていたガブリエル・トムキンズは、一七三三年の調査において証言した。その中で彼は、自分がどのようにして仲間たちと共にケント州とサセックス州の海岸で陸揚げした茶を、夜陰に乗じてロンドンから数マイル離れたアジトに運んだかを説明した[*35]。その後トムキンズたちは夜な夜なその茶（量にして一〇〇ポンドから二〇〇ポンド）をロンドンに持ち込んでは、食料品店、薬屋、卸売業者に売り捌いた。大蔵省の記録文書に残されたロンドン関税局の報告はトムキンズの説明を裏付け、密輸茶がどのようなルートを通じてロンドンに運ばれたのかを明らかにする。密輸品の押収はイングランド西部と南西部ではある程度（リッチモンドやキングストン近郊でも数件）行われたが、南部と特に東部からのルートははるかに無防備であった。エセックス州からボウ・ブリッジを通って、オールド・ゲート経由でシティに入る道は厳重に監視された。トムキンズの説明にあったような「アジト」は、ホワイトチャペル、サザーク、ストラトフォードや他の近郊の町と自治都市に数多く作られていた。その中には、密輸品の保管場所を設備するために改造されたところもあったようだ。しかし地方での取り締まりと同様に、税官吏の到着が間に合わず、差し押さえの機会を逃してしまうことも多かった。一例として、一七二四年三月の出来事を報告した以下の記述を見てみよう。

何頭かの馬が茶を積んでマイル・エンドの「馬車館」にやって来ることがしばしばあった。この家屋を税官吏たちは数回にわたって捜索したが、中身を空けられたばかりの袋を発見するだけに終わった。また大量の茶を保管できる隠し場所もあったが、そこも同様にもぬけのからであった。[*36]

しかし、一七四六年の議会委員会の時までには、ロンドンは密輸茶の集散地としての魅力を大幅に失っていた。密輸監視官の警戒がより厳重になり、ロンドンの茶商店で消費税による規制がますます厳しく適用されるようになったことが部分的な原因であるのは間違いない。議会委員会が一人の元密輸業者から聴取したところでは、密輸茶がロンドンに持ち込まれると、「地方で売り捌いた時よりも差し押さえられる危険が大きくなる」。[*37] さらに、喫茶が首都だけでなく地方でも行われる習慣となるにつれ、密輸茶の取引も自律的な需要と供給のリズムを備えた独自の市場を確立できるようになったことも大きかった。ウィルソンは次のように証言した――「茶がロンドンへ大量に運ばれることは今ではほとんどなく」、通常は内陸の諸州の市場町へ馬で輸送され、一〇〇〇ポンドほどの量で小規模卸売業者に売られる。彼の主張によれば、ロンドンでの密輸茶の販売は、少量を直接路上で売り捌くという形態に変わっていった。

いんちき商人（duffer）と呼ばれる多くの者たちがいる。彼らは徒歩で移動し、二五ポンド分の茶を縫い込める上着を着ており、その方法によって見つからずに茶をロンドンに運ぶ。そしてこれらの商人から茶を供給された行商人が町を回って、それを客に売る。[*38]

ロンドンはそれでもなお、密輸茶の買い手にとっては相当の利益をあげられる機会を意味した。複雑な不正が行われていたことを示す証拠がある――つまり、茶商人たちは自分の店に合法茶を仕入れることで、消費税局の信頼を得る。いったんそうしておけば、国家の監視の目をかいくぐって密輸茶を在庫に入れることができたのである。[*39]

密輸の根本的原因が東インド会社の茶にかけられる高額の税金にあることはほとんど疑い得なかったが、事態をさらに悪化させたのは、その税金がバランスを欠いていたことである。消費税の負担が重かったのは、ハイソン茶のような高級茶よりも、安価なボヒー茶の方であった——一七四〇年から四五年の時期について見ると、ハイソン茶の税率は約三〇％だったのに対し、ボヒー茶は約一二〇％だった。[*40] 早くも一七三三年には、ロンドンの茶商人たちは委員会を組織し、エクスチェンジ・アレーのスワン亭で会合を開いていた。その目的は「茶の闇取引を防止するための適切な方法を検討し、議会に申し立てる」ことにあった。[*41] 一七三六年三月、同委員会は従価方式の税（「価格に応じて」、つまり東インドオークションにおける茶の販売価格に基づいて算出される税）の導入を求める嘆願書を提出していた。[*42] しかし彼らの勧告がまともに取り上げられたのはそれから一〇年も後のことだった。茶税の立案者であるロバート・ウォルポールが一七四五年三月に死去してから、わずか一一日後の議会討論中に書かれた手稿の覚書で、彼の弟ホレイショー（ノリッジ選出の議員）は、現行の消費税制度の下では密輸茶市場がほとんど痛手を被っていないことを悲しげに認めた。

［茶は］今では昔と違って、店で売られるだけでなく、国中で密輸業者自身かその代理人、さらには消費税徴税官の監視を受けない行商人や呼び売り商人によっても売られている。[*43]

後に議会を通過した法（「茶……に対する現行内国税廃止のための法」）で、「上等の茶に最も高額の税を課し、結果として下等な種類への負担を軽減する」ために、従価方式の税率が導入された（ただし定額徴税金は一重量ポンド当たり一シリングに下げたうえで維持された）。[*44] 密輸茶の取引は茶消費税によって地下へ追いやられ、中央権力による探知と抑圧を受けにくい新手のやり口を速やかに発達させていた。しかしまた、ホレイショー・ウォルポールが示唆しているように、それは「国中」に張り巡らされた代理業者のネットワークを展開してもいた。実際、密輸茶の取引は、茶の全国的な需要を伸長させるうえで、ロンドンと結びついた合法市場よりもはるかに成果を挙げていたのである。

猫なめ水よ永遠に

一七四五年の制定法による介入は、一つの単純な関係を証明した——すなわち、合法市場に対する課税が高額になればなるほど、密輸茶の取引は速やかに成長するということである。当時の販売価格の相場から判断すれば、一七四五年の制定法は比較的安価な茶に課せられる消費税額を事実上半減させた。一七四六年の審問で証言した者たちの（裏付けに乏しい）見解が示唆するところによれば、密輸は三分の一程度減少した。そして間もなく、東インド会社はかつてないほど多量の茶を自社倉庫から出荷することとなった。ボヒー茶の年間売上高は一七四〇年代後半で三〇〇％以上増加し、他方、シンロ緑茶の売上もほとんど同じ割合で増大した。[*45] 海戦も合法市場にとって有利に働いた。というのもヨーロッパ大陸では、東インド会社の競合相手の商業活動はオーストリア継承戦争と、次いで七年戦争によって大混乱に陥ったからである。[*46] しかしこれらの軍事行動が一七六三年に終わると同時に、イギリスの茶貿易をめぐって商業上の縄張り争いが再開された。一七六〇年代半ばまでには、密輸団は構成員の数を増やし、より重装備の武器を携行し、一層過激な暴力を行使するのも厭わないようになっていた。[47] ある概算によると、スウェーデンとデンマークからだけでも、年間一〇〇万ポンド以上の茶がイギリスに持ち込まれた。また、一七六三年から六四年にかけては、南部沿岸地域の多くの税関事務所が、チャネル諸島経由の密輸に対する警戒を再び強めた。[48] さらに厄介なことには、一部の税関事務所の不正に関する疑惑が広まり始め、徴税官の中には――特にスコットランドで――「共謀的押収」と呼ばれる背任に手を染める者がいると噂された。これは、汚職官吏が密輸業者から押収した茶を「特上茶」として売り、その利益の一部を密輸業者に還元するという仕組みであった。[49]

ヨーロッパが広州から輸入した茶の総額（つまりヨーロッパ各国の貿易会社が茶に投資した金額の合計）は、一七五〇年代後半には年間七〇〇万ポンド以下だったのが、一七七〇年までには二〇〇〇万ポンド以上に増加した。[50] この茶の多くがイギリス市場向けであった。一七六七年から七二年までの五年間に茶税が一時的に引き下げられたことで、公式のロンドン茶市場における年間販売量は七五％増加した。[51] しかし一七七〇年代が進むにつれ、合法茶の売上は明らかにほとんど横ばい状態となった。一七七二年、一七七六年、一七七八年の年間売上高は一五年前のそれに近かった。販売価格は変動的で、年間売上総額は一七五〇年代前半以来見られなかった水準にまでしばしば下がった。[52] 回復の望みは一七八〇年の増税によって打ち砕かれ、実際その後には茶の売上はさらに低下した。一方、密輸業者はこの好機を逃さなかった。一七七二年四月、ロンドン消費税局は大蔵省に報告書を送って以下のように説明した。

特に茶とブランデーの密輸は……ここ数年で大幅に増加し続けており、［そして］今やおびただしい数の手強いギャング団によって行われているため、税官吏たちに対してさらなる有効な支援が与えられない限り、任務の遂行がもはや不可能なほどである。密輸団は棍棒や仕込み鞭で武装した五〇人ないし六〇人、時には一〇〇人の騎手から成る。……税官吏たちはこれらの一団から激しい攻撃を受け負傷している。密輸団の数があまりに多いため、密輸品の大量押収は全く不可能であり、監視官は命からがら逃げ出すのがやっとという有様である。[*53]

エディンバラ関税局の主張によれば、スコットランドの港に駐在する監視官は、密輸業者の行動に新たなやり口が現れるのを看取した。密輸団は以前よりも大きな武装船を使用し、内陸部の市場にまで密輸茶を届けられる広範な流通網を張り巡らせていたのである。[*54] 一七八三年の消費税局の報告書は、密輸船団の総数を二〇トン強の船二五〇隻以上と算定した。このうち最大のものは三五〇トンの船で、砲架に据えた大砲を装備し、四〇人（時にそれ以上）の武装船員を乗せていた。それにひきかえ、関税局が全国で保有する船はたったの四二隻であった。[*55]

一七八〇年代前半までには、茶があらゆる地域で全ての社会経済的集団によって消費されていることが明らかになっていた。しかし同時に明らかだったのは、東インド会社は（したがって国庫収入は）そうした茶消費の拡大からほんのわずかな恩恵しか受けていないということであった。アメリカ独立戦争の莫大な戦費を考えれば、国債を減らす好機を逃すことは財政的惨事と言ってよかった。さらに悪いことに、茶によるイギリスの植民地化から直接恩恵を受けるのは、イギリスの宿敵であるフランス、オーストリア、オランダ、スウェーデン、デンマークといった国々であった。しかし、イギリス国内の茶密輸に経済的解決を与えるきっかけを作ったのは、（茶に関連した政治的・経済的抵抗から始まったと一般に信じられている）アメリカ独立戦争の終結であった。この戦争が植民地喪失という惨憺たる結果に終わったのを受けて、国王ジョージ三世は彼の政敵たちが率いる連立政権を更迭し、二四歳のウィリアム・ピットを首相の座に据えた。国立公文書館のピット関連書類に保存されている二つの分厚いフォルダーを調べると、彼が茶の取引に寄せた政治的関心は早くも一七八二年に始まっていたことが分かる。[*56] ピットは、茶の合法取引において鍵を握る二人の人物と速やかに緊密な協力関係を築いた——すなわち、東インド会社の役員の一人として同社の意思決定に直接の影響力を持ったフランシス・ベアリングと、ロンドンの茶商人の中心的存在で、一七七〇年代後半にはロンドン茶業界のスポークスマンとして台頭していたリチャード・トワイニングである。[*57]

密輸を根絶するための唯一の方法は、抜本的な減税を敢行し、密輸業者が国内で合法的に入手可能な茶ともはや競合できないようにすることである、というのがピットの下した結論だった。しかしその結果として失われる税収は何かで埋め合わせる必要があった——特に、ピット政権が今や巨額の国債を負っていることを考えればなおさらであった。したがって茶税は窓税の追徴に「切り替えられる」（または「交換される」）こととなった（Commutation Act（減税法）の"commutation"は「切り替え」、「交換」を意味する）。この時付随的に導入されたろうそく税（一重量ポンド当たり半ペニー以上のろうそくが対象）は、茶取引のために政府は明かりにさえ課税しているという風刺的見解を生んだ（本章冒頭で検討したデントの「猫なめ水よ永遠に」を参照）。

一七八四年六月初旬、ピットは庶民院に新しい法案を提出した――すなわち減税法案である。三月に行われた総選挙の圧勝の勢いに乗ったピットは速やかに法案を通過させた。目立った議会討論が行われたのは一度きりであったが、野党支持の各紙が最も鋭い弾劾の媒体となった。[*58] 減税法案の反対者の中には、道義的根拠の疑わしさに焦点を合わせる者がいた――つまり、生活に不可欠というわけではない外国製品の消費を賄うために国内の全世帯が課税されるのは不当である、というのが彼らの主張であった。しかし反対者たちがより懸念したのは、東インド会社が国民への茶の供給を掌握し続けるという点であった――彼らの見るところ、同社が提供する茶は価格と品質の両面で満足のいくものではなかったのである。[*59] それでも法案は八月一九日に貴族院で最終読会にかけられ、九月に予定されていた東インドオークションに間に合うよう法律化された。従来の税――安い茶の場合約一一九％に達した――は全て廃止され、一二・五％の単一の税に置き換えられた。一七八五年の制定法に基づき、この税は輸入税（五％の設定）と消費税（七・五％の設定）を通じて徴収された。

茶の売上高への影響はすぐに目覚ましいかたちで現れた。減税法案が法律化されたのは一七八四年の半ばを過ぎてからであったにもかかわらず、その年の茶の総販売量は前年の二倍近くに達した。一七八五年から八九年の五年間の平均売上高は、一七七九年から八三年までと比べてほぼ三倍に増えた。[*60] 密輸は一、二年のうちに消滅し、イギリス中の商店が茶の供給源を地方の非合法ネットワークから、勢力を回復したロンドンを起点とする正規ルートへ切り替えた（この事実は、消費税局に登録された茶商人の数が一七八四年から九三年の間に六〇％増加していることからも自ずと明らかである）。[*61] 茶取引を保護する見返りとして、減税法は東インド会社に対して新たな法的責任を課した。

［東インド会社は］以後、毎年少なくとも四回、できる限り等間隔でオークションを実施し、各オークションでは需要に十分応じられる量の茶を売りに出すものとする。また、毎回のオークションで出品される茶は、価格無制限で最高落札者に売られるものとする。……そして上述の合同会社は時折発注をかけて……倉庫に保管された在庫に加えて……少なくとも一年分の消費に相当する在庫を持つのに十分な量の茶を購入するものとする。[*62]

実質的に新たな法体制が作られ、国家が東インド会社による茶取引独占の継続を許可することになったのである。ある商店主は、減税法が茶の取引に「完全な変革」をもたらしたと述べた。[*63] 減税法の条項に述べられた大量の茶を調達することは、最初の数回のオークションでは大きな問題となった。しかし、茶の小売価格を確実に下げるためには（それは少なくともピットにとっては必須の政治課題であった）、まずは供給が新たな需要を確実に満たす必要があった。減税法導入の直後には、東インド会社はヨーロッパ大陸の競合相手から茶を購入せざるを得なかった。[*64] 中国の「行（ホン）」たちもまた新しい状況に適応しなければならなかった。というのも、以後二〇年の間に、イギリス東インド会社がヨーロッパ諸国の中で最も有力な広州市場への参入者となるからであった。[*65] 一八〇一年に東インド会社書記のロバート・ウィセットが示した数字によると、一七八四年以前には広州から輸出される茶の年間総量の四〇％以上を東インド会社が占めることは珍しかったが、一七九〇年代になると同社のシェアはしばしば九〇％を超えた。[*66] フランスとオランダ両国の東インド会社は一八世紀末までには消滅し、スウェーデンの東インド会社は少しの間、一年に最大三隻の船を送り続けたが、やがて中国貿易に見切りを付け、一八〇四年以降は広州へ船を送るのを中止した。一九世紀末までに、茶の船荷を獲得するうえでイギリス東インド会社の最も強力なライバルとなっていたのはヨーロッパ大陸の商人ではなく、むしろアメリカの民間貿易会社であった。

こうした新たな情勢の下、イギリス東インド会社はより高品質の茶への需要を認識し、それを満たす必要に迫られた。その結果、標準的なボヒー茶と、より高級なコングー茶の合法的な売上高における完全な逆転が生じた（コングー茶はボヒー茶より濃く、芳醇な風味を持つ）。一七八四年以前の四〇年間、ボヒー茶の売上高は東インド会社の紅茶（ブラックティー）売上総量の平均九〇%ほどを占めていた。[*67] 対照的に、コングー茶の割合は同じ時期を通じて売上高の七%ほどに過ぎなかった。これら二種類の茶の数字は一八世紀を通じて驚くほど安定していた。ところが一七九〇年以後の四〇年間を見ると、ボヒー茶の割合は紅茶（ブラックティー）の売上高のたった一三%で、一方のコングー茶は七六%を占めるに至った。コングー茶はしたがって、一九世紀前半に群を抜いて最も広く飲まれた茶であった。東インド会社のコングー茶の販売価格はやがて、減税法前のボヒー茶とそれほど変わらない水準にまで下がった。こうして、より高品質の茶がずっと安い価格で手に入るようになった。しかし密輸茶が少なくとも二〇年間は主としてコングー茶であったことも事実であり、すると、ロンドンの影響圏の外で茶を飲んだ地方の人々はどうやら、ロンドン市民よりも洗練された味に親しんでいたことになる。したがって一七九〇年以後の売上高の数字が明らかにするのは、東インド会社の記録が従来示していたよりも正確なイギリス国民の茶消費のパターンだけではない――さらに興味深いことに、東インド会社の茶を飲む者は、密輸茶を飲んでいた地方の人々のより優れた趣味を遅ればせながらに模倣していたのである。一方、緑茶の割合は減税法以前の全売上高の約三分の一という水準から、五分の一に減少した（この水準が一九世紀半ばまで保たれることとなる）。

一八世紀のイギリスにおける茶の密輸は、国家と東インド会社双方にとって、地方の側からの厄介な反抗を意味した——それはつまり、合法的な輸入茶の供給と流通をロンドンが支配することに対して地方が示した抵抗にほかならなかったのである。したがって、減税法がもたらした非合法取引の終焉は、首都の勢力の回復として理解しなければならない。法案の起草に際して意見を求められたのはロンドンの茶業界だけであり、減税法自体も明らかにロンドンの商業階級の増益を図ったものである。[*68] 同時代の新聞は、減税法をその効力において根本的にロンドンびいきの法律と見なした。[*69] 一七二〇年から一七八〇年までの時期に茶がイギリス全土で飲まれるようになったのは、密輸の影響によるところが大きい。その点で密輸が果たした役割はおそらく東インド会社そのものよりも大きかっただろう。[*70] 一七六〇年代にスコットランドが茶を飲む国になったのは密輸茶を扱う商人のおかげであったし、スコットランドの沿岸地域から中心部までを網羅する流通ネットワークを確立したのも彼らの功績であった。ヨーロッパ諸国の東インド会社を通じて中国から輸入された茶を流通させるための非合法ルートを確立し、茶をブリテン島の地方の隅々にまで供給したのは密輸業者たちにほかならなかった。喫茶はファッショナブルなロンドン中流市民の習慣であるという認識を切り崩すのに一役買ったのも彼らであった。そして何より、茶の市場価格を引き下げ、この商品を地方の労働者階級家庭にも手の届くものにしたのは、彼ら密輸業者であったことを忘れてはならない。

第九章

喫茶の民主化

ウィリアム・クーパーの代表作『課題』(一七八五年)は、イギリス的生活に関する長大な詩的観想ともいうべき作品である。この詩の第四巻の冒頭では、安楽な隠棲生活を送る語り手が、冬の夜の訪れを楽しげに待つ様子が描写される。「泥のはねた長靴を履き、革帯を腰に締め、髪を凍らせた」「騒々しい世間の使者」が馬に乗りやって来て新聞を配達すると、詩人は何ものにも邪魔されず、落ち着いて一、二時間の読書を楽しむ。

さあ、暖炉の火を起こして、鎧戸をしっかり閉め、
カーテンを下ろし、ソファを暖炉に引き寄せよう。
そしてぶくぶく煮えたぎり、しゅうしゅう音を立てる湯沸かしが
湯気の柱を吹き上げる間、人を快活にさせるが
酩酊させはしない飲み物を各々味わいながら

安らかな夕べを迎え入れることにしよう。[*1]

ここで茶道具は、「暖炉の火」、「鎧戸」、「カーテン」、「ソファ」の暖かさと快適さを補完する役割を果たしている──それは、日常的な習慣の「安らかな」社交性を保証しながら、この家庭生活の情景を完成させるのである。この詩が発表されて以来、「人を快活にさせるが酩酊させはしない飲み物」は一八世紀の喫茶を特徴づける定番のイメージとなっている。この巧みな表現を戦略的に取り入れたのが当時の社会改良家たちで、彼らにとって茶は、大衆が偏愛する蒸留酒や強いエールの、アルコールを含まない代替飲料であった。しかしクーパーがこの居間の場面で描き出しているのは自意識的で特権的な閑暇であり、それはスペクテイター氏描くところの、上品な哲学的会話が交わされるロンドンのティーテーブルの地方版と言ってもよい。この居間は、知的に洗練された家族が、炉辺のかなたにある世界と批判的に関わり合う場なのである。

この詩の別の箇所で、クーパーは田舎の貧しい人々の窮状を取り上げて共感を寄せているけれども、『課題』は全体として、茶がもはや富裕層の専有物ではないという事実を明確に認めることはしない。しかし、この作品が出版される頃までに、乾燥した中国の葉は身分と趣味の伝統的な境界を越えてしまっていた。したがって問題はもはや、誰かが茶を飲むかどうかではなく、むしろ彼女（または彼）がどの程度の質の茶をどのくらいの量飲むか、ということであった。「この王国における茶の消費は……以前とは異なり、主に富裕階級と中流階級の人々に限定されてはいない」と、一七七〇年代後半に消費税委員会のために準備された文書が説明していた。今や、「茶はあらゆる田舎家にまで普及している」というのである。[*2] 実際、一七八四年の減税法は、まさにそうした自明の理に基づいて構想された。国内の（合法的な）茶の売上に対する高率の課税から、窓の数に基づく不動産税へと国庫の収入源を「切り替える」ことによって、政府は茶を飲む人々と、固定した住居を持つ人々（つまりほぼ全ての国民）が、同じ部分集合を成すと見込んでいたのである。

ウィリアム・ピットのために準備された文書はこの原則をふまえつつ、減税法が社会の全階層に及ぼすと予想された経済的な影響を算定した。調査の結果、「窓が五枚以下の家」に住む世帯でさえ、「週当たり三オンス［の茶］を消費している」ことが分かった。「［消費］税が減額された場合の、イギリスにおける茶の予想消費量」を推測して、ピットへの報告書は以下のように算定した――すなわち、「窓が七枚以下」の家に住む者（最も貧しい四〇％の家庭）は、年間一〇・五ポンドの茶（イングランドの総需要量の約二五％）を必要とするであろう。[*3] 同時にピットが求めたのは、消費者を安心させるための情報であった。つまり、（少なくともすでに現行消費税の応分負担をしている人々を基に算定すれば）新しい窓税を恐れる理由は何もないということを消費者に納得させる必要があったのである。「ボヒー茶一〇ポンドを消費する一般的な家庭」の場合、新しい税制の下では、毎年一四シリング六ペンスも豊かになるはずであった。もっと高級な茶一二ポンドを用いる「中流家庭」であれば、一ポンド三シリングの節約が期待できた。年間四八ポンドの茶を消費し、課税率が最も高い「上流家庭」でさえ、一ポンド四シリングも家計が浮く計算になった。[*4]

グローバル化の端緒についた近代世界とイギリスがいち早く関係を切り結ぶ中で、茶は大量消費される最初の国際商品の一つとなった。一八世紀末までには、イングランドのほぼ全ての住民（およびブリテン島の他の地域とアイルランドの住民の大半）が何らかの種類の茶を飲んでおり、あらゆる社会階層の世帯が、茶への支出を一週間の家計予算に含めていた。したがって、茶は日常生活で万人が経験するものになっていた。茶が万人の飲み物であるということは、過去二世紀以上にわたって、イギリス社会に関する確固たる事実として認められてきたと言ってよいだろう。しかし、一七八〇年代においては、茶の普及はいまだ深い変容力を備えたパラダイムだったのであり、イギリス国民の習慣に関する根本的に新しく独特な何かを表現していた。さらに言うと、茶の支配確立の物語はまだ

ウィリアム・レドモア・ビグ《田舎家の室内――茶を用意する老女》、1793年、カンヴァスに油彩。ビグが描く18世紀末の民家の室内図は、茶が今や「宮殿から田舎家まで」、イギリス中の至る所で飲まれているという同時代の常套句を視覚化している。暖炉の火にかかった鋳鉄製のやかんが沸騰するのを待ちながら、一人の女性が皮のふいごを膝の上に抱えて座っている。彼女の右手に置かれたテーブルには、簡素なティーセット一式（ティーポット、カップとソーサー、茶筒、砂糖入れ）が準備されている。

決して完結してはいなかった。一つには、本当にどこにでもあると言えるほどの量の茶が市場に行き渡っていたわけではないということがある。当時の茶は一日に一回だけ、(朝食にせよ夕食にせよ)メインの食事と一緒に飲むのが普通で、時と機会を選ばず一日中飲むというのではなかった。しかしさらに重要なのは、茶の普遍性は常に論争の対象であり続け、異論を唱える者も少なくなかったということである。一八世紀の論者の中には、茶が労働貧民の日常的な食習慣にまで浸透するのは、あまりに度が過ぎていると考える者も多かった――つまり、労働者や貧困者は彼らの物理的欲求と社会的地位にそぐわない、無益な外来の奢侈品を摂取しているというわけである。茶がイギリスの経済と社会に対してどれほどの価値があるかという問題は、激しい(時に敵意に満ちた)論争の的であり続けた。そしてこの論争においては、エキゾチックな奢侈品としての茶の伝統と、国民的必需品としての茶の新たな装いが互いに拮抗した。

田舎家と工場

「茶は王国のほとんど全ての家庭で朝食の一部となっている」――一八〇一年に東インド会社の書記ロバート・ウィセットはこのように述べた。[*5] 茶の普及に関するこうした主張は、必ずしも目新しいものではなかった。トマス・ショートは一七三〇年の時点で、この「浸出液」が「あらゆる人に飲まれている」と考えていた(ただし彼は「最下層の……人々」だけは除外したけれども)。一方、メソジスト派を創始した説教師ジョン・ウェスリーは、一七四〇年代の半ば頃、飲酒習慣について「ロンドンの多くの庶民」にたまたま質問する機会を持った。この時ウェスリーが得た返答は、「朝も夜も、少しの茶以外のものはほとんど飲みません」というものだった。[*6] さらに一七五六年には、商人で博愛主義者のジョナス・ハンウェイは、茶が「あらゆる人々の間に普及しており」、その状況が「二〇年ほど」前から続いていることを嘆いた。[*7] しかし、これらの証言にもかかわらず、茶のイギリス社会全体への普及ということに関しては、現実よりも観念の方が先行していたのである。東インド会社の統計が明らかにする通り、合法茶のイギリスへの供給量は一八世紀の各二〇年間で二倍以上ずつ増加したが、年間平均輸入量が一二〇〇万ポンドを越えるようになったのは、ようやく世紀最後の二〇年間のことに過ぎない――一二〇〇万ポンドというのは、全イギリス国民が毎日の朝食時の飲み物として茶を消費するのに必要な量としてピットが算出した数字である。[*8] 仮に、一七八四年以前に密輸茶の量が東インド会社の茶輸入量と同じ水準に達する時期があったとしても、それはほぼ間違いなく世紀半ば以降のことである。[*9] こうした茶の供給量の上昇傾向は（人口増加を実質的になぞるようにしながら）一九世紀前半を通じて続いた。換言すれば、およそ一七七五年から一八五〇年までの四分の三世紀の間に、イギリスにおける茶の消費は、著しく普及すると同時に比較的安定するようになったのである（一八五〇年以降の一人当たりの消費量に比べればまだ控えめであるとはいえ）。[*10]

一八世紀イギリスの労働者階級はどうして茶を飲み始めたのだろうか。この点に関する彼らの慣行や経験については、どれくらいのことが分かっているのだろう。直接的な証言は否応なく限られているが、断片的な証拠をつなぎ合わせることはできる。[*11] まず、経済史家の仕事から明らかなのは、この食習慣上の変化は、生活水準の向上に伴って生じたわけではないということである。確かにイギリス経済はこの農業革命と産業革命の時代に成長したけれども、相対賃金は基本的に（少なくとも一九世紀の第二四半期までは）停滞していたし、田舎の貧民の状況はおそらく以前よりも悪化した。[*12] 最低限の生計手段（牛を飼う、野菜を育てる、自家醸造酒を作るなど）が次第に軽視され、急速に拡大する消費主義が優先されるようになったことは事実である。しかし、労働者階級における茶の普及の推進力となったのはむしろ、供給側の要因であったように思われる。茶の場合、このことが意味するのは、輸入の増加、小売価格と消費税両方の引き下げ（茶は例えばビールよりもずっと安くなった）、そして乾物をより効率的に流通させる輸送技術の改良であった。[*13] 茶が中・上流階級によって地位と洗練の指標として盛んに領有されていたのは確かだが、この飲料が田舎家や工場でも取り入れられるようになったのはむしろ、より広範囲に及ぶ社会経済的な再編成の結果だったのである。砂糖入りの茶と白い小麦パンが大多数の人々の主要な栄養補給源となり、ミルク、チーズ、エール、オートミールといった伝統的な生産物に取って代わった。労働者の食習慣は一変したわけだが、そうした変化の恩恵を主に受けたのは明らかに労働者階級自身ではなく、地域の食料品販売業、国際貿易、囲い込み地での集約農業から利益を得る実業家たちであった。

とはいえ、右に挙げた以外の要因が作用しなかったというわけではない。下層階級の中で最初に茶の味を覚えたのは、おおむね家事奉公人たちであった。一八世紀前半の間でさえ、召使たちはさまざまな手段を通じて茶と出会った——彼らは契約上の役得や時折の心付けとして茶をもらったり、あるいは主人の食事やパーティーの残り物を口にしたり、中・上流階級の真似をして自ら薄給をはたいて茶を買ったりした。この時代の風刺作品には、使用人階級のそうした行動に狙いを定めたものが多くある。例えばダンカン・キャンベルの『茶に関する詩』（一七三五年）では、ある貴婦人が上品な訪問客との（韻文の）会話の中でこう聞かされる――「女中のスーキー・デインティーと料理人のベス・テイストが炉端に座ってそのお茶を飲むでしょう／私の残したものを空にしているところをよく見かけますから」（これに対して貴婦人は「まぁ、その善良な娘たちはかわいそうによほどお茶が好きなのですね」と答える）。[*14] キャンベルの詩と似た皮肉な同情を示すのはジョナサン・スウィフトの『奴婢（ぬひ）訓』（一七四五年）で、作者は「［奥様がた］が茶と砂糖をしまっておく錠前と鍵付きの箱や物入れが考案されたこと」を嘆いてみせる。なぜなら「茶と砂糖なしでは侍女は生きてはいけないない」からである。この箱の中身に直接触れることはできないため、女中は（字義通りにも比喩的にも洗練されていない）「赤砂糖」を買って、すでに女主人のために使われた（したがって「すっかり気の抜けた味気ない」）「茶葉に湯を注ぐ」か、さもなければ自分の飲む分を「茶商店の女将」から「掛けで」買わなければならない。[*15] 一方、ジョン・シェビアの『イギリス国民に関する書簡』（一七五五年）では、見せかけの驚きが語り手の言葉に皮肉な調子を添える――「粗野な女中たちでさえ一日に二回、上流階級を精一杯真似て茶を飲まなければなりません。彼女たちは毎日の茶を主人との間の最初の取り決めにしているほどです」。[*16] ジョナス・ハンウェイも同じ意見で、上流階級の「D夫人」を次のように叱責する――そうした「取り決め」は「使用人全般、特に女の使用人が行っていることであります。彼女たちはこの忌まわしい習慣が認められるよう要求し、あなた方はそれに応じてしまうのです」。[*17] これらの風刺の主旨は、減税法に先立って行われた政府調査によっても裏付けられた。ほどほどに裕福なあるイギリス人世帯に関する調査は、次のことを明らかにした——乳母、侍女、料理人、馬車の御者とその妻は全員、少なくとも一週当たり二オンス（つまり「一日二回の茶」）を支給され、「子供部屋で助手を務める娘」にもそれ以下の量が与えられていた。この調査文書によれば、「現在の従僕は茶を飲まない」が、「彼の前任者は飲んだ」とのことである。[*18]

すると、ロンドンと地方の貴族や郷紳階級（ジェントリー）に仕える使用人たちの間で早くに足がかりを得たことが、茶が社会的・地理的に広まるきっかけとなったと考えてもよさそうである。確かに言えるのは、一七九〇年代に労働者階級の生活に関する二つの権威ある先駆的研究が豊富なデータを公表した時までには、茶は至る所で飲まれていたということである。デイヴィッド・デイヴィーズの『農業労働者の実情』は、イングランド全土における一二二の地方家庭の家計をリスト化して示した。そのうち、一一二（九二％）の家庭では、茶への毎週の出費がはっきりと家計に含まれている（スコットランドと北ウェールズについて集められた証拠は限られていたが、そこには茶への出費は認められなかった）。これらの家庭が購入した茶の量は決して多くはなく、大体はほんの二オンス（約五六グラム）ほど（二オンス当たりの価格は約二ペンス）だったが、これで毎日家族全員が一杯飲めるくらいの量であった。茶は砂糖やバターと同じ範疇に分類され、最も貧しい家庭でも小麦粉に次ぐ主要食品としてほとんど常備されていた（ただし、最貧困層よりも可処分所得の高い世帯ではベーコンへの出費の方が多かった）。[*19]

サー・フレデリック・イーデンの『貧民の現状——あるいはイングランド労働階級の歴史』（一七九七年）も、同様の状況を明らかにしている。バークシャー州レディングでは「貧民は普通一日に二回……茶を飲む」。ケント州アッシュフォードでは「貧民は食事の時に必ず茶を飲む」。リンカンシャー州スワインズヘッドでは「貧民は茶とオートミール・スープを大いに用いる」。ウェストモーランド州アンダーバロウのような「辺鄙（へんぴ）な土地」にも「茶は普及しており……ほとんど全ての田舎家で飲まれている」。[20] 四〇年後の一八三九年一二月に博愛主義者のサミュエル・リチャード・ボーザンケットが集めた情報によれば、同じ習慣がロンドンの都市貧民の間でも行われていた。タヴィストック・ミューズに暮らす、子どもが五人いるある家族は週当たり一シリングを茶に費やしたが、これは一ポンド三シリング四ペンスという彼らのささやかな出費全体の五％弱の額であった。四人の幼い娘を抱えてリトルラッセル・ストリートに住む未亡人エリザベス・サックは八シリング四・五ペンスの家計から一シリング一ペンス（全体の八分の一強）を「茶と砂糖」に使った。別の未亡人（今度は五人の子持ち）で、ケントン・ストリートに住むエリザベス・ホワイティングは「茶と砂糖」に六ペンスを費やした――二シリング五ペンスの家計の五分の一以上の額である。[21] これらの家庭の収入は哀れなほど少なかったにもかかわらず、茶は彼らの買い物リスト中の不可侵の項目であった。茶は社会参加のしるしでもあって、それを飲んでいればかろうじて絶対的貧困ラインよりも上の生活をしていることを意味した。

一九世紀最初の数十年までには、茶が全ての階層に普及していることはほとんど自明と言ってよかった。「ほとんど誰もが茶を用いている――つまり、一日に少なくとも一度も茶を飲まずに済ます人はまずいない」と、サザークの茶商人デイヴィッド・デイヴィーズは、一八三四年に消費税改革調査のために召集された庶民院特別委員会に対して述べている。[22] 実際、この時に提示された証拠は、当時の民衆がどのように茶を飲み、喫茶についてどう感じていたのか、多くのことを明らかにしてくれる。まずはっきりしているのは、茶の新たな大量市場を構成した抜け目ない倹約家の庶民は、自らの資力に見合ったやり方で鑑識眼を働かせたということである。チーズ屋のジョン・チェナリーはこう述べている——「貧しい人々は、スプーン二杯分の良質のコングー茶は［ボヒー茶］三杯分よりも使いでがあると考えており」、したがって値段は高くても濃く出る種類の方を少量買うことが多かった。[*23] 卸売業者のジョン・ミラーの証言がさらに説明しているところによると、労働者階級の人々は「［ボヒー茶を］一、二回淹れると、その後で茶葉を煮るのだが、そうすると、［それは］もう完全な出がらしになってしまっている」。[*24] コングー茶は何煎も繰り返し淹れることができたので、次第にボヒー茶よりも好まれるようになった。

一八三四年の委員会の調査でもう一つ明らかになったのは、イギリスの茶習慣が地域差によって階層化されているということであった。広州で東インド会社の茶検査官を務めたジョン・リーヴズは、「農業地域の大半では薄い茶が、工業地域では濃い茶が求められる」と証言した。[*25] ミラーは、この違いは嗜好ではなく経済状態を反映していると考えた。彼の証言によれば、ロンドンでは「最も貧しい階層の人々は……ボヒー茶を飲まず、むしろそれなしで済まそうとする。彼らはその名前すら嫌っている」。したがって、ボヒー茶を供給する業者は、ほかの茶が手に入らない「村」へと追いやられた。[*26] ミラーと同じ卸売業者のウィリアム・ストーズ・フライも同様の見解を述べた——今や「ボヒー」は各地を回る行商人か、使用人に供給するために買う地方の貴族や郷紳階級以外にはほとんど売られなくなっているという。しかしデイヴィーズは意見を異にし、「ロンドンでも地方でも」ボヒーは「最貧困層とそれに近い人々」によって飲まれ続けていると主張した。[*27] 確かに都市部では、比較的貧しい買い物客さえもが、ある程度の鑑識眼を示したようである。ストランド街の小売業者エドワード・アントロバスは、「並のコングー［紅］茶」と「並のトンケイ［緑］茶」の両方を「比較的貧しい階層」に売った。一方ミラーの主張によると、貧しい者は「良質のコングー茶と良質の屯渓茶」を選ぶ傾向があり、「その二つをブレンドしたものが工業都市ではかなり用いられている」[*28]。この「ブレンド」を作るのが食料品店なのか顧客なのかは判然としないが、地域による好みの差がここにも表われている。マンチェスター出身の茶商人トマス・ビニヨンは、彼の生まれ故郷では労働者階級は緑茶と紅茶を「同じ量飲んでいる」と考えた――「しかし、私が長年暮らしてきたイングランド北部では、もっぱら紅茶が飲まれている。バーミンガムでは紅茶よりも緑茶の方が多く飲まれ、ノッティンガムでも同様である」[*29]。

一九世紀初め頃の最貧困層の人々が喫茶を社会的・物質的にどのようなものとして経験していたのか――この問題についてはおおむね推測に頼るほかない。貧しい人々が用いる比較的少量の茶葉ではかなり薄い浸出液しか作れなかったので、普通加えられた「黒砂糖（ムスコバド）」や「粗砂糖」の味に負けてしまうことが多かったに違いない[*30]。ハンウェイが主張したように、「砂糖を入れないとそれはひどく不快な味がする。そして砂糖を入れるとその味が優（まさ）って、茶の味をほとんど消してしまう」。（別のところでハンウェイは「大衆のほとんどは粗い赤砂糖を飲んでいる」と言いた[*31]）。このように味が薄いところへもってきて、さらに繰り返し葉を浸出させることで、どれだけ芳醇なコングー茶だろうと苦味の強い屯渓茶だろうと、三回か四回目に淹れる時には全く本来の風味を失ってしまった。評論家のジョージ・シグモンドは一八三九年に、イギリス人の大半は「濃い飲み物が好きであり、砂糖とミル

ALBERT
BREAKFAST
LOON
What! d'ye think I am going to drink that ere common brown
Sugar? no! Then if you dont like it lump it.
COMIC ALBUM No 4.

フレデリック・アルヴィ（J・C・ウィルソン原画）《何だと！ 俺がそんな粗悪な赤砂糖を飲むとでも思ってるのか？》、1840–60年頃、紙にリトグラフ。19世紀ロンドンの街路の一場面を描いた図。屋外茶店の店主の老女を相手に、客の一人が「粗悪な赤砂糖」の品質に関して文句を言っている。この版画は、下層階級の気取った習慣を風刺するだけでなく、茶が今やロンドン中で広く一般に販売・消費されるようになったことを示している。

クを入れてもしっかり味わえる茶を好む」と述べ、二〇世紀前半までに人気となる飲み方を先取りした。しかし、デイヴィーズ、イーデン、ボーザンケットが調査した労働者たちが日常的に「ミルク」を入手できたことを示す証拠はない。[*32] 実際、万人が茶にミルクを足すことを可能にするだけの酪農基盤（インフラ）は未だ整っていなかったのである。[*33]

水を沸騰させるのに必要な燃料費を考慮に入れると、ほとんどの貧しい家庭では、一日の主要な食事の一部として茶を飲むことしかできなかったはずである。そうした家庭で火を使った調理をすることがあるとすれば、仕事を始める前か終えた後の、一日一回であったに違いない。一八〇一年にウィセットは、茶は「朝食時」に飲むものであると述べていたが、一八三〇年代までには、午後または夜に茶を飲むことが朝に飲むのと少なくとも同じくらい普通になった。一八三四年の工場調査委員会の報告書によれば、ダービシャー州とランカシャー州の多くの工場では、一五分から三〇分間の「お茶」の時間を労働者に許可していた。これは「食事休憩」のために割り当てられた時間の一部として、昼食と終業時刻の間に取る休みだった。進歩的な雇用主の中には、無償で熱湯を支給する者さえいた（ただし、そうすることで作業効率を上げ、結果的に茶の休憩時間を短縮するという狙いもあったかもしれない）。[*34] 幸運な少数の者は、また別の手段によって湯を沸かす手間と費用を免れた。J・C・ウィルソン作の一九世紀半ば頃の（フレデリック・アルヴィによって版画で複製された）漫画は、丸石を敷き詰めた街路に設けられたにわか作りの茶店を描いている。店主の老婆が、砂糖の品質に不満な客と激しく言い争っているところである。彼女は「ロイヤル・アルバート朝食堂」と書かれた大きな茶沸かしから飲料を供している。この版画では見る者の共感を集めるようには描かれていないけれども、こうした店はイギリスの都市部ではごく普通の光景になっていたようで、比較的困窮した消費者にターゲットを絞り、給仕される側の顧客よりも裕福であるとはほとんど言えない人々によって経営されていた。とはいえ、大半の人々にとってはやはり家庭の炉辺こそが茶を淹れるのに最適かつ最も安上がりな場所であった。フリードリッヒ・エンゲルスが一八四〇年代の北部工業地域で出会った最貧困層のアイルランド移民でさえも、ごみごみした台所に「やかん(ティー・ケトル)」を備えていた。「茶が飲まれていない所には」――エンゲルスはこう結論づけた――「最もひどい貧困がはびこっている[*35]」。

無益な習慣――不合理な出費

一八世紀の終わりまでには、喫茶はイギリスにおけるほとんど普遍的な社会慣行になっていた。喫茶習慣が下層階級にまで浸透することに対して、論者たちはさまざまな態度を表明したが、彼らの見解は大まかに言って「茶肯定派(teaist)」と「茶否定派(anti-teaist)」の二つに分けることができる(これらは茶の支持者と反対者を分類するために早くも一七二〇年に造られた用語である[*36])。両陣営の論争で当初優位に立ったのは、道徳上、経済上の強い不安に駆られた茶否定派の方であった。しかし一九世紀前半の間に、国家にとっての茶の重要性をより慎重かつ共感的に受け入れた肯定派が次第に有勢に転じた(ただし、最終的に肯定派の言説は茶の恩恵を大仰に褒め称えるものに変質していくのであるが)。茶否定派の先駆者がジョナス・ハンウェイで、彼は茶とその支持者を容赦なく非難した。

リッチモンドの近くのとある横町では、乞食たちが夏場に茶を飲んでいる光景がよく見られる。石炭殻を運ぶ荷車の中で茶が飲まれているのを目にすることもある。同様に馬鹿げたことだが、カップに入った茶が干し草作りの男たちにも売られている。フランス兵三人を駆逐できるはずの男が、あるいは、そうした勇敢な男たちを産み育てることのできる女が、茶などを啜っているとは！……このような女々しい習慣が、畑で汗を流して糧を得るべき者たちにまで蔓延すれば、その結果はどんなことになるだろう！　ロンドン中の地下室を覗いてみるがいい。午前か午後に、そしてしばしば午前も午後も茶を啜っている男女に出会うだろう。彼らはパンがなくても茶は欠かさずに飲む。[37]

ハンウェイの議論によると、貧民の喫茶は「無益な習慣、不合理な出費」で、社会的に甚だしく不穏当な行為にほかならない。なぜならそれは壮健な労働者階級を国家から詐取し、兵士を「女々しい」臆病者として再ジェンダー化するからである。[38]なかんずく、喫茶は自滅的な行為である——国家の防衛と生産の担い手たるべき民衆の食事において、元気を奪う「茶」が、元気を与える「パン」に取って代わるのであるから。「喫茶は、語の最も明白な意味における贅沢である」とハンウェイは結論づける。彼はまた同時に、一七五〇年代に社会の道徳的教化を目指した中流階級が最も忌み嫌ったもう一つの害悪、すなわち「ジンの使用」と喫茶を直に結びつけている。[39]

茶を激しく非難するハンウェイの独断的見解を批判する者もいた一方で（その筆頭はサミュエル・ジョンソンとオリヴァー・ゴールドスミス）、ハンウェイと立場を同じくする者の数も多かった。[40]　茶否定派が繰り返した論点の一つは、茶への支出は栄養源と財源両方の危険な流用であるということだった。農夫に転じた詩人ウォルター・ハートは次のように非難した――「実務上の経験に基づいてイングランドの商業を的確に判断できる人から聞いたことであるが、あと四〇〇万人の国民をパンで養えるほどの金が、余分に茶や砂糖などに費やされている」[*41]。ここには、複雑に絡み合った複数の問題が喚起されている――つまり、一方には労働者の身体的健康と重労働に耐える能力、他方には労働者の数、経済生産力の規模、そして通貨と商品の国際的流通があって、これらが互いに結び合わされているのだ。農業に関する著述家の中で当時最も有名だったアーサー・ヤングは、『農夫の手紙』(初版一七六七年)でこのテーマを詳述した。ヤングは地方貧民の救済制度を寛大過ぎるとして非難した。それによって(彼の主張によれば)「怠惰、酩酊、喫茶」といういかがわしい三位一体が助長されるからである。茶は個人と国家双方にとって有害であるとヤングは断言した。この飲料は生理学的にも精神的にも労働人員を「衰弱させ」、「その健康を害する」とヤングは嘆くのだが、しかし彼が最も懸念したのは、蔓延する栄養失調の悲惨さではなく、生産性とそのマクロ管理に及ぼされる脅威であった。さらに言えば、「われわれが行っている茶貿易は、差引勘定すると完全にわれわれの損となる」。この重商主義的な不安という観点からすると、茶の国際市場は「われわれが絶えず損をしている商業分野である。こうしてわれわれは金を底なしの淵に沈めながら、まさに自らの破滅を導く致命的な商品を得ようとしているのだから」[*42]。

右の引用文でヤングが描写したのは、茶がイギリスを「破滅」の「底なしの淵」に向かって押したり引いたりするという「致命的な」二重拘束である。このイメージは、ハンウェイのヒステリーを確証すると同時に、以後半世紀の茶言説で絶えず繰り返される決まり文句として定着することにもなった。茶否定派の関心事をもっと穏健な言葉で表明した者もいて、例えばサー・フレデリック・イーデンはこの「有害飲料」がいかに全国の貧困家庭の燃料と収入を食いつぶしているかを嘆いた。[*43] しかし概して、容易には消えない茶の諸作用と、茶につきものの怠惰、逸楽、神経衰弱の印象は厳しい非難の対象とされた。匿名で発表された『現代贅沢論』（一七七七年）は、ティーテーブルを特徴づける自堕落と軽率な会話に狙いを定めながら、「茶への出

S・W・フォレス《本物の茶の一座（ジェニュイン・ティー・カンパニー）》、1825年1月4日、紙に手彩色エッチング。都会の屋外茶店で、3人の男たちが喫茶を楽しんでいる。左の男は湯気の立つ大きなカップを持ち上げて口に運ぼうとしている。真ん中の小柄な男はパンを茶に浸して食べている。右の男は茶を「受け皿に移し」、さらに息をふきかけて冷ましている（熱々の液体をこぼされた犬が吠えたてていることに男は全く気付いていない）。女性店主は我関せずといった体で傍観している。作品の表題は客たちの無作法を風刺する一方で、フレデリック・ガイがロンドンで始めた新興の茶小売会社の名前（ロンドン・ジェニュイン・ティーカンパニー）を皮肉にも思い出させる。

費、つまり無為よりもなお悪い、ずっと悪いことに費やされる……金と時間の喪失」を非難した。かつては「無邪気で快活で無垢な田舎娘」の「愛らしい微笑み、えくぼのある淡紅色の頬」と、「正直で陽気な若者の歓喜」が見られたところに、茶は「インドの憂鬱症」の気怠さをもたらす。「発育の悪い子どもが生まれてくるのは、この有害な液体の悲惨な結果である」。著者の提案する解決策は即効性があると同時に仮借ないものである——「茶を飲む貧困家庭は全て貧民台帳から除外せよ」。そうすることで貧民から法定救済金を剥奪すべし、というわけだが、あたかも貧困を最もうまく解決するのは貧困自体であると言わんばかりの口吻だ。[*44]

茶の害悪を喧伝した著述家の中でも一番の大立者は、社会改良家・政治家で随筆家でもあったウィリアム・コベットであろう。改革運動の一環として刊行した『田舎家の経済』の月刊第一号で、コベットは茶を「効き目を弱めたアヘンチンキの一種」と呼んだ。それは「家を離れるようになったばかりの年頃の少年たちを堕落させる。少女たちへの害も同様に大きい。噂話が交わされるティーテーブルは、売春宿の予備校として格好の場なのだから」。コベットが『田舎家の経済』で批判の矛先を向けたのは、怠惰、「噂話」、浪費といった、道徳的にも経済的にも有害な行動を茶が許容することであった（彼にとって道徳と経済は切れ目なく連続した領域だった）。「人生最後の三〇年間を振り返ってみる時」——とコベットは修辞疑問文で訴えかける——「茶が初めてイングランドにもたらされた日を呪わずにいられる者がいるだろうか」。コベットは熱を込めて力説する——その「日」に起きた出来事にこそ、「人生のあらゆる無念や苦しみ」の元凶があるのだ。[*45] アルコールの根絶を目指す禁酒運動家もまた、茶排斥の動きに一枚加わった。メソジスト派の説教師ジョン・ボウズは忠実な信徒に向かって、（茶を含む）あらゆる種類の「有害な麻薬をやめよ」と迫った。そうすれば、「貧しい人々はパンにもっと多くの金を費やす余裕が生まれるだろう。そして富者も貧者も共に、孤児や寡婦にもっと多くの施しができるようになるであろう」。[*46]

少なくとも四分の三世紀の間、茶否定派の言説は、茶が引き起こすと考えられた肉体的、社会的、国家的な荒廃への嫌悪に基づいて、確固たる主張を展開した。茶否定派の論者たちは、（道徳哲学者や政治経済学者の関心の的でもあった）「贅沢」をめぐるより広範な論争と茶を明確に結びつけた。実際、茶はしばしば提喩として機能し、書き手の嫌悪感を表現した。「J・N」（サイモン・メイソンの『茶の効能と弊害に関する考察』を批判する著作を発表した外科医）にとって、茶は「贅沢がわれわれ

エドワード・レイシー《滅法熱い》、《悪魔の／滅法（デヴィリッシュ）親しげな挨拶》部分図、1830–50年頃、紙に手彩色エッチング。この図像のユーモアは、地獄の業火には慣れっこのはずの悪魔2人が、猛烈に熱い茶には耐性がないらしいことから生まれる。この戯画は、「滅法親しげな挨拶」が会話で好んで使われることを茶化すために作られた一連の挿絵の一部。最貧困層の茶飲用者が示す趣味と作法は非難に値するという認識に基づく作品。

にもたらした害悪の一つ」であった。[*47] このことは、ハンウェイが茶をジンと同一視したことにも反映されている。また、茶の害悪を助長するのは、富裕層の自己満足的な流儀を真似ようとする労働者階級の見苦しい社会的虚栄心であるというハンウェイの信念にも同じことが言える。「この国の呪いは、肉体労働者や職工が貴族の猿真似をしようとすること」で、それは「範例が及ぼす抗い難い影響力」の結果であるとハンウェイは嘆いた。[*48] この論理は辛辣な皮肉を生む――というのも、経済的に逼迫した労働者が自堕落で無益な習慣を模倣するようになると、その帰結は個人にとっては（上昇移動ではなく）下降移動であり、社会にとっては（成長ではなく）後退であるからだ。換言すれば、『現代贅沢論』が断言する通り、「贅沢と貧困は同時に発生し、両者は相互的な関係にある」。[*49] さらに、イギリス国内の浪費はしばしば、生産の外注や外国食品の受容と結びつけて非難された。「中国、ジャマイカ、製パン所、酪農所、家禽市場か魚市場、薬味店――女中の朝食を準備するために今やこれら全てが結合しなければならない！」とゴドフリー・マッカルマンは一七八七年に苦言を呈した。その結果は（当然ながら無茶な掛買いによって生じる）貧窮であった。そしてその貧窮は「中国」の茶と「ジャマイカ」の砂糖と同じくらい異国的なものとして表象された――「贅沢と流行を求める世間の動向は、隣人のようになりたい、いや、図々しくも見栄を張って上流の者に肉薄したいという欲求を伴い、今や怒濤の勢いを持つに至った。その奔流に運ばれて、不自由のない暮らしを送っていた快適な土地から、困窮という名の寒くて不潔な沿岸へと押し流されてしまう人々が後を絶たない」。[*50]

主要生活必需品の一つ

茶否定論者たちは、反贅沢の（そしてしばしば重商主義の）経済学説と手を携えるのを常とした。彼らの敵は、より自由主義的な立場に惹かれる者たちであった——すなわち、道徳的に厳格な社会では経済成長を最大化することはできないと主張して物議を醸したバーナード・マンデヴィルや、国家の富を増大させるには、保護貿易主義や財貨の退蔵よりも、商品と金のグローバルな交換を円滑化することが有効であると唱えたアダム・スミスなどである。[*51] マンデヴィルやスミスらの主張は、必需品（人間の基本的欲求を満たす商品）と奢侈品（基本的欲求の充足を不必要に超え、それを消費する者に快を与えると同時にその人物の洗練を誇示する商品）の区別そのものの正当性を疑った——あるいはそうした区別を崩壊させる危険さえあった。[*52] 思想史家のクリストファー・ベリーの議論によれば、一八世紀とは、贅沢がイギリスにおいて哲学的にも経済的にも「脱‐道徳化」される過程を経た時代であった。[*53] つまり、贅沢を擁護する論者たちは次のような主張を行ったのである——資本の健全な循環が国家の生命線であるとすれば、一見奢侈品に思われる商品は、経済的な（そしてやがては社会的な）必需品として——つまり真の公共財として——再形成することができる。

こうして転回した視点から、茶肯定派は労働貧民の茶消費を、貴族の猿真似ではなく国家的進歩の証しとして解釈した。ロバート・ウィセットは、社会の低層への浸透を強調しながら、茶の驚異的な普及を次のように描写した——「茶は文字通り宮殿から田舎家へ降下し、そして絶対的な生活必需品ではないにせよ、流行の高価な奢侈品から必要不可欠な楽しみ（コンフォート）へと変化した[*54]」。大量流通の複雑なプロセスを経て、かつては奢侈品だった茶が、より「必要不可欠な」、したがってより道徳的に容認可能なものとなったことをウィセットは看取したのである。

次のような考えを持つ人々がいることは私も承知している——すなわち、茶の飲用は下層階級にとっては有害であり、彼らがわずかな稼ぎから工面して茶の購入に充てている金は、もっと実質的な食物を入手するのに使うべきである、と。そうした主張を行う人々に失礼ながらお聞きしたい——茶を廃止してしまったら、何がその代わりを務められるというのか。[*55]

換言すれば、「下層階級」の喫茶を、非難されるべきライフスタイル上の選択と見なすことは間違っている。なぜなら、現在の食料品市場の状況に鑑みるに、「茶の代わりを務められる」「もっと実質的な食物」の入手は不可能であるからだ。政府と東インド会社が共謀して商品価格を（したがって消費税税収を）高額にしていると批判した文章の中で、経済学者のジョン・ラムゼイ・マカロックはウィセットの議論をさらに推し進め、「茶は主要生活必需品の一つになっている」と主張した。[*56]

マカロックの立場は極端なものであった。東インド会社の茶貿易独占を擁護する小冊子の中で帝国主義者のロバート・モンゴメリー・マーティンが指摘したように、「飢饉が起きた時にイングランド中の倉庫が一つ残らず茶で満たされていたとしても、それらの葉が動物の生命を四八時間延ばすことはないだろう。したがって、茶は労働貧民を支えるのに不可欠というわけではないのである」。[*57] にもかかわらず、茶が「絶対的な必需品ではないにせよ、必要不可欠な楽しみ」として文化的に再定義されたという事実は、このアジアの農産物が一九世紀前半のイギリスで目覚ましい地位を占めていたことを示している。ナポレオン戦争期には法定税率が再び一〇〇％近くまでじわじわと引き上げられたにもかかわらず万人が茶を飲み、高い輸入量が維持されたことは、茶貿易が国家にとって有益であった事実を明確に表わしている。商業史家のデイヴィッド・マクファーソンが論じたように、「最初に導入された時には確かに極めて高価であったため、茶は最も富裕な階層だけが入手できる奢侈品であった。しかしその後、特に一七八四年に税率が引き下げられて以降、茶は社会の中流・下流階層にとって、麦芽酒の経済的な代用品となっている」。貧民にふさわしい飲み物は茶ではなく、牛乳やエールであると無思慮に主張する者たちを批判しながら、マクファーソンは現代ではおなじみとなったグローバル化の矛盾を明快に解き明かしている。

我が国は商業と金融の制度上、極めて有利な立場にある。そのために、世界の東端からもたらされる茶と、西インド諸島からもたらされる砂糖を組み合わせて、国内の畑で育った大麦とホップで作るビールよりもさらに安価な飲料を作ることができる（茶や砂糖のような外来品には、戦時貨物輸送料と保険料がかかり、しかも商品自体の価値と同等かそれ以上の税金が課されるにもかかわらず、なおそうなのである）。[*58]

したがって、「世界の東端からもたらされる茶」は貧民を養い、国庫を豊かにし、国内の土地で牛肉のような収益のあがる生鮮食品を生産することを可能にする。労働世帯の実際の状況はともかく、この文脈では彼らの茶に対する嗜好は必然的にマクロ経済的な利益として理解される。

茶肯定派の新たな正統的見解は、一八二六年に元茶商人のウィリアム・スミスによって要約された。奢侈品に対する敵意を時代錯誤としてばっさり切り捨てつつ、スミスはその点に関する茶の地位の問題を暗黙裡に回避した。というのも、「広範に取引される商品が存在すれば――完全な奢侈品であれ、あるいは明確な必需品であれ――その取引の規模に比例して必ず国家の富が増大する」からである。[*59] イギリスの風土に馴染んで遍（あまね）く普及していくにつれ、喫茶は（一八〇〇年の合同法によって新たに生まれた）連合王国の集合的アイデンティティと冒険的企図――特に南および東アジア世界で構築され交渉されるものとしての――を象徴するためにますます徴用されるようになった。ジョージ・シグモンドの『茶――その医薬学的・精神的作用』は、社会的・政治的な問題にコミットした茶研究書として自らが書かれることを予期しながら、次のように宣言した（以下の引用で、シグモンドの文章はそれ自体を今実際に書かれているテクストではなく、未来に書かれ得るテクストとして再想像するという、幾分ぎこちない手法を取っている）。

> その書は証明するだろう、われわれの国家としての重要性が［茶］と密接に関連してきたこと、われわれの現在の偉大さの多くと、さらにはわれわれの社会制度の適切ささえもが、この疑いようのない源泉から生じていることを。同書はまた示すだろう、東洋におけるわれわれの強大な帝国、われわれの海軍の卓越性、そしてわれわれの学芸の漸進

的進歩がその源泉に大きく依存してきたことを。実際、一つの植物の栽培によって膨大な数の人類に広められてきた恩恵は極めて大きい。その灌木から採れる優美な葉はさまざまな人の手に渡って、勤勉への刺激となり、そして健康、国家の富、家庭の幸福に貢献している。[*60]

シグモンドによる礼賛では、茶の恩恵は世界を一巡して、国内と国外の「膨大な数の人類」を豊かにする。国内の需要と国際的な供給の調和的な一致は「われわれの強大な帝国」の諸技術、「われわれの海軍の卓越性」、「われわれの学芸の漸進的進歩」によって促進されるが、それは同時に「国家の富」と「家庭の幸福」がイデオロギーにおいて完全に重なり合うことを保証する。こうして定式化されると、茶は全く文字通りにイギリスとその領土に「偉大さ」を付与する存在となる。

この茶肯定論者によるイギリス観は血沸き肉躍るものではある。しかしそれが見落としているのは、「優美な葉」以外には日々のパンに添えるものを調達できない「膨大な数」の人々の悲惨さである（さらに、茶の栽培のために労働する遠い異国の人々の生活にまで思いが及んでいないのは言うまでもない）。聖職者のデイヴィッド・デイヴィーズは——彼自身は茶の擁護者ではなかったが——『農業労働者の実情』の中で、茶反対論者たちの偽善を批判し、安物の茶葉と未精製の砂糖を買っている最貧困者たちを、贅沢な嗜好にふけっているとして糾弾することはできないと述べた。

それでもなお、あなた方は声高に主張する——茶は奢侈品である、と。あなた方の言っているのが、精製された砂糖で甘くしてクリームで味を和らげた上等のハイソン茶であるならば、私もそれが奢侈品であることを躊躇なく認めよう。しかしそれは貧民が飲んでいる茶ではない。湧き水を最も安価な茶葉少量で色付けし、最も粗い砂糖で甘くしただけのものが、あなた方の非難する奢侈品なのだ。貧民たちはただ必要に迫られてこの飲料に頼っているに過ぎない。もし今それを奪われたら、彼らはたちまちパンと水だけで暮らさざるを得なくなるだろう。茶を飲むことは貧民の困窮の原因ではなく、その結果なのである。*61

換言すれば、確かに茶は国家の商業に欠かせない主柱であり、民衆の食事のありふれた一部であるかもしれないが、それだけでは茶の「恩恵」が遍く普及したというにはほど遠いのである。イギリスにおける茶の大量消費の到来がグローバル資本主義の歴史において決定的な段階を画すと考えられるのは、一つには、それがわれわれに次の事実を思い出させるからであろう——すなわち、可能な限り低い賃金で労働対価を受ける人民そのものを収益化（マネタイズ）するうえで、資本は驚くべき能力を発揮するということである。

この文脈で理解すれば、「貧民の……喫茶」に対する適切な反応は、憤激ではなく共感であるということになる。ここにおそらく、茶肯定派と茶否定派の両極化した見解を統合する立場があった。一八三四年に監督局長官のサー・ヘンリー・エリスが新しい消費税率を案出したと主張して物議を醸した時も、彼の動機の一部にはそうした下層階級への共感があったに違いない。その新税率は品質に応じて茶に課税するという方式で、ボヒーの場合一重量ポンドにつき一シリング六ペンス、スーチョンやハイソンのような高級種の場合は三シリングとした。「私が念頭に置いていた目標は、税収の利益と矛盾しない限りにおいて、下層階級の利益を図るということに尽きる」とエリスは関連法案の検討のために召集された特別調査委員会で証言した。[*62] 一方、『家庭の言葉』（チャールズ・ディケンズが編集した、家父長主義的な博愛精神に基づく週刊誌）に最初に掲載された一八五〇年代のエッセイで、チャールズ・ナイトはシグモンドの楽観主義とデイヴィーズの怒りを調和させるのに一役買った。

フランソワ・ダヴィッド・ソワロン（ジョージ・モーランド原画）《ティーガーデン》、1790年頃、手彩色エングレーヴィング。ジョージ・モーランドは、版画の原画となる風俗画を専門に描いたイギリスの画家。この場面は、ロンドンのラネラー庭園にいる富裕な中流階級一家を描いたもの――戸外での茶と軽食を楽しみながら、午後の散歩の後で休憩を取っているところであろう。彼らの優美な染付磁器の茶器一式には、ミルク（またはクリーム）差しが含まれている。一団の後方では若い紳士が、（画面には描かれない）火で沸騰させたやかんから、ティーポットに湯を注ぎ直している。

したがって、茶とコーヒーはとりわけ貧民にとっては必要不可欠である。困窮した労働者が酸っぱくなった弱いエールによってでは容易に満たすことのできない欠落を補うのが、これらの飲料にほかならない。それらは女工や屋根裏部屋に住む針子にとっては田園散策の代替物となる。茶とコーヒーは禁酒に役立ち、家庭生活の慰安となる。茶が普及し始めて間もない時代の愉快な挿話としては、ジョンソン博士のために朝四時まで茶を淹れ、彼の語る奇談の数々に満足げに耳を傾けるピオッツィ夫人の姿が思い出されよう。しかし、職人の妻が夜の最後の茶をゆっくり味わい、その傍らで夫が新聞や本を読んでいる光景は、より高尚で現代にふさわしいものである。*63

職人と「夜の最後の茶をゆっくり味わう」妻が享受する「家庭生活の慰安」を過度に感傷化している嫌いはあるにせよ、少なくともナイトは「労働者」の「困窮」生活の悲惨さに共感しつつ、かつては異国の高級飲料だった茶やコーヒーがいかに「必要不可欠」かつ規範的となり、社会に遍く浸透したのかを的確に看取している。茶を飲む「女工」や「針子」が贅沢にふけっているとは決して言えないが、少なくとも喫茶は不完全にではあれ、彼女らの内なる「欠落を補う」のである。そしてまた、茶を飲むことは彼女たちを共同体の中で互いに結びつけ、そしてイギリス国民全体とも結びつける――それは貧弱で不十分だったかもしれないが、なお否定することのできない結びつきなのであった。

偽混、偽造、代用

一八世紀後半の茶市場は売り手市場であった。法令によって規制された輸入経路――東インド会社の管貨人、貿易船、競売場を通じたルート――から、不透明な価格体系や、イギリス全土の卸売業者と小売業者を結びつけるさまざまな商慣行に至るまで、消費者にもたらされる茶の品質と価値は、際限のない操作と歪曲にさらされた。減税法は確かに、（イギリス国内の公式ルートを通じて入手できる茶よりもしばしば高品質の商品を流通させた）ヨーロッパの茶密輸ネットワークに致命的な打撃を与えた。しかしそれは、供給網の下端を汚染する詐欺行為の横行に対処することはできなかった。偽混茶や偽造茶の問題は、ほとんど常に風土病のようなものとして理解されていた。早くも一六九九年には、ジョン・オーヴィントンが中国商人の「混ぜ物工作」について警告していた。つまり、中国商人は「長時間乾燥させた後でもなお緑色を保つよう、大変な技巧を凝らして茶葉を調製し」、売りに出される「茶の包みの嵩（かさ）を増すために、価値の劣った別のハーブを混ぜることもある」というのだ。[*64]

一方、国内では一八世紀を通じて、議会がそうした詐欺行為に狙いを定めていた。例えば一七二四年には、「国庫歳入に関わる詐欺および濫用をより効果的に予防するための法令」が、「阿仙薬（あせん）［*Terra Japonica*――「日本の土」の意。アセンヤクノキの抽出物］または何らかの薬品を用いて茶を変成・偽造・製造したり、自らまたは人を使って茶以外の葉を茶に混ぜたりする」いかなる「茶商人」に対しても、明確に一〇〇ポンドの罰金（および違反品の没収）を課した。[*65] そうした抑止策にもかかわらず（そして重い税負担がなかったとしても）、茶を中国から入手する費用と複雑さは、確実に当てにできる需要とも相まって、犯罪リスクを冒す実質的な動機を人々に与えた。結果として、イギリスで小売りされる茶の純粋性の問題は、一九世紀を通じて社会不安として残り続けることになるのだった。

中・上流階級の消費者向けに書かれた茶の手引書や、茶の性質を科学的に論じた書物の中には、化学物質混入の検査法を提供するものが多く見られた。『茶購入者のためのガイド――あるいは紳士・淑女のティーテーブルのお供、茶の知識と選択の有益な手引き』(一七八五年)は、購入前に試す方式を勧めた――ばらの茶葉を指の間でこすり合わせ、変に「油っぽい」感じがしたり、皮膚に「くっつく」茶ではないことを確かめるのである。偽茶は中国でもイギリスでも、種々の不快な味がする葉から人工的に作られる、と『ガイド』の著者は助言する。広州の倉庫で劣化した在庫品は、色鮮やかな添加物――特に「緑礬(りょくばん)」または硫酸鉄で、便秘の原因になることが現在では分かっている――を混ぜて見栄えをよくした。また、海損を受けた箱の「かび臭さを含んだ塩気」は、商品がイギリスに到着すると「煙でいぶして灰色にし乾燥させる作業」によって帳消しになる。より冒険心に富むか、決意の固い茶愛好家は偽茶葉を見分ける方法に関する助言を与えられる――例えば緑茶の浸出液に「(牛の)胆汁」を加えると、茶葉に硫酸鉄が含まれていれば浸出液は濃い青か「黒」に変色する、といった具合である。[*66] こうしたテクストの中心的な関心が、茶を飲む人の満足と健康にあるのは確かであるが、他方では、一九世紀までに茶業者の間では次のことが共通認識となっていた――つまり、茶の合成着色は単に不正な外国商人による詐欺行為というだけでなく、需要に対する反応でもあるということだ。一八三四年の茶税特別委員会で証言したジョン・リーヴズの主張によれば、中国の製造業者は(主にアメリカ市場目当てで)「紅茶(ブラックティー)を緑茶に変える偽造」に「公然と」従事しており、時には「紺青（プルシアン・ブルー）（フェロシアン化物の一種）」を用いて「緑茶につやのある光沢を与える」効果を上げた。[*67]

しかし全般的に言えば、異物混入の慣行は公衆衛生に対する脅威として理解された。また一方で、国内での偽造は東インド館で本物の茶に課される消費税を国家から詐取する行為であると考えられた。国家が一九世紀前半にこれらの問題に直面したことは、およそ半世紀前に密輸取り締まりと並行して行われた、混ぜ物を非合法化する試みを思い出させた。[*68] 一七八三年の庶民院報告書では以下のように説明されていた――イギリスで売られる東インド会社の茶五七五万ポンドと、他のヨーロッパ諸国を通じて密輸される七五〇〇万ポンドもの茶に加え、「リンボク（サクラ属の低木）、甘草、トネリコの葉から毎年製造される偽茶の総量は……四〇〇〇万ポンド以上と見積もられる」。[*69] 減税法以後の時期にも、この問題の扱いの難しさは繰り返し強調されたが、特に一八一八年五月には世間の注目を集める告発が相次いだ。ロンドンでは複数の食料品店主が（同時代のパンフレットがセンセーショナルに報じたように）「毒茶！」を供給した廉（かど）で有罪宣告を受けたが、そのうちの一人で、ホワイトチャペルのレッドライオン・ストリートに店を構えるエドワード・パーマーは、「大量のリンボクの葉とサンザシの葉を所有し、それらを原料として模造茶を作った」ために財務裁判所から八四〇ポンドの罰金を課せられた。[*70] ジョージ・シグモンドは後味の悪い皮肉を込めてこう語った――「購入者は美味しくて栄養のある飲み物を口にしていると信じているが、実のところ彼が飲み込んでいるのはロンドン郊外の生垣から採れ、最も有害な方法で調製された代物なのである」。[*71]（ロンドンの茶商人フレデリック・ガイが自身で書いたのではないにせよ、彼の依頼で執筆された）『茶樹の歴史』（一八一九年）には、さらに「有害な」手順の概略が述べられている。これは乾燥させたトネリコの葉を使って「スマウチ

(smouch)」(偽ボヒー茶)を調製する方法で、「葉を……床に置いて小さくなるまで踏みつけ、ふるいにかけてから、羊の糞を混ぜた緑礬に浸す。その後床で乾燥させると使用可能になる[*72]」。

一八三三年の秋、茶にまつわるスキャンダルが再び人々の耳目を集めた。今回の悪役はミンシング・レーンのリチャード・ヒールで、彼の店はロンドン・シティの東インド館から指呼（しこ）の間にあった。一八三二年にヒールは「調製英国葉（リーフ）」の特許を与えられていた。これは「家庭での消費用に調合されたスローとサンザシの葉」の混合品だった。ヒールはこのハーブ混合物を「茶」と呼ぶのを周到に避けたわけだが、製造の規模に関する嫌疑を深めた消費税局は、まず九月中旬にヒールの店舗から約一万ポンドの混合物を押収した[*73]。それから数日後、ロンドン市長公邸で行われた審問で次のことが明らかになった――「マラードなる人物の斡旋で」、郊外の食料品店主たちはこの商品を相当量購入したのみならず、嵩を増すために（おそらく本物の茶三ポンドに対し一ポンドの割合で）「英国調製葉と本物の茶を混合する」方法を「指示された」。ヒールの商品の場合、価格は一重量ポンド当たりわずか二シリングだったが、それがもたらす利益は茶以上であった（一八三三年に競売にかけられたボヒー茶の課税後の価格は、英国調製葉よりも一重量ポンド当たり五ペンス高かった）。「科学者」のファラデイ氏が提出した証拠は、この葉の「有害な」特性を説明した。そして、「英国葉」を煎じた汁は、ロンドン市長が試飲した後で法廷内の全員に回され、「甚だしく不味（まず）い」と評された（ただし、対照標準として飲まれたボヒー茶も「極めて不快な風味」であると判定された[*74]）。裁判はヒールの敗訴となり、一二五万ポンドもの英国葉の焼却が命じられた。ブロード・ストリートを外れたところにある消費税局の中庭に五つの巨大な積み薪が作られ、一〇月一七日木曜日の朝九時頃に点火された。火は真夜中を過ぎても燃え続けた。当時の新聞報道によると、「ロンドン市はほぼ半マイル四方にわたって、英国葉の原料であるリンボクその他の葉の積み薪が燃えて出る煙の匂いで満たされた」[*75]。

偶然輸入されるか、国内で不正に製造された膨大な量の偽茶——一七八三年の議会委員会の報告によると茶市場全体の二〇%から二五%を占めた——は、その大半がほぼ間違いなく、最貧困層の日常食の一部として消費された。「英国葉」の劣悪な品質は、（ガイが描写していた悪臭芬々たる製造工程とも考え合わせると）次のことを示唆する——繰り返し偽茶に騙されてしまうのは、供給網の末端に位置する、美食について最も無知であるか経済的に最も困窮した消費者だけであっただろう。トネリコの葉、硫酸鉄、羊の糞が労働者の癒しの一杯の原料であったとすれば、それが薄く淹れて飲まれたのも不思議ではない。そうすれば濃厚な赤砂糖を加えて味を最大限ごまかすことができたからだ。

イギリス国内でさまざまな代替品が入手できるにもかかわらず、比較的高価で、怪しげな原料で作られ、調達元もよく分からない商品に大衆が固執していることに（この、あるいは別の理由で）困惑を示す論者もいた。例えば、セージは代用品としてしばしば好んで飲まれたが、これは、中国人がかつてオランダ商人から茶との交換品としてセージを受け取っていたという噂に影響された結果だろう。とはいえ、ゴドフリー・マッカルマンが熱心に説いた通り、茶の代用品の可能性はほとんど無限であった。彼が提案したのは、「貧困層」は茶に対する嗜好を完全に断念し、代わりに、「神意と自然が別の方法で与えてくれるもの、つまりミルク、バターミルク、ビール、蜂蜜酒、エールなど……ほかには大麦、オート麦、豆、エンドウ豆、小麦、米、ライ麦の浸出液」で間に合わせるべきであるということだった。マッカルマンによる「浸出液」のリストはさらに続く。

煮出し汁、粗挽き粉入りまたは抜きの薄いスープ、濃い牛肉スープ、ミルクで色付けした大麦の薬湯［麦湯］、水で割って砂糖を入れて沸かした牛乳、トーストの小片を入れた水に少量の蒸留酒かワインを足したもの、砂糖かバターを加えたオートミール粥、サッサフラス茶、レモン茶、オレンジ茶、リンゴ茶、スロー茶、ヨモギ、カモミール、ペパーミント、タイム、セージ、セイヨウヤマハッカ、コバノカキドオシ――以上の冷たいあるいは熱い浸出液。このほかにもまだ多数の薬草があるが、列挙しても詮無いのでこの辺りでやめておこう。[*76]

マッカルマンらによって境界を定められた好機を見逃さず、一八世紀後半の企業家は茶のさまざまな代用物を考案し、現代で言うところの「ハーブティー」の登場を先取りした。これらの革新的な合成物は、イギリスで売られる通常の茶の質と価格に関して根強く残っていた懸念を軽減してくれる可能性があった。その懸念は（全てではないにせよ）特定の階級の人々による喫茶が健康に良いのかどうか、また社会的に適切なのかどうかという問題とも関連していた。密かに混ぜ物をして作られた模造品と違って、これらの代用品は茶ではないことを逆手に取って売りにした。それどころか、そうした代用品は、茶の弊害と考えられた作用の解毒剤として宣伝されることも多かった。にもかかわらず、早い時期から供給業者は恥ずかしげもなく茶の市場浸透度を利用して、茶を真似た銘柄を商品に与えた。早くも一七二五年に、アイザック・ワッツは次のように述べていた――「茶（*tea*）とは本来、インドの葉の一種を指す名称であるが、昨今ではさまざまなハーブや植物を湯に浸出させたものを共通に表わす名称となっている。例えばセージ茶、エールフーフ茶［コバノカキドオシから作られる］、レモン茶などといった具合である［77］。つまり、比較的最近造られた外来語であるにもかかわらず、「ティー」はもうすでに十分英語に同化しており、字義通りにも比喩的にも、あまり曖昧にならずに機能することができたのである。ワッツの意味論的な観察は、未来における茶受容のあり方の一つを指し示している――そこでは、さまざまなハーブやフルーツやスパイスが（単独で、あるいは無数の組み合わせで）われわれのカップの中で浸出されるために競い合っているのだ。

初期のハーブティーの多くは国内産であることを売りにするか、さもなければ、科学界や医学界の権威者との繋がりをまことしやかに主張した。「サー・ハンス・スローンの英国茶」――「神経系の総合回復薬」――の広告は、（スローンの死から三〇年以上も経た）一七八四年に『タイムズ』紙上に掲載された。いわく、それは国王の待医を務めたスローンが考案し、「生来虚弱体質だった彼自身がこの調合薬を使用して得た効能ゆえに推奨した」処方であるという［78］。おそらく「スローンの英国茶」を模倣して、「英国植物性茶」なる商品が一七九〇年代に宣伝されたが、その時点でもっと評判になっていたのは「ソランダー博士の薬効イギリス茶」である。この商品は遅くとも一七八七年から市場に出回っていた（「名付け親」であるスウェーデンの博物学者で対蹠地探検家のダニエル・ソランダーは一七八二年に没していた）［79］。「ソランダーの薬効イギリス茶」を擁護したある出版物は、署名と日付が付された五七名の患者の証言を提示し、この「精神的万能薬」が持つとされた奇妙な効能を承認した［80］。こうした戦略は一九世紀前半にも「J・ギャンブル師の英国薬用茶」（「薬草湯」や「健康茶」という名でも知られた）の供給業者によって採用された。この商品は「王侯貴族の御用達」という触れ込みであった。[*81] さらには、茶の異国情緒そのものが代用品の販売促進に利用されることもあった。例えば一七八〇年代と九〇年代に、J・A・コープは「チョウセンニンジン茶」——別の中国産品の浸出液——を何百人もの「神経症患者」に処方して多大な利益を得た。コープはロンドンの新聞に最新の成功事例を定期的に掲載していたが、その際にはベルチルゲン伯爵(オーストリア女王・神聖ローマ帝国皇后マリア＝テレジアの元侍医にしてホスピタル騎士団員)という馬鹿げた仮面で正体を隠して書いた。[*82]

これらの薬用茶とはかなり趣を異にするのが、消費税に対抗して作られた代替商品である。一八二〇年代前半に、熱烈な弁士として知られたヘンリー・ハントは「急進派朝食パウダー」を推奨した。これはイギリス産の農作物(ライ麦、大麦、エンドウ豆)を混合してコーヒー豆のように挽いて炒ったもので、消費税を課される飲料の代替物として考案された。ハントの「パウダー」が体現する信条は、一八一九年から二〇年にかけて扇動的な雑誌『黒い小人』によって採択され、さらに一八四〇年代にも復活して、イギリスの労働者階級への参政権付与を目指したチャーチスト運動に貢献した。[*83] ハントと後のチャーチスト運動の唱道者たちは、茶を国家機構の一構成要素と見なした。彼らにとって、茶は今やあまりに広く消費されているため、国家機構への抵抗とその転覆を目指すのであれば、労働貧民の想像力と食習慣から追放されなければならない品であった。急進主義者たちが(「急進派朝食パウダー」というかたちで)茶を領有すると同時に排斥したことは、この飲料が国民生活の内部に完全に統合されていた証しであると言える。ここには逆説的に以下のことが示されている——すなわち、茶は(魅惑と脅威を同時に孕んだ)新たなグローバル化の先触れとして機能するだけでなく、広く共有され深く根づいたイギリス的アイデンティティの象徴としてますます重視されるようになっていくということである。

「人を快活にさせる飲み物」というクーパーの名句を想起しつつ、『エディンバラ・レヴュー』一八一六年二月号に寄稿したある文筆家は、茶が一つの国民を丸ごと征服したことに、ほとんど形而上的なものを見て取った。

> それが辿ってきた歩みはさながら……真理が普及するまでの過程のごとくであった。それを味わう勇気のある者にとっては極めて美味であったが、最初は怪しまれ、侵入しようとすると抵抗され、人気が広まるにつれて濫用されながらも、ついには勝利を収め、宮殿から田舎家までこの国の全土を快活にした。この勝利はひとえに、緩やかで抗い難い時の作用と、それ自体が持つ力によって得られた。[*84]

柔和な「勝利」を収めた茶は、イギリスの全社会階層を植民地化したのである。地方の困窮した後進地域の「田舎家」でも「人気」となって価値を認められたことは、この飲料が「人を快活にさせる」力によってイギリス人の味覚を完全に征服した様を物語っている。茶は近代性のみならず保守性の記号ともなっていた。茶の勝利は真理の勝利と同じく不可避であり、その過程で茶は国家的「進歩」の神話に組み込まれることになった。さらには、茶が「この国の全土」の家庭に浸透したことは全く先例のない事態であった。茶は完全な外来食品であり、国産品でその前身と呼べるものはなく、一世紀前にはごく少数の人々に知られているに過ぎなかったのである。茶は概念上は高級食品に区分され、その栄養価は疑いの余地なく取るに足りなかった。しかしそれでもなお、茶は社会的にも経済的にも必需品であり、イギリス的な生活様式の要であった。続く一九世紀には、茶はそれまで以上に存在感を増し、より手頃な価格に、より庶民的に、よりイギリス的になっていった。

第十章

帝国の政治における茶

俗説によれば、「ボストン港を今夜ティーポットに」という掛け声があがった後、グリフィンズ埠頭で三四二箱の茶が海中に投げ込まれたとされる。[*1] この出来事は、近代アメリカの物語を神話化する際に特権的な位置を占めることでよく知られている。[*2] この事件をきっかけとして、北米植民地諸州が共有する信念と利害が初めて認識され、そのことが最終的に一七七六年七月四日の独立宣言を導いた――こう考えるのが歴史学上の一つの慣例になっている。ボストン茶会事件といえば、イギリス本国の支配に対する植民地側の抵抗がすぐに連想される。しかし、北米におけるイギリスの植民地政策の大失敗と、東洋に対してイギリスが抱いた通商的、重商主義的、帝国的な野望との間にある結びつきは広く認識されてはいないし、ましてや、中国茶の貴重な貿易が太平洋の反対側で演じられたこのドラマの背景を成すという観点からはなおさら理解されていない。経済、政治、文化の面で北米植民地に対する絶対的支配を確立するための代行者（エージェント）として茶を利用しようというイギリス側の目論見は、一七七三年一二月一六日にダートマス号、エレナー号、ビーヴァー号の甲板が略奪された時、あえなく潰えた。しかしそもそも、「茶」をイギリスの権威のシンボルと見なすこと自体、多くの点で無理なところがあったと言わねばならない。というのも、一八世紀後半までにはイギリスの風土によく馴染み、イギリス的な生活様式の一部になっていたとはいえ、茶は依然として、強大な清朝中国帝国との繊細な貿易関係を慎重に処理し続けなければ決して入手できない商品だったからである。輸入された茶がロンドンの公認埠頭で定期的に陸揚げされるようになってから一世紀を経ても、中国はイギリスではほとんど知られず、理解されてもいない国であった。東インド会社の独占に反対する政治上、経済上の議論がイギリス本国でますます喧しく執拗になっていた時、広州では清当局がイギリス商人の全面的支配に対して警戒の念を強めていた。そして、強力な中毒作用を持つ新商品がインドのプランテーションで栽培できるようになり、百年来の問題がついに解決されるかもしれない可能性を東インド会社が見出した時——換言すれば、中国の茶と交換可能な商品が発見され、ロンドンから広州への銀貨(すなわち「正貨」)の流出をもたらす著しい貿易不均衡を改善できる見込みが立った時——中英間の貿易関係における激しい対立の時期が幕を開けたのである。その対立は一八三八年までに極点に達し、清朝の総督林則徐の命で、二万一三〇六箱のアヘン(茶の分身)が広州に近い珠江の河口に投棄される事態へと発展した。

こうした展開を支えた商業帝国主義のテクノロジーは、東インド会社が統治するインドの領土で進められた一連の農業実験においても作用した。それらの試みは、茶貿易が完全に中国を迂回することになる(まだわずかに垣間見えるに過ぎない)未来への道を指し示していた。イギリス統治下の土地で茶栽培を実現させることは長年の悲願であった(第五章参照)。ほかならぬインドで茶の栽培に必要な土壌、気候、地勢が得られるのではないかという問いが真剣に発せられ始めていた時、一つの驚くべき（再）発見があった――茶の変種（現在の植物学ではアッサム種（学名 *Camellia sinensis* var. *assamica*）として知られる）が、すでにインドに自生していたのである。実際、この植物は極めて豊富に分布していたので、インド北東部のアッサム地方で（イギリスの探検家たちの呼び方に倣えば）これらの「茶の森」が見つからない土地はほとんどないように思われた。茶の栽培は二重の面で帝国の目的に適っていた。一つには、インドの広大な丘陵地帯の併合を正当化した（その根拠となったのは、地元民はそれらの土地の直接的な有用性を認識していないようであるという判断であった）。そしてこの領土では、何万人もの新たな帝国臣民の雇用が期待された。もう一つには、インドでの栽培によって、茶の供給を中国に依存するという厄介な事態が解消される見込みが立ち、東インド貿易がもたらす膨大な収支不均衡への対処も可能となったのである。

一七八〇年代までには、茶はイギリスの文化、慣習、流行だけでなく、（茶消費税と関税手数料を通じて）その財政的安定に対する影響力をも強めていた。一七七〇年代の北米、一八三〇年代のインド、そして一八四〇年代の中国に対する外交政策から読み取れるのは、国民の味覚を征服するうえで成功の絶頂にあった茶が、イギリスの帝国的戦略そのものを実行するための梃子となったということである。一九世紀前半までに、茶は急速に帝国のプロジェクト全体を支える主柱の一つとなっていた。この浸出液は、イギリスの領土拡張を実行する商業的かつ軍事的な植民地主義を可能にし、それを正当化したのである。

ボストンにおける茶の投棄

一七七三年一二月の事件の背景を辿ると、半世紀前のロバート・ウォルポールによる茶消費税の導入（一七二三年）にまでさかのぼることができる（第八章参照）。東インド会社の保税倉庫に保管される船荷は、税関で徴収される少額の「輸入税」を課されていたが、消費税については、茶がイギリスの消費者向けであることが判明した時点で初めて支払い義務が生じた。このシステムを設けた目的は、東インド会社のオークションを利用する商人が国内外の業者に茶を卸売りするのを助けることにあった。これは兌換貨幣の国家経済への流入を意味したので、イギリスの「正貨」が中国へ流出するのを懸念する人々にとっては歓迎すべきことであった。実際問題として、イギリスの茶は（ごく少量が）公開市場でヨーロッパ諸国にも売られたが、それらの国々は（イギリス自体と同様）、各国を代表する独占的貿易会社の利益を守るのに余念がなかった。それに対して、イギリスの海外領土の専属市場では当然事情が異なった。とりわけ北米植民地は、重商主義的利益と国庫歳入を増やすための比較的手付かずの機会を意味すると考えられた。

消費の歴史に関する最近の研究が示すところによれば、一七二〇年代前半から、北米東部の植民地の繁栄した町では、イギリス製の消費財にステータスと流行の観念が付与されるようになった。[*3]「イギリスの」洗練された文化が生んだ製品を求めるそうした渇望の中心にあったのが茶にほかならない。一七四〇年代後半にニューヨークを訪れたある人物は、一つのコミュニティにおける浄水の供給方法に関する記録を残したが、その中に極めて示唆に富む描写がある。

少し離れた所に、良い水が湧き出る大きな泉がある。地元民は茶や台所の用途のためにこの水を汲んでいる。この点に関してあまり敏感でない者たちは町の井戸水を利用するが、その水の質は極めて悪い。[*4]

この水が使われる可能性のある「台所の用途」の中で、唯一具体的に言及されているのが「茶」である。「良い」水かどうかを判断する際、それを使って淹れる茶の質が最初に考慮されるポイントの一つであったと見てよいだろう。少なくとも、引用文中の「敏感」というのが、消費者の茶嗜好の洗練度合いを表わしているのか、それとも水質に対するこだわりを指しているのかは一考に値する問題である。一八世紀半ばまでには、有閑的な娯楽を楽しむ余裕のある中流階級は、喫茶専用の「ティーガーデン」で時を過ごした（ティーガーデンは同時代のロンドンではおなじみの光景であった）。一七六三年のある広告には、ジョン・マーシャルの「スプリング・ガーデンズ」で茶が午後三時から六時まで出されると告知されている。ここでは「最上の緑茶その他と焼きたてのフレンチ・ロールが供される」。[*5] 一七七〇年代までには、貴重な大西洋横断貿易が、北米の民衆によるイギリス製品の消費を支えた。毎年ロンドンから再輸出される茶の量は通常、東インド会社の総輸入量の一〇%から一五%の間を変動していたようである。[*6] この再輸出の多くがアメリカ植民地向けであった。この「公認」茶に加えて、大量の密貿易茶が一七二〇年から一七八四年の時期に北米東部の海港へ輸送された。多くのアメリカ商人が密輸茶の取引によって生計を立てていたことは明らかである。

茶をニューヨークへ運んだのは東インド会社ではなく、ロンドンの東インドオークションでそれを購入した民間の貿易会社であった。この茶はウォルポールの消費税を免れたが、植民地市場で売られる全種類の茶葉の小売価格には、ロンドン・オークションの最高入札者が付けた価格だけでなく、大西洋を越える再輸送に伴うさまざまな追加費用（貨物料、保険料、人件費）が反映されていた。一七五〇年代・六〇年代の戦争中に蓄積した深刻な国債に直面したイギリス政府は、このようなコストの膨張にもかかわらず、北米における陛下の臣民がイギリス製品を実質的に無税で消費している状況を何とかして終わらせたいと考えた。[*7] 賢明とは言い難い一連の課税措置——短命に終わった歴代ホイッグ政権によって矢継ぎ早に可決・廃止された——が、アメリカでの直接徴税を目指した。[*8] 最初の警告となる予兆は、一七六五年の印紙法導入後に見られた。印紙法の規定によって、法的拘束力を持つ文書は、ロンドンで製造された浮き出し模様の付いた課税紙を用いて作成しなければならなくなった。[*9] この法はボストンとニューヨークの街頭で暴動を引き起こした。そして「自由の息子たち」を正式に名乗る集団がイギリス製品の不買同盟を組織したほか、さまざまな示威行動に及んだ。印紙法は一七六六年初めに廃止されたが、翌年には一連の制定法によって、広範な消費財を対象とする植民地消費税体制が事実上確立された。これらの法は「タウンゼンド諸税」として一般に知られるように——そして悪評を買うように——なった（「タウンゼンド諸税」は、提案者である大蔵大臣チャールズ・タウンゼンドの名にちなんでそう呼ばれる。しかし彼はこれらの法の政治的影響が明らかになるのを待つことなく、一七六七年に没した）。

タウンゼンド諸税の名目上の目的は、イギリスの海外領土が諸費用を自己負担するようにさせるということであった。税収は植民地運営費や、総督、兵士、判事および諸々の随行員の俸給に充てられることになっていた。新しい課税制度の中核を成したのは、「アメリカにおけるイギリス領植民地およびプランテーションでの課税を認める法」である。この法はガラス、鉛、印刷用顔料、紙などの幅広い物品を対象とした。[*10] これらの物品中唯一の食料品については、均一の税が課せられる旨が以下の一行で規定された――「常衡一ポンドの茶に対して三ペンス」。植民地では、以前に棚上げされていた、イギリス製品の消費者不買同盟を組織する計画が速やかに復活し、改めて熱心に進められた。しかし、抗議活動は当初ボストンやニューヨークの有力商人の支持を得ていたにもかかわらず、再び急速に崩壊し始めた。一方、ロンドンでは一七七〇年三月に（ノース卿が率いる）新政権によってタウンゼンド諸税の大半が廃止された。ただし一つの税だけは、消費に対する課税の明確な先例をアメリカにおいて確立する目的で維持された。すなわち茶への消費税である。[*11] イギリス政府は賭けに出たのだ――茶はアメリカの消費者たちがそれなしで済ますことのできない唯一のイギリス製品であり、そのためなら彼らは自らの原則を犠牲にするのも厭わないはずだ、と。

当初、この賭けは見事に成功したように思われた。抗議行動は減少し、イギリス製品の輸入は再開され、茶に課されるタウンゼンド税は支払われた。真に革命的な行動を導くことになる一連の出来事を始動させるためには、さらなる無分別な法律が必要であった――「アメリカにおける陛下の植民地またはプランテーションへの茶輸出時の関税払い戻しを認め……茶を無税で輸出する特権を……東インド会社に与える法」である。[*12] 一般に一七七三年の茶法として知られるこの法の第四項では、「茶を当地［イギリス］で売りに出すことなく、アメリカのイギリス領プランテーションまたは外地へ独占的に輸出する」ための明確な認可が、財務省によって東インド会社に与えられる旨が述べられた。これは、アメリカの消費者が長年訴えてきた不満に応えるものだった。つまり、中間商人または再輸出業者が植民地貿易に導入されたために、アメリカにおける茶の小売価格はイギリスと比べても高額になっていたのだが、茶法はボヒー茶一重量ポンドの価格を、タウンゼンド税の引き下げ額の三ペンスよりもさらに多く下げることになっていたのである(加えて、アメリカの密輸業者に商売をできなくさせるという効果も期待された)。[*13] しかし致命的な火種となったのは、茶法をイギリス当局が抱える別の問題の解決手段として利用するという決定であった。すなわち、東インド会社の倉庫で腐りかけている(と言われた)大量の余剰茶をどう処分するかという問題である。この解決法は極めてエレガントなものに思われた。茶法に基づき、売れ残った大量の低級茶をアメリカの港に直輸出する認可を東インド会社に与える。植民地税関が船荷の陸揚げを監督し、その後、地元の指定された販売受託業者が船荷を購入し流通させる。結果として、植民地の商店での小売価格は下がり、利益は東インド会社に還元され、タウンゼンド税の税収はイギリスの国庫に納められることになるはずであった。

以上の目論見を立てた者たちが計算に入れていなかったのは、印紙法とタウンゼンド諸税に反対してすでに結成されていた団体の政治的行動主義であった。そうした団体は、消費者不買同盟を宣伝し実行する技術をその頃までにかなりの程度習得していたのである。帝国の課税の唯一の担い手としてノース首相に選ばれた茶は今や、北米植民地における、より広範な――商業的、イデオロギー的、政治的な――論争言説の焦点となった。東インド会社の茶が輸送されるという知らせは、その到着のずっと前にもたらされており、ニューヨーク、チャールストン、ペンシルヴェニア、ボストンの住民たちはどこの港が最初の船団を受け入れることになるのかをじっと見守っていた。一一月二八日、ダートマス号がボストン港入り口で確認され、すぐ後にエレナー号とビーヴァー号も合流した。これら三隻の船の到来は、次の四者間の激しいにらみ合いを引き起こした。地元の商店主、商人、一般市民はイギリス製品の輸入を阻止しようと決意していた。植民地統治当局（総督と税関）および茶の販売受託業者は、それぞれ植民地政策と法的契約の規定によって船荷を受け入れる必要があった。船の船長たちには船荷を陸揚げする法的義務があった。そして港に駐留する海軍兵たちはイギリスの利益を守る任務を負っていた。抗議者たちが船荷の陸揚げ（および税関による正式な「受領」）を何としても阻止しようとしたのは、それが行われるまではタウンゼンド税を納める義務が生じなかったためである。三隻の船の船長は、港を離れる権限は自分たちにはなく、茶と共にロンドンへ戻れば契約違反を犯すことになると考えた。次に起こったことはもちろんよく知られている。[*14] 一二月一六日に抗議者の一団（うち何人かは「モホーク・インディアンに扮装して」いたと伝えられる）がイギリス船に乗り込み、港へ茶を（一部の主張では「無言のまま」）投げ込んだことは明らかに、遠くの帝国による権威の押し付けに対する集団的抵抗を示す反逆行為であった。[*15] さらに、ボストン港で「茶を淹れる」という抗議者の決断は、イギリスを象徴する文化的パフォーマンスを意図的に転倒させる行為であったことも疑い得ない。[*16] しかしまた、この決断が結局は現実的なものであったことも確かである。それはつまり当事者全員を麻痺させていた膠着状態から脱するための唯一の明白な手段であったのだ。[*17]

一二月一六日の出来事をその翌日に日記に記録したジョン・アダムズは、この事件がアメリカ植民地の未来の歴史にとって持つ意義をいち早く理解した。この「茶の投棄は」――とアダムズは書いている——「大胆かつ勇敢で、毅然として、不敵かつ剛直である。それは重大で永続的な結果を生むに違いなく、歴史上に一新紀元を画すものと考えるほかない」[*18]。歴史は確かにアダムズの正しさを証明した。しかし実際のところ、その夜の出来事は何十年もの間、人々の記憶からかなり薄れていたのである。アメリカ革命がどのように記憶され、記念されるようになったのかを修正主義的な立場から検討したアルフレッド・ヤングが明らかにしたように、「ボストン茶会」という用語（文献上の初出は一八三四年のことに過ぎない）の採用は、ボストン当地と独立闘争の結びつきを再構築するための、より広範な運動の一部であった。この文化上の再領有は今日まで続いている。最近アメリカの大衆が右派の

サロニー & メイジャー社《ボストン港における茶の投棄》、1846年頃、リトグラフ。広く複製された19世紀中葉の彩色リトグラフ。この図は、19世紀半ばまでには「ボストン茶会事件」の名で知られるようになっていた出来事を記念している。「ボストン港における茶の投棄」というタイトルは、この事件を言い表わすために早くから使われた常套句を繰り返したものである。（俗説の通り）「モホーク・インディアン」に扮装した男たちが茶箱を港に投げ込むと、付近に集まった群衆が歓声をあげる。この出来事は中景に描かれた2番目の船の上で反復されている。

「ティーパーティー運動」に寄せた政治的支持は、この国の民衆の想像力の中で茶がいまだ独特の響きを持っており、政治的に遠く隔たった権力者の不当な要求と共鳴し続けていることを思い出させてくれる。[*19]

疑いなく健全な茶

喫茶という、彼方の首都の「ファッショナブルな」慣行は、茶法以前には、植民地の消費者行動において賛嘆のうちに模倣されていた。ところが、イギリス政府が北米での茶の売上から税収を得ようとしたことで、その慣行は一転して、侵略的な帝国の重商主義的植民地政策と結びつけられるようになったのである。そして、その壊滅的な茶法を生んだ東インド貿易の構造的問題は依然として残り続けることになる。一七八〇年から九〇年の一〇年間で、東インド会社は茶への投資から通常五％の収益を得た。[*20] 一八〇〇年までに東インド会社は一七七三年と比較して五倍の量の茶を輸入していた――減税法以後に増加した消費者需要を満たすのに十分な在庫量を今や保持する必要があったからである。しかし一八〇〇年から一八二〇年の間に茶の販売価格が大幅に低下したため、販売量は増加し続けたにもかかわらず、年度ごとの売上高は横ばいを維持するのがやっととなった。[*21] 市場の全体的な価値への下方圧力は、東インド会社役員会が国内の茶取引に対してかつて持っていた統制力がどれほど失われてしまったのかを示している。

引退した茶商人のウィリアム・スミスは『茶学（ツィオロジー）』（一八二六年）において、中英貿易の一五〇年間を記念しながら、いかに茶が（その支持者にとっては問題なく）イギリスの帝国的拡張を可能にしたかを示唆した。

茶貿易の伸張と、東インド会社による領土獲得の迅速さは……歴史上のいかなる時代にも並ぶものがない。創設時には純粋な貿易会社だった同社は今や……三〇万平方マイルにも及ぶ領土を所有している。その領土には四〇〇〇万人以上の住民が暮らし、年間一四〇〇万ポンドの歳入を生み出している。これこそまさしく商業的冒険心の驚嘆すべき成果なのだ！[*22]

しかしながら、スミスの筆致は奇妙にノスタルジックである。彼はほかの論者たちと同様に、茶貿易が大きな変化を遂げようとしているという事実を茶葉の中に読み取ることができた。一八一一年に特許状が二〇年間（一八一四年から三四年まで）更新されることが決まった時、東インド会社は茶貿易を除く東インド貿易の独占権を失っていた。東インド会社は、独占主義的な傾向に基づく貿易モデルを代表しているという非難にさらされた。そうした貿易モデルは、アダム・スミスが『国富論』（一七七六年）で擁護したもっと自由主義的な姿勢の影響によって、ますます時代遅れになっていたのである（また、『経済学および課税の原理』（一八一七年）で国際貿易の観点からスミスの議論を発展させたデイヴィッド・リカードの影響も大きかった）[*23]。一八三一年には大方の予想通り、一八三四年以後の特許

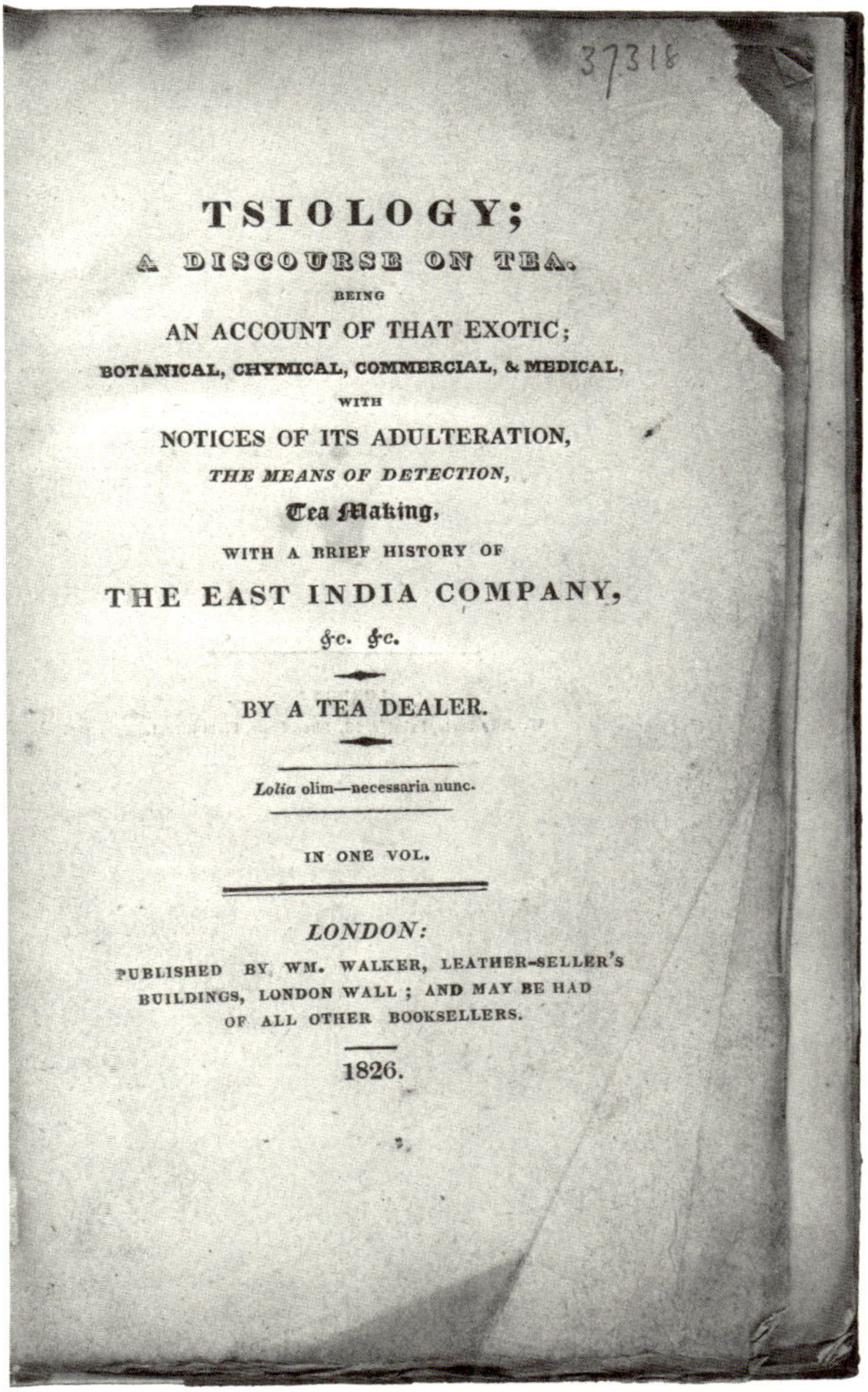

TSIOLOGY;
A DISCOURSE ON TEA.
BEING
AN ACCOUNT OF THAT EXOTIC;
BOTANICAL, CHYMICAL, COMMERCIAL, & MEDICAL,
WITH
NOTICES OF ITS ADULTERATION,
THE MEANS OF DETECTION,
Tea Making,
WITH A BRIEF HISTORY OF
THE EAST INDIA COMPANY,
&c. &c.

BY A TEA DEALER.

Lolia olim—necessaria nunc.

IN ONE VOL.

LONDON:
PUBLISHED BY WM. WALKER, LEATHER-SELLER'S BUILDINGS, LONDON WALL ; AND MAY BE HAD OF ALL OTHER BOOKSELLERS.

1826.

［ウィリアム・スミス］、『茶学――茶に関する論考、その外来品の叙述』（ロンドン、1826年）の題扉。『茶学』は、イギリス人が茶に対して感じる魅力を百科事典的に記述した著作。匿名の「茶商人」の著者はウィリアム・スミスとされることが多い（スミスは茶卸売業者スミス & ケンブルの共同経営者を務めた人物）。この本の内容の多くは過去の著作に依拠したものだが、19世紀初頭のロンドンにおける茶事業の機構を詳細に論じた箇所は、間もなく消え去ろうとしていたシステムに関する唯一無二の記録として際立っている――当時は、自由市場に基づく貿易モデルが、以前に支配的だった非公開方式に取って代わろうとする過渡期の時代であった。

状の更新が議会で否決された。そうして、東インド会社の貿易事業を段階的に終結させる長いプロセスが始まったのである。

茶貿易自体が辿る道筋も、『茶学』の著者には想像もできなかった仕方で変化していくことになる。一八二三年、スコットランド出身の陸軍将校で冒険家のロバート・ブルースが、インドのアッサム地方で自生している茶の木を発見した。ブルースはそれから一年もしないうちに死去した。そしてしばらくの間、彼による発見のニュースは既定の事実というよりもむしろ興味深い物語として受け取られていたようである。インド総督W・C・ベンティンク(一七七四—一八三九年)が一八三四年一月二四日に「茶樹の導入の成功によってインドが得るであろう多大な利益」について述べた時、茶がインドの地に自生していることは、植民地統治当局にはほとんど知られて(おそらく信じられても)いなかったようである。[*24] ベンティンクは茶業委員会の設立を勧告した。この委員会は、茶樹の切り枝を密かに中国から持ち出し、「中国人の仲介者」の助けを借りてインドで茶を栽培する任務を負うものとされた。茶の秘密はオランダ人にもポルトガル人にも掴めていなかった——オランダはジャワ島での茶栽培を何十年にもわたって試み続けていた。一方、ポルトガルは茶プランテーションを作る目的でリオデジャネイロ近郊に中国人の茶栽培者の小さなコミュニティを設立していた。[*25] 両国の場合、茶樹自体はよく育ったようだが、その茶樹から収穫する葉で作る茶はひどく期待外れな出来であった。したがって、茶樹は生育条件のごく微妙な変化——気温、湿度、高度、卓越風の方向、土壌の特性など——にも影響を受けやすいに違いないと推定された。

茶の栽培と製造をイギリス統治下の土地へ移すことで開けるさまざまな可能性を、そうした計画への支持を表明する人々が理解していなかったわけではない。ベンティンクは茶業委員会に対して、「ウォーカーという名の極めて知的な紳士」による一八三四年二月付の提案を提出した。

この国と中国の商業上の関係は、最近不確実な性質を帯びている。そうした事態はイギリス帝国の貿易の重要性にも、帝国の威厳にも全く相応していない。この不満足な状況はいくつかの要因が絡み合って生じたものである。……あらゆる国々との通商関係における中国政府の極度に用心深い政策。東インドにおけるわれわれの強大な帝国に対して中国が抱き続けてきた不安。中国政府の無知、傲慢、偏見。自らの強みと弱みに関する中国政府の認識。中国の役人の強欲と腐敗。そして時として我がイギリス国民の不行跡。[*26]

農業と貿易の言説と、瀬戸際外交と武力衝突の言説の間を行き来しながら、この「極めて知的な紳士」は続けて、最近の「われわれの兵器の目覚ましい急速な進歩」にもかかわらず、広州でイギリス人に対していかに不合理かつ屈辱的な制約が加えられているかを指摘し、「中国の軍事力はヨーロッパの戦術を前にしてはほとんど無力である」という確信を表明する。[*27] 彼は憤然としながらこう結論づける――イギリスで「万人にとっての奢侈品となっている」商品が何ら確固たる「保証を」持たず、「目下、中国政府の寛容によって供給されているに過ぎない」という事態を受け入れることはできない。中国による茶生産の独占を「われわれが破ることはたやすいであろう」。そうすれば、イギリスの消費者は中国から「恩を受けている」という気まずさを免れることになる。さらには、「ヨーロッパ人の技術と知識が、温度計等によって補助され、好条件の下で茶の栽培と加工に適用されれば、質と味において中国茶を凌駕することができるはずである」[*28]。東インド会社の卓越した植物学者ナサニエル・ウォーリッチ(一七八六―一八五四年)でさえ、中国茶の栽培の実現可能性を詳細に分析しながら次のように論じた――その実験が期待通りに成功した暁には、「われわれは文明生活が与える最大の慰安と奢侈の供給について、独裁国家の意向と気まぐれに依存し続けなくてもよくなるであろう」[*29]。

秘密主義的で、遠く離れた、ヨーロッパの商人や外交官には窺い知れない国――イギリスの帝国としてのいや増す自尊心にとって、中国は政治的にも倫理的にも極めて厄介な存在であった。集約農法と機械化をますます重視するヨーロッパ的な農業経済の保護下に茶の栽培と生産を置くことによって、イギリスの商人と消費者はそうした悩ましい屈従の感覚から解放されるはずであった。しかし、ベンティンクの茶業委員会にとって、事態は予期せぬ方向へ展開した。一八三六年一月までに同委員会は、ロバートの弟であるチャールズ・ブルース(一七九三―一八七一年)の仕事について知らされていた。彼は一八三〇年代前半から、アッサム地方北東部のサディヤに駐屯する砲艦分隊の司令官を務めていた。ブルースはまた熱心な探検家でもあり、アッサム地方の地図を作成し、地元住民に接近することに多大な精力を注いでいた。最も重要なのは、彼に独特の専門知識があったことである。ブルースは数多くの「茶の森」の所在を熟知していたが、そこには未栽培のアッサム茶樹がさまざまな土壌環境で繁茂していた[*30]。さらに良いことに、付近の村々の習慣と言語に精通したブルースは、森林の開拓と正式な茶栽培を目指す植民地政府の野望の強力な推進者としてうってつけであった。彼は速やかに軍務を解かれ、茶業委員会の茶農園監督に任命された。

茶業委員会がどれほどブルースの発見に興奮したかは、庶民院議会文書に保存された往復書簡から読み取ることができる。カルカッタから派遣されたウォーリッチは、アッサム北部でブルースと面会した。「この種の計画が」――とウォーリッチは熱っぽい調子で書いている――「これほど有利かつ確実な条件が漸進的に重なったうえで着手されたためしはいまだかつてない」[*31]。インドで栽培するために中国南東部から茶を密輸するというハイリスクな計画は（少なくとも当面の間）放棄され、ブルースはアッサムで組織化されたプランテーションの開発を推進するよう促された。そして彼はさらなる喜ばしい情報をもたらした――すなわち、「わざわざ丘陵を開墾しようとする者がいたとしても、決して税や地代を徴収しないのがアッサム地方の王の代々の習わしである」というのだ。イギリス政府が茶プランテーションを設立しても、その土地の王は「一ルピーの代価も公正に求めることはできない。今後茶樹が発見される可能性のあるほかのいかなる丘陵地帯についても同様である」[*32]。「アッサム産スーチョン」の最初の浸出液に関する報告は、一八三七年九月後半の書簡に見える。ウォーリッチは政府に対して次のように説明した――アッサム茶のサンプルは「極めて有望な兆候を示しており、収益性の高い市場向きの茶をアッサム北部で栽培・生産するための現在の試みが成功することを合理的に期待できる」[*33]。

一八三九年一月、ロンドンでアッサム茶数箱が初めて競売にかけられ、相当の熱狂を引き起こした（ただし、東インド会社役員会は慎重な判断を下し、その熱狂の原因は「今回のオークションの目新しさと物珍しさが生んだ非常な興奮と競争」にあると考えた）[*34]。この冒険的事業の成功は、インド茶の商業的な可能性を開発するための新しい国際貿易企業――アッサム・カンパニー――の設立を導いた。[*35] 一八五〇年代までに、北東インドの風景は帝国の諸技術によって一変しつつあった。自生の森林が切り開かれ、単式農法が確立され、年季奉公労働のモデルが地元民に押し付けられた。一九世紀半ばの旅行者たちはこうした展開に関して楽観的だった。例えば、中国とインドの茶産地の旅行記を一八五二年に出版した植物学者ロバート・フォーチュンは、アッサムで開発中だった比較的大規模の茶プランテーションを数多く訪れ、次のように想定したようだ――つまり、インド人労働者は（中国の茶栽培者と同様に）ゆくゆくは彼らが栽培する茶を何らかのかたちで（法的にというよりもおそらく心理的に）所有し、個人的な投資を行うことになるはずだ、と。ジュリー・フロマーが論じているように、フォーチュンは茶が帝国当局にとってのみならず、「インドの原住民」にとっても有益であると考えていた――というのも、前者はイギリス人の生活必需品となっていた商品の信頼できる供給源を求めていたし、後者は喫茶という洗練されたイギリス的習慣に参加することで、文明化の恩恵に浴する機会を与えられるからである。フォーチュン自身の言葉を引こう。

貧しいパハーリー、つまり山岳地帯の農民は現在、普通の生活必需品すらほとんど持たず、奢侈品に至っては明らかに何一つ持っていない有様である。これらの土地の一部で茶が生産されれば、貧しい農民は大きな市場価値のある商品だけでなく、健康な飲み物をも手に入れられるであろう。その価値に比べて嵩が小さいので、輸送費は取るに足りないはずである。結果として彼は、自分と家族の生活を以前よりも快適で満ち足りたものにする手段を獲得するであろう。[*36]
フロマーが結論づける通り、フォーチュンは確信しているのだ――茶の栽培がやがてインドの労働貧民の地位に目覚ましい変化をもたらし、彼らが「イギリス帝国の中流階級市民」に変貌することを。[*37]

茶戦争

英領インドという経済的、農業的、政治的、帝国的な圏域の存在は、アッサム茶の大いなる実験が最後には成功することを保証した。とはいえ、一八三〇年代後半の時点では――東インド会社の貿易活動が停止し、初の遠洋外輪船が南シナ海に現れていたにもかかわらず[*38]――一七五七年の乾隆帝の布告で定められた茶貿易の外交的な環境が変化する可能性は、ほとんど想像できなかったに違いない――その環境とは具体的には、澳門（マカオ）での慎重な交渉、珠江をさかのぼる困難な航行、黄埔島での買弁（ばいべん）と通訳の雇用、広州での「行（ホン）」との取引、税関長官（ホッポー）や官吏たちとのやりとりなどを指すが、実際のところ、それは中国との交易に伴う複雑で異国的で安心できない諸状況の総体のことを意味した。

「カントン・システム」として知られたこの交易方式は、その厳格な条件にもかかわらず、ヨーロッパと中国の貿易の関係当事者全員に安定と調和をもたらした。しかし船の数と規模の大幅な増大は、イギリスの茶貿易が直面する諸問題とも相まって、東インド会社の人員に影響を及ぼさずにはいなかった。一七〇四年に広州で貿易を行ったイギリス船はたった四隻（イートン号、ケント号、シドニー号、そして第三章で見たストレタム号）で、各船の重量は約三五〇トンであった。これに対して、一七九九年から一八〇一年にかけての二つの貿易シーズン中には、合計五四隻のイギリス船が珠江の三角州に停泊し、各船の平均重量は一一〇〇トン強であった。[*39] そして貿易は今や、各船に搭乗する東インド会社職員個人ではなく、準常設の「特別委員会」によって管理されるようになっていた。この委員会は管貨人から構成され、貿易シーズンの時期に応じて、広州のイギリス商館と澳門の賃貸宿舎の間を移動した。一七九〇年以降は、委員会構成員として管貨人のほかに茶検査官が加わった。茶検査官は東インド会社の新たな常任職で、輸出される茶

ウィリアム・ダニエル《広州のヨーロッパ商館の眺望》、1800年頃、カンヴァスに油彩。ダニエルの絵は、18世紀末における広州の河岸地区の情景を捉えている。右前景には、外洋航行のジャンク船の周りに集まる多数の小型木造平底船が描かれている。左手にはもっと小さなジャンク式帆装船数隻が見える。後景には、中国と貿易を行う西洋諸国の商館が立ち並んでいる。それらは、上空で翻る旗によって以下の諸国の商館であることが分かる——すなわち、オランダ、イギリス、スウェーデン、フランス、神聖ローマ帝国、アメリカである。

の原産地と品質を保証するために設けられた。[*40] 地方行政官による入念な管理を通じて、カントン・システムはイギリス側のこうした動きを吸収しつつも、相手国と一定の距離を置くという、中国とヨーロッパの貿易の特徴を維持していた。しかしその崩壊はインド茶の普及よりもずっと早く訪れることになる。しかも、それを導いた直接的な状況は、いかなる単純な意味においても、茶貿易自体に関連したものではなかった。

プラッシーの戦いを経て一七六三年までに、東インド会社はベンガル太守によって掌握されていたアヘンの独占権を獲得した。[*41] この麻薬を中国に持ち込めばすぐに売れることを知っていた東インド会社は、定期的なアヘン貿易を確立するための方策を探求した。その魅力は明らかだった――イギリスの銀の中国への流出をもたらす膨大な貿易不均衡が、大幅に是正されることが見込まれたからである。しかし麻薬貿易が惹起してもおかしくない道義的、倫理的な懸念を脇に置いたとしても、商業上、および政治上のリスクは決して無視できなかった。中国当局はかなり以前からインド産アヘンの脅威を警戒してきた。この習慣性薬物の輸入を禁止する最初の皇帝勅令は、早くも一七二九年に発せられていた。東インド会社がアヘン貿易に関与している、または直接支援していることが北京の中国当局の知るところとなれば、当然ながら広州はイギリス貿易に対して門戸を閉ざし、茶の供給は停止することになるだろう。清政府の抑止策にもかかわらず、中国におけるアヘン販売量は――現地当局の暗黙の共謀もあって――一七七〇年から一八〇〇年の間に四倍に増え、年間平均で約四〇〇〇箱に及んだ。中国との「アジア域内交易（カントリー・トレード）」に携わる民間商人たち（一七八〇年代後半から貿易会社または「代理商会」として合同した）にインドの公開市場でアヘンを売ることによって、東インド会社は麻薬貿易への関与を隠蔽し、中国当局の目を逃れたのである。[*42] アヘン貿易の水準は一八三〇年頃まではおおむね安定していたが、一八三〇年代前半を通じて急速に増加し、一八三六年までには年間で三万箱に達した。この時期までに、イギリスの茶貿易は実質的にアヘン貿易によって支えられていた。しかしアヘンの販売によって解放された兌換貨幣のうち、中国の外へ出たのはごく少量に過ぎなかった。むしろ、複雑な信用制度がアヘンと茶の交換を促進した。これは複数のルートで行われ得たが、通常はアヘン貿易業者（たいていは代理商会の商人）が、麻薬の販売を通じて調達した銀貨を広州の東インド会社の金庫へ直接払い込み、引き換えにカルカッタかロンドンで償還可能な為替手形を受け取った（その手形は現金に換えるか、さらにアヘンを掛買いするために使えた）。それから東インド会社は広州の金庫に収められた手元資金を使って「行（ホン）」から茶を購入するのであった。[*43]

東インド会社の中国貿易独占権が一八三三年に廃止されると、（ジャーディン・マセソン商会とデント商会を筆頭とする）有力な代理商会の多くが、中国におけるイギリスの主要な貿易会社として台頭した。この時までに、広州のアヘン貿易は公然の秘密と化していた。貿易の自由化によって、イギリスの現地当局は自国の商人の行動を有効に監視し統制するのが困難になった（その任務は東インド会社の管貨人委員会から、新たに設けられた官職――イギリス対中貿易主任監督官――へと移管された）。同時に、代理商会に資金提供する出資者たちは、東インド貿易自由化への要求が祖国で実ったことに勢いを得て、中国における同様の規制緩和を今や遅しと待ち望んでいた。[*44] そして中国とイギリスの双方で緊張が高まる中、武力戦の格好の口実となる事件が持ち上がった。一八三八年の暮れ、道光帝（どうこうてい）は湖広（ここう）総督の林則徐（りんそくじょ）を欽差（きんさ）大臣に任命し、イギリスのアヘン貿易を根絶する任務を与えた。林が一八三九年三月に広州に到着すると、アヘン貿易阻止のための施策が速やかに講じられた。アヘン販売は禁止され、広州での貿易を望む全ての船は「アヘン持ち込み禁止証書」への調印を要求された（この証書に違反した場合、貿易に関与した商人は死刑、船の積み荷は没収とされた）。林は外国商人の保有するアヘンの全在庫引き渡しを要求し、さらに数千人の中国兵を派遣してイギリスとアメリカの商人数百名を収容する広州の商館を包囲することで、断固たる姿勢を示した。イギリスの貿易監督官チャールズ・エリオットが商人たちに約二万箱を引き渡すよう命じたことで、ようやく膠着状態は解消した（この時エリオットは軽率にも商人たちに対して、没収されたアヘンの代金はイギリス政府が賠償すると約束した[*45]）。一八三九年五月中旬までの六

《官吏・林則徐によるアヘンの廃棄》、1840年頃、紙に水彩。不詳の中国人画家によるこの絵は、虎門近くの珠江水域で膨大な量のアヘンが廃棄された様を描いている。人夫（またはおそらく兵士）が、精製された麻薬の入った容器を叩き切って開け、その中身を珠江の水に溶かしている。欽差大臣の林則徐は川岸から作業の進行を監督している。画面右奥では、地方の上級官吏数名が近くのあずまやからこの様子を見物している。

週間で、林は推定二六〇〇万ポンドのアヘンを廃棄するよう命じた。アヘンは虎門近くの珠江三角州で溶解された（ここは、商船が通常使用する黄埔島南の外洋航海船停泊地にほど近い場所だった）。

これらの出来事に関する最初の報告が一八三九年と四〇年にイギリスで公表される以前には、茶貿易とアヘン貿易の関連は一般的にはほとんど認識されていなかった。茶を飲むイギリス人の大多数は、一杯の茶に——ボヒー、コングー、ハイソン、スーチョン、トンケイのいずれにも等しく——溶け込んでいる秘密にのん気にも気付かずにいた。[46] 茶はその穏やかで滋養に富む健康的な特性を愛好家たちに納得させるのにおおむね成功していたが、反対に、アヘンは人を破滅させる麻薬としてすぐに極悪視されていた。一八三六年に、貿易共同監督官として広州に短期間駐在した後に帰国したジョン・デイヴィスは、広範な主題を論じた『中国人——中国帝国とその住民に関する概説』で次のように述べていた。

> 最近では、アヘンがイギリスの輸入総額の約半分を占め……そして茶がわれわれの輸出品の半分近くを構成するに至っている。……中国人に売られるこの有害極まりない麻薬は、彼らから購入される健康的な葉を市場価格において上回っている。[47]

一八三六年七月の『クォータリー・レヴュー』誌上でデイヴィスの論考を取り上げた書評子は、幾分信じられないという調子で書いている——「中国の人民がほぼ独占的にわれわれのために調製する健全な飲料の見返りに、帝国領インドで栽培されたケシでもってわれわれが彼らを毒しているというのはまことに奇妙な事態である」[*48]。さらに、一八三九年にチャールズ・ブルースは、アヘンの生産はアッサム茶の実験にとって有害であると論じた。彼の見解では、アヘンという「恐るべき災い」がインド人の茶プランテーション労働者を蝕(むしば)んでしまっていた――「この不幸な土地に長く住んだことのある者を除いて、アヘンの使用が生む恐ろしい精神的影響について知る人間はほとんどいない」[*49]。同じ年にロンドンの聖職者アルジャーノン・セルウォール（一七九〇年代に活動した急進主義者ジョン・セルウォールの長男）は、アヘン貿易は毎年一〇万人近くの中国人の「殺人」を犯していると述べた。[*50]

一八三九年の夏の間、広州のイギリスとアメリカの商人たちは膠着状態にうんざりしていた。全ての貿易業務が凍結されていたからである。同じ年の秋までには、先の商館包囲事件とイギリス商人の船荷の廃棄に憤慨し、さらには中国における自由貿易権を求める（ウィリアム・ジャーディンを筆頭とする）商人たちからの新たな陳情に突き上げられたパーマストン卿のホイッグ政権は、ついに行動に打って出ることを決意した。[*51]パーマストンが派遣した遠征軍は一八四〇年の夏に澳門に到着すると、速やかに広州を封鎖し、舟山の港を占領した――最初の英中戦争（一般にアヘン戦争と呼ばれる）が始まっていた。一八四一年の夏までにイギリス軍は舟山、寧波、廈門(アモイ)、広州を事実上制圧した。陸上での戦闘ははるかに激しかったものの、戦況は依然として圧倒的にイギリス軍優位であった。イギリス軍は素早く長江を遡航し、その途中で上海を占領した。南京が陥落し、首都北京へのルートが開かれようとした時、清朝政府は協定交渉の開始を決定した。

一八四二年の晩夏に締結された南京条約には、イギリスの自由化された東インド貿易にとって計り知れない重要性を持つ包括的原則が含まれていた[*52]――イギリスとの貿易に対する五港の開港（広州、廈門、福州、寧波、上海)、イギリス・中国両国の同等職位の官吏間における通信の確立、「行」が享受していた貿易独占権の廃止、そして香港島のイギリスへの割譲である。休戦を迎えると、新たに自由化された中国貿易が始まったが、広州が依然としてその中心を占めた。この時期に制作された絵画(中国の画家煜呱に帰属)は、黄埔島を活気あふれる商港として描いている。一五隻もの東インド貿易船(外輪船一隻を含む)と、ジャンク式帆装中国船何隻かが見える。外国船のマストにはためく旗はそれぞれの出身国――アメリカ、フランス、そしてもちろんイギリス――を明らかにしている。しかしこれらは(すでに忘れられつつある)東インド会社ではなく、今やさま

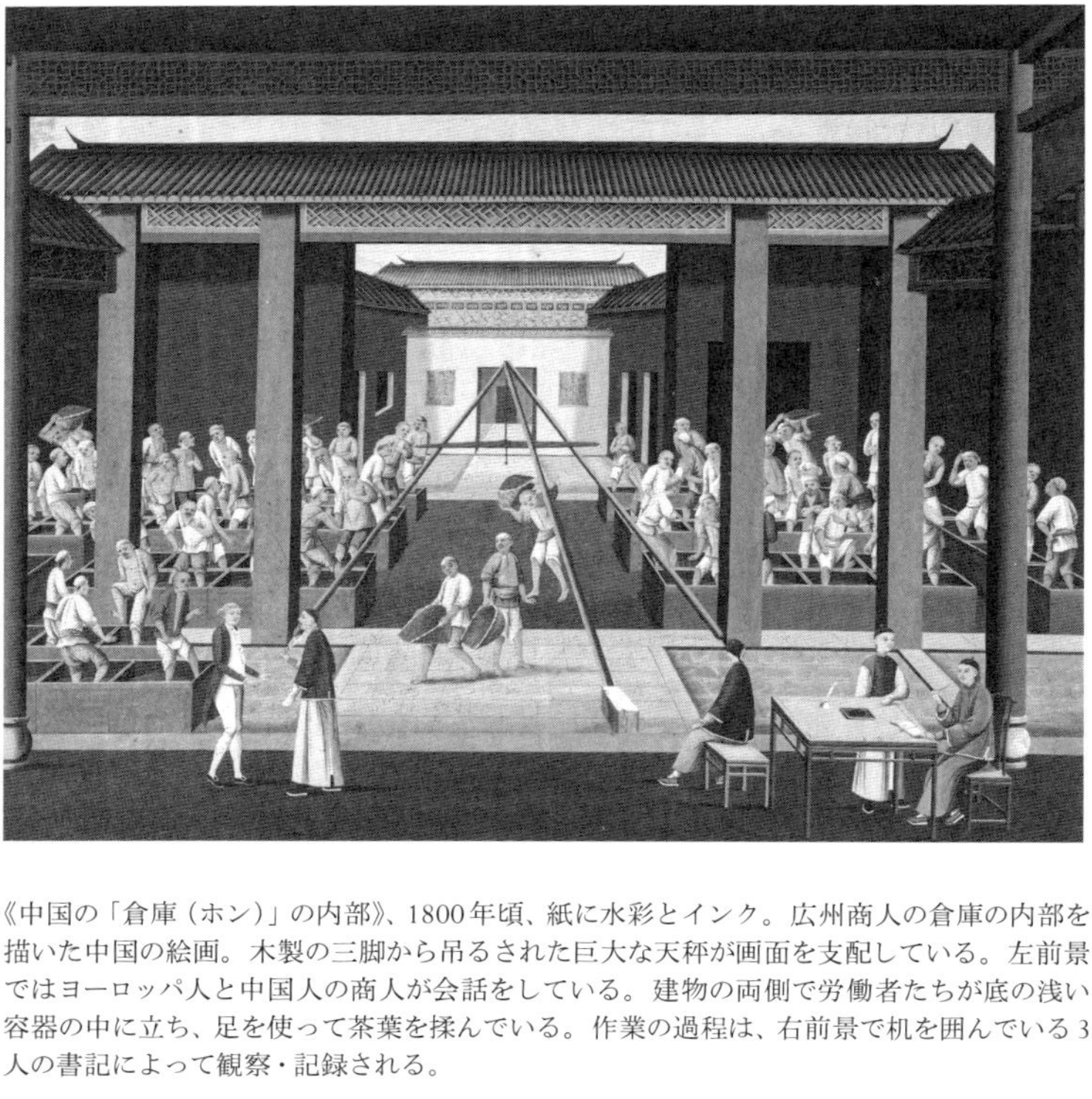

《中国の「倉庫(ホン)」の内部》、1800年頃、紙に水彩とインク。広州商人の倉庫の内部を描いた中国の絵画。木製の三脚から吊るされた巨大な天秤が画面を支配している。左前景ではヨーロッパ人と中国人の商人が会話をしている。建物の両側で労働者たちが底の浅い容器の中に立ち、足を使って茶葉を揉んでいる。作業の過程は、右前景で机を囲んでいる3人の書記によって観察・記録される。

ざまな民間貿易会社が所有する船である。港の活力と活気を捉えたこの絵画は、広州のオランダ船を描いた一七世紀の（ヨハネス・フィンクボーンス作とされる）景観図（一六六三年頃）と興味深い対照を成している。煜呱の絵に描かれた船は、未知の謎めいた土地への闖入者ではない。それらはむしろ、双方が恩恵を受ける有益な商業的交換に従事している。結局のところ、中国を抜きにしての茶貿易などは――一九世紀半ばにおいてさえ――ほとんどの人々にとって考えも及ばないことだったのである。

一八四〇年から四二年にかけての中英間の紛争は実際に「アヘン戦争」であった――それは間違いなく、麻薬の取引を通じて金銭的利益を確保したい

煜呱（ようか）《黄埔》、1850年頃、カンヴァスに油彩。黄埔（ホワンプー）島の深水停泊地を描いた煜呱の絵は、国際的な茶貿易が集中していた広州の盛時を記録している。最前景には、デーン島（常州島）のヨーロッパ人墓地が垣間見える。水路にはアメリカ、イギリス、フランスの船が停泊している。黄埔島の背後には、右方に向かって航行する初期の外輪船が見える。今日まで残る黄埔島のパゴダが遠景の岬にそびえている。画面左の枠の外へ消えていく水路をさかのぼると、ここには描かれていない広州に到達することができた。

というイギリス側の欲望によって引き起こされた戦争だった（そして言うまでもなく、アヘンには中毒性があり健康に極めて有害であることを、イギリスの政治上、商業上の指導者たちは承知していた）。パーマストン政権に陳情し、紛争自体を（部分的に）画策した民間商人たちが何よりも求めたのは、アヘンの自由貿易であった。しかし同時にそれは「茶戦争」でもあった。一八六〇年代に至ってもなお、イギリスは茶――人民にとって「必要不可欠な奢侈品」――を購入するための資金源として、アヘン貿易に依存し続けたのである。[*53] 南京条約の条項――特にイギリス人の地位と港の開港に関する条項――は一八世紀前半以来、東インド貿易に関わる茶商人の主要目標であった。また茶貿易はかつてないほど、国家の歳入にとって欠かせないものになっていた。茶消費税の税収は一八三〇年代のイギリス政府の年間経費（王室歳費を含む）の三分の二近くを賄ったと算定されている。[*54] とすれば、イギリス国家にとってこの戦争の目的は、不可欠の収入源を護るということでもあったのだ。アヘン戦争は資金浄化システムの永続化を可能にした。アヘン貿易の利益は、中国茶の治癒力に富んだ葉を通じて表面上は――倫理的、精神的、政治的に――洗浄されたのである。

第十一章　ヴィクトリア朝イギリスの国民飲料

「お茶と『タイムズ』を持ってきなさい！」一八歳のヴィクトリア女王は一八三七年六月二〇日に即位した直後、このように命じた――あるいは命じたと伝えられている。[*1] この真偽の定かでない逸話が一九世紀に起源を持ち、かすかにもっともらしく聞こえることは、ヴィクトリア朝のイギリスにおける茶の地位と意味について多くを示唆している。キャサリン・オブ・ブラガンザの一七世紀の習慣が王妃（クイーン）のファッショナブルな東洋趣味と茶のエリート的な排他性の証しであると考えられたとすれば、この一九世紀の逸話は、長い時を経て変容した茶の力を証明している――それはすなわち、中流階級的な家庭生活の儀式に直接参加することを通じて臣民と一体化したいという、もう一人の女王（クイーン）が抱いた欲求を表象する力である。先代の国王で伯父のウィリアム四世の崩御を受けて即位したばかりのヴィクトリアは、個人としての悲しみと君主としての務めが融け合うこの状況に落ちついて対処した。若き女王にとってはこれほど普通でありながら、しかも称賛に値することはほかにないだろう――彼女は茶から内的な慰めを、新聞から外的な視点を得ている。そしてこれ以上にイギリス的なものもまたあり得ない。ヴィクトリアの治世が始まる頃までには、茶が常時入手可能になり、社会に遍く普及していることは、イギリス人の生活における疑いようのない現実であった。茶は完全にイギリス的なものとして馴化されていたのである。

ヴィクトリアの治世中、茶は単に万人の飲料であり続けただけではない――それは万人が常時飲む飲料になった。ロンドンのクラッチト・フライアーズに本拠を置く輸入業者兼卸売業者ルイス・アンド・カンパニーの逸名統計家によると、イギリス人の年間一人当たりの茶消費量は一八三〇年代から一八八〇年代の間で三倍以上に増えた（一八三六年には一・四八ポンドだったのが一八八五年には五ポンドになった）[*2]。この着実かつ顕著な増加は、一九世紀最初の三分の一と鮮やかな対照を成す――その時期には、増大する茶の供給は人口増加に完全に飲み込まれていたのである。実際、一八八〇年頃までには、喫茶の習慣は二一世紀初頭に匹敵すると推定される水準に達した[*3]。日常の物質的な習慣におけるこの顕著な変化を受けて、ヴィクトリア朝人は喫茶を万人に共通の社会的慣例としてのみならず、国民性の普遍的な指標として表象した。一八二〇年代以降一般に流布し始める「この茶を飲む国民」というイメージは、いかにして茶が個々のイギリス人に共通のアイデンティティ感覚を抱かせたかを端的に表わす形容辞である――それはイギリス人を、文明化された、平和を愛する、素面（しらふ）の勤勉な民族として特徴づけた。一八六一年二月一三日に王立芸術協会で行った講演で、栄養学者の草分けエドワード・スミス（一八一九―七四年）は次のように論じた――「イギリス人に特有の食べ物といえば昔からローストビーフにビールと決まっています。これらが依然として優位を占めていることに変わりはないにせよ、イギリス人を特徴づける食品として、新たに茶を付け加えても良いように思われ

ます」。それから数年後、バーミンガムの食料品店主でタイフー・ティーの創業者であるジョン・サ
ムナー（一八二四―一九〇七年）は、「偉大なるアングロサクソン族は本質的に茶を飲む民族である」と断
言した。あたかも、アングロサクソン族とアジアの葉の関係が複雑な歴史的事象というよりも、自明
で消し去ることのできない生物学上の必然であるかのようだ。こうした文化的想像物としての茶は遍
く行き渡り、深く浸透し、多様な側面から成っていた――それは紅茶の帝国がたゆみなく活動する経
済的、知的、社会的、地理的、政治的な諸領域において際限なく繰り返される交渉を通じて生み出さ
れた。

市場を切り拓く

一七八四年の減税法は、イギリスの茶貿易に対する東インド会社の覇権を再強化していた。イギリ
ス国内での茶の卸売りは、年四回開催されるロンドン・オークションでのみ行われた。これは非公開
のオークションで、参加できるのは免許を受けたティーブローカーに限られていた。一八二〇年代ま
でには、このシステムは不十分で時代遅れであるという認識が広まっていた。ジョン・ニコルソンの
ような新興の茶商人たちは、東インド会社オークションの特権であった不可侵の機密性をあえて犯し
た。彼らは競売にかけられる全ての「ブレイク（または荷口）」の詳細を余すところなく公表した。
結果として、食料品店主や消費者は、かつては秘密にされていた、そのシーズンに中国から輸入され

た茶の品質、量、価値を知ることができるようになった。[*6] この前例のない透明性は、自由貿易主義者の最終的な勝利——すなわち、東インド会社が長年享受した貿易独占権がついに廃止される時——を予表していた。[*7] 一八三三年のインド統治法は東インド会社の商業機能を終結させた一方で、同社の官僚的・イデオロギー的機構を領有し、英領インドの植民地統治の支えとした（東インド会社とそのインドにおける資産は、一八五八年に完全に国有化されることになる）。

貿易自由化後に起こった投機熱には弊害もあったが、全国的な茶の需要は今や揺るぎなく、民間の商人の手に委ねられても安泰のはずであった。しかし、議会が同時期に進めていた消費税改革は新興の茶業者たちにとっては障害となった。一七八〇年代に史上最低の税率となった消費税は、その後従価税方式のもと再び約一〇〇％まで上昇し、一八四〇年には茶一ポンド当たり二シリング二ペンスの従量税額に戻った。これによって、最貧困消費者のための最も安い茶の価格がつり上がり、およそ一シリングの卸売価格が二倍もしくはそれ以上となって、市場拡大の可能性が阻害された。こうした状況はやがて反対の動きの高まりを生んだが、それは大衆の商業的要求と、中・上流階級の（とりわけ、簡単に手に入る安価なジンをめぐって表面化した）道徳的不安の両方に呼応するものであった。そうした圧力に押されて、大蔵大臣ウィリアム・グラッドストンはクリミア戦争中に棚上げしていた約束をついに履行することとなった——すなわち、関税を一八六三年に一ポンド当たり一シリングに、そして一八六五年には六ペンスに下げたのである。[*8]

グラッドストンの諸改革後の二〇年間で、（再輸出されずに）国内消費用に取っておかれる茶の年間輸入量は二倍近くに増えた（九九三六万七〇〇〇ポンドから一億八二〇〇万ポンドへ）。おそらくより重要なことに、「無傷の標準的コングー茶の卸売価格」が一ポンド当たり六ペンスほどまで下がった。[*9] その結果、一八八一年までに紅茶（ブラックティー）の基本小売価格は一ポンド当たり一シリング近く（四〇年前の三分の一の価格）で推移することになった。国内の展開と並行して、重要な外的諸要因も作用していた——すなわち、船舶の変化（毎シーズンの初茶を陸揚げするために競争した世紀中葉の快速帆船から、一八六九年のスエズ運河開通を活かした遠洋蒸気船へのシフト）、一八五六年から六〇年の第二次アヘン戦争（または「アロー号戦争」）後の英中関係のさらなる修正、植民地インドにおけるイギリス茶園の成長などである。[*10] 要するに、さまざまな（政治的、経済的、インフラ的、軍事的、帝国的な）手段が今や目覚ましいかたちで結合し、イギリス人の喫茶習慣を活発に促進すると同時に、イギリスが茶から得る利益を追求したのである。

自由貿易の到来以前にも、企業家精神に富んだ商人が、イギリス国内における茶の伝統的な供給網を攪乱していた。そうした商人の筆頭がエドワード・イーグルトンである。彼はビショップスゲート・ストリートの南でバッタの看板のある店を構えていた。一八世紀後半、革新的な企業家であるイーグルトンは、イギリス茶業界の支配的な商業規範を大胆にも覆した。彼は地方新聞に定期的に広告を掲載して、ロンドン外でも積極的に事業の促進を図り、価格を大幅に切り下げて薄利多売の実現を目指し、そして東インド会社から購入した茶葉をあえてブレンドせず、「純正輸入茶」として販売し、また、イーグルトンは銘柄入りの包装——「上質の紙を使い、店主名と商品目録を印刷し、各包みに価格を記したもの」——を考案し、商品の真正性を小売客に保証した。[*11] 非公開のオークションと不透明な卸売慣行という文脈に照らせば、以上のような手法が既存の業界内に大きな不安を掻きたてたのは当然であろう。

　イーグルトンの仕事は、フレデリック・ガイ（一七八一―一八六九年）という模倣者かつ競合者を生んだ。ガイは独立独歩の商人で、宝くじで大金を得た印刷業者だったが、未経験にもかかわらず一八一八年に茶業界へ身を投じた。偽茶や偽混茶に対する同時代の不安をうまく利用するかたちで、ガイはロンドン・ジェニュイン・ティーカンパニーを一一月五日に立ち上げた（言うまでもなく、イギリスの自由の守護と深く結びついた日（ガイフォークス・デイ）である）。ガイの商店は顧客に対して、その「主要倉庫」を訪れれば、ブレンドされていない茶を直に見られると約束した。そこでは「購入者は（望めば）中国から届いたままの包みから茶葉が量られるのを見て満足することができる」のであった。顧客はイギリス中どこからでも何箱分もの茶を注文できた。その茶をガイは「東インド会社倉庫から直接届いたままの包みに入れて発送」した。比較的少量の茶葉は「鉛の小箱に詰めて」売られた。その小箱にはロンドン・ジェニュイン・ティーカンパニーの「ラドゲイト・ヒル本店」の絵が描かれ、「カンパニーの印章で封がされた」[*12]。一年もしないうちにガイのカンパニーは大々的な成功を収め、一八一九年八月までに全国で「すでに約五〇〇〇の地方の代理業者を……指定し」、その直後の九月と一〇月中には一日平均二五〇〇ポンドもの売上を発表した（この数字は国内市場の約三％に相当する）[*13]。イーグルトンと同じように、ガイの商法も模倣され――例えばスパロウの「オリジナル・ロンドン・ジェニュイン・ウェアハウス」の宣伝チラシはガイの包装紙と少なからず似ていた――、また同時に激しい非難を浴びた。心地よく規制された市場への余計な介入を阻止することを目指して、競合する二一の茶業者が「委員会」を結成し、ガイとのＰＲ合戦を繰り広げた。その顛末を描いたのが、ジョージ・クルックシャンクの一八一八年の風刺版画『窮状(ホットウォーター)に陥った茶業界！　または大紛糾!!!』である。舞台はガイのカンパニーの本店があるラドゲイト・ヒルで、画家は茶商人の一団がぐらぐら沸騰する巨大なやかんの中で熱せられる場面を想像する。やかんは「純正の茶(ジェニュイン・ティー)」という「中国産火薬(チャイニーズ・ガンパウダー)」が起こす火にかけられている（「ガンパウダー（gunpowder）」には「高級緑茶」の意味もある）。この光景を傍らで見ている人物の言葉が作者の心情を表わしている――「これは驚いた！　ものすごい量の灰汁(あく)だ!!」[14]

　イーグルトンとガイは、国内の茶小売業の未来を予見していた。消費者はそれぞれ特色のある全国的銘柄(ナショナル・ブランド)に魅力を感じ、東インド会社倉庫から直送された純正な茶を届けるという業者の宣伝文句に安心し、そして一貫して安定した消費者経験を与えてくれる包装済み商品の利便性を喜んで受け入れたのである。一九世紀半ばには、こうした状況を把握し活用するモデルを、ジョン・ホーニマン――一八二六年にワイト島で茶販売業を始めた商人――が開発した。イーグルトンとガイの成功は間欠的だったのに対し、ホーニマンは永続的な成功を収めた。彼は代理業者の全国的ネットワークを構築し、顧客にとって好都合なように、二オンスから一ポンドまでさまざまな重量の包みで茶を売る許可を代理業者に与えた（茶葉を詰める作業はワームウッド・ストリートの本店で機械を使って行われた）。[15] サミュエル・フィリップス・デイの『茶――その神秘と歴史』（一八七八年）はホーニマンのための入念な宣伝本である（「純正茶(ピュア・ティー)の愛好者」への献辞は間違いなくホーニマンの広告文句への言及である）。この本の中で、読者はホーニマンの「茶商店」の内部に案内されることになる。見学は「ブレンドフロア」から始まる――ここではホーニマンが選定した茶葉が合成され、その後「検査室」（試飲と品質確認が行われる）に運ばれる。次に読者は「計量フロア」（茶葉の重さを厳密に量り、重量

ジョージ・クルックシャンク《窮状（ホットウォーター）に陥った茶業界！　または大紛糾!!!——茶筒殿およびティースプーン殿に捧ぐ》、1818年11月14日、紙に手彩色エッチング。クルックシャンクの時事的風刺画は、フレデリック・ガイのロンドン・ジェニュイン・ティーカンパニーが既存の茶業界を恐慌状態に陥れた様を描いている。ガイは、消費者に小売りされる茶の低品質と高価格に関する不安をうまく利用した。この風刺漫画では、東洋人が「公共の善のために（Pro Bono Publico）」と記されたろうそくを使って、「純正の茶（ジェニュイン・ティー）」という「中国産火薬」に火をつけている。憤懣やる方ないガイの商売敵たちは沸騰するやかんに押し込められ、叫喚をあげている。これらの商人はやかんから柳模様のティーポットへ注ぎ出されている。ティーポットに描かれた柳には2つの監獄——ニューゲートとキングズベンチ——への道標が掲げられている。ガイの「ロンドン・ティーハウス」の店舗（画面右奥）では、伝令が「混ぜ物なし」を宣言している。

に応じて銀紙に包むか、ブリキ缶に詰める)、そして最後に「ラベル室」(封をした包みに商店のロゴの印を押す)へと進む。この疑似ツアーは「ロウ・フォン・ロー氏の日記の抜粋」という体裁を取っている。ロー氏は遍歴の学者で、「H・E・リー・フン・パオ(中国教育使節団団長)」と共にホーニマンの商店を訪問していた(両人とも「中国の茶産地」の出身ということになっている)。[*16] ロー氏はホーニマンの製品の信頼性と純正性を称賛する(それはロー氏が「中国でいつも飲んでいたものに似ている」と感じた最初のイギリス茶だった)。この疑似ツアーで描かれる一連の行程の規模と能率性は入念に演出されたものであった。その目的は、地域の食料品店と茶専門店の奇妙な商慣行や、調達元不明の商品を盲目的に信頼している消費者を驚かせることにあった。[*17] ルイス・アンド・カンパニーのような伝統的な卸売業者は、個人経営の小売店に対して土地ごとの水質や顧客の好みに適応するよう促し、味利きに関する詳細な説明を与えて「店独自の」ブレンドの調製を援助しようと努めた。しかし、ヴィクトリア朝の茶市場は次第に、ホーニマンと各地方の強力な競合会社(リプトン、マザワッティー、ブルックボンド、リッジウェイズ、協同卸売組合)のやり方に黙従していった。このことは明らかに、イギリス国内の茶の売上がますます強大化する大企業に支配されるようになる二〇世紀の状況を先取りしていた。[*18]

一八世紀以来イギリスの茶業界を悩ませてきた汚染と偽混の問題は、ガイやホーニマンをはじめとする商人たちが、利用すると同時に打破しようと試みた茶市場の一側面にほかならなかった。実際、ホーニマンは店のポスターや包みにアーサー・ヒル・ハッサル――熱心な衛生運動家で『食品とその偽混』(一八五五年)の著者――の言葉を誇らしげに大書した。工業化の進んだ素晴らしい新世界における食の安全性に関するヴィクトリア朝人の不安を解剖しつつ、ハッサルはその大著で一連の詳細な報告をまとめた（これらの報告は、彼が議会特別委員会に主要な科学的証人として提示していた証言の基礎を成すものだった）。ハッサルは（他の主要食品の場合と同様）茶に使われる混和物を三つのカテゴリーに分類した。まず、「重量と嵩を増やす」ための混ぜ物がある――これには「出がらしの茶葉」や「茶以外の葉」などが使われた。次に「色合いを加え、他の混和物を隠す」ための物質（例えば「藍青（らんせい）、紺青（こんじょう）、ウコン、黄土、鉛丹、アンバー、

紅土」)、そして最後に「匂い、風味、刺激その他の特質を加える」ための添加物が列挙される(「カテキュー、樹脂、硫酸鉄、アセンヤクノキと漆の粉末、小麦粉入りのアセンヤクノキ粉末」)。「茶とその偽混」に関するこの詳細な報告には、混ぜ物一つひとつの正確な描写と、一連の化学的分析、検出試験、さらには茶とその不快な代替物の精密な植物学的図版が含まれている。*19

ハッサルの『食品とその偽混』の半分以上は「緑茶」に焦点を合わせている(この本が出版された一八五五年までに緑茶はイギリスの茶輸入量全体の七分の一を占めるに過ぎなくなっていたことを考えると不思議な感じがするが)。(味覚はともかく)視覚に訴えるための混合物を用いた緑茶の「着色(フェイシング)」に関して民衆が抱き続けた不安は、紅茶の消費量が世紀半ばに急増したのに対して緑茶の消費量が横ばいにとどまった理由の一端を説明するかもしれない。*20ティ・ピン・クーンという東洋風の筆名の背後に正体を隠して『ティーポットの中の死』(一八七四年)——磁器ティーポットとシノワズリー風の骸骨を融合させた表紙イラストの煽情的な小冊子——を書いた作家は、フェロシアン化鉄(紺青)で着色した緑茶を特に選んで厳しく非難した*21(同様にシェリダン・ル・ファニュのゴシック短編小説「緑茶」では、温和な牧師の悪魔憑きとその後の自殺は、緑茶の持つ破壊的興奮作用が原因であるとされる*22)。クーンの主張によれば、より一般的に言って、「紅茶(ブラックティー)として知られる茶」を含めた「煎じ液を毎日飲むことで、民衆はゆっくりと毒に蝕まれている」。「茶の品質は著しく劣化しているため、茶に関する三〇年来の知識がある者なら誰でも……『良質の』茶はすでに絶えていると言うだろう*23」。こ

【右頁】ホーニマンズ・ティーカンパニー《ホーニマンの純正紅茶(ピュア・ブラックティー)》、1890年頃、印刷広告。ホーニマンの広告は、中国産、純正・均等な品質、競争的価格といった要素を強調するのを常とした。この19世紀末の広告は、4分の1ポンド(小売りの最小サイズ)の「包み」を原寸大で再現したもの。東洋的美意識を取り入れた包みの外装と磁器カップが、「ホーニマンの純正紅茶」の「素晴らしい濃度と低価格」を際立たせている。

の事態を招いた元凶は、詐欺を働く香港の中国人仲買業者と、（中国人には好都合なことだが）品質に無頓着なヨーロッパ商人、そしてほとんど頑(かたく)ななまでに無知な国内の消費者にある――クーンはこのように断定する。少なくとも一人の著者にとって、自由貿易の利益と大量市場の到来は、イギリス人の茶の経験を活性化したというよりもむしろ、その質を低下させていたのである。

茶を飲む国民

ヴィクトリア朝のイギリスにおいて、茶は国民意識(ナショナル・アイデンティティ)の強力な担い手として機能した。喫茶は国家的に共有された嗜好であり、さまざまな社会格差を超

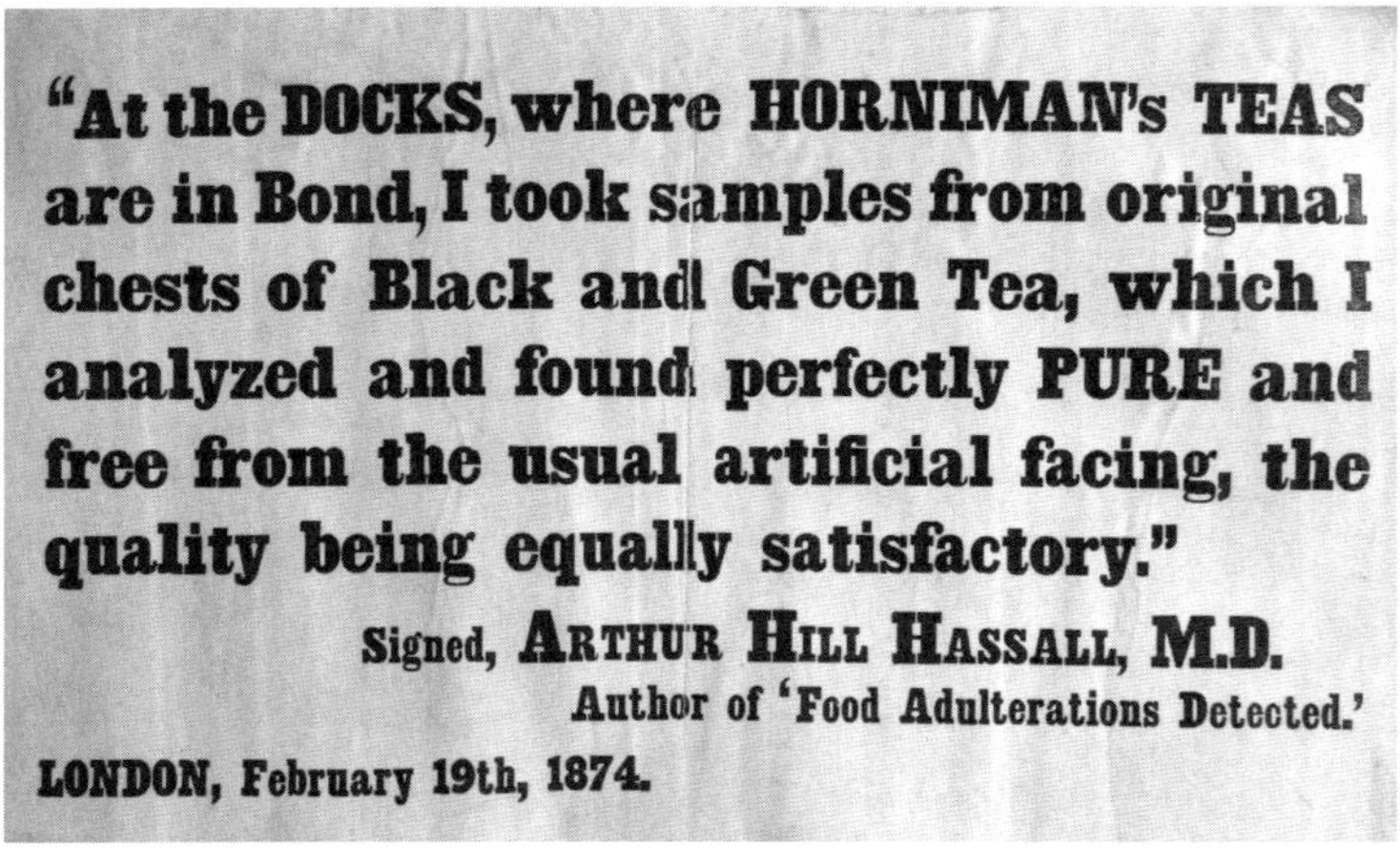

"At the DOCKS, where HORNIMAN's TEAS are in Bond, I took samples from original chests of Black and Green Tea, which I analyzed and found perfectly PURE and free from the usual artificial facing, the quality being equally satisfactory."
Signed, ARTHUR HILL HASSALL, M.D.
Author of 'Food Adulterations Detected.'
LONDON, February 19th, 1874.

ホーニマンズ・ティーカンパニー、アーサー・ヒル・ハッサルによる推薦ポスター、1874年、印刷広告。アーサー・ヒル・ハッサルは19世紀中葉の著名な医師で、食品業界の犯罪的偽装を厳しく追及し、同時代で最も大きな影響力を振るった公衆衛生運動家。自社商品がハッサルから正式にお墨付きを得たことは、悪質な混ぜ物に対する確かな解毒剤として「純正」茶を売り込みたいホーニマンにしてみれば、まさに渡りに船であっただろう。偽混は、紺青（プルシアン・ブルー）のような化学物質で「着色（フェイシング）」したり、茶葉の代わりにトネリコやイソマツを用いるといった、さまざまな方法で行われた。白紙に語間・行間を広く取って印刷されたヴィクトリア朝の肉太活字体（ボールド）ポスター用フォントは、ホーニマンがハッサルの支持をいかに重視していたかを物語っている。

えてあらゆる人々を——現実的にではなくとも象徴的に——一体化させたのである。祖国の商業的な（そして後には帝国的な）繁栄に欠かせない商品を日常的に消費しながら、茶を飲むイギリス人は毎日の習慣を楽しむことによって国家の富に貢献し、その富を文字通り体現していた。かつては話好きな女性と女々しい男性が集ってゴシップとスキャンダルを交換する場であったティーテーブルは今や、人々が交流して健全な人格を育む（男女共用の）安全な空間として再構築され、中流階級の家庭生活の中心に位置した。[*24]（第九章で見た通り）一八世紀の「茶否定派」の社会改良家たちは労働貧民が茶を求めることを厳しく非難していたが、そのような道徳的憤慨の痕跡は今やほとんど残っていなかった。それどころか、サミュエル・フィリップス・デイが証言した通り、茶は社会構造全体に浸透し、「貧者にも富者にも等しく共有される唯一の奢侈品」として認識され、称揚された。[*25]デイにとって「一杯の茶」はイギリス性を体現する習慣であり、人を酔わせず、健康的で、かつ深い満足感を与える。そしてそれは際限なく反復され、そのたびに微妙に意味を変化させた。

イーゼルを前にした画家、机に向かう作家、疲労困憊させる演説を終えたばかりの政治家、難しい役を演じ切って舞台を終えた役者、講壇を降りた弁士、説教を終えた牧師、仕事に精を出す職工、疲れ切った労働者、貧しい女家庭教師、疲労した洗濯女、つましく田舎家に暮らす主婦、歓楽の場を離れたばかりの快楽主義者さえも、いや、玉座に座る女王さえもが、一人残らず、活力を与えてくれるこの素晴らしい浸出液にすべからく感謝しなければならない。[*26]

茶はもはや、飲む者の元気を奪う、新奇で胡散臭い外国商品ではなくなった。この「浸出液」は今や――スコットランド出身のジャーナリスト、ライチ・リッチーが言うように――普遍的な「道徳の改良と社会の改善」をもたらす要因として信頼するに足りるようになった。リッチーは断言する――茶は優れて「文明化を促す液体」である。[*27]

こうした楽観的な診断が、一九世紀イギリスにおけるより広範なイデオロギー的利害と茶を明確に結びつけた一方で、この時代、茶は同時に科学的な理論づけを施された。リッチーにとって、茶が「文明化を促す」のは、その「刺激剤」としての性質ゆえであった。リッチーの同時代人で同じくスコットランド出身のジェームズ・F・W・ジョンストンが『日常生活の化学』(一八五五年)で説明した通り、「茶は感覚を酩酊させずに精神を高揚させる」。化学知識の熱心な普及者だったジョンストンは、彼以前の著作家にはほとんど欠けていた近代的な明快さをもって、茶の主要な身体・精神的成分を三つ挙げている――「揮発性油」(「麻酔作用」を伝達する)、「テイン」(「身体を鎮め、精神を活気づける」)、そして「タンニン」(茶の収斂性の、そして便秘を起こす性質)。[*28] これら三つは現在でも栄養学的な関心を集め続けている。[*29] 揮発性油L‐テアニン――特に緑茶に多く含まれ、その独特の旨味(心地よい味わい)のもとになる成分――は一部の研究者の間では、精神集中を高め、不安を和らげると考えられている。テインはフランスの化学者ウードリーが一八二七年に発見し、一八三八年にカフェイン(もともと一八一九年にフリードリープ・フェルディナント・ルンゲによって単離されていた)と同一のものであることが証明された。これは結晶性アルカロイドの一種で、高い中毒性を持つ薬物である。最初期のヨーロッパの愛好者が気付いていた通り、茶には人を覚醒させ、注意力を高める効果がある。それは主に、カフェインには睡眠誘導化学物質アデノシンが脳に受容されるのを抑制する働きがあるためである。[*30] 茶に含まれる比較的少量のタンニンには、抗酸化作用があることが現在では分かっている（ただしタンニンには植物性鉄分の吸収を抑える働きもある）。

ジョンストンの仕事は、エドワード・スミスによって称賛されると同時に修正された。ウィリアム・クーパー『課題』の名句「人を快活にさせるが酩酊させはしない飲み物」を医学的に分析した著作の中で、スミスは次のような説明を行った――茶の飲用者がこの飲料から得る「快活さ」は根本的に生理学的なものであり、茶に含まれる化学物質が呼吸の頻度と深さを向上させることで生まれる。スミスの観察によれば、少量の茶を頻繁に摂取した場合に、最も顕著な結果が得られた（被験者全員に「先述の快活さが一様に程よく認められた」という）。[*31] 向精神性と習慣性があり、人を快活にさせる飲料――社会化と文明化の力を備えたヴィクトリア朝の茶は、進歩と卓越性、秩序正しさと素面の厳粛さを求める国家的欲望に寄り添う飲み物として申し分がなかった。

繰り返し適量の茶を飲むことで得られる生気回復効果は、ヴィクトリア朝のイギリス人が価格の低下と供給量の増加に応じて飽くことなく茶の摂取量を増やしていった理由の一端を説明してくれる。一九世紀中葉にはさまざまな種類と品質の茶が売られていたが、そのほとんどは一〇〇年前の消費者にもそれと分かるはずのものであった。理由としては、中国語に由来する名称（ボヒー、コングー、スーチョン、トンケイ）が一八世紀以来変わらずに使われていたことが大きい（ただし、緑茶は今や主に紅茶とブレンドするために売られていた――「通常の割合は、紅茶スプーン四杯に対して緑茶がスプーン一杯である」と、ビートン夫人も一八六一年にその有名な家政読本の中で勧めている）。[*32] とはいえ、市場に出回る茶の量の増大が、茶を淹れて飲むという物理的な習慣と社交上の経験に多大な影響を及ぼしたことは明らかである。例えば茶道具について言えば、優美なティーポットは、大きな銅製の（最富裕層の家庭では銀製の）湯沸かし（ティーアーン）に次第に取って代わられた。湯沸かしは一八世紀に新たに考案されたものだが、今や家庭に広く普及していた。それは相当量の浸出液を保温して入れておくことができ、飲みたい時には基部の近くに付いた栓を押すと茶が出る仕組みになっていた（この栓の位置が重要で、底に沈んだ茶葉よりも高い位置に付ける必要があった）。湯沸かしに比べると地味だが、よく似た役割を果たしたのが、一八六〇年代までには普及していたティーコージーである。これはティーポットにかぶせるウールのカバーで、やはり多量の茶を長時間保温することができた。[*33]このようにして濃く出過ぎた茶の美食学的、さらには医学的な悪影響を懸念する専門家もいた。というのは、「混じり気のない豊かで濃厚な褐色の……煎じ液、つまりロンドン橋付近のテムズ川の水とバークレー・アンド・パーキンズ［ダークエールの銘柄］の黒ビールとの中間のような液体」を提供するという当時の一般的傾向が、さらに助長されてしまうからであった。[*34] そうした茶は「たいていひどい味」がするので、決まって砂糖と（手に入れば）ミルクを加えてようやく「ごまかす」ことができた。[*35] にもかかわらず、まさにこのような茶が今や、労働の疲れを癒やす定番の飲料となっていた。これは、工場でティーブレークの制度が広まっていたことに加え（一九世紀前半にはすでに始まっていた。第九章参照）、農業労働者に慣習的に支給されていたビールに代わるノンアルコール飲料として茶が使用されたことによる。[*36]

社会階層のもう一方の極に目を向けると、「貴族の家庭」では「五時のお茶」が根づいた。[*37] この「現代のアフタヌーンティー」は、茶の審美家ゴードン・ステイブルズを魅了した。彼は一八八三年に次のように勧めている――「茶が飲まれる部屋には洗練された雰囲気が求められる。茶道具一式は十分に吟味して選んだ、手入れの行き届いたものであるべきだ。肝心の茶自体は、入手できる限りで最上のものを用意しなければならない」[*38]。とはいえ最も重要なのは、この新しい茶の習慣の社交上の機能であった。同時代の礼儀作法書『現代社会の作法』（一八七二年）に説かれている通り、「人々がこうした午後のお茶に集まるのは飲食そのもののためではない。むしろ、互いに会って話をし、その合間に気晴らしとして茶を飲むためである」[*39]。ジェイン・ペティグルーによる文書調査が示すように、早くも一八四一年には、（ヴィクトリア女王のお気に入りでもあった）ベッドフォード公爵夫人アンナ・マリアを取り巻く上流階級女性のグループが、定期的に彼女の部屋に招かれ、「公爵夫人専用のティーケトル」で淹れたアフタヌーンティーを振る舞われた[*40]。貴族の女性が軽食を準備して出すという牧歌的な光景に基づくとはいえ、この集まりがエリート階級のネットワーク作りと社会的なやりとりのための機会であったことは明らかである。『現代社会の作法』が続けて説明しているように、「『小さなお茶会』はあくまで社交的な集まりなので、できれば使用人は締め出した方が良い」（ただし二〇世紀前半の記録によれば、ジョージ五世王妃メアリーは、二人の従僕が台車に載せて茶道具一式を運び込んでから初めて茶を淹れたという）[*41]。サー・ジョン・エヴァレット・ミレーの《アフタヌーンティー》（一八八九年。《おしゃべり女たち(ゴシップス)》という題名でも知られる）では、三人の幼いモデルたちは感傷的に描かれながらも、同時に性的な特徴を与えられている。座っている少女たちは互いに交わす会話だけでなく、社交上の細かな作法を律義に守る自分たちのパフォーマンス自体に夢中になっている。

茶で満たされた柳模様の磁器ポットと妙に熟した夏の果物は確実に、集まるための（実際の目的というよりも）表面上の口実として想像されている。

アフタヌーンティーの流行は、一八五〇年代・六〇年代に上流階級家庭の間でゆっくり普及し、その後、一九世紀最後の三〇年ほどで上層中流階級全体に広まった。[*42] イギリスの労働者階級のいわゆる「ハイ・ティー」（大半の世帯にとっての主要な夕食）とは違って、この「近代的」な社交的集いは、昼食と夕食の間に取る、（もちろん幾分贅沢な）栄養補給と会話のための時間として明確に意識されていた。アグネス・メイトランドの『アフタヌーン

サー・ジョン・エヴァレット・ミレー《アフタヌーンティー（おしゃべり女たち）》、1889年、カンヴァスに油彩。野外のお茶会の儀式に夢中になっている3人の子どもが描かれている。ミレーは、子どもに特有の無垢性を巧みに表現しながら、成人女性のより複雑な個人的・社会的関心事を同時に意識させることで、この絵を見る者に不安を与える——少女たちは無意識のうちに、大人の女性の世界を模倣しているのだ。柳模様のミニチュア茶器一式と、熟した夏の果物を盛った皿がこの場面を完成させる。

ティーの本』（一八八七年）は、それほど経済的な余裕はないけれども上流階級の習慣を模倣してみたいと望む人々を読者層として想定していた。この作者は、「アフタヌーンティー」が日常的な習慣になっているとはいえ、ちょっとしたごちそうが必要な時にいつも菓子屋から注文するのが好都合とは限らない多くの世帯」の要求を満たしたのである。[*43] 倹約の必要性と優雅さへの渇望の両方に配慮しながら、メイトランドは手の込んだケーキ、サンドイッチ、氷菓子などのレシピを載せた（もちろんこれらの品々は労働者階級にはとても手の届かないものだった）。著者が言外に暗示していることは明らかである――つまり、中流階級の「アフタヌーンティー」では、ネットワーク作りと同じくらい栄養摂取にも重点が置かれたのである。

中流階級のお茶会

家庭の幸福と安定は、なかんずく中流階級的な節倹と敬虔の美徳と結びつき、個人、国家、帝国にとって、ヴィクトリア朝のアイデンティティ観念の中核を成した。家庭を一つにまとめる焦点として、茶はこのヴィジョンの内部に構造的に浸透した。文学史家のジュリー・フロマーが明らかにした通り、一九世紀イギリス小説の茶の場面では、社会的・性的アイデンティティ、家庭生活、そして帝国のドラマが演じられる。例えばジョージ・エリオットの『ミドル・マーチ』（一八七一―七二年）では、ロザモンド・リドゲイトは、ドレスの細部や情事の可能性といった空（むな）しい事柄に気を奪われるあまり、夫のために茶を淹れるという妻としての務めを果たせなくなってしまう。ロザモンドのこうした姿勢は、メアリー・ガースの素朴で道徳的な善良さと対比される(恋に破れた男に対してメアリーが本能的に紅茶を薦める場面がある)。また、メアリーの母親は家庭的危機の瞬間に、一家の茶道具をひっくり返してしまう。一方、ヘンリー・ジェームズの『ある婦人の肖像』(一八八〇―八一年)の冒頭部分では、午後のお茶会という「イギリス特有の情景」が描写されるが、この場面の静謐さは作者が述べる次の観察によってかき乱される——つまり、その場にいるのは(明らかに通常は「お茶会という儀式の信奉者」ではない)男たちだけであるというのだ。因習に縛られながらも近代性に魅せられた世界で、伝統的な女性らしさがどのような困難に直面し、どのように再強化されるのかを精緻に分析するこの小説のテーマがここに暗示されている。[*44] フロマーの研究はこうした素材を、より広範な同時代の茶言説と関連づけながら犀利(さいり)に読み解いている。しかし、ヴィクトリア朝期には、純文学作品以上に茶へ集中的な関心を向ける文化的テクストがあることにも注意しなければならない。農事詩、児童書、ミュージックホールの歌、喜劇的風刺作品、急進主義的論争などが、ヴィクトリア朝の生活の中心に位置する茶の役割をさまざまな方法で探求するために活用された。そしてこうしたテクストは、家族、ジェンダー、階級をめぐって同時代に展開された議論と深く関わっていた。

「禁酒」は、ヴィクトリア朝中期のイギリス中流階級にとって茶が持っていた包括的な意義を凝縮したかたちで示している。非毒性、非アルコール性、非腐敗性の日用飲料であるという目覚ましい特徴を備えた茶は、社会的境界を超えた喜びを喚起し、富を築く基礎として、また不摂生を治す万能薬として特別な地位を獲得した。チャールズ・バーウェル・コウルズの『茶——一篇の詩』(一八六五年)

はこれらの主題を約一〇〇〇〇行に及ぶ本格的な無韻詩で探究している。[*45] ウェルギリウス以来の教訓的農事詩の伝統に従って、この詩の冒頭部分は「世界を目覚めさせ、教示し、文明化」（八一行）しようという、商業的動機に基づいたイギリス人の決意を称揚する。詩人は茶を——酒とは正反対に——「富者と貧者双方の味方」（九九行）と見なす。時間と空間の推移と共に、茶の穏やかな「諸特性と／習慣という暴君が、自由の身に生まれたイギリスの民を虜にし／魔法の枷をはめた」（二〇四—六行）。どうやら、イギリスの領土拡張の野望と同様に、紅茶の帝国による「征服は正当なもので、／滋養と健康を与える効能によって達成される」（二〇九—一〇行）らしい。こうした大仰な感情は、この詩の残りの八〇〇〇行を通じて展開される、ヴィクトリア朝社会の諸相を活写した劇的な場面の前触れに過ぎない。コウルズがとりわけ重視するのは、大酒飲みが更生するという筋の二つの物語である。最初に、美男のジン中毒者ユージェニオの物語が語られる。彼は純潔な女性教師マイラによって泥酔の絶望の沼から救われる。マイラはユージェニオに「レモンの薄切りを添えて一杯の茶を……／物語に名高い神々の飲料を」（六九二—四行）飲ませる。この時からユージェニオは禁酒の伝道師として生まれ変わり、「一杯の美味しい茶の喜び」を称える使命に邁進していく。[*46] さらに甘ったるく感傷的なのが二番目の物語である。博愛主義者の紳士が、病気と飢えに苦しむ二人の子の窮状に心動かされ、アルコール中毒の両親を立ち直らせようとする。「心慰める飲み物」（八七三行）が彼らの食事でジンに取って代わるにつれ、茶は自暴自棄に陥ったこの夫婦を救う。改心した彼らは恩人の紳士から資金を与えられてオーストラリアに移住し、これからは真っ当に働いて生きていくことを誓う。コウルズの詩では繰り返し、その生理的作用と社会的意味を通じて、茶が人々を教化し更生させる。幼年期の無垢性がいかにもろく壊れやすいか、そして家庭の幸福がいかに不節制のもたらす害に影響されやすいか——詩人はこれらの問題に焦点を合わせることで、一世帯の全員に訴える茶の魅力を例証する。ここには、家族の心と身体と精神を結合させる茶の象徴的能力があますところなく示されていると言えよう。

「ティー」がますます家庭内の食事となるにつれて（家長の不在時には子どもも部屋で取ることも多かった）、茶を社会的文脈に即して扱う際のテーマ群は、次第に幼児のしつけや娯楽を取り込むようになっていった。[*47]『日曜のティーテーブルのための問答集』（一八六三年）は、中流階級家庭の知的娯楽と宗教的教育のための聖書クイズを提供し、一方、『ティーテーブルの夕べ』（一八七一年）では、ガワー夫人なる架空の人物が主催するお茶会で、子どもたちが一連の感傷的な道徳訓話を物語って批評する。こうした本が暗黙の前提としているのは、ティーテーブルという場には自明の安定した文化的意味があるということだ。[*48]ヴィクトリア朝のティーテーブルは、男性と女性、大人と子どもが友好的に交流するための安全で家庭的な、女性化された空間であり、そこで重視されるのは精神を向上させる会話と、問題を孕んだ観念や態度の穏やかな再調整ということであった。また別の子ども向けのテクストには、茶そのものを商業的に媒介することに専念するものもあった。『唄と挿絵による一杯のお茶の歴史』（一八六〇年）は少年少女の読者を中国の茶農園から製造所（ここで作者は地元商人の「いかさま」を皮肉らずにいられない）、そして波止場付近へと案内する。最終的に、挿絵の東洋的な美学は「家族のお茶会」が行われている快適なイギリスの室内場面に取って代わられる。

万歳！　ここでようやく僕らは目にする

それが僕らの国のティーテーブルに置かれているのを。
いっぱいに満たされた湯沸かしから注がれると、
それはすぐさま僕らを快活な気分にしてくれる。[*49]

もっと後に書かれた子ども向けの詩『ティーポットが語るお茶のお話』(一八八四年)は、同様の戦略を用いながら(ただし今やインドの茶園が中国の茶園と並んで登場するのだが)、茶がイギリス社会の隅々にまで普及したことをより強調している。この本の最後のページでは、茶の目覚ましい有用性がその主要な機能にとどまらないことが明らかにされる――中流階級世帯の女中は湿った茶葉を居間の床にまいて、より効果的にごみを掃き集める。[*50] この詩が説明する通り、茶には「最後まで効用がある」――それはイギリスを一つにまとめ、働かせ続け、そして清潔に保つのである。[*51]

一九世紀の茶の文化において繰り返し確認されるのは、茶がその飲用者たちを女性化し、市民としての好ましい性質を与えるということである。ロバート・ローズ・リードの『ティーポットの歌』(一八五五年)は、ティーポットが「あらゆる部類の中で最も親しい友たち」(つまり女性たち)のために捧げる賛歌である。この歌は、男性と女性が交流する牧歌的な情景を想像する。そこでは「優しい婦人たち」の穏やかで洗練された趣味が、「男性(*mankind*)」の世俗的な冷淡さを和らげる(男同士の絆で結ばれた「クラブ」での集いは「フランス式のコーヒー」を中心に行われる)。幾分ぎこちなくはあっても巧妙なフェミニズムが発揮される――作者は、最高の「茶の判定者」は女性であるというありふれた言説を利用しながら、女性が家庭で与えるものは男性個人と社会一般の双方に恩恵をもた

ロバート・ローズ・リード（作詞）、カルロ・ミナシ（作曲）『ティーポットの歌』（ロンドン、［1855年］）の題扉。特大の銀製ティーポットが、ヴィクトリア朝のミュージックホールのプロセニウム・アーチ（舞台を囲む額縁）（あるいは教会の内陣アーチか?）に掛かっている。アーチの下では、3人のプットが一緒に茶を飲んでいる。アーチ入り口の左側には、茶の苗木がつる植物のように巻きついて上へ伸びている。右側では天使らしき人物が幕を引き開けている。プットたちの湯沸かしの湯気から、額縁の向こう側に一つの場面が立ち現れる。天上的であると同時に地上的なこの場面は、中流階級のお茶会である（キューピッドの姿をした4人目のプットが給仕役を務めている）。ここでは男女間の社交上の、そして（暗示的には）恋愛上の出会いの場となる。

らすと言う。

哲学者や政治家は真実を秘めておく
夕食時にその偉大な考えを披露するまでは。
詩人、聖職者、実業家も発見する
茶の浸出液が精神に活力を与えることを。
最大の秘密は多分ここにある――つまり食卓では、
女性が男性と対等に会話できるということ！

『ティーポットの歌』は読者に次のことを思い出させる（あるいは教え諭す）――強い男性の後ろには必ず、彼を支える一途(いちず)な女性がいる。妻は毎日夫と「夕食」を共にし、世間の吟味にさらされる前に夫の「偉大な考え」を探究し、夫と共に「茶の浸出液」が与える「精神」の「活力」を享受するのだ。同様のことは題扉の挿絵からも読み取れる。この絵には、中・上流階級の男女がお茶会に参加する天上の場面が描かれている。キューピッドが茶を注いでおり、一方、画面の中心では若い男が恋人の隣に座っている（男の視線は女に注がれているが、女の方は目を伏せている）。この二人を引き合わせたのは茶であり、二人が「会話」を交わせるのも茶のおかげである。そしてこの飲み物は二人が共にする未来を支え、個人と社会の双方に益をもたらすだろう。*52

確かに『ティーポットの歌』はティーテーブルにおける女性の鋭敏さと思慮深さを軽妙に褒め

称えているけれども、このテクストが流布させようとするのは保守的な、ジェンダー化された社会政治（ソーシャル・ポリティクス）である。そのような姿勢は茶の言説では珍しいものではなかった。エドワード・エドモンドソンの『一杯の温かい茶に関する詩』（一八六五年）は、男たちのために「温かい茶」をかいがいしく用意する「婦人たちへの感謝」の表明を入念に行う。この詩は二つの異なるセクションから構成される。まず冒頭で、茶が社交と節制を促す健全な飲料として称揚され、続いて、情愛に基づく賢明で友愛的な結婚が勧められる。そうした結婚生活では間違いなく、妻による家事の切り盛り、子どもの世話、炉辺の管理が、夫の労働能率と幸福を左右する。

> 片膝に揺りかごを載せて赤ん坊をゆすりながら、
> 彼女は針と梳毛糸（そもう）で靴下を修繕している。
> 夫が仕事でへとへとになって帰宅すると、
> ちょうどトーストが焼け、お湯が沸いたところ。[*53]

貞淑さと従順さを兼ね備えた家庭的な女性らしさという（妻の）資質と、栄養と滋養に富む茶を（夫のために）手際よく準備する能力――この二つの直接的な関連をさらに推し進めた作品もあった。アレグザンダー・T・ティートジェンの対話体作品『女主人と使用人』（一八七〇年）は、ビショップスゲート・ストリート南の「ティー・ウェアハウス」の宣伝用小冊子として書かれた。郊外の家の奥方が、さまざまな公共問題についてラヴ・ア・カップ氏（この家で働く洗濯女の夫で、初老の港湾労働者）と話し合うという設定である。会話が「女性の権利」という厄介な問題に及ぶと、二人は「女を男に変えようというこの馬鹿げた流行」を非難することで一致する。「イギリスの最も賢明な女性たちはそんなことを望んでいない！」――ラヴ・ア・カップ氏が力説する。実際、彼が擁護するつもりの「女性の権利」とは、「感じの良い恋人、善良な夫、素敵な家庭、幸福な家」を持つ権利に限られる。[*54] この小冊子の本能的な性差別はおそらく、「ティー・ウェアハウス」の店主が（顧客の大多数を占める）女性たちが抱いていると想定した考え方を反映している（また同時に、茶消費の最終的な資金調達者である男性世帯主にもアピールするよう意図されていると思われる）。

対照的に、家庭の中心にあって調和をもたらす主体として茶が担っていた重要な役割に揺さぶりをかけようとする作家もいた。多層的な歴史を経て、遍く普及するに至ったヴィクトリア朝のティーテーブルは、作家たちに身近な社会的状況を与えた。その状況を風刺の場と政治討論の経路として再構成するのは難しいことではなかった（これはかつて一八世紀にティーテーブルが担っていた機能の名残りであるとも言える）。一九世紀半ばに書かれた二つの短い戯曲――『ティーカップの中の嵐』（一八五五年）と『一杯のお茶』（一八六九年）――は、朝食の食卓における夫婦の儀式的な喫茶を取り上げる。夫婦間の不調和がこれらの劇の主題なのだが、形ばかりの愛情によってもっともらしくうわべを取り繕おうとする登場人物たちの様子が笑いを誘う。[*55] また別の戯曲『夫たちのお茶会』（一八七五年）でも、男女関係にまつわるユーモアが作品に活力を与えている。この「お茶会」は中流階級の茶商人ピーター・ハイソンの家で行われる。客のナーシサス・ニューカム（菓子屋）と共に、ハイソンはベンジャミン・バーリー・ブラス（もう一人の客。真鍮細工師）とジョン・ドジン（青物商人。お茶会で給仕するためにハイソンの家に来る「一日ウェイター」）の二人によって容赦なくからかわれる。ニューカムとハイソンの罪は、男らしくもなく、妻の好みや気まぐれを唯々諾々と認め、進んで譲歩しようとすることである。ニューカムが「平和と陽光が私の家庭を満たしている」とあくまで言い張るのに対し、ハイソンは説き伏せられてこう決意する――「かかあ天下の専制にはもう我慢ならない」。[*56] ところが細君が（舞台の外で）帰宅すると、ハイソンはたちまち怖気づき、その場で会をお開きにし、急いで客たちを裏口から送り出す始末である。この戯曲では、お茶会そのものが風刺の標的になっているわけではない（実際、恰幅のいいブラスも痩せこけたニューカムと同じように茶を飲んで満足する）。しかし男女間の境界を緩和する茶の性質――『ティーポットの歌』ではあれほど称賛されていた性質――は、ここでは、社会秩序を女性化して転覆させる危険な傾向となる寸前にある。

階級の指標は、茶を題材にしたミュージックホールの歌でも風刺の対象となった。一九世紀末の二つの歌では、中流階級のアフタヌーンティーが、ひどく不味い食べ物と形式ばった社交性を特徴とする空疎な取引として嘲笑される。一つ目は「座ってお茶を」（一八九一年）というコミックソングである。社交の場では常に慇懃な態度を保たねばならないため、どんなにひどい食べ物を出されてもただ黙って耐えるしかない――この歌が扱うのはそのような喜劇的かつ不条理な状況である。全てが狂っている。バターは「少し緑に変色した／マーガリン」であり、「ジャムはカビの毛皮をまとい」、「砂糖には砂がたっぷり混じり」、そして「塩漬けサーモンは／アイリッシュ・シチューで漬けてある」。しかしこの歌の本当のおかしさは、そうした窮状にあっても楽しさと上品さの幻想を維持するよう聴き手に求める、一連の滑稽な命令にある。しかもこれらの命令は誠実そのものといった調子で発せられるため、よけいに皮肉さが増している。「何も言わずにっこりと笑いなさい」、「小ばかにして鼻であしらってはいけません」、「何があっても騒ぎ立てたりしないこと」――これらは礼儀作法に関する命令で、その後に「皆で一緒に座ってお茶を飲む時」というリフレーンが続く。[*57]一方、「中流階級のお茶会」（一八九四年）では、礼儀作法上の細目が、客たちの（食べ物ではなく）お互いに対する嫌悪感を覆い隠す。妙に気分の高揚した女主人のおしゃべりに最初から閉口させられ、さらには一家の末っ子トミー（「無作法な小僧」）の行儀の悪さに苛立ちながらも、客たちは表面上あくまで笑みを絶やさず、茶と軽食で腹を満たす。しかし疲れた足取りで帰宅するや、こうぼやくのであった――「あの家にだけは二度と行かない／おっそろしく退屈な会だった」。一方、客たちを偽善的に「感じよく」もてなした主人役は、彼の食卓でたらふく食べた「愚鈍な連中」をこきおろす。当然ながら、歌詞は次のように締めくくられる（いくらか俗物根性の気味がないわけではないけれども）。

ああ、中流階級のお茶会
楽しいという人もいるけれど私は御免こうむりたい
そこで出会う人々は実に種々さまざま
それが中流階級のお茶会[*58]

なるほどお茶会は「種々さまざま」な人々の交流する機会を作ったかもしれないが、そうして「皆で一緒に」茶を飲むのはむしろ避けたいと考える向きもあったことは明らかだ。これらの風刺作品が例証する通り、ヴィクトリア朝中流階級全般の抜き難い鈍感さと、個人の独善的感傷性という欠陥を（糊塗するのみならず）暴露するために、茶の持つ象徴能力が利用されたのである。

実にしばしばヴィクトリア朝の茶文献の表面下に隠されているのは、階級構造の安定性、家庭生活の一体性、個人と個人を結びつける（または区別する）ものに関する不安と不確かさの感覚である。イギリス全土で庶民の食生活にすっかり定着した茶は、とりわけ、家族の住む家というかすかに閉塞感を覚える環境に根づくことで、社会的なアイデンティティ、役割、相互作用を支配する暗黙のルールを一身に体現することができた。ヴィクトリア朝のテクストがこうした茶のイデオロギー的な力を正面から問いただすよう促すことはめったにないが、一冊の新しいフェミニズム雑誌の序言が行ったのが、まさにそのことであった。『ケトルドラム』――当時の俗語で午後の茶会を表わすが、同時に騒々しい楽器を自意識的に意味するタイトル――は、一八六九年一月に発刊された。創刊号の巻頭で編集人のジョゼフィーン・バトラー（一八二八―一九〇六年）は皮肉を利かせて、彼女の雑誌は「ティーテーブルで話されること、ティーテーブルで興味の的になること」だけを扱うと請け合う。しかしバトラーの議論が進むにつれ、「ティーテーブル」という「女の王国」は、資本と労働の全世界的なネットワークや、階級とジェンダーの支配的構成とダイナミックに関連していることが明らかになる。茶葉や茶器は、国際的な農業・製造・通商の産物であることをバトラーは読者に思い出させる。したがって消費者は、さまざまな問題をめぐる受け入れ難い妥協に直面せざるを得ない――すなわち、インドと中国の間のアヘン貿易、砂糖プランテーションにおけるアフリカ系カリブ人労働者の搾取、国内産業の被雇用者の生活状況や教育、国庫の歳入と歳出といった問題である。また一方では、ティーテーブルという「ケトルドラム」は、年齢や性別を問わず、さまざまな人々を集めて活発な交流を促すことによって、上記のような問題に関する考えや意見を批判的、生産的かつ自由に表明できる環境を確立する。議論の限界は実際に消失する――「関心を引く話題のうちで、われわれのティーテーブルの閑談(ゴシップ)で触れられないものは一つもない」。ティーテーブルが「万人によって」女性に「譲渡される帝国」であるとすれば、それは現状をおとなしく黙認する場である必要はない。(バトラーの目を通じて)ラディカルに理解された茶は――商品・習慣・催しとして――、ずっと後の時代のフェミニズム運動のスローガン(「個人的なことは政治的なこと」)を具体的に裏付けている。[*59]

未来の茶

イギリスと茶の関係は、一九世紀最後の三分の一で抜本的な変化を経験した。一八五〇年代半ばには、イギリスの出資者が所有し、イギリスの農場経営者が管理するインドのプランテーションで栽培・製造された茶が本国に届けられ始めた。「アッサム」茶の量は最初こそ少なかったものの、三五年以内には中国産の茶を上回るようになった。セイロン(スリランカ)産の茶と共に、アッサム茶は二〇世紀前半の一時期、中国からイギリスへ輸出される茶を一掃することになる。[*60]二世紀もの間、(ピープスの言い方に倣えば)「中国の飲み物」として経験されてきた飲料が突然、それまでとはかなり違うものになった(実際、茶はもともと「中国の飲み物」という装いをまとってイギリス人の意識に浸透したのである）。もはや国庫を枯渇させる原因ではなくなり（そして遠隔の麻薬市場から得る利益との不穏な結びつきも解消され）、茶は今や帝国経済に内在する商品となった。しかしインド産の茶によるイギリス市場の速やかな支配は必然的な事態であったわけではない。一八八〇年代前半を迎えてもなお、業界観測筋は間近に迫った変革を予期するのを嫌がっていたように見える。インドで出版された『茶の百科事典』（一八八一年）の編纂者は次のことを認めるにとどまった――「われわれには中国という対決すべき巨人がいる。インドが『巨人殺しのジャック』になるとは思われないが、少なくとも同じくらい大きな巨人に成長することはできるかもしれない――もしインドが時と共に賢くなり、緩慢ではあっても実質的な進歩に満足するのであれば[*61]」。多くの現実主義者と同様に、この著者が懸念したのは、インドの茶産業の脆弱な基礎構造が、飽和市場のもたらす諸問題によって危険にさらされることであった（実際、一八六〇年代半ばに投機的な「茶熱」が破裂した後には崩壊寸前と思われていた）。そしてこのような状況の下、競合相手である中国人は低価格に対応するのにより有利な立場にあったのである[*62]。

イギリスが中国とインドから輸入する茶の量が、比較的同水準にとどまり続けるように思われた短い期間中、茶言説で繰り返されたテーマの一つは、それぞれの茶の特徴を、本質的に補完的なものとして表象することであった。『茶とそのブレンド』の著者にとって、「インド茶」はその「非常な濃さ」のために、「無視できない貴重な特質」を備えている。もし「インド茶が単独では苦すぎて人々の好みに合わないのであれば」、便宜的に「中国茶と混合するのが良い」。この著者によれば、インド茶は国内のブレンダーにとって大きな恩恵となる。というのも、インドでは、巧みなブレンドによって組み合わされた時にこそ持ち味を発揮する諸特徴――「濃い色」、「繊細な香り」、「強い刺激」――を最大限引き出すことに重点を置いた生産が行われているからである。[*63]『絶妙なブレンド、または、ジョン・ブルがいかにして完璧な一杯の茶に出会ったか』（一八八五年）は、こうした議論とよく似た内容を持つ喜劇的物語である。タイトルと同名の主人公で、古き良きイギリスの象徴であるジョン・ブルにとって、中国茶は「いささか薄すぎ」で、インド茶は「喉への刺激が強すぎて不快」である。しかし「絶妙なブレンド」の精霊が与える一杯を、彼は「さもうまそうに」飲む――「これぞまさに茶と呼ぶにふさわしい」というわけだ。[*64]

より強気な姿勢で帝国主義的な見解を打ち出す者もいた。ヘイソーン大尉の『ダージリン・ハンドブック』（一八六三年）は、ダージリン地方への入植の恩恵を喧伝するために書かれた。彼にとって、茶栽培はイギリスのインド政策に新たな目的と一層の安定性を与えるものであった。

インドにおけるわれわれの地位は、これらの丘陵地帯に多数のヨーロッパ人農夫を入植させることで、著しく強化されるはずである。農夫たちは健康的な気候のもと、速やかに家族を増やしていき、やがては義勇農騎兵団に必要な人員を供給するようになる。そうすれば、われわれの半野蛮の隣人たちによる敵対行為など物の数ではなくなるだろう。[*65]

ヘイソーンの実際的な提案に耳を傾けたのがエドワード・マニー中佐だった。彼はインド北東部で茶

『絶妙なブレンド、または、ジョン・ブルがいかにして完璧な一杯の茶に出会ったか』(ロンドン、[1885年]) の挿絵。最も美味でしかも経済的な一杯の茶を探し求めるジョン・ブルは、さまざまな解決策を提示する4人の寓意的人物と出会う——図の左下から時計回りに、ターバンを巻いたインド人（彼の茶は「刺激が強すぎる」)、弁髪の中国人（彼の茶は「いささか薄すぎる」)、「狡猾そうな男」(彼の「偽茶」には無数の景品がついてくる)、そして奇妙なことに悪魔のような姿をした「絶妙なブレンド」である（彼の茶こそ「まさに茶と呼ぶにふさわしい」とジョン・ブルは判断する)。これらの人物は、汎用広告パンフレットの挿絵として描かれた。そのパンフレットには空白のスペースが残され、小売業者が商店に向けた業務上の指示を挿入できるようになっていた——それを読んだ顧客は、中国産とインド産の葉を組み合わせた特製ブレンド茶を購入できたと思われる。

園を経営した後、一八八四年に『茶論争』を出版し、イギリスの読者に向かって直截にこう問いかけた――「茶は国民的な飲み物である。世界の二つの地域がその生産をめぐって競争している。より優れた品を生産するのはどちらだろう」[*66]。五項目にわたって綿密に述べられたインド擁護論においてマニーが第一に重視するのは、生産物ではなく生産者である――「インド茶は広大な農園で、教養あるイギリス人の監督下で栽培・製造される。そして技術と資本が合体して最高の品が生産される」。これに対して、中国茶は貧しい職人によって「最も粗野な方法で」生産される。この主張からは次のこと（マニーの第二の論点）が導かれる――機械化された工程の恩恵である「衛生的な製品」を生み出すインドの方式は優れたものである。それにひきかえ、「中国では茶は手作りされ……裸同然の男たちが作業台の上にかがみ込んで茶葉を揉む。彼らはふんだんに汗をかく。その結果を事細かに描写する必要はないだろう！」。中国産茶葉の必然的な不純性は、偽混によってさらに著しく悪化している（論点三）。また、（品種差と気候条件を原因として）「インド［茶］は本来的に中国茶よりも濃く」、したがってより「使いでが良い」（論点四と五）[*67]。

マニーの帝国的イデオロギーの論理には迷いがない――それによれば、イギリスがインドを獲得し、半ば軍事的に平定したおかげで、以前には全く知られていなかった社会組織、農業的知識、産業技術が導入されたのである。こうしてインドに文明が到来したことで、「広大な農園」を監督する「教養あるイギリス人」が、土着民には全く思いも寄らない方法で、土地の自然の可能性を把握し活用することができるようになる。一方、インドに比べれば規模の小さい中国の茶園は、ヨーロッパ人の優れた技術の前に敗れ去った（商業倫理に対してどのような姿勢を取るかによって、この勝利の道徳的な評価は大きく違ってくるだろう)。マニーの系統立った記述の根底には、次のような確信に満ちた前提がある——すなわち、英領インドにおいては、栽培される茶とそれを育てる人種がそれぞれ自然界の序列で占める位置は、神意によって必然的に決定されているということである。

マニーの楽観的な論考は、中国茶を軽視する際にも抑制的な筆致を保っていた。彼は、インドが望み得るのはあくまで、中国との市場的対等性を達成することであると最終的に認めている(この見通しは誤っていたけれども)。一方、中国茶とインド茶の競合を極悪視する同時代人もいた。ゴードン・ステイブルズの『茶——快楽と健康の飲料』(一八八三年)は、茶の起源に関する定説を書き直すことから始まる。ステイブルズは眉唾物の進化論風推論を展開しながら、茶樹はインド原産であり、中国にはアジアのどこか別の土地からもたらされたに違いないと述べる。彼は中国茶よりも「インド茶」の味を好むと断言した(後者の方が「刺激的で、奥深く重厚な味わいを持つ」からというのがその理由だが、ここには、イギリス人と中国人の人種的差異に関するステイブルズの理解が反映されている[*68])。ステイブルズは「インド茶こそ未来の茶[である]」ということを信じて疑わなかった。彼は流行中の退化論に同調し、人類も自然の有機体と同様、繁栄した後には衰退するという見解を明確に表明した——「中国人は地上で最も古い民族の一つであり……老齢期にあるように思われる」。中国人の女々しい体つきと汚染された茶は、こうした劣化の物理的な証拠である。それに対してイギリス人の「喫茶が……われわれを国家として劣化させていないことは明らかである。われわれの歩みは絶えず前向きであり、われわれの旗には「進歩」と「啓蒙」という言葉が印されている[*69]」。世界の茶産業において急激な地位の逆転が生じた。かつては中国の栽培業者がインドのイギリス人農園主に教えていたが、「今やわれわれの方が彼らに教えることができる」。こうして天の配剤によって（イギリスにとっては幸いなことに）、「われわれの」商業的優勢が公正かつ必然的であることが示されるというわけである。[*70]

中国茶の輸出市場と競合するにあたって、イギリスのインド茶貿易は複数の基礎構造（インフラ）的な利点から恩恵を受けた——すなわち、地理的距離の近さ、法的枠組みの統一、文化上、行政上の歴史の共有といったことである。これらの実際的な要因に加え、イギリスの卸売業者、小売業者、消費者が中国茶からインド茶へと鞍替えするのを助けたのは、マニーやステイブ

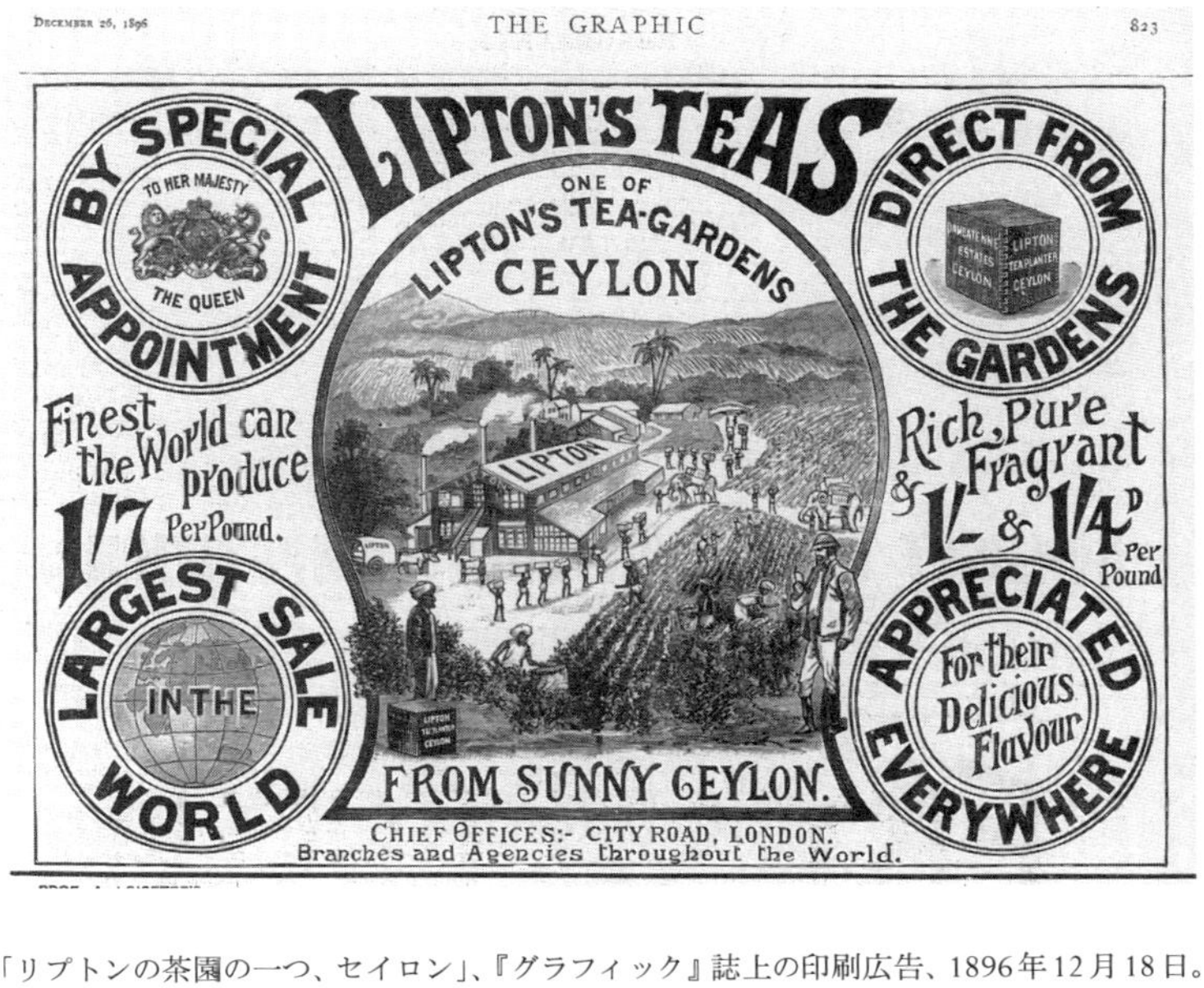

「リプトンの茶園の一つ、セイロン」、『グラフィック』誌上の印刷広告、1896年12月18日。新聞印刷用紙に刷られたこの広告は、さまざまな購入予算に合わせたリプトンの茶を宣伝している（1重量ポンド当たり1シリングから、1シリング7ペンスまで）。スコットランドの食料雑貨商トマス・リプトンは1890年にセイロン（スリランカ）へ渡り、イギリスの小売店で販売する茶葉を安価かつ独占的に供給できる「茶園」の所有権獲得に成功した。この広告は、帝国の資本と農園主の専門知識が亜大陸植民地の環境や労働力と結びつくことで、「世界が生産し得る最高の」茶が生まれる、と主張する——そしてその茶は、「女王陛下」から王室御用達の指定を受け、中国の伝統的製品を凌駕するとしている。

ルズのような著作家によって表現された人種主義的な神話であった。一八八七年にジョン・レイン・デンシャムが一族の茶会社を再建しようと試みていた時、インド風の響きを持つ名称を考案して商標登録した――「マザワッティー」は、ヒンディー語の「マザー」(「快楽」または「楽しみ」)とシンハラ語の「ヴァッタ」(「園」)を統合し、一方で――ここが肝心な点だが――英語の「ティー」の音韻的な響きを保持している。[*71] それから三年後、スコットランドの食料品業界の大立者トマス・リプトンがセイロンに渡り、土地と機械類に投資した。それによって彼は「茶園からティーポットへ直接」商品を届けることができるようになるのだった。[*72] 帝国の茶はもはや止められない勢いをつけつつあった。

インドでの生産は、茶の文化的地位のみならず、イギリスの消費者の実際上の経験をも一変させた。人々がますます紅茶(ブラックティー)を好むようになっていることは、アッサム茶が競争に加わるずっと以前から明らかであった。しかし、アッサム茶が市場に参入したことがその決定的な要因となったのは確かである。インド茶の「刺激的な」力強い風味は、一つには品種の違いによるものだったが、イギリスの産業資本家がインド亜大陸に導入した精巧な機械化工程が、この自然の特徴を最大化するためには不可欠であった。マニーが誇った通り、多くのプランテーションで、ヒマラヤ山脈の向こう側から最初に移入された昔ながらの職人的な製法に、今や機械が取って代わっていた。このテクノロジーがイギリス茶の味と外観を効率的に標準化し、そして予想外に変化させた。『茶とそのブレンド』が(一次文献に依拠しながら)説明している通り、新鮮な茶葉を萎凋(いちょう)させる工程は、以前は日光か炭火を用いてゆっくり数時間かけて行われていたが、「サイクロン萎凋・乾燥機」を使えば五分で完了した。「茶葉の萎凋・切断機」が人力に取って代わり、「葉を必要な平方サイズにカットした」。一方、茶葉に傷をつける工程では、「連結・梃子揉み機（リンク・アンド・レバー）」が使用された。この機械は、一度に八〇ポンドの茶葉が入るうね付きドラム（「梃子の原理の強力な適用」で圧縮される）によって、手揉みと同等の効果を達成した。また、乾燥も木炭の直火を使う代わりに、亜鉛を敷き詰めた引き出しに茶葉を入れて密閉した状態で「熱風にさらされる乾燥室」で速やかに行えるようになった。最後に、「独特の回転運動による振り分け機」が、茶葉をサイズごとに四つの基本的等級に分けた。これらの等級の名称はペコー、スーチョン、コングーという主題の変奏だが、中国の茶文化の最後の痕跡であると言える。[*73]

こうした茶製造の抜本的な機械化（二〇世紀のＣＴＣ製法（四三二頁を参照）の先駆け）は、茶葉が被る酸化の程度と効率性を増し、それによって紅茶（ブラックティー）の独特の風味を高めた。機械化の目的にはまた、より多くの加工植物を市場に出すということがあった。本来は産業廃棄物と見なされてもおかしくない「ファニングス（粉茶より粗い茶葉）」や「ダスト（粉茶）」のような低等級茶葉が機械化のおかげで保存されるようになった。これらの副産物が大半の安い茶の原料となって、濃い色の「液体」を作った（そして消費者はそれを品質の高さや味の濃さと同一視するよう信じこまされた）。ジョン・サムナー（子）（一八五六―一九三四年）がバーミンガムの家族経営企業を継いだ時、彼の新商品「タイフー・ティップス」は、手揉みの葉先ではなく、「ファニングス」（より洗練された商品を加工する過程でできる粗い副産物）を主原料とした。ステイブルズが（一片の皮肉も交えずに）断言していた通り、「インド茶」は本当に「未来の茶」であったのだ。その未来は工業化された食品生産システムを取り込むことになる。このシステムは一方では、一部の富裕な人々のために最高級茶葉を選び抜き、他方では、自らはあずかり知らぬ「進歩と啓蒙」の「旗」の下に領有されたその他大勢のために、リサイクル済の残余物を最高級食品として提示するのである。

なかんずく、インドのプランテーションは茶を真にイギリス的なものにした。最終的に茶産業はイギリス自体の商業史に抗って機能するのではなく、むしろその歴史に起因する型と構造を備えるようになった。茶は健康、社交性、家庭性、節制と複雑に結びつけられた関係を保った。しかし、機械化によって変化した風味と魅惑的な濃い色合いは、この文化的遺産がかつて中国から移入されたという、長く尾を引く感覚を微妙に消し去った。国家の境界線が帝国の拡張性に取って代わられるにつれ、国内外

「農園主（プランター）のバンガロー」、エドワード・バンバー『茶』（ロンドン、1868年）の口絵。この図に関して歴史的に驚くべき点は、茶プランテーションが中国からインドの風景へ置き換えられていることである（その置換を最も明白に示すのは象の存在である）。ダージリン地方に関する自身の個人的経験に基づいて書きながら、バンバーは農園主が暮らすジャングルのバンガローを、冒険と勇気と孤独の世界として描き出す。画面の中景には栽培中の茶の木が描かれている。左奥の建物はおそらく茶葉を加工する作業場であろう。

のヴィクトリアの臣民たちは、生産と消費の物質的関係のみならず、国民的一体意識と国際的共同体という理想的なフィクションによって互いに結ばれた。初期のインド開拓者エドワード・バンバーによる小冊子『茶』（一八六八年）の奇妙な、いやに文学的な結末において、読者はダージリン地方のジャングル探訪に誘（いざな）われる。そこでは「人間が人間として人間に出会い」、「農園主（プランター）」が「それら全ての黒い肌の中でただ一人のヨーロッパ人」である。バンバーによる締めの言葉は、この過酷な環境を「想像の中に」保ち続けるよう読者に要求する。「農園主が茶を用意し、四方を石壁に囲まれた快適さの中、あなたはテーブルの上でその茶葉を湯に浸す」。ここで読者はジャングルとプランテーションの「対比」を意識させられる。しかし、バンバーが注意を向けるのはむしろ、植民地の「農園主」と国内の消費者を結びつける嗜好、目的、運命の連続性である。この連続性によってプランテーションとティーテーブルを隔てている地理的距離と文化的異質性は（再強化されると同時に）解消されるのである。[*74]

バンバーの小論から一〇年も経たないうちに、アルバート・エドワード皇太子が南アジアの将来の領土を訪れた。その時、この次期インド皇帝はバローダ藩王国のガーイクワード家当主から「銀のスワーミー（ヒンドゥーの）・ティーセット」を贈られた。[*75] この臣下からの貢物は「一二組のティーカップ・ソーサー・ティースプーン、ティーポット、トング付きシュガーボウル、ミルク差し、三つの盆」から成り、マドラス（チェンナイ）のP・オア&サンズのインド人職工たちが制作した。この銀製の茶器一式は、（実際はともかく名目上は）茶を淹れて出すために作られたものだが、茶自体とちょうど同じように、外来の自然資源と植民地の専門技術を結合した産物にほかならなかった。ここでは、イギリスのテーブル用品が風変わりな異教の「スワーミー」の神々によって装飾されている。美しく、高価な、前例のない贈り物であるこの茶器一式は、皇太子と共にヨーロッパに戻り、サウス・ケンジントンおよびベスナル・グリーンの王立美術館で展示された。後にそれはパリ万博に移動し、インド銀器ブームを促した。その後はエディンバラ、グラスゴー、アバディーン、ヨークでも展示された。[*76] 今や、あらゆる場所であらゆる時にイギリス人のためにイギリス茶があるというだけではなかった。茶の提示とパフォーマンスに伴うオリエンタリズムは馴化され、奇妙な馴染み深さによって、実際の差異が持つ脅威の可能性は骨抜きにされた。

『茶——快楽と健康の飲料』でゴードン・ステイブルズは、イギリスの茶文化自体の

P・オア & サンズ（カルカッタ）、5点のティーセット、1876年頃、銀、銀メッキおよび象牙。皇太子アルバート（後のエドワード7世）は、1875年から76年にかけて英領インド帝国への公式訪問を行った。バローダ藩王国のガーイクワード家当主は、皇太子に精巧な茶道具一式を進呈した——それらはインド銀製の茶器で、マドラス（チェンナイ）のP・オア & サンズが製造した。アルバートが贈られたものとよく似たこの同時代の作例が示す通り、「ヒンドゥー（スワーミー）」の神々の伝統的な造形表現と出会うことで、イギリスのアフタヌーンティーの道具が視覚的に再創造されている。

みならず、その文化の地史的（ジオヒストリカル）な優越性に対する揺るぎない自信を表明する。この著者――少年向け冒険物語作家にして、初期の移動住宅旅行愛好家――のことを、自らの時代を超えられなかった人物として非難するのはフェアではない（同時代の人間が皆彼と同じように「イギリス人のフェア・プレイ精神」を無批判に擁護したというわけではないにせよ）[*77]。不穏な排外主義に満ちた著書の中に、ステイブルズは陸羽の『茶経』へのオマージュと思える言葉を差し挟んでいる。しかし、もし意識的であるとすれば、この賛辞はおそらく中国式の茶への賛歌と同時に惜別として意図されている。ステイブルズは茶葉の選び方や、喫茶のための身体および環境の整え方を感覚的な細部に至るまで詳述し、それから陸羽の記述（一〇〇〇年以上もの間鳴り響いてきた言葉）を彷彿とさせる筆致で、近代イギリスの茶器一式を一つずつ挙げていく。それは陸羽のものよりも単純で短いリストである――ティーケトル、水、火、ティーポットまたは湯沸かし、加えてティーコージーだけが挙げられる。しかしこれらの日常的な事物の完成度、魅力と清潔さに関する美的な衒学趣味（ペダントリー）を、ステイブルズは陸羽と共有している[*78]。ステイブルズの本が示す通り、茶はもはや単にヴィクトリア朝イギリスの国民意識に浸透しているだけではなく、今やその組織自体の一部となったのである。一九世紀末において、茶はイギリス人であることの不可欠の要素であった。しかしその一方で同時に、イギリス性はグローバルな規模における茶の経験の基盤を成すものとなりつつあった。

第十二章　二〇世紀の茶

一九三六年一〇月、ミンシング・レーンのロンドン商業オークション室。競売人がロット番号を読み上げる――「アッサム・ブロークン・ペコー――おいくらから始めましょう」。ほとんど即座に競り合う声が次々とあがり、価格をつり上げていく。「一と三、ハーフ、三とハーフ、四」（入札はファージング（四分の一ペニー、または九六〇分の一ポンドに相当。一九六一年廃止）単位の競り上げ方式で行われた）。競売人が壇上から「四―三にて落札」と告げると、そのロットは終了となる。木槌が振り下ろされ、略号「四―三クロスビー」が読み上げられる――落札価格は一重量ポンド当たり一シリング四ペンス三ファージング、買い手は茶仲買業者クロスビーという意味である。[*1] ここで競りにかけられた茶は、インド北部アッサム地方のプランテーションで栽培されたものである。「ブロークン・ペコー」は二番目に需要の多い等級で、最も需要のある「ブロークン・オレンジ・ペコー」よりもわずかに大きく硬い葉から作られる。食料雑貨商向けのガイド本には、「ブロークン・ペコー」は最上級品に比べると「カップに入れた際の水色（すいしょく）がやや劣る」が、「ブレンドの増量用として便利」であると書かれている。[*2]「ティー・ストリート」

と呼ばれたミンシング・レーンで行われるロンドン公開ティーオークションは高度に専門化され、二〇世紀前半における世界で最も重要な市場であった。

二〇世紀に紅茶の帝国は拡大し、その勢力範囲は全世界に及んだ。茶は新しい消費者を見出し、新しい消費文化を確立することで、その生産地域を広げていった。生産・栽培手段の機械化による大革新は、ティーショップ、軽食堂、カフェテリアにおける新しい公共的な消費形態と、ティーバッグや自動機械インスタントティーといった、より効率的な淹れ方に反映された。こうした拡大の動きと共に、二〇世紀の茶がどれほど完全に「イギリスの」飲料となったのかを推し測るのは容易ではない。実際、食品あるいは文化としての消費という点においてだけでなく、栽培、製造、マーケティングといった実際的な側面においても、二〇世紀半ばの茶産業がいかにイギリスによって支配されていたか、過大評価するのが困難なほどである。ヨーロッパには長い歴史を持つ重要な茶会社があった（コペンハーゲンのA・C・パークス・ティーハンデルや、アムステルダムのファン・ネレやダウ・エグバーツなど）。そしてアメリカにもレッド・ローズ・ティー、サラダ、ビゲロウのような会社があった。しかしこれらの企業は、世界的に勢力を伸ばした二〇世紀のイギリス企業（特にブルックボンド、リプトン、ライオンズ、テトリー）には到底太刀打ちできなかった。二〇世紀前半までには、世界規模での茶の生産と取引は「イギリスの」茶によって支配されていた――それはイギリス人が所有するプランテーションでイギリス企業によって栽培され、イギリスの植民地と自治領においてイギリスの資本によって支えられた。この全世界規模の取引はロンドンの茶市場によって組織化され、統制された。そして世界の茶のほとんどはそこで等級分けされ、ブレンドされ、売りに出された。さらに、ほかのどの国民よりも人口一人当たりの茶消費量が多かったのがイギリス人であった。

しかし、茶の世界市場が規模と範囲を著しく拡大させた一方で、イギリス人の茶嗜好そのものは、二〇世紀の前半には、以前のような多様性と新奇性を失ってしまった。茶は圧倒的に単なる茶になっていた――それは主にインド産かセイロン産の葉をブレンドした紅茶であった。その茶葉を浸出させると、湯はすぐさま鮮やかな色に染まった。そして味は一貫して濃く、苦かった。かつての業界の顕著な特徴でもあったさまざまな種類の茶は影を潜めた。それらは今や高級市場向けの専門小売店でしか入手できなくなり、選ばれた者のための秘教的知識の一形態として符号化された。大手企業の茶は実質的には工業製品であり、中央設備で製造され、複雑な供給網を通じて流通した。

二〇世紀の大半を通じて、茶産業は一九世紀後半に確立された路線に従って組織化された。イギリスのみならず北米、北欧、オーストラリア、ニュージーランドの消費者に小売りされる茶は、商標名で識別された（商標名は最初にそのブレンドを販売した食料雑貨商にちなんで付けられることが多かった）。一九世紀末の時点で最大手のブランドは、ブルックボンド、タイフー、リプトン、ライオンズであった。茶はさまざまな生産地域から輸入され、その梱包も原産地や製造方法、季節によってそれぞれ大きく異なっていた。しかし各ブランドは自社の茶が年ごとに、また一杯ごとにいつも同じ味になるよう工夫を重ねた。そのため、ティーブレンダー（茶葉ブレンド職人）の役割が茶産業にとって欠かせないものになった。種類や包みごとに異なる茶葉の割合を調整し、風味、色合い、価格の点でサンプルを再現した飲料を作るのにブレンダーは非常な技量を発揮した。商標名を冠したブレンド茶一包みには原則としていずれの産地のどんな等級の茶葉でも含まれている可能性があった。茶製造——古来の、しかしこの時代まではおおむね機械化されていた、萎凋(いちょう)・揉捻(じゅうねん)・発酵・乾燥・等級分けという一連の工程——は植民地の茶生産地域で行われたが、茶産業そのものの中心は、本国の首都ロンドンにあった。それはミンシング・レーンという短い通りに位置する複合的な空間で、テイスティング室、ティーオークション室、ブレンド室から成っていた。

一九〇〇年から一九七〇年までの間に、ミンシング・レーンはイギリスで販売される茶の六〇%から八〇%を扱った（それ以外の茶は公開オークションか私的取引を通じ、生産国で直接購入された）。卸売業界はティーテイスター（茶質鑑定人）を絶えず雇っていた。ティーテイスターは鋭敏な味覚の持ち主であり、一貫性を備えたブレンド茶の製造を管理した。彼らが行うテイスティング・セッションは持久戦的な営みだった。テイスターは助手と共に数時間のうちに小ぶりのティーカップ何百杯分もの茶を試飲し、その都度印象と評価を記録していく。一九三四年にある書き手が述べていることだが、ミンシング・レーンの「古ぼけたドア」の向こうで、世界中で収穫された茶葉の運命がテイスターによって決定された。[*3] 彼らは「ほとんど常時湯気を立てているやかんを傍らに」、「委託販売する義務を負った積み荷を試飲し、その価値を判断する」。

木製の長椅子の上に、何列もの白い磁器ポットが並べられる。それらのポットでサンプルの茶を四分間浸出させる。そして、疲れを知らぬ舌を持つテイスターが果てしなく続く試飲を開始する。……試飲準備が整うとサンプルがカップに注がれる。品質の参考として、茶葉はポットの蓋に空けられる。……ティーテイスターはポットごとに茶を一口含み、官能的に舌の上で転がしてから吐き出す。彼はしばしば、茶葉がどこの茶園で栽培されたものであるか、そして当日行われるオークションでどれくらいの値を付けるかを正確に言い当てることができる。[*4]

イギリス国民の好みのブレンド茶の味は、ティーテイスターの繊細な味覚が下す判断によって決められた。

ミンシング・レーンのロンドン公開ティーオークションは、東インド会社の独占権廃止後の一八三四年に創設された。二〇世紀前半には、この市場はオールド・ブロード・ストリートの株式取引所と同じくらい有名だったが、オークションそのものはロンドン商業オークション室で開かれた（そこはミンシング・レーンの北側にある白いタイル張りの部屋だった。一九三七年には道路の反対側のプランテーション・ハウスに移転した）。茶は特別に造られたオークション室で公開競り売買方式（オープン・アウトクライ）で売られ、ブローカーたちは急勾配の半円形階段席に座った。オークションは原則的に誰でも参加可能だったが、値付けができるのはロンドン茶ブローカー組合（一八九九年創立）の正会員に限られており、そのことが茶の売り手も買い手も規定した。売り手のブローカーは茶の検査と試飲を行い、品種と等級を確定し、オークションを取りまとめた。買い手のブローカーは大手茶会社に直接雇われるか、比較的小口の買い手から指示を受けて「市場人」を務めた。ティーオークションが独特なのは、「最初の出品物（ブレイク）」の落札額が、同じ積み荷の商品に値付けする際の価格を設定するという点であった（このシステムは、自社ブレンド用に複数の種類の茶葉を購入する茶会社にとって、時間と手間の節約となった）。ミンシング・レーンで売られた茶は保税倉庫からさまざまな茶会社へ発送され、ブレンドされ梱包された後に茶商人や食料雑貨商の手に渡って流通した。[*5]

一九二〇年に『平和の経済的帰結』を書いた経済学者ジョン・メイナード・ケインズは、茶が現代の商業世界の中心に位置している様を思い描いた。

ロンドンの住民は、ベッドで朝の茶を啜りながら、電話で全世界のさまざまな産品を必要な量だけ注文し、ほどなくしてそれらの品が玄関口まで配達されるのを無理なく期待することができた。彼は同時に同じ手段によって、自分の富を世界中のどんな地域の自然資源や新事業にでも投資し、骨折ったり手間をかけたりする必要もなく、その投資の将来的な成果や利益の分け前に与かることができた。あるいは彼は思いつくままに、または情報に従って市債を購入し、どの大陸のどの有力都市であれ、そこの市民の信義と自分の財産の安定を結びつけることもできた。[*6]

ケインズにとって、茶は世界商業の主要商品の一つであり、イギリス経済の中心的製品であり、同時にまた、それ自身を優に超える諸力の影響を受ける国際貿易品であった。一九二三年、経済に関する新しいかたちの統計情報を開発し分析するためにロンドン・アンド・ケンブリッジ・エコノミック・サービスを設立した時、ケインズは茶をイギリス貿易の重要な構成要素と見なした。一九二三年の「主要商品のストック」に関する報告の中で、ケインズは次のように推定した——「［茶の］世界総生産量の四分の三がこの国を通過する。……特に世界市場で取引される茶のほぼ全てを供給する国々（インド、セイロン、東インド諸島）における一九二一年の生産量の八八％もが、連合王国に輸送され、流通している」[*7]。一九二三年には、世界市場に出回る茶のほとんどは、南アジアのイギリス植民地産であった（四六％がアッサム、ダージリンなどのインド産、二四％がスリランカすなわちセイロン産）。最大の競合相手はオランダ植民地（ジャワ、スマトラ）産の茶であった（一二％）。中国茶の占有率はたった一〇％で、日本と台湾（フォルモサ）産の茶も少量が流通していた。当時の最新の生産地はアフリカのニアサランド（現マラウィ）だったが、世界市場への貢献はごくわずかであった（〇・一％）。ケインズも気付いていた通り、中国、日本、台湾に関して報告されたのは輸出量のみであり、相当量の国内消費については考慮されなかった。翌一九二四年にケインズが行った報告は、ロンドンに拠点を置く茶会社「ハリソン・アンド・クロスフィールド商会」からの追加情報を利用しながら、消費についてもコメントしている。同社の推定によると、連合王国（アイルランド自由国も含む）の年間平均茶消費量は、一九一三年の三億ポンドから、一九二三年には四・一億ポンドに増加した。これは世界の茶の総消費量（七億三二〇〇万ポンド）の五三％以上を占める数字であった。そしてこの時点で、イギリス人一人当たりの年間消費量は八・七ポンドに達していた[*8]。

モダニズムのティータイム

文化的証拠から判断すると、二〇世紀の初めまでに、茶は日常生活と密接に重なり合い、ありふれた馴染み深いものとしてほとんど人目につかなくなっていたと言えそうである。フランスの画家ジャン・メッツァンジェの《お茶の時間》（一九一一年、フィラデルフィア美術館所蔵）は、今まさに茶を飲もうとしている女性を描いた絵である。モデルがティースプーンを持ち上げた瞬間が捉えられており、ティーカップは彼女の前のテーブルに置かれている。一九一一年にパリのサロン・ドートンヌ展で初めて展示された時、美術評論家のアンドレ・サルモンはこの絵を「キュービズムのモナリザ」と呼んだ[*9]――モデルの謎めいた表情と端正な美しさのためである。何が描かれているのか判然としない部分もあるとはいえ、キュービズム独特の幾何学的断片化の手法によって、絵の中の情景は十分に読み取れるものになっている――例えばティーカップは、側面と上方から同時に観察される。この絵の断片化されたいくつもの平面は、一つの絵画平面上で連続的に捉えられ、同時に提示されたさまざまな瞬間を描出している。美術史家のマーク・アントリフとパトリシア・ディー・レイテンは、この作品におけるメッツァンジェの方法を、連続した別々の瞬間を捉えるものとして説明している――「メッツァンジェのモデルは、味わう行為と触る行為の両方を行っている。彼女の左手はカップとソーサーを掴んでおり……一方、右手は優美な仕草でカップと口の間にスプーンを持ち上げている」[*10]。その姿勢から、この女性が画家のモデルで、休憩を取っているところであることが分かる。彼女は今ポーズを取っていないからこそ、茶を飲んでいるのである。メッツァンジェの絵で、茶は日常生活における

ジャン・メッツァンジェ《お茶の時間（ティースプーンを持つ女）》、1911年、厚紙に油彩。このメッツァンジェの絵は展覧会に初めて出品された際、「キュービズムのモナリザ」と呼ばれた。今まさに茶を飲もうとしている女性を描いた作品。画家は女性がティースプーンを持ち上げた瞬間を捉えている。ティーカップは彼女の前のテーブルに置かれている。キュービズムに特有の時間的・空間的断片化の手法にのっとり、ティーカップは側面および上方から同時に観察されている。

束の間の休憩をもたらす。ここでは、茶を飲むという本質的に取るに足りない行為を行う一人の女性の姿が描かれている。このポーズをメッツァンジェのキュービズム的描法にとってふさわしいものにしているのは、茶の家庭的な平凡さにほかならない。

モダニズム小説もまた、ありふれた日常生活の流れの中に吸収されたものとして茶を描き出す。D・H・ロレンスの小説『息子と恋人』（一九一三年）は、二〇世紀前半のイギリスで茶が担っていた多様な社会的意味を知るための簡明な手引きを与えてくれる。作家自身の生い立ちを虚構化して語るこの小説は、イングランド北部の炭鉱コミュニティにおける労働者階級文化の内部に設定されており、「高潔な人格を持つ洗練された女性」を、炭鉱町の「下層階級の」世界へ導入するというロレンスの着想を出発点としている。[*11] 茶は、こうした階級の不一致を効果的に示す合図として機能する。ロレンスは、「ティー」の意味を表象する方法を明確に描き分けており、それぞれに異なる価値と含意を担わせている。「ティー」はどうやら、熱い飲み物と、夕方にとる食事（その熱い飲み物を含むかもしれないが、必ずしもその必要はない）の両方であり得るようだ。最初の茶のパフォーマンスは、第二章に出てくる。この場面では、炭鉱夫のウォルター・モレルが一風変わった朝食の儀式の間に茶を用意する様が描かれる。夜の明けきらぬうちに階下に降りて行くと、モレルはまず火を起こし、水を満たしたまま暖炉に置いてあるやかんを沸騰させる。茶の準備ができると、彼は一人でそれを飲む。

彼はベーコンをフォークに刺してあぶり、滴り落ちる脂をパンで受けた。焼いたベーコンを厚切りパンに載せると、折りたたみナイフで塊を切り取って食べた。そして茶を受け皿に注いで飲み、満ち足りた気分を味わった。[*12]

茶を受け皿から飲むというモレルの習慣は、二〇世紀前半にはよく見られたものである（上流階級の間ではエチケット違反と見なされるのが常であったけれども）。茶を「受け皿に注ぐ」ことは、熱い飲料を冷まして飲みやすくするだけでなく――モレルが味わう満足が示唆するように――深い美食的かつ審美的な喜びを与えもする。この場面における茶は、モレルが自らを労働者階級として意識しながら生活していることを示す。茶を飲むことは、彼の素朴な民衆的世界の一部なのである。

同じ第二章の後の方で、また別種の茶の儀式が、ウォルターの妻、ガートルード・モレルによって行われる。彼女は夫が炭鉱から帰宅する前に、神経衰弱気味の組合教会派牧師ヒートン氏をもてなす。そのような時には――と語り手は説明する――「彼女は早くにテーブルクロスをかけ、縁が緑色の一番上等なカップを出し」、家族の夕食の準備をしながら牧師に茶を出すのであった。その間二人はヒートン氏の次の説教について話す。ここでは、「ティー」は異性間の礼儀に適った社交のための契機である（そのことは、ガートルードの一番上等な茶器と、敬虔な話題によって示されている）。しばらくして炭鉱から帰宅したモレルは、お上品な牧師に対する当てつけとして、次のような方法で茶を飲む――「彼は受け皿いっぱいに茶を注ぎ、息を吹きかけ、見事な黒い口髭を通して飲み、ふーっと息を吐いた」。上品さの規範に真っ向から反するとはいえ、この小説におけるモレルの食に対する情熱には、平民的高貴さとでも呼ぶべきものがあふれている。この章のさらに後のところで、子どもも含めた一家は、彼らがやはり「ティー」と呼ぶ夕食を取る。「茶道具が置かれた食卓で」、長男のウィリアムは児童向け日曜学校雑誌（『子どもの世界』）を声に出して読む。しかし、せっかくの楽しいひと時も、機嫌の悪い父親によって台無しにされてしまう――モレルは「必要以上に大きな音を立てて飲み食いした」[*13]。このように、茶はモレル家の奇妙に二分化した世界――完全に労働者階級的でも、中流階級的でもない――を分析し探究することを可能にするのである。

茶の儀式はまた、この小説の主人公ポール・モレルの描かれ方にも影響を及ぼしている。彼は物語が進む中で、芸術家として、そして想像力と感受性と教養を身につけた男性として成長を遂げる。ポールが求愛中の女性クララを家に連れてきて両親に引き合わせる場面では、茶が人物の感情の動きを明確にする。

お茶の時、クララはこの一家の洗練と冷静さを感じた。モレル夫人は完璧に落ち着いていた。彼女が茶を注ぐのも、人々の世話をするのも、ごく自然体で行われ、その間に会話が途切れることもなかった。楕円形のテーブルにはたっぷりとスペースがあり、藍色の柳模様の茶器が、光沢のあるテーブルクロスによく映えていた。小さな鉢に、小ぶりの黄色い菊が生けてあった。クララは、自分がこの一家の足りない部分を補っているように感じて嬉しくなったけれども、父親をはじめとするモレル家の人々全員の落ち着きがいささか怖かった。彼女は一家の調子を真似てみた。すると落ち着いた感覚が生まれた。それは清涼な澄みきった雰囲気で、誰もが本来の自分のままでいながら、なお調和が保たれていた。クララはその雰囲気を楽しんだが、胸の奥深くには不安があった。[*14]

この場面の茶は、いわば社会的なリトマス試験紙であり、クララがモレル家に適合するかどうかを明らかにする。その結果は明示的に述べられなくとも、この場に参加している人物たちにも、その成り行きを追う読者にも、容易に読み取ることができる。このお茶会は、登場人物たちを礼儀正しさと社交性と誠実さのパフォーマンスに参加させ、クララが受け入れられる交際相手であるかどうかを速やかにはっきりと確証する。地位の社会的裁定者としての茶の役割は、ロレンスの語り手によって説明される必要がない――茶を飲みながらの出会いは、無限の多様性と雄弁な可読性を備えた社会的な儀式を促進するのである。

茶の儀式は、イギリスの社会生活と慣習を表わす重要な記号として入念に構築された。イギリス人ジャーナリストのミュリエル・ハリスは一九二二年に『ノース・アメリカン・レヴュー』に掲載されたエッセイで、このことをアメリカの読者に説明しようとした。彼女の見立てによれば、イギリス人が第一次大戦に勝利できたのは、茶そのものと、礼儀正しさや節度という、茶と結びついた価値観のおかげであった。茶は偉大な指導者たちと名もない庶民を結びつける並外れた能力を持っている、とハリスは考えた――「茶という溶剤は、軋轢や不和が起きていてもおかしくない状況下で、人間相互の無数の絆を生み出すのに貢献した」。このことを説明しながら、ハリスは次のように主張した――「アフタヌーンティーは格式性と開放性というイギリス人の相反する特徴を組み合わせたものである」。

イギリス人の堅苦しさや冷淡さと、イギリス人の家の開放性とそこでの手厚いもてなし――この奇妙な二律背反を、どのように調和させればよいのか、外国人は途方にくれてしまうことも多い。ある意味では、イギリス人の家は彼の城である。それは侵入者から堅固に守られており、自らのプライバシーの保護に余念がなく、その要塞を破ろうとする者がいれば誰だろうと容赦しない。別の意味では、イギリス人の家は開けっぱなしのドアである。それは誰をも歓迎し、出入り自由で、もてなしの精神に富んでいる。ひとたびこの城を自由に使う特権を与えられさえすれば、それはあなたのものとなる。この自由がなければ、あなたは単なる部外者に過ぎない。イギリスの茶は、この自由に至るための準備段階であると同時に、生活上のさまざまなしきたりからの解放でもある。決まった礼拝形式のようなものはないし、一時間かそこらの間に何か特別なことをして過ごすというわけでもない。茶は一日の仕事の後、疲労を癒やす小さな刺激を与えてくれる。勢いよく燃える暖炉の火を反射して輝く銀器、沸騰したやかんの立てる音、花の暖かな匂い、おそらく新品の本でいっぱいの低い本箱か本立て——茶の儀式を取り巻くこうした要素の全てが、落ち着いた開放的な雰囲気を醸す。そうした打ち解けた雰囲気の中で、訪問客も家族も安心してくつろぐことができる。[*15]

このような洗練された家庭性と儀式性のヴィジョンは、数多くの芸術家の関心を引きつけた。例えばヒルダ・フィアロンの《お茶会》（一九一六年）とエセル・サンズの《シッカートとのお茶》（一九一一－一二年）のような絵画は、茶道具の視覚的壮麗さと茶の時間の社交的な出会いを調和させている。茶道具に比べると影の薄い人物たちは、茶の時間の一部としてそこに溶け込んでいる（この点、ハリスが用いていた社会的な「溶剤」の比喩を思い出させる）。アメリカ人エッセイストのアグネス・レプリアーは次のように結論づけた――「イギリスのお茶の時間には、慣習が持つ永続性と偶然の出来事の快い無定形さが組み合わされている」。茶は人々の間に社交を促すことで、社会的地位の境界を超える、というのである――「茶は慣習としては心地よく、出来事としては刺激的である。……茶は富者に友好的である一方で、他者を歓待したいという貧者の本能を満たしてくれる。……茶はイギリス人にとって社交の贈り物であり、打ち解けた会話を心地よく促すのである」[*16]。

ヒルダ・フィアロン《お茶会》、1916年、カンヴァスに油彩。茶と、家庭性や家族との永続的な結びつきは、20世紀になっても維持された。この絵では、乳母が2人の子どもと一緒に庭のテーブルに座っている。クロスの掛かったテーブルはお茶会のために整えられている。この場面を支配するのは、光沢のある大きな湯沸かしである。その横には、ティーポットを載せたトレー、ミルク差し、シュガーボウル、2組の大きな白いカップとソーサーが置かれている。

ティーショップのモダニティ

茶産業は、一九世紀末に新しい小売形態、つまり「ティーショップ」が出現したことによって、大きな変化を経験していた。ティーショップは、乾燥茶葉ではなく、温かい飲料と軽食を用意して客に出す場所であった。これらの店は、関連した二つの点において、従来の食品サービス業を変革した――第一に、自らを表わす中心的なメタファーとして茶を選択したこと、そして第二に、社会の中間層の女性たちを歓待する都市内の空間を提供したことである。この意味で、二〇世紀前半のティーショップの社交的空間は、一七世紀後半のコーヒーハウスがそうであったように、革新的かつ脱境界的であった。茶はこれらの場所に一連の重要な文化的連想を与えた――すなわち、上品、有閑的、日常的、懇親的であること、そして最も重要な点だが、女性が馴染みやすい社交性を備えていることである。しかし実際には、そこで提供される茶は、ティーショップの業務にとって必要不可欠というわけではなかった。通にしか分からない種類の茶や最高級茶などはメニューに載っていなかったし、そこで出されたのは美味しいけれどもあくまで普通の茶であり、軽食や簡単な食事、コーヒーや他の飲み物と一緒に売られていた。『オックスフォード英語辞典』の「ティーショップ」の定義は、そうしたアイロニーをうまく捉えている――ティーショップとは、「茶が出されるカフェ」のことである。

ティールームの多くは小規模の店で、オーナー＝経営者が比較的未熟練のスタッフ数名の助けを借りて運営していた。ティールームの開業を検討する人々に実際的な助言を与えるガイド本を見ると、どのようなことが優先的に考慮されたのかが分かる。例えばヘレン・ジェロームの『ティールームの経営と利益の上げ方』（一九三六年、ピットマン刊）のような本がある。[17] こうした手引書では、ティールームのオーナーには茶業界や外食産業での経験はほとんどあるいは全く必要なく、しかもわずかな元手で開業できる旨が説かれた。オーナーは（ある著者が勧めたように）「心地よいサービスを提供する明るい店」を目指すべきであるとされた。[18] 実用ハウツー本は、そのような店を第一に美学と労働の空間的な相互作用の場として捉えた（「客一五人に対してウェイトレス一人を配置するのが普通である。……チンツのカーテンとテーブルクロスは安上がりなうえ、明るい雰囲気を醸す」[19]）。ティーショップは主に昼間に営業し、簡単な温かい食べ物を提供したが、少なくともガイド

ウォルター・ベイズ《大通りのティーショップ、コルチェスター――イギリスを記録する》、1940年頃、紙にペン・インクと水彩。1940年に「イギリスの記録」計画のために描かれた水彩画（この計画は、第二次大戦中にイギリスの日常生活を記録する目的で情報省が組織したもの）。2つの男女混成グループと一人の女性が、コルチェスターのありふれた大通りにあるティーショップで茶を飲んでいる光景が描かれている（店の内装は上品だが中流階級的な雰囲気である）。

本を見る限り、茶そのものにはほとんど全く関心を持たなかったようである――というのも、茶の仕入れ方法や淹れ方、入手可能な種類などについては一言も言及がないのである。「客が店について全般的にどのような印象を抱くかは極めて重要である。……明るく清潔で快活な雰囲気はそれ自体で大いに食欲を掻き立てるものであり、そうした状態を維持することにオーナーはとりわけ意を用いるべきである」。[*20] ティーショップは「テューダー朝エリザベス時代風の」素朴な建築様式と、ピンクローズの壁紙やレースカーテンを典型的な特徴とし、昔ながらのイギリス的農村生活を象徴するものと見なされるようになった。こうした店を、詩人のジョン・ベッチマンは『恐ろしく良い趣味』（一九三三年）の中で「古き良きティーショップ」と呼んで茶化した。[*21] 茶はこれらの店の名前にはっきりと表示されているにもかかわらず、そこには茶とその多様な種類に関する知識も言説もほとんど不在であったと言ってよい。

商業的なティーショップの市場は、二〇世紀前半にはいくつかの大手チェーンによって支配された。一八八七年に老舗の外食企業エアレイテッド・ブレッド・カンパニー（ＡＢＣ）がロンドンに「ティーショップ」を開店し、自社製のパン類を茶やその他の飲料と共に都市の顧客に小売りし始めた。これは大衆向け外食店であり、ステータスの高い高級レストランよりも安くて利用しやすい飲食サービスを提供することを目指していた。ティーショップは、落ち着いた内装の洗練された空間で「一杯のミルクと丸パン、一杯の茶とバター付きスコーンのようなささやかな食料品」を販売する、高収益のビジネスを提供した。[*22] ここに述べられていない重要な点は、ティーショップがパブやレストランと競合しながら、都市的な社交のための新しい商業空間を提供したということである。一九一二年の『オブザーヴァー』紙で述べられている通り、ティーショップが一般的になるまでは、「茶、コーヒー、ココアやその他の軽食をパブ以外の場所で手に入れることは事実上不可能だった」（パブではこれらの飲料は「酒類」と並んで供されていた）。結果として、「明るく清潔なティーショップは、大衆の間で急速に人気を博していった」[*23]。一〇年もしないうちにＡＢＣのティーショップは店舗数を五〇以上に増やした。刺激を受けたライバル会社も競合に乗り出し、Ｊ・ライオンズやリプトンなどの茶会社が次々とティーショップを開店し、他の酪農企業や外食企業も後に続いた（ブリティッシュ・ティーテーブル・カンパニー、イーメッカ、キャビンズなど）。

ＡＢＣやライオンズなど大手チェーンのティーショップは、都市部に集中していた。ロンドンでは特にシティとウェスト・エンドに多く見られ、当時新しいタイプと考えられた顧客にサービスを提供した。一方では、ティーショップの顧客は、ロンドンに新しくできたデパートに詰めかけた演劇愛好家や買い物客のような、ゆとりのある洗練された人々だった。他方では、ティーショップはロンドン・シティのホワイトカラー労働者のニーズを重視し、シティの銀行や商社の事務員、秘書、タイピストといった新しい階層の人々に安価な昼食を提供した。ティーショップの新たな顧客に関して特に目立ったのは、女性が含まれていたことである。男性の領分であるパブとは異なり、これらの店は男性も女性も等しく歓待した。実際、同時代の論者たちは、中間層の女性に初めて都市の中の隠れ家を与えたとしてティーショップを称賛した。そうしたわけで、ティーショップは（「新しい女」、婦人参政権運動家、自転車、煙草といった革新的な文化的事象と並んで）二〇世紀前半における女性の解放に重要な貢献を成したものとして分析され称揚されてきた。エリカ・ラパポートは次のように論じている――この時代にティーショップ、デパート、劇場は、一般消費者としての新しい役割を作り出すことで、公共圏への女性の参入を可能にした。その役割は広告、新聞の社説、社会批評、法令、街頭の抗議活動などによって女性のために構築されたアイデンティティであった。[*24]

この時代のほとんどの人々にとって、新しいティーショップ・チェーンの最も目覚ましい特徴は、店の途方もない規模と豪華な調度品であった。ティーショップが提供するのはありふれた、家庭的と言ってもよい商品であったにもかかわらず、ライオンズやＡＢＣの店舗には惜しみなく豪奢な内装が施された。一九一四年にピカデリー近くのライオンズの店を訪れたアメリカ人作家セオドア・ドライサーは、中流階級の客層と高級な内装とのギャップについてコメントした。彼は次のように回想している。

明らかに中流階級向けであるにもかかわらず、店がいやに広く、ものものしげなのに驚いた。大きな部屋には宮殿の舞踏室のような装飾が施され、プリズムガラスの巨大なシャンデリアが天井から吊るされている。淡黄色と金色を基調としたバルコニーには別にテーブルが用意されていて、本格的な弦楽合奏団がランチとディナーの間ずっと演奏していた。そこには非常に大勢の全く平凡な人々が蝟集していた――つまり事務員、下級官吏、聖職者、小店主といった人々である。そしてメニューはと言えば、家庭的な料理がたくさん載っていた。例えばビーフ・アンド・キドニーパイやスエット・プディングのような品々があり、ほかには上品な響きのフランス語名が付いた料理なども載っていた。[*25]

優美な調度品と庶民的な客層との明らかなミスマッチに困惑するあまり、ドライサーはこれらのティーショップの巨大な規模をおおむね見落としている。一九〇九年に開店したコヴェントリー・ストリートのライオンズ・コーナーハウスには、当初二〇〇〇人分の座席があったが、後に増築されて四五〇〇人を収容できるようになった。[*26]

それほど大規模の店舗はライオンズでも珍しかったが、こうした店の影響で、イギリス中の目抜き通りに一定の高級志向が広まることになった。ライオンズのティーショップは衛生的、近代的で、どの店舗も似た造りのために安心感があった（高いステータスを示すため、内装には鏡や大理石が使われた）。各店は全国均一の価格体系で運営されたので、例えば紅茶一杯とマフィン一個の価格はどこで買っても同じであった。何度でも通えてどこにでもあるという点で、ライオンズは現在のスターバックスのような自社ブランドコーヒーチェーン店の先駆けであるとも言える。制服を着たウェイトレスは「ニッピー」と呼ばれ、白襟のついた黒いドレスの上にエプロンをかけ、白い帽子をかぶっていた。ニッピーは、ライオンズのティーショップが提供する庶民的贅沢の光景に欠かせない要素であった。彼女らは標準化された商業的労働者であると同時に、富裕層や貴族に仕える使用人階級の化身（アヴァター）でもあった。スコット・マクラッケンが示唆する通り、モダニズム作家たちは「男性観者の内に魅惑と嫌悪の感情」を同時に喚起するニッピーの存在に、意味深い両義性を見出した。多くのモダニズム作家たちにとって、ティーショップは「性的な見せ物」の場であった。キャサリン・マンスフィールド、ジーン・リース、ドロシー・リチャードソン、ヴァージニア・ウルフらは皆、都市市民にとっての規範的な空間としてティーショップを用いている。それはマクラッケンが言う通り、「気分転換と社交的な出会いの場であると同時に、葛藤と闘争の場でもあった」。[*27]

巨大な規模の新しいティーショップ・チェーンの運営には、当然ながらさまざまな課題が伴った。マクラッケンが述べる通り、ライオンズの企業としての真の功績は、外食業界の供給・流通の過程に新しい組織化形態をもたらしたことであった。一九一二年の『タイムズ』紙に次のような論評が掲載されている――「ティーショップは、適切に運営されれば大いに収益の上がる事業である。成功の秘訣は主として、効果的な組織化と、販売する食品の大半を自社で製造すること、そして軽食堂の需要の可能性を見定めることにある」。[*28] これらの店の産業的規模は、業務の工業化によって達成された。マクラッケンによれば、「新しい製造技術や工程を入念に研究することによって、ライオンズはいわば食品業界のフォーディズム（大量生産・販売体制）を発達させた。一九三〇年代には、ライオンズは週当たり七五万個のマフィンとクランペットの販売量を誇った」。[*29] そうしたわけであるから、一九四七年にライオンズが世界初の商業用コンピューター、ＬＥＯ初号機（Lyons Electronic Office I）を開発し、業務の一部（在庫・注文・支払いの処理）を自動化したことも、別段驚くには当たらないであろう。[*30]

茶、戦争に行く

茶はその異国的かつ帝国的な起源を消去すると同時に再強化しながら、イギリス的アイデンティティの文化的想像において重要な役割を果たした。このイギリス的アイデンティティとの結びつきのために、茶は戦時中の国家的プロパガンダの好個の素材となった。茶は、一九三〇年代に帝国通商局が行った宣伝キャンペーンで促進された製品の一つであった。このキャンペーンは、オランダ領東インド諸島、中国、日本、台湾産の茶に代えて、自治領（インド、セイロン、それと生産量は極少ながら東アフリカ）産の茶に対する消費者の嗜好を確立することを目指した（この動きには帝国内特恵関税も一役買っていた）。ジョン・グリアソン制作の受賞ドキュメンタリー映画『セイロンの歌』（一九三四年）は、茶が首都と帝国双方の文化と経済にとっていかに中心的であるかを示した。[*31] 茶はすでに「崇敬物（トーテム）のような食品」になっており、礼儀正しさ、平等、社交性といったイギリス的価値観を表わす単純化された提喩として機能していた。映画は、「イギリス的特質を規定し、イギリスのイメージをイギリス自体に提示するのに役立つ茶の象徴力」を利用した。ヒッチコックの『バルカン超特急』（一九三八年）では、架空のヨーロッパの国を旅する列車に乗り合わせたイギリス人と「外国人」の乗客の差異を示すために喫茶が使われている。茶を飲む乗客は、視聴者によっても登場人物たち自身によってもイギリス人として認識され、ゆえに彼らは一致団結してイギリス人スパイのミス・フロイが捕縛を免れるのを手助けすることができるのである。[*32]

一九三九年に第二次大戦が勃発すると、茶と茶産業が「戦力源」の一つとして重要な役割を果たすことになるのは明らかだった。ある論者は次のように述べた──「通常の宣伝やその他の広報活動は停止し、茶を挙国一致体制強化に活用するためのキャンペーンが始まった」[*33]。BBCのジャーナリスト、リチャード・ディンブルビーが後に主張した通り、銃後でも戦地でも、茶はイギリスの戦争機構の重要な武器となった。「茶は今回の戦争で大きな役割を果たしてきた」──ディンブルビーは一九四七年にこう述べている──「疲れ果てた人々を慰め、弱った人々を支え、寒さに凍える人々を守ることによって」。戦争の初期に、帝国茶局は「ティーカー」の運用を組織した。これはバンまたはトラックの荷台に設けた移動式の軽食堂で、国内戦線であれ、ダンケルクであれ、ロンドン大空襲の間であれ、軍隊が駐屯している所へ出向いて茶を提供した。ディンブルビーの報告によると、「ティーカー」はどこへ行っても「最も人気の車両の一つ」であった──それは「車体を揺らして野営地、病院、飛行場へ向かい、何百杯もの茶を（まさかそれが飲めるとは思っていなかった）兵士たちのもとへ届けた」[*34]。この「移動式ティーキッチン」は、一九四二年までに一五〇〇台を超え、慈善団体から資金的、人的な援助を受けながら、「空襲で家を失った民間人、警備に当たる防空監視員、焼夷弾と戦う消防団員、そして陸・海・空の軍人へ食料と温かい茶」を運んだ[*35]。軍需品産業の工場労働者も、新たに組織された帝国茶局（仕出し部門）によって茶を支給された（茶は高架移動滑車を使って労働者の仕事場に運ばれた）。それは良質の茶ではなかったけれども、「ティーカー」の運営に志願した児童文学作家ノエル・ストレトフィールドが語ったように、「力の及ぶ限り私たちは美味しい、温かくて濃い、砂糖の配給が許す限り甘くした茶を提供した。それは必ずしも簡単なことではなかった」[*36]。茶の質は一定していなかったが、移動式軽食堂は茶消費のための重要な新しい社交空間を確立した。

「ティーカー」の窓の周りに、そのひさしの下に、昼も夜も、著しく平等主義的で包括的な集団が形成された。男も女もそこに集まって共に茶を飲み、他者との交流に慰めを見出したのである。

一九四〇年四月、新食糧大臣のウォールトン伯爵フレデリック・マーキスを通じて、一九三七年に策定された緊急時計画に基づき、政府が茶産業の統制を開始することが発表された。保税状態の茶の現在庫品は全て徴発された。食糧省はインド、セイロン、東アフリカの生産者との契約業務を引き継ぎ、一九三六年から三八年にかけて、栽培業者の間で受け入れられていた平均価格に基づいて入手可能な茶を全て買い入れた。連合王国では茶は配給制となり、一九四〇年七月一日の時点で保たれていた価格に固定された。政府にとって、「国民的飲料」の配給をどのように管理

情報省写真局《大空襲食堂（ブリッツ・キャンティーン）——婦人義勇隊の婦人たちがイングランドのロンドンで移動式食堂を運営する》、1941年、白黒写真。婦人義勇隊の「ティーカー」は、大空襲の間、ロンドン中で兵士と市民に紅茶を提供した。この写真では、2人の若い婦人義勇隊員——社交界の花形ペイシェンス・「ブー」・ブランドとレイチェル・ビンガム——が、主要な大通りの爆弾が落ちた穴に橋を架ける作業をしていた陸軍工兵隊の兵士たちに紅茶を出している。

すべきかは重大な問題であった（やり方を誤れば国民の強い反発を招くことは必至だった）。[*37] 消費者一人当たりの茶配給量は週二オンスに限定されたが、これは平均消費量（公式算定では週二・九オンス）よりも約三分の一少なかった。労働者や軍人への茶の提供を望む企業や団体は、追加支給を受ける資格があった。統制価格で茶を買うためには、消費者は配給手帳の引換券を使わなければならなかった。そして小売業者は購入者から集めた引換券を地域の食糧省事務所へ提出した。第一次大戦の時には単一の全国的銘柄が確立されたが（業界内では「プール（共同）・ティー」として知られた）、今回の戦争では各茶会社が独自の銘柄を梱包し、自社の流通経路を通じて販売した。供給網は今や食糧省を通じて管理され、極度に複雑化していたものの、「カウンターで配給手帳が提示された」時に「いつでも茶が小売店の棚にあるように取り計らう」という業界の努力は成功を収めた。[*38] 一九四二年までには中国および極東からの茶の供給は日本軍の占領によって完全に断たれ、その結果、インド、セイロン、東アフリカが世界市場のためのほとんど唯一の生産地となった。発足したばかりの反枢軸連合国が非常指揮権を執り、イギリス政府に対し、食糧省を通じて世界の茶産業を統制し、連合国側諸国および中立国への平等な供給を行う権限を与えた。[*39] 戦時中、世界の茶生産量は減少し、一九四三年には約七億三〇〇〇万ポンドにまで下がったが、これは一九〇五年の水準を下回る数字だった。[*40] しかしともかく、一九四五年に終戦を迎えた時には、世界の茶産業はイギリス企業によって文字通り支配されていた。イギリスの茶業界にとってはこの時こそがピークであったのかもしれない。

二〇世紀半ばのイギリス式の茶

二〇世紀半ばの「イギリス式の茶」がどのようなものであったのかは、一九四六年一月一二日付『イヴニング・スタンダード』紙に掲載されたジョージ・オーウェルのエッセイの中によく捉えられている。この作品の背景には、当時ヨーロッパ全土で生じていた厳しい食糧窮乏がある。オーウェルの「一杯の美味しい紅茶」は、『イヴニング・スタンダード』紙上でイギリスの大衆文化をテーマとして毎週土曜日に掲載された人気連作エッセイの一部として執筆された。同シリーズのエッセイには理想のパブについて考察したものや、伝統的イギリス料理を先駆的かつ大胆に弁護したものなどがあるが、「一杯の美味しい紅茶」もそれらと同趣向の作品で、イギリス文化の十分に評価されていない一面に対する幾分愛国的な礼賛である。これらのエッセイが執筆されたのは、戦勝がもたらした経済的危機の重圧下で、イギリス文化そのものが急速に変化しつつあった時である。オーウェルはまず冒頭で「文明の大黒柱の一つ」としての茶の重要性を称揚してみせるが、それが十分には理解されていないこと、そして茶の淹れ方が「激しい議論」の的になっていることを懸念する。オーウェルが一一項目にわたって述べる完璧な一杯のためのレシピは、彼自身が認めるようにあくまで主観的なものであり、万人の支持を得ることは望めないだろう。彼のレシピは二オンスの配給量からなるべくたくさんの熱く濃い茶をしぼり出すことを目指した。最初のポイントとしてオーウェルは、「インド茶かセイロン茶」を用いるべきであると忠告する。というのも、インド茶とセイロン茶は「中国茶」よりも「刺激に富む」というのが彼の考えだからである（「『一杯の美味しい紅茶』という心和むフレーズ」は「常にインド茶のことを意味する」とオーウェルは言う)。淹れ方に関するオーウェルの指示は細かく具体的である——茶は「少量ずつ」、「湯沸かしではなくティーポットで」淹れるべきで、ポットは暖炉の横棚に置いて「前もって温めておく」のが良い。茶は濃くなければいけない——「容量一リットル強のポットであれば……ティースプーン山盛り六杯ぐらいが適量だろう」。オーウェルは茶漉し、モスリンの袋、「その他の茶葉を閉じ込める仕掛け」の使用に反対する(ここで彼は後の「ティーバッグ」の流行を無意識に暗示しているのだろうか)——「茶葉は直接ポットに入れること」。また、オーウェルの考えでは、ティーポットをやかんの所まで持っていくことが肝心である。湯は茶葉に触れる瞬間に、実際に沸騰していなければならないからだ。湯を注いだ後には「かきまぜるか、さらに良いのは、ポットをよくゆすってから茶葉が落ち着くのを待つことである」。茶を飲むためにオーウェルが薦めるのは「たっぷりとした朝食用カップ、つまり円筒形のカップ」である。「底の浅い平らなカップ」はすぐに茶が冷めてしまうので良くない。茶はミルクを入れて出すべきで、クリームは使うべきではない。そしてミルクではなく茶の方を先にカップに入れなければならない。オーウェルも認める通り、この点は彼の提示する規則の中で最も意見の分かれるところである——「この問題については、イギリスの全ての家庭内に二つの流派が存在すると言ってよいだろう」。最後に、茶は「砂糖を入れずに飲むべきである」。オーウェルはこう問いかける——

　砂糖を入れて茶の風味を台無しにするような者を、どうして真の茶愛好家と呼べるだろう。……茶はあくまで苦くなければならない。ビールが苦くなければならないのと同じことだ。甘くしてしまえばもはや茶を味わっているとは言えず、単に砂糖を味わっているに過ぎなくなる。ただの白湯に砂糖を入れてもほとんど同じ飲み物ができるに違いない。[*41]

オーウェルの規則は茶の淹れ方だけでなく、喫茶に対する精神的態度も表現している。彼は一杯の茶を社交上の機会として思い描きはしないし、人工的に演出された儀式を提案することもしない。結局のところ、オーウェルにとって茶とは、完全に沸騰した湯を使って葉を十分に浸出させ、砂糖を加えずミルクを入れて飲むべき刺激的な飲み物であるというに尽きるのだ。彼が一九四六年に概略を述べた処方は、イギリス人の茶の淹れ方に大きな影響を及ぼし、今も広く論じられ続けている。例えばミルクが先か、紅茶が先かという論争にはいまだに決着がついていないし、ティーポットは前もって温めるべきか、砂糖を入れるのは正しいのかどうか、水はどれくらい新鮮なものを使い、どれくらい熱くすべきかといった問題についても同様である。[*42] オーウェルのエッセイから数十年の時を経て、茶の淹れ方に関する標準が英国規格協会によって定められた（規格番号はＢＳ六〇〇八：一九八〇）。さらにこの標準を補完するものとして、王立化学協会が発表した「一杯の完璧な紅茶」の淹れ方に関する公式の（といっても肩の凝らない）検証結果がある。[*43] 言うまでもなく、イギリス的な茶の淹れ方に関するいまだ議論の絶えないさまざまな問題は主として、リーフタイプの茶をティーポットを使って淹れる場合に当てはまるものである。一九四六年にエッセイを書いたオーウェルには、この伝統的な茶の淹れ方が以後の数十年間でますます珍しくなっていくことなど知る由もなかった。

茶の配給制は、一九五二年一〇月に終わった。生産国から世界市場への茶の供給は、戦争の影響による不足から回復していた。イギリスでは、「自然な」水準と推定された週三ポンドまで、配給量が需要に応じて（またはそれを超えて）引き上げられた時期もあった。配給制終了の準備段階として、一九五二年八月に茶業界の自由市場オークションがミンシング・レーンで再開され、最初の競売で価格は統制水準以下に下がった。こうしたわけで、多くの重要物資が配給制のままであったのに対し、茶は一九五二年一〇月三日に配給制を解除された。同日、『タイムズ』紙は次のような論評を掲載した。

イギリス的趣味の限界がたとえどうあれ、茶が国民的飲料として筆頭に挙がることは間違いない。茶の到来以前の世界がどんな風であったかなど、もはや想像すらできないので、誰もそんなことはとうの昔に考えなくなっている。食糧大臣がこれほど人気のある囚人を配給制という牢獄から解放できたのは慶賀すべきことである。[*44]

第二次大戦が終わった時、そして配給制が終わった時、イギリス文化における茶の地位はその絶頂にあった。茶の権威は難攻不落に思われた――それは「一つの」ではなく、「唯一の」国民的飲料であったのだから。

しかし、戦後に茶が辿ってきた運命は、以上の記述が予想させるほど恵まれてはいなかった。茶は戦時中大活躍をしたけれども、戦後はライバル飲料とライバル産業に後れを取らないよう懸命に努力しなければならなかった。現在でも、イギリス人はほかのどんな飲み物よりも多く茶を飲んでいるが、茶は文化的に「ホット」ではない。イギリス人の茶消費量は一九五六年に一人当たり週二・八八オンスという最高記録に達したが、この時を境にゆっくりと着実に減り始め、二〇世紀末にはピーク時より約六割も少ない一・二オンスにまで下がった。文化的想像の中で茶は、コーヒー(エスプレッソ・ベースの泡立ちコーヒーを出す現代的な店が想起される)や、さらに一九七〇年代以降は炭酸飲料と並べられると見劣りするようになってしまった。茶は家庭的で素朴な普通の――しかし平凡で記憶に残らない――飲み物であり続けた。ミンシング・レーンのティーオークションも衰退し、反対に生産地域で行われるオークションが優勢になった。ロンドン・ティーオークションは一九九八年六月に行われたのを最後に、その歴史に幕を閉じた。[*45]

近代的効率性――ティーバッグの台頭

一人前サイズの小さな袋に入れて茶を売るというアイデアは、二〇世紀前半にアメリカで考案された。初期のティーバッグには、ガーゼの小袋が使われた。これはティーボールと呼ばれ、ティーポットや湯沸かしに直接入れることができた。企業家精神に富むアメリカの茶輸入業者の中には、自分こそがこの革新的製品の発明者であると主張する者が多くいた。例えば一九〇三年には、二人の女性が布製の「茶葉を入れるために特製された……端を折り返せる小袋」の特許を取得した。この製品は一つのカップに一杯分の茶を淹れるのに適していた。[*46] 大体同じ時期からこれと類似の商品を売っていたと主張する茶会社もあった。例えば茶商人のトマス・サリヴァンの言い分によると、ティーバッグは一九〇八年に彼が茶のサンプル送付用に絹の袋を使ったことから生まれた。[*47] いずれの事例でも根本的な原理は同じで、それは便利さと能率性にほかならなかった。この意味で、ティーバッグは現代世界とアメリカの世紀を象徴する存在であると言えよう。ティーバッグは従来のリーフタイプよりも倹約的で、安い茶葉の使いでを向上させたので、製造業者にとっては魅力的だった。また価格の面でも、小袋の製造に追加費用がかかったとしても、リーフタイプの茶に引けを取らなかった。ばらの葉の場合、一ポンドの茶葉から作れるのは二〇〇杯分だったが、ティーバッグにすれば三〇〇杯分以上を作ることができた。[*48] 一九四七年までには、アメリカで販売される茶の三五％はティーバッグで小売りされるようになった。[*49]

テトリーがイギリス企業として初めてティーバッグの販売を開始したのは、一九五三年のことであった。テトリーは一八三七年に創業された、インドとの取引を専門とする老舗食料品会社だった。同社がイギリスで売り出した初期のティーバッグは、一個ずつ別々の紙の袋に茶葉を詰めたものだった。この商品は、アメリカ的な価値観の侵入と見なされた。例えば、一九五三年に『マンチェスター・ガーディアン』紙上に掲載された韻文の風刺は以下のように不満を述べた――

茶はイギリスの唯一の自慢
何も知らないアメリカ人

袋を使って茶を淹れるアメリカ人[*50]

しかし当初の冷ややかな反応にもかかわらず、このアメリカ的な発明品は大成功を収めた。「デラックス高品質テトリー・ティーバッグ」は高価だったが（一パック四八袋入りで七シリング一一ペンス）、——幾分誇大広告気味に——「最良の高地産品種の最も軟らかい葉先だけ」を用いて「通好みに作られた」茶が入っているとされた。[*51] ティーバッグを使った茶の淹れ方に関するテトリーの説明は極めてシンプルだった——「温めたポットにティーバッグを入れ、純粋で混じり気のない、風味豊かなお茶を注いで下さい。茶葉はひとかけらも見えません[*52]」。いち早くティーバッグを試した消費者の中には、ともすると袋自体を開いて茶葉を注ぎ出してしまう者もいた。ほかのイギリスの茶会社も、テトリーの後に続いた（例えばトワイニングは一九五六年にアメリカ市場向けにティーバッグを開発した）。しかしティーバッグの成長を先導したのはあくまでテトリーであった。一九六〇年の時点では、ティーバッグが茶の総販売量に占める割合は〇・七五％だったが、一九六七年には六％に、そして一九七二年には一六％に達した。もはやどの茶会社もこの動向を無視できなくなり、一九六〇年代にはブルックボンド、ＰＧティップス、タイフーといった、最もよく売れている銘柄のティーバッグ版が相次いで発売されるに至った。[*53] 二〇一三年までには、ティーバッグはイギリスで飲まれる茶の九一％を占めるようになる。[*54]

【左頁】サラダ社のティーバッグ、1975年。ティーバッグは20世紀初頭にアメリカの複数の会社が開発に着手したが、一般に普及し始めるのは第二次大戦後のことである。ティーバッグは消費者には利便性と効率性を与えた。また、生産者はティーバッグのおかげで、グレードの低い安い茶葉をより広い用途に使うことができるようになった。2013年までには、ティーバッグはイギリスで飲まれる茶の91％を占めるに至った。

ティーバッグは、茶の社交性を変化させせた。ティーポットで茶を淹れることはゆっくりしたもてなしを前提としており、三分から六分間茶葉を湯に浸し、複数の人でその浸出液を分け合った。ティーポットが共同体的で社交的だったのに対し、マグカップ一個に一袋ずつ入れるティーバッグは、本質的に孤独な独り者であった。確かに、ティーバッグによって茶を以前より手早く便利に淹れられるようにはなったが、それと同時に、喫茶と社交性のほとんど不可避の結びつきは、修正を余儀なくされた。また、ティーバッグは茶そのものをも変えた。「ファニングス」や「ダスト」と呼ばれる、最も質の低い等級の茶がティーバッグ用に使われたからである。これらは茶葉の非

常に小さな粒から成り、もともとは、より高い等級のリーフティーを製造する過程で、その副産物として生まれるものに過ぎなかった。「ダスト・グレード」は文字通り茶の廃棄物であり、一方「ファニングス」は二番目に微細な茶の等級で、より高い等級の茶葉をふるいにかけたり、あおぎ分けたりする途中でできる。しかしながら、赤貧の茶愛好家が昔から知っている通り、ダストとファニングスは味も色も濃い茶液を作る。ティーバッグが微細な茶葉を封じ込めてくれるおかげで、茶会社はこれらの安い等級を使っても茶液を濁らせることなく、濃く風味豊かな茶を作れるようになったのである。

茶産業のテクノロジーの進化によって、ティーバッグに適した低等級の濃く出る葉から、より多くの茶を生産できるようになった。一九三一年には、アッサム地方のアムグーリー茶農園の管理人サー・ウィリアム・マッカーチャーが、より速く効率的な茶製造法を開発した。現在ではCTC製法（crush［つぶす］-tear［引き裂く］-curl［丸める］）として知られるマッカーチャーの方法は、茶の製造工程を抜本的に短縮し、完全に機械化した。本質的に手作りの職人的な作業だった茶生産は、勤務時間の規律によって組織化される工場労働となった。CTC機は、表面に歯のついた一連の逆転ローラーに茶葉を通して、連続的に加工する仕組みである。切られ、裂かれ、丸められた茶葉からは、比較的きめの細かい、完全に酸化した茶ができ上がる。[*55] この方式は、茶産業の擁護者が熱心に語るところによれば、ティーバッグの「紙の障壁を貫通し」、「素早く浸出する茶」を作る。[*56] CTC製法は古典的な茶製造法よりも迅速かつ安価であり、直接的な人間労働をほとんど必要とせず、さらには、濃く出る、一貫した風味とマイルドな苦みを持つ安定した茶を生産することができる。CTC製法は茶生産の主流になっているが、南アジアとアフリカでは特にそうで、これらの地域では九〇％から九五％の茶がこの方式で作られている。

戦後の時代に、茶はより便利に、より効率的になることで現代世界に適合した。ティーバッグの登場によって、茶を淹れることは、特別な道具と技術を必要とする半儀式化された準備のプロセスから、素早く行われる安定した日常的な行為へと一変した。そして、経済効率を最大化し、一貫して風味豊かな濃い液体を作る工場方式に従って生産されることで、茶そのものも変化した。近代化を経験した茶は、一層親しみやすく信頼できるものになった。今や消費者は、いつ淹れても必ず一定の味を生み出す有名銘柄茶を購入することができるようになったのである。

エピローグ――グローバル・ティー

ここ半世紀の間に、茶は世界中でますます人気を高め、グローバル多国籍企業のビジネス体制に取り込まれるようになってきている。茶の製造がかつてないほど工業化されるにつれ、オーウェルが描写した「イギリス式の茶」は徐々に姿を消しつつあり、ほとんど絶滅の危機に瀕していると言ってもよいほどだ。伝統主義者たちはこうした事態を慨嘆するかもしれないが、後期近代における喫茶のありようは、さまざまな新しい儀式を目撃してきた――その儀式が行われる場とは、マグカップとティーバッグの束の間の出会いであり、コインを投入すると紙コップに勢いよく出てくるインスタント紅茶の自動機械のドラマであり、ペットボトル入りのそのまま飲める（レディ・トゥ・ドリンク）（ＲＴＤ）アイスティーを開ける時の手首をひねる動作である。これらの日常的なパフォーマンスの一つひとつには、過去の世代のもっと入念な儀式のかすかな記憶が刻み込まれている。しかし、茶にそうした歴史があることは今ではほとんど忘れられている。この記憶の喪失が、異国情緒や奢侈性という茶の永続的な特質を覆い隠してしまう。

新型セルフサービス・ティーマシン、1945年頃。20世紀人が抱いた全自動式ティーの夢は、テクノロジーによって高められた経験を想像した。その夢の中で、スピードと効率性の観念が、喫茶に伴うくつろぎや閑暇と結びついた。

巨大ビジネス化し、至る所で目にする茶は今や、普通で日常的で平凡なありふれたものになっている。皮肉なことに、茶が目覚ましく成功した商品となるのは、まさにこのためなのである。業界ロビー団体の国際茶業委員会の試算によれば、毎日世界中で最大三〇億杯の茶が消費されている。巨大ビジネスである茶は、激しい競争を生み出す。市場調査会社ユーロモニターが業界筋情報と国別統計から算出したところ、二〇一三年には、ホットドリンクの世界市場の価値は一三八〇億USドル強であった。このうち、茶のシェアは四〇〇億USドル強（販売量二四〇万トン）である。この数字だけ見ると、茶はコーヒーの世界的取引の価値と規模（八〇〇億USドル、四八〇万トン）の半分ほどでしかないことになるが、液体量に換算すると、実際には茶の方がコーヒーよりも多く飲まれていることが明らかになる。ユーロモニターの推定では、「抽出量」で比較すると、茶が二九〇〇億リットル、コーヒーが一六二〇億リットルであった（二〇一三年のデータ）。[*1] このように、売上高ではコーヒーに負けても、消費量では茶が勝つわけである。その理由は、コーヒーよりも茶の方が一杯淹れるのに必要な量がずっと少ないからである。一人前の標準量を二五〇ミリリットルとすれば、世界で年間一・一六兆杯（一人当たり平均一六五杯）の茶が淹れられている計算になる。イギリス茶協会によれば、イギリス人は一人当たり年間九五五杯の茶を飲んでいるという。

製品としての、また文化としての茶は、グローバル化の早い段階での重要な例である。一七、一八世紀に中国からヨーロッパへと移動するなかで、この葉はそれ自身とその消費者を繰り返し再形成した。東インド会社は最初の多国籍企業の一つと評されることがある。[*2] 実際、西洋と茶の出会いは——換言すれば西洋が茶を領有し、商品化し、日常習慣に取り込んだことは——規範的なケーススタディであり、近代資本主義が生活を貨幣化し利益を蓄積する戦略を、いかにして案出し精錬するのかを理解する一助となり得る。その物語は、茶を中心に据えながら今日も続いている。

茶を取り巻く商業的状況は、後期消費資本主義の時代に多国籍企業が台頭したことで一変した。過去半世紀の間に、本書で取り上げてきた独立した茶会社の大半が、グローバル企業に吸収されている——その際には、価値を高めるために歴史的なブランド名はそのまま残しつつ、効率性や合理化といった必ずしも歓迎されない側面は、極力表に出さないようにするのが常道である。そうした企業買収の早い例として、一九六四年にアソシエイテッド・ブリティッシュ・フーズがトワイニング・クロスフィールド（トムズ・コーヒーハウスとして一七〇六年に創業）を取得した。同社は一九九〇年にはもう一つの老舗茶会社ジャクソンズ・オブ・ピカデリー（一八一五年創業）も買収した。アソシエイテッド・ブリティッシュ・フーズに吸収されたこれらの茶会社は、砂糖とパン酵母販売で大きな存在感を持つ多国籍食品加工企業の一部となり、オヴァルティン（麦芽素材の粉末栄養飲料）やプライマーク（低価格アパレルブランド）などの人気消費者ブランドと肩を並べている。トワイニングは依然として好調な、高収益を上げているブランドである。同社のマーケティングはその伝統ある歴史を強調し、一七八七年に採用されたロゴを（細部のみ更新して）使用し続けている。トワイニングはロンドンのストランド街の創業場所に近い所で、小売店兼ミュージアムを運営している。「一七〇六年」という銘柄さえあるのだが、これはアフリカ、インド、スリランカ産の茶葉をブレンドした、極めて非一八世紀的な商品である。トワイニング特有の「看板ブレンド」にまで及ぶ、こうした遺産（ヘリテージ）への執着は、同社の商品ラインナップの現代性と矛盾している。今やトワイニングの紅茶はティーバッグ売りが主流で、ほかにはハーブティーやフルーツ・フレーバーティー、そのまま飲めるアイスティーなどの商品を幅広く取り揃えている。

多くの茶ブランドが多国籍企業に吸収されたことは、この葉が常に大陸間をまたいで変容してきた歴史を反映している。イギリス茶はグローバル化した。一九〇三年にバーミンガムの食料品店主が創業したタイフー・ティーは、一九六八年にキャドバリー・シュウェップスに合併された（同社ではその後一九八四年に経営陣による自社株買い占めが起こった）。一九九〇年にはタイフーはプレミア・フーズに吸収され、そして二〇〇五年には（再出発したリッジウェイのブランドと共に）インドのアピージェイ・スレンドラ・グループに買収された。この企業はインドの茶製造業者として長い歴史を持ち、海運、ホテル、不動産、物流といった分野に事業を拡大している。タイフーのケースとよく似た物語は、一八三七年創業のテトリーにも辿ることができる。テトリーは一九六一年にアライド・ブルワリーズに買収され、一九七八年には同社傘下のライオンズに吸収されてライオンズ・テトリー飲料部門を形成した。同部門は一九九五年に売却されたが、その時テトリーでも経営陣による自社株買い占めが起こった。二〇〇〇年にテトリーはインドのタタ・グループに買収された。タタ・グループは鉄鋼、自動車からホテル、電話通信、食品まで多角的な経営を行う巨大多国籍複合企業である。タタ・ティーはコルカタに本社を置き、現在世界第二位の茶製造会社となっている。テトリーは今なお連合王国内で最も成功した茶ブランドである。イギリス領インド帝国と長年関係してきたタイフーとテトリーは今や両社とも、インドの多国籍企業に買収されている。旧植民地の企業が旧宗主国の主人を飲み込んだわけで、あたかも帝国が自らを喰らったかのようにも見える。

しかし二一世紀に目を転じると、全ての茶会社と多国籍企業は、イギリスとオランダに本拠を置くユニリーバの存在によって影が薄くなってしまう。この企業は世界第一位の茶会社であり、その主要なライバルたちをゆうゆうと引き離して首位に立っている。ユニリーバが抱えるブランド――リプトン、ブルックボンド、ＰＧティップスなど――はいずれも一九世紀か二〇世紀初頭に専門の茶会社によって創られたものである。ブルックボンドは一八六九年にランカシャー州で茶商店として開業し、一九三〇年にはＰＧティップスのブランドを開発した（ＰＧは「消化前（pre-gest）」の意で、消化に先立つ食前飲料としての生理学的価値を示す。また、ティップスは名目上原料に使われることになっている茶樹の先端の新芽部分を表わす）。一九六八年にブルックボンドはリービッヒ（固形牛肉エキスメーカー）と合併し、ブルックボンド＝リービッヒとなるが、結局一九八四年にユニリーバに買収された。リプトンもこれと似た企業買収のプロセスを経た。リプトンはまず北米部門（一八九〇年創設）が一九三八年に、次いで一九七二年にイギリス国内の茶事業もユニリーバによって買収された。リプトンイエローラベルはイギリスでは流通していないが、売上高で世界首位の紅茶銘柄である（茶葉自体は主にケニアのケリチョの茶園で栽培されたものを使っている）。リプトンイエローラベルのほかに、ユニリーバは以下のブランドの紅茶を販売している――ＰＧティップス（イギリス）、ライオンズ（アイルランド）、ブッシェルズ（オーストラリア）、チョイサ（ニュージーランド）、レッドローズ（カナダ）、サリワンギ（インドネシア）、サーガ（ポーランド）、スコティッシュ・ブレンド（スコットランド）。茶はまごうかたなき巨大ビジネスである。

それでは、最初に世界市場に茶を供給した中国はどうなったのだろうか。二〇世紀初頭の時点で、中国の茶栽培は依然として地域ごとに組織化された慣習的な村落事業であり、おおむね伝統的な地域に限定されていた。それらの地域では農民が小自作農地で何世紀も変わらない方法によって茶を生産した。茶産業は二〇世紀には中国農業全般と同様不振に陥り、そのため輸出可能な茶の量は一九二〇年代・三〇年代には二〇年前と比べて半分以下の水準まで落ち込んだ。実際、輸出量の著しい低下により、茶の世界市場における中国の役割はほとんどゼロに減ってしまった。一九四九年の革命後、茶農業は大躍進政策の期間中（一九五八―六〇年）、集団的原理に基づいて再組織化された。集産化の壊滅的失敗は、大規模な農村飢饉をもたらしたが、耕作面積の著しい減少に伴って、生産高も急激に低下した。しかし毛沢東は一九五八年に安徽省を視察した際、茶生産の促進を宣言し、「将来的に今よりずっと多くの茶畑を山の斜面に切り開くべきである」と声明した。[*3] 文化大革命の間、茶産業は生産性向上政策の対象となり、精鋭の学生や農夫が、指定された丘陵斜面に茶樹を植えるための訓練を受けた。一九六五年から七六年にかけて、茶農園専用の土地はほぼ三倍に増え、生産高も二倍以上になった。茶生産の成長は一九八〇年代・九〇年代には緩やかであったが、二一世紀に入って急速に拡大している。中国は再び世界最大の茶栽培国となり、二〇一一年には一六四万トンを生産した（世界総生産量の約三八％に相当）。生産量に付随して、売上高も大幅に上昇している（一九九八年には二八億USドルであったが二〇一三年には一四七億USドルに増加した）。成長の原動力はとりわけ、中国市場の洗練と富の増大を反映した国内消費にある。[*4] 一方、輸入可能な茶の割合は近年減少してきている。そのため、世界の茶産業が著しく拡張した時期に、中国は比較的周縁的な役割しか果たしていないのである。[*5] 中国の茶産業は全般的に、ほかの諸国で起きた巨大企業による支配に抗ってきたと言える。極めて多数の生産者によって市場が細分化されているため、ユニリーバのリプトンイエローラベルが比較的少ない販売シェアにもかかわらず、中国における首位の茶ブランドとなっている。[*6]

売上の増加と消費者の拡大を目指す茶産業は、ここ数十年の間にさまざまな革新を試みているが、特筆に値するのはアイスティーとハーブティーの新展開である。アイスティーは一九世紀半ばにアメリカ南部で生まれた。初期のレシピでは、茶葉を砂糖と一緒に数時間浸出させてから茶液を漉し、冷蔵するか、氷の上に注いで出すことが勧められた。この通りに作ると、暑い時には特に爽快な、苦くて甘い飲料ができた。[*7] アメリカ茶協会の二〇一三年の概算によれば、「アメリカで消費される茶の約八五％がアイスティーである」。これはほかのどの国にも見られ

現代の紅茶は惨めなのか。1946年にジョージ・オーウェルが発表した完璧な紅茶の淹れ方は、11段階に分かれて詳細に述べられていた。しかし近年では、イギリス人が消費する熱い紅茶の90％以上はティーバッグで淹れられる（そしてたいていポットは使わず、マグカップに直接ティーバッグを入れて飲まれる）。現代における紅茶の準備は、心安らぐ入念な儀式から、マグカップとティーバッグの形式ばらない迅速な出会いへと姿を変えた――そして熱湯とミルクはその出会いの仲介役となったのである。

ない数字である。[*8] 今日、アメリカのアイスティーの多くは工場で加工された、ＲＴＤ形態で売られている――その主成分は水で、少量の低等級茶で風味をつけ、安物の添加物を加え、砂糖、コーンシロップ、または合成代替物で甘味をつけてある。ばらの葉の茶に比べて相当多くの利益を生むため、主要な茶会社のほとんどはアイスティー商品のシリーズを発売している。ユニリーバが展開するリプトンブランドのアイスティーはペプシコ社との合弁事業で、一九九一年以来缶入りで販売されており、現在一一〇以上の地域で売られている製品ラインである。ユニリーバのアイスティーブランドにはほかにブリスク・アンド・ピュア・リーフがある。さらに、こうしたＲＴＤアイスティーは有名ブランドのソフトドリンクと比べると割高価格で小売りされていて、多国籍企業はそれに応じた戦略を展開してきた。例えばコカコーラ社は三つのアイスティーの銘柄を発売している――オネスト・ティー（高級）、ゴールドピーク（並）、フューズ（廉価／お得）。量と価値の両面で、世界の茶市場の成長はほとんどＲＴＤアイスティーによって占められている。[*9]

さらに深いルーツを持つ、もう一つの革新的な市場が、ハーブティーである。熱いハーブ飲料――ティザーヌとも呼ばれる――は、多くの文化で伝統的な飲み物であり、その薬効のために推奨されることが多い。ハーブティーは、香草や花を熱湯で浸出させた液体であるが、カメリア・シネンシスを全く含まないため、純正主義者には茶として認められていない。しかし、茶の受容の多様性が、この類似製品の売り込みと普及化のために利用されていることは明らかである。二〇世紀後半にティーバッグが広範に受け入れられたことで、ハーブ「ティー」は一躍、巨大な消費者製品と化した。実際、ティーバッグ化によって種類の豊富さと淹れやすさを劇的に向上させた。ハーブティーはティーバッグが現代のハーブティーを発明したと言っても過言ではない。カメリア・シネンシスを使う普通のティーバッグの場合、その原料となるのは、ファニングスその他の、製造過程の副産物として作られる高度に加工された低等級茶葉である。それと同じように、ティーバッグ方式は低品質のハーブ・ダストを貨幣化し、新鮮な葉と職人的製法に取って代わるのである。また、ティーバッグのおかげで茶会社は、フルーツやその他のフレーバーを茶そのものと自在に組み合わせることができるようになり、消費者を当惑させるほどに多種多彩な商品を生み出している。二一世紀には、リプトンやトワイニングのような古い歴史を持つ茶ブランドも、業界のほかの主要企業と同様に、茶ではない茶(ノンティー・ティー)の利益を追求するために商品ラインの多角化に努めている。

茶は現代的になるにつれて平凡化し、貧困化してきた。それは安定してはいるが皮相的な経験と化し、せいぜい標準程度の質の飲料に過ぎなくなった。こうした状況を背景として、ホットドリンク業界は、茶をブランド的消費体験に変えるための努力を重ねてきた。大手企業の茶は一貫して濃く出る、強い風味を持つ液体であり、退屈なほど一定の味・香り(フレーバー・プロファイル)の印象が、淹れるたびに反復される。この処方は生産者にとっては圧倒的に成功してきた。しかし茶そのものにとっては圧倒的な失敗であった――人々に支持され続けるために茶は多くのものを犠牲にせざるを得なかったからである。

さらには、利益を上げているとはいえ茶会社は、成長の余地がほとんど残っていない成熟市場で操業している。茶業界はこの難問を認識し始めており、もっと多くの収益を生むために必要なのは、消費者を啓蒙し、喫茶のより広く深い慣習に親しませ、茶の歴史に関する知識を涵養(かんよう)することであると分析している。[*10] 業界関係者はコーヒー産業から得られる教訓に注意を促す。コーヒー業界では、スターバックスを筆頭とする企業がプレミアム価格で売れる「グルメな」経験を促進してきた。スターバックスの元最高経営責任者ハワード・シュルツは、どのようにして綿密な戦略を展開し、彼のいわゆる「コーヒーのロマンス」——コーヒーの遺産と文化的な複雑性を喚起するフレーズ——を、顧客とスターバックス店舗の出会いの中心としたかについて語ったことがある。[*11] 驚くには当たらないことだが、スターバックスは小規模生産高級茶（ブティック・ティー）のモデルを開発している。最初の茶ブランド「タゾ」は振るわなかったが、二〇一二年にスターバックスは「ティバーナ」（高級ワインおよびグルメコーヒー業界を範に仰いで創業されたアトランタの会社）を買収した。このブランドは幅広い高級茶に加え、ハーブティーとフルーツ・フレーバーティーも展開している。これらの茶は色鮮やかな缶に入って高級ショッピングモールの専門小売店で販売されている。ティバーナの店舗は二〇一四年までにアメリカとメキシコで三三〇以上を数え、店内で飲める各種の茶のほかに、リーフティーや最新式の茶器も販売している。

　消費者の茶の経験が価値を落としたのは憂慮すべき事態かもしれないが、最も深刻な貧困化が及んでいるのは茶の生産者である——といってももちろん多国籍複合企業の役員のことではなく、南アジア、東アフリカその他の地域で茶の集中的収穫作業に従事する労働者のことである。過去一世紀半の技術的発明にもかかわらず、茶葉は世界中至る所でいまだに手摘みされている。茶摘みは過酷な反復的肉体労働であり、手先の器用さに加えて迅速さと持久力を要求される仕事である。オランダに本拠を置くSOMO（多国籍企業研究センター）の二〇〇八年の報告書は、構造的な問題を指摘している。茶産業が常により大きな値頃感を消費者に与えようと努めることが、茶摘み労働者に数多の困難をもたらしているというのだ——すなわち劣悪な労働環境、低賃金、集産化の不徹底、有毒殺虫剤被曝、斜面での転倒や重荷の運搬による怪我の放置、民族差別、性的いやがらせ、児童労働といった問題である。[*12]二〇一三年に『オブザーヴァー』紙に寄稿したゲシン・チェンバレンによると、アッサム茶の摘み手の時給は約一二ペンスで、その給料は非協力的で融通の利かない賃金交渉団体によってアッサム全域で固定されている。こうした状況は事実上、田舎の一〇代の女性が人身売買商人の手に落ち、都市部で家内奴隷や性奴隷として売られるという事態を生み出している。[*13]

フェアトレード財団のバーバラ・クラウザーは二〇一三年に次のように論じた——西洋的消費者である「われわれが格安商品を不断に求め続けた結果、[茶]プランテーションでの貧困水準賃金はやむを得ない代償として看過されるようになってしまった」。[*14]卸売茶のオークション価格は一九八〇年代以来、実質で約五〇%下がっているが、小売価格の方は安定したままである。大企業のブランド茶の利益は、栽培よりも下流の部門(ブレンド、包装、マーケティング)において得られる。[*15]企業がその社会的責任を果たそうとすれば直面せざるを得ないさまざまな課題は、単一栽培が自然環境に及ぼす必然的な悪影響によって一層困難になっている。一九世紀以来、インドでは茶栽培のために熱帯雨林が切り倒されてきた。公式的には、多国籍企業の茶ブランドは(特にヨーロッパと北米の消費者の軽い不安を和らげるために)、環境に優しく持続可能な方法で倫理的に生産された原料を用いていると主張する傾向を強めている。例えば「Tea 2030」プロジェクトには世界有数の大企業が参加し、「茶のための持続可能な未来を創る」ことを目標に掲げている(このプロジェクトへの出資企業・団体には、タタ・グローバルビバレッジ、ユニリーバ、ヨークシャ・ティーのほか、エシカル・ティー・パートナーシップ、レインフォレスト・アライアンスなどが名を連ねている)。[*16]後期消費資本主義のこうした常套手段に対して、われわれは直感的に警戒心を抱いてしまう――というのも、多国籍企業はそうやって倫理的な口実の下に利潤動機を隠蔽しようとするからだ。とはいえ表面上は、少なくとも一部のフェアトレード事業の価値を称賛せずにいるのは難しい。例えばマラウィのルジェリ・ティー・エステートでは、小自作農への研修、苗木と肥料の提供が行われている。[*17]

本書を終えるにあたって、イギリスにおける茶の現状と茶の消費文化をめぐる三つの物語を語ることにしたい。最初の舞台はロンドンのレザー・レーンにある「プルーフロック」である。ここは典型的なサードウェーブ・コーヒー店で、著者の一人が本書の一部を執筆した場所でもある。この店のメニューにはフラットホワイト（エスプレッソ・ベースのミルク入りコーヒー）やシングル・エステート（単一農場産）のハンドドリップ・コーヒーと並んで、数こそ少ないが茶も載っており、厳選した高品質・ノーブランドの単一産地の「希少」中国茶（緑茶、ウーロン茶、プーアル茶）が提供されている。この茶は精確な方法で淹れられる――種類別に厳密に温度調整した湯に三分間浸した後、磁器カップに注いで出される。茶葉はステンレス製の茶漉しに残しておく。その同じ茶葉を使った二煎、三煎目を店員が薦めてくれることでサービスは完了する。このグルメ茶のサービスがコーヒーと併存し得るということは、高級特選（スペシャルティ）茶には西洋で将来性があるかもしれないことを示している（高級茶への関心の復活は市場のほんの一部を構成するにとどまってはいるけれども）。小規模の高級顧客向け茶会社は数多く台頭していて、例えばジン・ティー、ポストカード・ティー、カントン・ティーカンパニー、レア・ティーカンパニーなどが挙げられる。これらの小企業を支える根本原理は、希少な高級茶の市場の要求を満たし、その成長を促すことである。そうした高級茶は伝統的方法に従って少量生産され、アジアと西洋で高値で小売りされる。二〇〇四年にレア・ティーカンパニーを創業したヘンリエッタ・ラヴェルは、自身の目的が再教育にあることを明らかにしている——「世の人々が、良質のワインと同じように良質の茶を楽しむようになってくれればと思います。……人々はワインの良さは分かっていて、見事に作られた美味しい商品には少し多めにお金を出すのも厭いません。茶に対しても同じように感じることができれば、茶農園労働者の生活は今よりずっと楽になるはずです。茶の素晴らしさが人々に理解されれば、世界は変わるかもしれません」[*18]。これらの小企業は、消費者に高級な「グルメ茶」を経験する機会を提供している。その活動を支えるのは、ウェブサイト、ブログ、試飲、試供品セット、スペシャルティー・ティーショップなどを通じて、頭と喉両方の啓発と再教育を目指すマーケティング戦略である。大企業の茶に対するこうしたささやかな抵抗は、茶の貧困化への一つのカウンターとなり得るのかもしれない。

一方、二番目の物語の舞台は、本書のもう一人の著者が家族と暮らしているロンドンの自宅である。この家では、スリランカ産、東アフリカ産、インド産の茶葉を一定の割合でブレンドした（フェアトレードタイプの無漂白紙製）ティーバッグの紅茶を、たいていマグカップで（ごくまれにティーポットで）淹れて、ほとんど毎朝飲んでいる。それは目を覚まして一日を始めるための儀式の一部であり、その意味で着替えや朝食と何ら変わりない。このロンドンの家は喫茶という習慣を通じて連合王国中の、そして世界中の何百万もの家々とつながっている。しかし茶は早朝にだけ飲むものではない。それは週末の午後の日曜大工にも、夕方の親族の集いにも欠かせない——あるいは、不気味な静けさに包まれた冬の真夜中過ぎ、セントラルヒーティングの電源を落とした家の冷気に肌寒さを覚える時にも。その茶にミルクだけでなく砂糖を混ぜることもあるが、そんな時の茶は回復薬としての伝統的な役割を果たしている。やかん、ティーポット、牛乳ボトル、シュガーボウル、それにマグカップ——基本的な茶道具一式を構成するものを揃えるのは、激しい悲しみの時も、最も深い喜びと結びついた瞬間も変わらない。悪い知らせを受け取る時にも、日常の静かな営みが失望によって中断される時にも、子どもが生まれた後、至福の穏やかさに満たされる時にも。

三番目の著者には告白すべきことがある。彼はイギリス人である。そしてもう一つ——彼は茶中毒である。といってももちろん、現在静かに人気を高めている高品質の上等茶のことではない。高級茶を飲んで時折発見する喜びは、新奇さに不意打ちを食らって感じる素朴な驚異の感覚であって、微妙な陰影というものを欠いている。いやむしろ、筆者の心を占有する茶は——つまり目が覚めると彼が最初に考え、本当の意味での朝食にもなるのは——、あの色も味も濃い、苦いイギリスの茶なのである。ミルクを加えて味覚を麻痺させなければほとんど飲めないこの茶は、不思議なことにひとたびミルクを混ぜるとこたえられない魅力を持つ。大手スーパーマーケットで購入するその茶がばらの葉の「フェアトレード」商品であることは、彼の習慣が実際には自然や人間労働の存在の上に成り立っていることをかすかに思い出させ、われわれが永遠に身を浸すよう命じられている忘却の流れを一瞬食い止める（とはいえそうした想起はほんの束の間で、茶缶の中の縮まった黒い粒を「葉」として分類することへの疑念や、わずかな割増金（プレミアム）がマラウィの小自作農の生活に実質的な違いを生むのだという思いにすぐさま取って代わられるのであるが）。しかしそうして日常的に茶を飲むことは主として批判的／批評的な行為であるわけではない。それはむしろ本能的な行動になっていて、常に心を落ち着かせてくれ、生きるうえで不可欠というわけでは全くない欲求を満たしてくれるのだ。また、葉の浸出液にミルクを加えたこの飲み物の味は、必ずしも楽しめるものであるとは限らない。淹れ方に特段の問題がない限り（葉の浸出時間が長すぎたとか、ミルクが悪くなっていたとか、不要な砂糖を入れてしまったなど）、その味の特徴に気付くことはほとんどないし、肉体、精神、心にはっきりそれと分かる高揚感を引き起こすわけでもない。にもかかわらず、穏やかで感覚的には捉えにくい茶の作用は、私生活と社会生活の日常的な行為に欠かせなくなっている。われわれの生活がそれほど茶に包み込まれているというのは、後期消費資本主義の遍在的な商品として、この飲料が著しく好適であることの証しである。結局のところ、消費資本主義のパラダイムは部分的に茶によって形成されてきたとさえ言えるだろう。半永続的な市場浸透を達成した茶は、少数者を富ませ、多数者を包摂する。やるせないほど見事に、茶はそれを飲む者を世界規模の流れに導き入れる。その流れの中でわれわれは自分の位置を確認し、その位置を変え、自己形成し、自己解体する。なかんずく、茶はその魅惑に捉われた人々を一つに結び合わせる。この結合が最も親密に行われるのは家庭であるが、より拡散的なかたちで職場でも同じことが起こる。そしてさらに拡散的に、しかし同様に意義深く、われわれが生きる都市や国や惑星の至る所で、茶は人々を互いに結びつけている。

文献注

［邦訳のある文献については、参考文献一覧に記載されているものは著者名と書名を、記載されていないものはより詳細な書誌情報を、いずれも初出時にのみ示す］

イントロダクション

＊1　Stephen Blankaart, *A Physical Dictionary* (London, 1702), p. 304.

＊2　*Mercurius Publicus*, 12–19 March 1663.

＊3　'The Tea Trade', *The New Annual Register, or General Repository of History, Politics, and Literature, for the Year 1824* (London, 1825), p. 515.

＊4　Jonathan Swift, 'A Compleat Collection of Genteel and Ingenious Conversation', in *Prose Works of Jonathan Swift*, ed. Herbert Davis (Oxford, 1957), vol. IV, p. 139

＊5　Eliza Haywood, *The Female Spectator*, 5th edn, 4 vols (London, 1755), vol. II, p. 82.

第一章　ヨーロッパと茶の初期の出会い

＊1　David Porter, *Ideographia: The Chinese Cipher in Early Modern Europe* (Stanford, CA, 2001); Robert Markley, *The Far East and the English Imagination, 1600–1730* (Cambridge, 2006).

＊2　Lu Yu, *The Classic of Tea: Origins and Rituals*, trans. Francis Ross Carpenter (Hopewell, NJ, 1974), p. 115. ［陸羽『茶経』布目潮渢訳注、講談社学術文庫、二〇一二年］

＊3　Victor H. Mair and Erling Hoh, *The True History of Tea* (London, 2009), p. 27 ［ヴィクター・H・メア、アーリン・ホー『お茶の歴史』］; 以下も参照せよ――Lihui Yang, Demin An and Jessica Anderson-Turner, *Handbook of Chinese Mythology* (Santa Barbara, CA, 2005), p. 195.

＊4　Mair and Hoh, *The True History of Tea*, p. 30; *The Songs of the South: An Ancient Chinese Anthology of Poems by Qu Yuan and other Poets*, ed. and trans. David Hawkes (Harmondsworth, 1985), pp. 269–70.

＊5　Huang Hsing-Tsung, *Fermentation and Food Science*, Science and Civilisation in China, 6 (part 5) (Cambridge, 2000), pp. 507–19.

*6 Samuel Ball, *An Account of the Cultivation and Manufacture of Tea in China* (London, 1848), pp. 3–6; 以下も参照せよ —— William H. Ukers, *All about Tea*, 2 vols (New York, 1935), vol. I, pp. 15–22.

*7 Lu Yu, *The Classic of Tea*, p. 116.

*8 Ibid., pp. 62–9; 以下も参照せよ ——Huang, *Fermentation and Food Science*, pp. 521–2.

*9 Lu Yu, *The Classic of Tea*, pp. 77–99; 以下も参照せよ —— Huang, *Fermentation and Food Science*, pp. 556–7.

*10 Lu Yu, *The Classic of Tea*, p. 74.

*11 Mair and Hoh, *The True History of Tea*, pp. 62–3.

*12 Lu Yu, *The Classic of Tea*, p. 111.

*13 Ibid., p. 116; 以下も参照せよ——Huang, *Fermentation and Food Science*, p. 557.

*14 Mair and Hoh, *The True History of Tea*, pp. 40–44, 84–94.

*15 Ibid., pp. 58–9.

*16 Ibid., pp. 55, 64–5.

*17 Ibid., pp. 71–83.

*18 Lu Yu, *The Classic of Tea*, p. 116.

*19 Huang, *Fermentation and Food Science*, p. 523.

*20 Ibid., p. 529.

*21 Ibid., pp. 538–41.

*22 Michael Cooper, 'The Early Europeans and Tea', in *Tea in Japan: Essays on the History of Chanoyu*, ed. Paul Varley and Kumakura Isao (Honolulu, HI, 1989), pp. 101–33 (pp. 101–4).

*23 Giovanni Battista Ramusio, *Secondo Volvme delle Navigationi et Viaggi* (Venice, 1559), fol. 15v (本書著者たちによる翻訳).

*24 Gaspar da Cruz, *Tractado em quese co[m] tam muito por esteso as cousas da China* (Évora, 1570). [ガスパール・ダ・クルス『クルス「中国誌」——ポルトガル宣教師が見た大明帝国』日埜博司編訳、講談社学術文庫、二〇〇二年]

*25 Ibid., sig. [e viii]v.

*26 Samuel Purchas, *Purchas his Pilgrimes*, 4 vols (London, 1625), vol. III, p. 180.

*27 Jonathan D. Spence, *The Memory Palace of Matteo Ricci* (London, 1985), pp. 132–61. [ジョナサン・スペンス『マッテオ・リッチ記憶の宮殿』古田島洋介訳、平凡社、一九九五年]

*28 *The China that Was: China as Discovered by the Jesuits at the Close of the Sixteenth Century*, trans. by Louis J. Gallagher (Milwaukee, WI, 1942), pp. 26–7; 原典は以下を見よ ——Nicolas Trigault, *De Christiana Expeditione apud Sinas* (Augsburg, 1615), p. 16. [マッテーオ・リッチ『中国キリスト教布教史 一』川名公平訳、岩波書店、一九八二年] 以下も参照せよ——Trigault, *De Christiana Expeditione*, p. 69 (Gallagher, *The China that Was*, p. 105); and Huang, *Fermentation and Food Science*, pp. 507–12.

*29 *Iohn Huighen van Linschoten: His Discours of Voyages into ye Easte &West Indies* (London, 1598), p. 46; 原典は以下を見よ—— Jan Huyghen van Linschoten, *Itinerario, Voyage ofte Schipvaert van Jan Huygen van Linschoten* (Amsterdam, 1596), pp. 35–6. [リンスホーテン『東方案内記』岩生成一他訳注、岩波書店、一九六八年] 以下も参照せよ——Mair and Hoh, *The True History of Tea*, pp. 93–109.

*30　Alessandro Valignano, *Historia del Principio y Progresso de la Compañia de Jésus en las Indias Orientales, 1542–1564*. ［アレッサンドロ・ヴァリニャーノ「東インドに於けるイエズス会の起原と進歩の歴史 一、二」岩谷十二郎訳（『キリシタン研究』二七、二八）、吉川弘文館、一九八七、一九八八年］以下に引用されている——*They Came to Japan: An Anthology of European Reports on Japan, 1543–1640*, ed. Michael Cooper (Ann Arbor, MI, 1965), p. 261.

*31　Richard Wickham to William Eaton, 27 June 1615, Hirado (draft): London, British Library, India Office Records G/12/15, p. 16. ［『慶元イギリス書翰』岩生成一訳注、雄松堂書店、一九六六年］以下も参照せよ——*The English Factory in Japan, 1613–1623*, ed. Anthony Farrington, 2 vols (London, 1991), vol. I, pp. 295–6; Anthony Farrington, 'The Japan Letter Book of Richard Wickham, 1614–1617', in *India Office Library and Records: Report for the Year 1979* (London, 1979), pp. 35–45.

*32　Heren XVII to Anthony van Diemen, 2 January 1637, Amsterdam. 以下に引用されている——G. Schlegel, 'First Introduction of Tea into Holland', *T'oung Pao*, Second Series, 1 (1900), pp. 468–72 (p. 469).

*33　Schlegel, 'First Introduction of Tea into Holland', p. 468.

*34　Alexandre de Rhodes, *Divers Voyages et Missions du Pere Alexandre de Rhodes en la Chine* (Paris, 1654), pp. 62–3（本書著者たちによる翻訳）; 以下も参照せよ——*Sommaire des Divers Voyages, et Missions Apostoliques, du R. P. Alexandre de Rhodes* (Paris, 1653), pp. 25–9.

*35　*Ambassade des Hollandois à la Chine*, trans. Melchisédech Thévenot (Paris, 1666), sig. a iiir（本書著者たちによる翻訳）.

*36　'De l'Usage du Tay, qui est fort ordinaire en la Chine' ('On the use of tea, which is commonplace in China'), in de Rhodes, *Divers Voyages*, pp. 62–7（本書著者たちによる翻訳）.

*37　Cooper, 'The Early Europeans and Tea', pp. 105–11.

*38　Henriette Rahusen-de Bruyn Kops, 'Not Such an "Unpromising Beginning": The First Dutch Trade Embassy to China, 1655–1657', *Modern Asian Studies*, 36 (2002), pp. 535–78; Markley, *The Far East and the English Imagination*, pp. 110–29. 以下も参照せよ——John E. Wills, *Pepper, Guns, and Parleys: The Dutch East India Company and China, 1662–1681* (Cambridge, MA, 1974).

*39　Johan Nieuhof, *Het Gezantschap der Neêrlandtsche Oost-Indische Compagnie, aan den Grooten Tartarischen Cham, den Tegenwoordigen Keizer van China* (Amsterdam, 1665); 英訳版は以下を見よ——*An Embassy from the East-India Company of the United Provinces, to the Grand Tartar Cham Emperour of China*, trans. John Ogilby (London, 1669).

*40　Nieuhof, *Embassy*, pp. 41, 61, 79–80, 126–7, 142–3.

*41　Ibid., p. 127.

*42　Ibid., p. 41.

*43　Ibid., pp. 248–9.

*44　Ibid., p. 134.

*45　*Mercurius Politicus*, 23 September 1658; Thomas Garway, *An*

Exact Description of the Growth, Quality, and Vertues of the Leaf Tee, alias Tay ([London], [*c.* 1664]). 以下も参照せよ――*Tea and the Tea-table in Eighteenth-century England*, ed. Markman Ellis, Richard Coulton, Matthew Mauger and Ben Dew, 4 vols (London, 2010), vol. II, pp. 1–3.

*46 Garway, *Exact Description*.

*47 Lu Yu, *The Classic of Tea*, p. 59.

*48 英語版翻訳者による傍注。以下を参照せよ――*The History of that Great and Renowned Monarchy of China* (London, 1655); 原典は以下を見よ――Alvaraez Semedo, *Relatione della Grande Monarchia della Cina* (Rome, 1643), pp. 27–8. [マッテーオ・リッチ、アルヴァーロ・セメード『中国キリスト教布教史二』川名公平訳、矢沢利彦訳・注、岩波書店、一九八三年]

*49 Jacques Specx et al to Heren XVII, 15 Dec 1629, Batavia. 以下に引用されている――W. Ph. Coolhaas, ed., *Generale Missiven van Gouverneurs-Generaal en Raden aan Heren XVII: Deel I, 1610–1638* ('s-Gravenhage, 1960), p. 276.

第二章　イギリスにおける茶嗜好の確立

*1 Samuel Hartlib, *Ephemerides*, No. 254, 4 August 1654, *The Hartlib Papers*, 2nd edn (Sheffield, 2002), HP 29/4/29A-B; Hartlib, 'Observ. 59' concerning 'Herba Theê Indiæ Orientali', HP 42/4/5A–6B; Nicolaes Tulp, 'Caput LIX. Herba Theé', *Observationes medicæ. Editio nova* (Amsterdam, 1652).

*2 Hartlib, *Ephemerides* [Dec] 1657, HP 29/6/23A. Contractions expanded.

*3 Purchasing Power Calculator, measuringworth.com (accessed 20 June 2014).

*4 John Beale to Hartlib(?) 3 November 1657, HP 52/15A.

*5 *Ephemerides* [Dec] 1757, HP 29/6/23A.

*6 *An Exact Description of the Growth, Quality, and Vertues of the Leaf Tee, alias Tay* ([London], [*c.* 1664]).

*7 Tulp, *Observationes medicæ*, pp. 400–403.

*8 Nicolaes Tulp, *Medical Observations*, trans. Boris Ginsburgs, in *Codex Thea* (Philadelphia, 2011), at www.melange-tea.com/codex_thea/Source: Tulp/2011 (accessed 29 September 2012).

*9 ピエスは茶に関する論考を、ヤコブ・デ・ボント（一五九一―一六三一年）が著わした東インドの自然誌に追加した。Willem Pies, ed., *De Indiae utriusque re naturali et medica libri quatuordecim* (Amsterdam, 1658); Jakob de Bondt, *An Account of the Diseases, Natural History, and Medicines of the East Indies* (London, 1769), p. 153.

*10 *Endlesse Queries: or, An End to Queries, Laid down in 36 Merry Mad Queries for the Peoples Information* (London [13 June 1659]), pp. 3–4.

*11 Rudi Mathee, 'Exotic Substances: The Introduction and Global Spread of Tobacco, Coffee, Cocoa, Tea, and Distilled Liquor, Sixteenth to Eighteenth Centuries', in *Drugs and Narcotics in History*, ed. Roy Porter and Mikulás Teich (Cambridge, 1995), pp. 24–51 (45).

*12 *The Diary of Samuel Pepys*, trans. and ed. Robert Latham and

William Matthews, 11 vols (London, 1970–83), vol. I, 25 September, p. 253.［サミュエル・ピープス『サミュエル・ピープスの日記　第一巻（一六六〇年）』臼田昭訳、国文社、一九八七年］

*13　Ibid., vol. VI, 13 December 1665, p. 328.［サミュエル・ピープス『サミュエル・ピープスの日記　第六巻（一六六五年）』臼田昭訳、国文社、一九九〇年］

*14　Ibid., vol. VIII, 28 June 1667, p. 302.［サミュエル・ピープス『サミュエル・ピープスの日記　第八巻（一六六七年）』臼田昭・岡照雄・海保眞夫訳、国文社、一九九九年］

*15　*The Closet of the Eminently Learned Sir Kenelme Digbie Kt. Opened* (London, 1669), pp. 155–6.

*16　*Mercurius Publicus*, No. 11, 12–19 March, 1662/3, p. 177.

*17　East India Company, Court Minutes, 22 August 1664, London, British Library, India Office Records B/26, fol. 415r.

*18　George Birdwood, *Report on the Old Records of the India Office* (London, 1891), p. 221–2; Hosea Ballou Morse, *The Chronicles of the East India Company Trading to China, 1635–1834*, 5 vols (Oxford, 1926–9), vol. I, p. 9.

*19　East India Company Correspondence, London, British Library, India Office Records E/3/47, fol. 53v; 以下も参照せよ――Morse, *The Chronicles of the East India Company*, vol. I, pp. 62–3.

*20　Morse, *The Chronicles of the East India Company*, vol. I, pp. 64–5.

*21　Agnes and Elisabeth Strickland, *Lives of the Queens of England, from the Norman Conquest; with Anecdotes of Their Courts*, 12 vols (London, 1840–48), vol. IV, p. 230.

*22　William H. Ukers, *All About Tea* (New York, 1935), p. 44.［ウィリアム・H・ユーカース『日本茶文化大全 日本茶篇』］

*23　Jonas Hanway, 'An Essay on Tea', in *A Journal of Eight Days Journey from Portsmouth to Kingston upon Thames* (London, 1756). ジョンソンによる書評は以下を見よ――*The Literary Magazine*, I/7 (1756), pp. 335–42; II/8 (1757), pp. 161–7.

*24　『エドマンド・ウォラー詩集』（オックスフォード大学出版局、近刊）の編者マイケル・P・パーカーとティモシー・レイラーには、この問題に関する彼らの結論を出版前に共有して下さったことを感謝している。

*25　Edmund Waller, 'Of Tea, Commended by Her Majesty', *The Second Part of Mr. Waller's Poems Containing . . . Whatever of His is Yet Unprinted* (London, 1690), p. 61. 以下も参照せよ――*The Poems of Edmund Waller*, ed. G. Thorn Drury (London, 1893), p. 222.

*26　Hartlib, *Ephemerides*, [Dec] 1757, HP 29/6/23A.

*27　Gladys Scott Thomson, *Life in a Noble Household, 1641–1700* (London, 1937), pp. 169–70.

*28　James Tyrrell to Locke, [c. 10 June 1682], *The Correspondence of John Locke*, ed. E. S. De Beer, 8 vols (Oxford, 1976–89), vol. II, Letter 715, pp. 523–5.

*29　Kristof Glamann, *Dutch-Asiatic Trade: 1620–1740*, 2nd edn ('s-Gravenhage, 1981), p. xvii. 以下も参照せよ――Simon Schama, *The Embarrassment of Riches: An Interpretation of Dutch Culture in the Golden Age* (London, 1987), pp. 171–3.

*30 Cornelis Bontekoe, *Tractat van het excellenste kruyd thee* (1678), ed. F. M. G. de Feyfer, in *Opuscula selecta neerlandicorum de arte medica* (Amsterdam, 1907–55), vol. XIV (1937), pp. 114–465.

*31 Christoph Schweikardt, 'More than Just a Propagandist for Tea: Religious Argument and Advice on a Healthy Life in the Work of the Dutch Physician Cornelis Bontekoe (1647–1685)', *Medical History*, XLVII/3 (2003), pp. 357–68 (p. 363). 以下も参照せよ——Harold John Cook, *Matters of Exchange: Commerce, Medicine, and Science in the Dutch Golden Age* (New Haven, CT, and London, 2007), pp. 293–7.

*32 Bontekoe, *Tractat van het excellenste kruyd thee*, pp. 447, 459, 443.

*33 Francis Lodwick, *On Language, Theology, and Utopia*, ed. Felicity Henderson and William Poole (Oxford, 2011), p. 414.

*34 Cornelis Bontekoe and Steven Blankaart, *Gebruik en Misbruik van de Thee* (Den Haag and Amsterdam, 1686).

*35 Annet Mooij, *Doctors of Amsterdam: Patient Care, Medical Training and Research (1650–2000)*, trans. Beverley Jackson (Amsterdam, 2002), p. 67.

*36 R. S. Woolhouse, *Locke: A Biography* (Cambridge, 2007), p. 198.

*37 Locke to Philippus van Limborch, 22 September/2 October 1686, *Correspondence*, vol. III, Letter 865, p. 36.

*38 Locke to van Limborch, 14/24 November [1686], *Correspondence*, vol. II, Letter 840, pp. 763–4.

*39 Kenneth Eastham Dewhurst, *John Locke, 1632–1704, Physician and Philosopher: A Medical Biography. With an Edition of the Medical Notes in his Journals* (London, 1963), pp. xii, 331.

*40 Entry for Monday, 30 October 1684, Bodleian Library MS Locke f. 8, p. 206. 以下に引用されている—— Peter Anstey and Stephen Harris, 'Locke and Botany', *Studies in History and Philosophy of Biological and Biomedical Sciences*, 37 (2006), pp. 151–71 (p. 167).

*41 Locke to Sir John Somers, Baron Somers, 28 January 1698, *Correspondence*, Letter 2384, VI, 308.

*42 Locke to Thomas Herbert, Earl of Pembroke, 28 November/8 December 1684, *Correspondence*, Letter 797, vol. II, 665.

*43 Locke to Somers, 28 January 1698, *Correspondence*, vol. VI, Letter 2384, p. 308n.

*44 Locke to Pembroke, 28 November/8 December 1684, *Correspondence*, vol. II, Letter 797, p. 665.

*45 Locke to van Limborch, 14/24 November [1686], *Correspondence*, vol. II, Letter 840, pp. 763–4.

*46 Bodleian Library, MS. Locke c. 31, ff. 80–82.

*47 Locke to van Limborch, 14/24 November [1686], *Correspondence*, vol. III, Letter 877, pp. 68–73 (68–9).

*48 Bontekoe, *Tractat van het excellenste kruyd thee*, pp. 453–4.

*49 Dewhurst, *Locke*, p. 241.

*50 Ibid., p. 241.

*51 ケネルム・ディグビーも、これとよく似た「卵を使った茶」のレシピについて記録している。それはもともと、エ

ドマンド・ウォラーが中国帰りのイエズス会士から一六六四年に教わったものだという。以下を参照せよ――*The Closet of the Eminently Learned Sir Kenelme Digbie Kt. Opened* (London, 1669), pp. 155–6.

＊52　Locke to van Limborch, 20 September 1689, trans. De Beer, *Correspondence*, vol. III, Letter 1182, p. 690.

＊53　Van Limborch to Locke, 30 September 1689, trans. De Beer, *Correspondence*, vol. III, Letter 1184, p. 695

＊54　Locke to van Limborch, 13 December 1689, trans. De Beer, *Correspondence*, vol. III, Letter 1213, p. 755.

＊55　*London Gazette*, 8 August 1689.

＊56　Paul D'Aranda to Locke, 14/24 July 1690, *Correspondence*, vol. IV, Letter 1306, pp. 106–7; Dr Pieter Guenellon to Locke, 3/13 August 1697, *Correspondence*, vol. VI, Letter 2292, pp. 170–71.

＊57　John Locke, *Of the Conduct of the Understanding*, 5th edn, ed. Thomas Fowler (Oxford, 1901), p. 100.［ジョン・ロック『知性の正しい導き方』下川潔訳、ちくま学芸文庫、二〇一五年］

＊58　中国に関するロックの覚書は、以下の手稿を見よ――Bodleian MSS Locke c. 27. 以下を参照せよ――Ann Talbot, *'The Great Ocean of Knowledge': The Influence of Travel Literature on the Work of John Locke* (Leiden, 2010), pp. 179–99 (p. 190).

＊59　*Krachten vande thee; nae't oversetten der Chinesche sprake: ende heeft dese nae-volgende deughden* (no place, undated [1686?]) Koninklijke Bibliotheque, 's-Gravenhage. KW 511 B 42.

＊60　*The Diary of John Evelyn*, ed. E. S. De Beer (Oxford, 1955), vol. IV, p. 84.

＊61　Robert Hooke, 'Qualities of the herb called Tea or Chee. Transcribed from a Paper of Tho: Povey Esq. Oct 20 1686', Collection of scientific papers and letters, British Library, Sloane MS 1039, f. 139r.

＊62　John Ovington, *An Essay upon the Nature and Qualities of Tea* (London, 1699), p. 2.［参考文献一覧を参照せよ］

第三章　中国との茶貿易

＊1　Paul Van Dyke, *The Canton Trade: Life and Enterprise on the China Coast, 1770–1845* (Hong Kong, 2005), pp. 35–50.

＊2　Ibid., p. 31.

＊3　Despatches to the East, London, British Library, India Office Records E/4/12, fols 18v–21r.

＊4　Charles Lockyer, *An Account of the Trade in India* (London, 1711).

＊5　特許状の原文については、以下を参照せよ――Philip Lawson, *The East India Company: A History* (London, 1993), p. 4. この定義は、一八二五年に至っても議会制定法の中で用いられている（6 Geo. 4, c. 107, s. 115 を参照）。

＊6　Philip Lawson, *The East India Company: A History* (London, 1993), pp. 43–4. 以下も参照せよ――Keay, *The Honourable Company: A History of the East India Company* (London, 1991), p. 202; Lawson, *The East India Company*, p. 51.

*7　Lawson, *The East India Company*, p. 44. 以下も参照せよ——Keay, *The Honourable Company*, p. 177; K. N. Chaudhuri, *The Trading World of Asia and the English East India Company* (Cambridge, 1978), pp. 81–2.

*8　Chaudhuri, *The Trading World of Asia*, pp. 434–6; Lawson, *The East India Company*, p. 55.

*9　以下における議論を参照せよ——Lawson, *The East India Company*, p. 58.

*10　以下を参照せよ——Keay, *The Honourable Company*, pp. 211–13; Chaudhuri, *The Trading World of Asia*, p. 436.

*11　Chaudhuri, *The Trading World of Asia*, pp. 508–9.

*12　Directors of the English Company to President Catchpole and Council in China, 27 June 1700. 以下に引用されている——Peter Pratt, *Materials for a History of the Rise and Progress of the Trade to China*, India Office Records G/12/6, p. 833.

*13　Chaudhuri, *The Trading World of Asia*, p. 387.

*14　Ibid., p. 538. 一六九〇年—一七〇九年の統計データの確定に関する諸問題については、p. 465を参照せよ。

*15　Company Correspondence, India Office Records E/3/47, fol. 53v.

*16　Court Minutes, India Office Records B/39, pp. 196, 274.

*17　Despatches to the East, India Office Records E/3/92, fol. 180v.

*18　Commerce Journals, India Office Records L/AG/1/6/4, p. 118.

*19　Despatches to the East, India Office Records E/3/92, fol. 264v.

*20　Commerce Journals, India Office Records L/AG/1/6/4, pp. 235, 292.

*21　Despatches to the East, India Office Records E/3/93, fol. 63v.

*22　Commerce Journals, India Office Records L/AG/1/6/4, p. 407.

*23　以下に引用されている——Pratt, *Materials*, India Office Records G/12/6, p. 825, contractions expanded.

*24　Despatches to the East, India Office Records E/3/93, fol. 262v.

*25　Rowan Hackman, *Ships of the East India Company* (Gravesend, 2001), p. 196.

*26　別に注記がない限り、ストレタム号の航海に関する詳細は、手稿の航海日誌（India Office Records L/MAR/B/311A）に拠っている。

*27　Anthony Farrington, *Catalogue of East India Company Ships' Journals and Logs, 1600–1834* (London, 1999), p. 621.

*28　Andrew S. Cook, 'Establishing the Sea Routes to India and China: Stages in the Development of Hydrographical Knowledge', in *The Worlds of the East India Company*, ed. H. V. Bowen et al. (Woodbridge, 2002), pp. 119–36.

*29　'Notices derived from the Consultation of the Supercargoes of the United Company's Ship Streatham on voyage to China', India Office Records G/12/7, p. 975.

*30　[Journal of the *Stretham*], India Office Records L/MAR/

B/311A [p. 40].

*31 Anthony Farrington, *A Biographical Index of East India Company Maritime Service Officers, 1600–1834* (London, 1999), p. 273.

*32 'Diary and Consultation Book of William Fazerkerley Esq, Chief, Richard Morton, Edmond Godfrey . . . appointed a Councill for Mannaging the affairs of The Hon.ble United Company of Merchants of England Trading to the East Indies in China for the year 1723', India Office Records G/12/24, pp. 101–2.

*33 *Records of Fort St George: Despatches to England, 1701–02 to 1710–11* (Madras, 1925), p. 10.

*34 'The Consultations and Diary Books of Thomas Pitt Esq President and Governour &c. Councill their Proceedings and Transactions in the Affairs of the Right Honble United Trade to the East Indies in the Presidency of the Coast of Choromandel &c', 11 February 1704, Fort St George, India Office Records G/19/13, p. 138.

*35 Pratt, *Materials*, India Office Records G/12/7, p. 977; Lockyer, *An Account of the Trade in India*, pp. 98–9.

*36 Pratt, *Materials*, India Office Records G/12/7, p. 977.

*37 Fort St George Factory, India Office Records G/19/13, fol 162.

*38 *Fort St George: Despatches*, p. 16.

*39 James Cuninghame to the 'Supracargoes and Captains in the Service of the Honourable Company Trading to the East Indies', 8 May 1705, London, British Library, Sloane MSS 3321, fols 117r–118r. 以下も参照せよ——Danny Wong Tze-Ken, 'The Destruction of the English East India Company Factory on Condore Island, 1702–1705', *Modern Asian Studies*, 46 (2012), pp. 1097–115.

*40 Lockyer, *An Account of the Trade in India*, p. 98.

*41 Keay, *The Honourable Company*, p. 205; Hosea Ballou Morse, *The Chronicles of the East India Company Trading to China, 1635–1834*, 5 vols (Oxford, 1926–9), vol. I (1926), pp. 46–9, 52–5.

*42 Morse, *The Chronicles of the East India Company Trading to China*, I, pp. 109–21. 寧波の交易拠点を近くの舟山で確立しようとして失敗に終わった企てに関する文書記録は、以下を見よ——India Office Records G/12/14. この問題の概要については、Keay, *The Honourable Company*, pp. 209–11 を参照せよ。

*43 Keay, *The Honourable Company*, pp. 206–9; Morse, *The Chronicles of the East India Company Trading to China*, vol. I, pp. 78–98.

*44 Letter Book, E/3/94 f. 28.

*45 Lockyer, *An Account of the Trade in India*, p. 99.

*46 Van Dyke, *The Canton Trade*, pp. 10, 16. 以下も参照せよ——Weng Eang Cheong, *Hong Merchants of Canton: Chinese Merchants in Sino–Western Trade, 1684–1798* (Richmond, Surrey, 1997), pp. 28–9.

*47 'Notices . . . of the United Company's Ship Streatham', India Office Records G/12/7, p. 978.

*48 Van Dyke, *Canton Trade*, pp. 39–40.

*49 シドニー号の航海に関する詳細は、二等航海士トマス・

ケイソンの日誌 (India Office Records L/MAR/B/715B) に拠っている。

*50 'Diary of Capt. Edd Harrison, Messrs Ed. Herris & John Cooke, Supra Cargoes of the United Company's Ship Kent', India Office Records G/12/7, p. 1026.

*51 Cheong, *Hong Merchants of Canton*, p. 12.

*52 Lockyer, *An Account of the Trade in India*, p. 101. これらの三人の商人についてより詳しくは、以下を参照せよ——Cheong, *Hong Merchants of Canton*, pp. 34–7.

*53 Van Dyke, *Canton Trade*, p. 11.

*54 Despatches to the East, India Office Records E/3/95, fols 18v–21r.

*55 Lockyer, *An Account of the Trade in India*, pp. 116–17.

*56 Ibid., p. 117.

*57 'Diary of . . . the United Company's Ship Kent', India Office Records G/12/7, p. 1060.

*58 Commerce Journals, India Office Records L/AG/1/6/6, p. 25.

*59 *Daily Courant*, 3 October 1705.

*60 'Consultations and Diurnal Transactions . . . for the Year 1724 in China', India Office Records G/12/25, fol. 8r.

*61 India Office Records, G/12/24, pp. 69–71.

*62 'Consultations and Diurnal . . . for the Year 1722 in China', India Office Records G/12/21, fols 20v and 22r.

*63 'Diary and Consultation Book containing the Transactions and Mannagement of Affairs relating to the disposal & Investing the Cargoes . . . Ann. 1720 & 1721', G/12/22, fol. 2r.

*64 India Office Records G/12/22, fol. 3r.

*65 'Diary and Consultation Book . . . for the year 1723', India Office Records G/12/24, pp. 80–81. スクワについてより詳しくは、以下を参照せよ——Cheong, *Hong Merchants of Canton*, pp. 37–40.

*66 'Diary . . . 1723', pp. 87–8.

第四章　茶の価値の向上

*1 John Ovington, *A Voyage to Suratt, in the Year, 1689. Giving a Large Account of that City and its Inhabitants, and of the English Factory there* (London, 1696), p. 218.

*2 Ibid., pp. 306, 307–8.

*3 Ibid., pp. 308–9.

*4 Ibid., p. 309.

*5 John Ovington, *An Essay upon the Nature and Qualities of Tea. Wherein are shown, I. The soil and climate where it grows. II. The various kinds of it. III. The rules for chusing what is best. IV. The means of preserving it. V. The several virtues for which it is fam'd* (London, 1699).

*6 Ovington, *Essay upon Tea*, Henry E. Huntington Library and Art Gallery, San Marino, California. Shelfmark: 297111.

*7 Ibid., sig. A2.

*8 Thomas Southerne, *The Wives Excuse; or, Cuckolds Make Themselves: A Comedy* (London, 1692), Act IV, Scene I, pp. 37–8.

*9 *Collection for Improvement of Husbandry and Trade*, 13 December 1695; *London Gazette*, 22 August 1700; *Post Man and the Historical Account*, 15 April 1707.

*10　*British Mercury*, Wednesday, 1 October 1712; *London Evening Post*, 19 December 1738.

*11　Johann Pechlin, *Theophilus Bibaculus, sive de Potu Theae Dialogus* (Frankfurt, 1684), p. 80.

*12　Nahum Tate, 'To Mr. J. Ovington, on his Voyage to Suratt', in Ovington, *Voyage to Suratt* (1696), unpaginated (pp. [ix–xii]).

*13　Nahum Tate, *Panacea: A Poem Upon Tea: in Two Canto's* (London, 1700), p. 4.

*14　Ibid., p. 16.

*15　Ibid., p. [ix].

*16　Louis-Daniel Le Comte, *Memoirs and Observations . . . Made in a Late Journey through the Empire of China* (London, 1697).

*17　Tate, *Panacea*, p. 13.

*18　Ibid., pp. 18, 20, 29, 34.

*19　Peter Anthony Motteux, *A Poem upon Tea* (London, 1712), p. 15.

*20　Peter Anthony Motteux, *A Poem in Praise of Tea* (no place, undated), ESTCT70455. この詩の旧稿は、表題紙のない二折り手稿本（大英図書館所蔵）に一部のみが現存している（BL:11633.h.10）。創作年代は一六九九年から一七〇五年の間（おそらく一七〇一年）と推定される。

*21　*The Tea-kettle: A Poem. Humbly inscrib'd to Miss H-----lt* (Dublin, 1730).

*22　Alexander Pope, 'The Rape of the Lock' (1714), ed. Geoffrey Tillotson, in *The Twickenham Edition of the Poems of Alexander Pope*, 6 vols (London, 1954), vol. II, pp. 79–212.

*23　Joseph Addison, *The Spectator*, no. 10 (12 March 1711), in *The Spectator*, ed. Donald F. Bond, 5 vols (Oxford, 1965), vol. I, p. 44.

*24　家族や友人でティーテーブルを囲んで『スペクテイター』を読むことは、以下の号で強調されている――92, 140, 158, 212, 216, 246, 276, 300, 323, 395, 488, 536, 606.

*25　Steele, *The Spectator*, No. 4 (5 March 1711), vol. I, p. 22.

*26　Thomas Killigrew (1657–1719), *Chit-chat: A Comedy* (London, [1719]).

*27　Samuel Johnson, 'Review of *A Journal of Eight Days' Journey* by Jonas Hanway', *Literary Magazine*, II/13 (1757).

*28　Thomas Brown, 'On Tea Tables and Visiting Days', in *Essays Serious and Comical* (London, 1707), p. 39.

*29　Colley Cibber, *The Lady's Last Stake; or, The Wife's Resentment: A Comedy* (London, 1708), p. 9.

*30　*Tea, a Poem: In Three Cantos* (London, 1743), pp. 29–30.

*31　*Weekly Journal and Saturday Post*, 14 May 1720 (Issue 76), reprinted in *A Collection of Miscellany Letters: Selected out of Mist's Weekly Journal*, 5 vols (London, 1722–7), vol. I (1722), Letter 75, pp. 225–7.

第五章　茶の自然哲学

*1　Gaspard Bauhin, *ΠΙΝΑΞ [Pinax] theatri botanici* (Basel,

1623), p. 147 (本書著者たちによる翻訳).

*2 Louis-Daniel Le Comte, *Memoirs and Observations . . . Made in a Late Journey through the Empire of China* (London, 1697), pp. 229r; 原典は以下を見よ——*Nouveaux Mémoires sur l'état présent de la Chine*, 2 vols (Paris, 1696).

*3 Ibid., p. 229v.

*4 Ibid., p. 228r.

*5 John Ovington, *An Essay upon the Nature and Qualities of Tea* (London, 1699), pp. 9–14.

*6 James Petiver to James Cuninghame, [8 January 1698?], London (draft): British Library, Sloane 3333, fols 113r–116v (fols 113r–113v) (italics supplied, contractions expanded).

*7 C. E. Jarvis and P. H. Oswald, 'The Collecting Activities of James Cuninghame FRS on the Voyage of the *Tuscan* to China (Amoy) between 1697 and 1699', *Notes and Records of the Royal Society* (in press: forthcoming).

*8 James Cuninghame, 'Plants of China etc' (1698–9): British Library, Sloane 2376, fols 63r, 69r (本書著者たちによる翻訳).

*9 'Drawings of Chinese Plants': British Library, Additional MS 5292; James Cuninghame, 'Catalogus Plantarum, quarum Icones in Chinâ delineate sunt' ('A Catalogue of Plants, of which Images were Illustrated in China'): Sloane 2376, fols 82–110; London, Royal Society, 'Journal Book of the Royal Society, 1696–1702', JBO/10, p. 146. 以下も参照せよ——Jane Kilpatrick, *Gifts from the Garden of China: The Introduction of Traditional Chinese Garden Plants to Britain, 1698–1862* (London, 2007), pp. 34–48.

*10 'Com[m]ission & Instructions given by the Court of Directors of the English Company Tradeing to the East Indies To . . . The Councill for the Affaires of the said Company in China', 23 November 1699 (copy): British Library, India Office Records E/3/94, fols 58r–62v.

*11 India Office Records E/3/94, fol. 59v; Court of Directors (New Company) to Allen Catchpole, 25 November 1701, London (copy): British Library, India Office Records E/3/94, fols 180v–184r (183r).

*12 India Office Records E/3/94, fol. 59r.

*13 [Peter Pratt], 'Materials for a History of a Series of Attempts first by the English and afterwards by the United East-India Company to Acquire & Establish a Trade at the Port of Chusan in China' ([1830]): British Library, India Office Records, G/12/14.

*14 James Cuninghame to James Petiver, 20 December 1700, Chusan: British Library, Sloane 3321, fol. 65r–v.

*15 James Petiver to James Cuninghame (draft), 16 July 1701, London: British Library, Sloane 3334, fols 78r–79v (fol. 78r).

*16 'A Large Draught of the North Part of China. Shewing all the Passages and Chanells into the Harbour of Chusan', in John Thornton, *The English Pilot: The Third Book* (London, 1703). 以下も参照せよ——James Cuninghame to Hans Sloane, 22 November 1701, Chusan: British Library, Sloane 4025, fols 92–3; 'Chusan Diary': British Library, India Office Records G/12/16, fol. 268v; '[A Chart of Part of the North Coast of China, Showing the Passages and Channels into the Harbour of Chusan]' (manuscript):

British Library, Cartographic Items 62865(5).

*17 Cuninghame to Sloane, 22 November 1701, fol. 92v; 以下も参照せよ――James Cuninghame to James Petiver, 22 November 1701, Chusan: British Library, Sloane 3321, fol. 89r.

*18 James Cuninghame, 'Part of Two Letters to the Publisher from Mr James Cunningham, FRS and Physician to the English at Chusan in China', *Philosophical Transactions*, 23 (1702–3), 1201–9.

*19 Cuninghame to Sloane, 22 November 1701, fol. 92v.

*20 James Petiver, 'A Description of some Coralls, and other Curious Submarines . . . ; as also an Account of some Plants from Chusan and Island on the Coast of China; Collected by Mr James Cuninghame, Chyrurgeon & FRS', *Philosophical Transactions*, 23 (1702–3), 1419–29.

*21 James Petiver, *Gazophylacii naturæ et artis decas tertia* ([London, 1704?]), pp. 33–4; 以下も参照せよ――James Petiver, *Catalogus classicus et topicus* (London, 1709), tab. XXI; [Pratt], 'Chusan', p. 18.

*22 Markman Ellis, Richard Coulton, Matthew Mauger and Ben Dew, eds, *Tea and the Tea-table in Eighteenth-century England*, 4 vols (London, 2010), vol. II, pp. 17–18, 87–9.

*23 Detlef Haberland, *Engelbert Kaempfer, 1651–1716: A Biography*, trans. Peter Hogg (London, 1996), pp. 150–51.

*24 Engelbert Kaempfer, 'The Natural History of the Japanese Tea', in *The History of Japan*, trans. J. G. Scheuchzer, 2 vols (London, 1727), vol. II, 1–20 (appendix) (p. 12). 原典は以下を見よ――Engelbert Kaempfer, *Amoenitatum exoticarum politico-physico-medicarum* (Lemgo, 1712), pp. 605–31.［エンゲルベルト・ケンペル「日本の茶の話」『日本誌――日本の歴史と紀行〈改訂・増補〉』今井正編訳、霞ヶ関出版、一九九六年］

*25 Kaempfer, 'Japanese Tea', pp. 7–9, 15.

*26 John Hill, *Exotic Botany Illustrated* (London, 1759), pp. 21–2.

*27 Hill, *Exotic Botany Illustrated*, p. 22; *Potus Theae* (Upsala, 1765), p. 2.

*28 John Ellis to Carl Linnaeus, 19 August 1768, London, in *A Selection of the Correspondence of Linnæus, and Other Naturalists*, ed. James Edward Smith, 2 vols (London, 1821), vol. I, pp. 229–35 (232); John Ellis, *Directions for Bringing over Seeds and Plants from the East-Indies and other Distant Countries* (London, 1770), p. 28.

*29 John Coakley Lettsom, *The Natural History of the Tea-tree, with Observations on the Medical Qualities of Tea, and Effects of Tea-drinking* (London, 1772), p. 7.［ジョン・コークレイ・レットサム『茶の博物誌――茶樹と喫茶についての考察』］

*30 J. C. Loudon, *Arboretum et fruticetum britannicum; or, The Trees and Shrubs of Britain*, 8 vols (London, 1838), vol. I, pp. 392–5.

*31 Robert Fortune, *Three Years' Wanderings in the Northern Provinces of China* (London, 1847), pp. 197–200, and *A Journey to the Tea Countries of China* (London, 1852), pp. 272–4; Samuel Ball, *An Account of the Cultivation and Manufacture of Tea in China* (London, 1848), pp. 307–32.

*32 Ramusio, *Navigationi et Viaggi*, fol. 15v（本書著者たちによ

る翻訳).

*33 Robert Lovell, *ΠΑΜΒΟΤΑΝΟΛΟΓΙΑ [Pambotanologia] . . . or, A Compleat Herball* (Oxford, 1659), p. 458; and Garway, *Exact Description*.

*34 Simon Paulli, *A Treatise on Tobacco, Tea, Coffee, and Chocolate*, trans. Robert James (London, 1746), esp. pp. 58, 169–70; 原典は以下を見よ——Simon Paulli, *Commentarius de abusu tabaci americanorum veteri, et herbæ thee asiaticorum in Europa Novo* (Strasbourg, 1665).

*35 Thomas Short, *A Dissertation upon Tea* (London, 1730), pp. 19–20.

*36 Ibid., p. 3.

*37 Ibid., p. 57.

*38 Ibid., p. 4.

*39 Thomas Short, *Discourses on Tea, Sugar, Milk, Made-wines, Spirits, Punch, Tobacco, &c.* (London, 1750).

*40 Thomas Percival, *Essays Medical and Experimental* (London, 1767), p. 129.

*41 Ibid., pp. 125–6.

*42 Simon Mason, *The Good and Bad Effects of Tea Consider'd* (London, 1745), pp. 21, 42.

*43 S. A. Tissot, *An Essay on Diseases Incident to Literary and Sedentary Persons*, ed. J. Kirkpatrick, 2nd edn (London, 1768), pp. 141, 143.

*44 Tissot, *Essay*, pp. 146, 149, 150.

*45 Penelope Hunting, 'Dr John Coakley Lettsom, Plant-collector of Camberwell', *Garden History*, 34 (2006), 221–35; 以下も参照せよ——*Tea and the Tea-table*, vol. II, pp. 137–9.

*46 *Dissertatio inauguralis medica, sistens observations ad vires theae pertinentes, etc.* ('Inaugural dissertation in medicine, establishing pertinent observations to men concerning tea'; Leiden, 1769).

*47 Lettsom, *Natural History*, pp. 39–49.

*48 Ibid., pp. 45–62.

*49 James Boswell, *Boswell's London Journal, 1762–1763*, ed. Frederick Albert Pottle and Peter Ackroyd (New Haven, CT, 2004), p. 189. [ジェームズ・ボズウェル『ジェームズ・ボズウェルのロンドン日誌』秋山平吾訳、千城、一九七七年]

*50 Lettsom, *Natural History*, pp. 44, 52, 49.

*51 Londa Schiebinger, *Plants and Empire: Colonial Bioprospecting in the Atlantic World* (Cambridge, MA, 2004), p. 7. [ロンダ・シービンガー『植物と帝国——抹殺された中絶薬とジェンダー』]

*52 John Ellis to Carl Linnaeus, 24 October 1758, London, in *Correspondence of Linnæus*, vol. I, p. 107.

*53 Fa-ti Fan, *British Naturalists in Qing China: Science, Empire, and Cultural Encounter* (Cambridge, MA, 2004), pp. 36–8.

*54 Linnaeus to Ellis, 8 December 1758, Uppsala, in *Correspondence of Linnaeus*, vol. I, pp. 109–10. リンネがエリスに宛てた書簡はラテン語で書かれた。英訳はスミスによるもの(本章の注28を参照)。

*55 Ellis to Linnaeus, [December 1760], London, in *Correspondence of Linnaeus*, vol. I, pp. 138–9.

*56 Linnaeus to Ellis, 3 April 1761, Uppsala, in *Correspondence of*

Linnaeus, vol. I, p. 141.

＊57 Ellis to Linnaeus, 2 June 1761, London, in *Correspondence of Linnaeus*, vol. I, p. 147.

＊58 Richard Drayton, *Nature's Government: Science, Imperial Britain, and the 'Improvement' of the World* (New Haven, CT, 2000), p. 59; Fan, *British Naturalists in Qing China*, pp. 89–90.

＊59 Linnaeus, 'Om Thée och Thée-drickandet' ('On Tea and Tea-drinking', 1746). 以下に引用・翻訳されている――Lisbet Koerner, *Linnaeus: Nature and Nation* (Cambridge, MA, 1999), p. 137.

＊60 Linnaeus to Gustav Ekeberg, 18 August 1763, Uppsala. 以下に引用・翻訳されている――Koerner, *Linnaeus*, p. 138.

＊61 Linnaeus to Ellis, 15 August 1765, Uppsala, in *Correspondence of Linnaeus*, vol. I, p. 169.

＊62 例えば以下を参照せよ――Ellis to Linnaeus, 29 October 1765, London, in *Correspondence of Linnaeus*, vol. I, p. 181.

＊63 Ellis to Linnaeus, 19 August 1768, London, in *Correspondence of Linnaeus*, vol. I, p. 232.

＊64 Ellis to Linnaeus, 27 November 1769, London, in *Correspondence of Linnaeus*, vol. I, p. 242.

＊65 Ellis to Linnaeus, 19 November 1771, London, in *Correspondence of Linnaeus*, vol. I, p. 273.

＊66 Lucia Tongiori Tomasi, *An Oak Spring Herbaria* (Upperville, VA, 2009), pp. 136–7.

＊67 *Gazetteer and Daily Advertiser*, 24 May 1774.

＊68 *Daily Advertiser*, 2 November 1772.

＊69 Lettsom, *Natural History*, p. vi.

＊70 *London Evening Post*, 22–4 October 1771.

＊71 Fan, *British Naturalists in Qing China*, p. 90.

＊72 'Tea and Herbal Infusions', Tregothnan online shop, at http://tregothnan.co.uk (accessed 5 May 2014).

＊73 John Ellis to William Tryon (Governor of New York), 4 February 1772, London (draft): London, Linnean Society, John Ellis Notebook 2, fols 109v–110r.

第六章　イギリスの茶市場

＊1 Trial of Elizabeth Blake, 16 January 1760, *Old Bailey Proceedings Online* (t17600116–23), www.oldbaileyonline.org (accessed 21 February 2013).

＊2 Nick Robins, *The Corporation that Changed the World: How the East India Company Shaped the Modern Multinational* (London, 2006), p. 19.

＊3 Trial of Francis Skinner and John Barden, 15 October 1729, *Old Bailey Proceedings Online* (t17291015–73).

＊4 R. C. Jarvis, 'The Metamorphosis of the Port of London', *London Journal*, 3 (1977), pp. 55–72 (p. 58). 以下も参照せよ――*The Cambridge Social History of Britain, 1750–1950*, ed. F.M.L. Thompson, 3 vols (Cambridge, 1990), vol. I, p. 475.

＊5 William J. Ashworth, *Customs and Excise: Trade, Production, and Consumption in England, 1640–1845* (Oxford, 2003), pp. 133–53.

＊6 Trial of William Martin, 15 May 1746, *Old Bailey Proceedings*

Online (t17460515–25).

＊7　Margaret Makepeace, *The East India Company's London Workers: Management of the Warehouse Labourers, 1800–1858* (Woodbridge, 2010), p. 18.

＊8　Court Minutes, 12 March 1734, London, British Library, India Office Records B/63, p. 281. 以下も参照せよ——Makepeace, *The East India Company's London Workers*, pp. 18–19.

＊9　'The Memorial of the Court of Directors of the United Company of Merchants of England Trading to the East Indies', London, The National Archive, Treasury Papers T/1/336/5.

＊10　Makepeace, *The East India Company's London Workers*, p. 19.

＊11　'Particulars and Conditions of Sale of the Magnificent and Important Freehold Warehouses situate in Cutler Street, New Street, and Devonshire Square, Bishopsgate . . . known as the Honourable the East India Company's Bengal, Private Trade, and Tea Warehouses . . . To be Sold by auction in the Old Sale Room in the East-India House, on Friday, the 11th day of March 1836' (Home Miscellaneous, India Office Records H/763A, p. 30).

＊12　'General Plan of Part of the City of London shewing in what Situation the Buildings are Erected', Home Miscellaneous, India Office Records H/763A, pp. 7–8.

＊13　以下を参照せよ——Makepeace, *The East India Company's London Workers*, p. 40.

＊14　'Estimate of the Excise & Custom of Tea for 5 years from the 5th July 1762 to the 5th July 1767' (British Library MSS Eur G37/83/5 fol. 20v); Makepeace, *The East India Company's London Workers*, p. 24. 以下も参照せよ——Hoh-Cheung Mui and Lorna H. Mui, *The Management of Monopoly: A Study of the English East India Company's Conduct of its Tea Trade, 1784–1833* (Vancouver, 1984), p. 32.

＊15　Makepeace, *The East India Company's London Workers*, pp. 101–4.

＊16　例えば以下の裁判記録を参照せよ——James Barnes, 10 April 1793, and Thomas Yeamen, 14 January 1795, *Old Bailey Proceedings Online* (t17930410–15 and t17950114–5).

＊17　Court Minutes, 18 May 1737, India Office Records B/64, p. 334. 工業労働において時間管理が重視されるようになった経緯については、E・P・トムソンの以下の論文を参照せよ——'Time, Work-discipline, and Industrial Capitalism', *Past and Present*, 38 (1967), pp. 56–97.

＊18　Trial of John Quincey, 6 May 1761, *Old Bailey Proceedings Online* (t17610506–7).

＊19　Trial of Daniel Serjant, 11 September 1793, *Old Bailey Proceedings Online* (t17930911–94).

＊20　Trial of George Bristow, 16 September 1795, *Old Bailey Proceedings Online* (t17950916–20).

＊21　Hoh-Cheung Mui and Lorna H. Mui, 'The Commutation Act and the Tea Trade in Britain, 1784–1793', *The Economic History Review*, n.s., 16 (1963), pp. 234–53 (p. 240).

＊22　Trial of Richard Martin, 8 June 1791, *Old Bailey Proceedings Online* (t17910608–12).

＊23　'Brokers Marks & Characters', Davison Newman papers,

London, London Metropolitan Archives, CLC/B/066/MS08631, unfoliated documents.

＊24　Hoh-Cheung Mui and Lorna H. Mui, 'Smuggling and the British Tea Trade before 1784', *American Historical Review*, 74 (1968), pp. 44–73 (p. 52).

＊25　Thomas Short, *Discourses on Tea, Sugar, Milk, Made-wines, Spirits, Punch, Tobacco, &c., with Plain and Useful Rules for Gouty People* (London, 1750), p. 27.

＊26　*The Diary of Samuel Pepys* (3 September 1662), ed. Robert Latham and William Matthews, 11 vols (London, 1995), vol. III, pp. 185–6. [サミュエル・ピープス『サミュエル・ピープスの日記　第三巻（一六六二年）』臼田昭訳、国文社、一九八八年]

＊27　以下を参照せよ——Jon Mee, '"Mutual Intercourse" and "Licentious Discussion" in *The Microcosm of London*', *London Journal*, 37 (2012), pp. 196–214.

＊28　[William Smith], *Tsiology; a Discourse on Tea, being an Account of that Exotic; Botanical, Chymical, Commercial, & Medical, with notices of its Adulteration, the Means of Detection, Tea Making, with a brief History of The East India Company* (London, 1826), p. 108.

＊29　例えば、一七三二年一月二〇日付の『デイリー・ポスト』紙は、一七三一年九月に開始されていたオークションの終了について報じている。

＊30　Makepeace, *The East India Company's London Workers*, p. 11.

＊31　Samuel Proctor, *The East-India Sale, September the First, 1719* (London, 1719).

＊32　'Amount of the East India Company's Sale of Goods from the 5th September 1764 to the 17th August 1768 inclusive', British Library MSS Eur G37/83/5, fol. 26c.

＊33　以下を参照せよ——Charles Lockyer, *An Account of the Trade in India* (London, 1711).

＊34　John Coakley Lettsom, *The Natural History of the Tea-tree* (London, 1772), p. 25; Richard Twining, *Observations on the Tea and Window Act, and on the Tea Trade*, 2nd edn (London, 1785), p. 40.

＊35　Mui and Mui, *The Management of Monopoly*, pp. 4–9.

＊36　*The History of Miss Betsy Thoughtless*, 4 vols (London, 1751), vol. II, p. 283.

＊37　Trial of George Bristow, 16 September 1795, *Old Bailey Proceedings Online* (t17950916–20).

＊38　Mui and Mui, *The Management of Monopoly*, p. 8.

＊39　Samuel Johnson, *A Dictionary of the English Language, in which the Words are Deduced from their Originals*, 2 vols (London, 1755), vol. I, 263.

＊40　Pehr Osbeck, *A Voyage to China and the East Indies*, 2 vols (London, 1771), vol. I, p. 248.

＊41　Thomas Short, *A Dissertation upon Tea, explaining its Nature and Properties by Many New Experiments* (London, 1730), p. 13.

＊42　*Sold by Samuel Walter, druggist, at the Queen Elizabeth's Head* (London, [1701]).

＊43　*Post Man and the Historical Account*, 2–4 May 1704.

＊44　*Post Man and the Historical Account*, 24–7 June 1704.

*45 *Daily Courant*, 18 August 1707; *Post Man and the Historical Account*, 11–13 January 1705.

*46 *Daily Courant*, 13 July 1709; *Daily Courant*, 3 May 1708.

*47 Humphrey Broadbent, *The Domestick Coffee-man, shewing the True Way of Preparing and Making of Chocolate, Coffee and Tea* (London, 1722), p. 13.

*48 モーフッドは一七五五年に作成した遺言書においても、彼の商店を「薬屋」と呼んでいる――Last Will and Testament of Collet Mawhood, 10 April 1755 (proven 7 February 1758), London, The National Archives Prob/11/835).

*49 Sidney W. Mintz, *Sweetness and Power: The Place of Sugar in Modern History* (London, 1986), pp. 108–17. 砂糖消費量のデータについてはp. 67を参照せよ。[シドニー・W・ミンツ『甘さと権力――砂糖が語る近代史』]

*50 Nancy Cox and Claire Walsh, '"Their shops are Dens, the buyer is their prey": Shop Design and Sale Techniques', in *The Complete Tradesman: A Study of Retailing, 1550–1820* (Aldershot, 2000), pp. 76–115.

*51 Ibid., pp. 91–3.

*52 裁判記録の詳細は以下を見よ――*Old Bailey Proceedings Online*: Edward Thackerill, 25 October 1758 (t17581025–5); Benjamin Watkins, 11 December 1765 (t17651211–60).

*53 裁判記録の詳細は以下を見よ――*Old Bailey Proceedings Online*: Peter Burn, 10 May 1780 (t17800510–15); John Hudson and William Blankflower, 29 April 1747 (t17470429–30); James Stansbury, 27 February 1745 (t17450227–12).

*54 'Trade Card of D. Hernon, Grocer', London, British Museum, Heal Collection 68.140.

*55 Maxine Berg and Helen Clifford, 'Selling Consumption in the Eighteenth Century: Advertising and the Trade Card in Britain and France', *Cultural and Social History*, 4 (2007), pp. 145–70, pp. 165–7. 以下も参照せよ――Cox and Walsh, '"Their shops are Dens, the buyer is their prey"', pp. 107–15, and Troy Bickham, 'Eating the Empire: Intersections of Food, Cookery and Imperialism in Eighteenth-century Britain', *Past and Present*, 198 (2008), pp. 71–109 (pp. 81–94).

*56 以下のトレードカードを参照せよ――Richard Knight, 'Tea Dealer and Grocer', London, Museum of London A13891.

*57 Ambrose Heal, *London Tradesmen's Cards of the XVIII Century: An Account of their Origin and Use* (London, 1925), p. 3.

*58 'Parkinson from Twining's, tea dealer & grocer', Farmington, CT, Lewis Walpole Library 66 733 AL325 Folio.

*59 'Raitts Tea Warehouse, at the Green Canister', Lewis Walpole Library 66 726T675 Quarto.

*60 大英博物館のバンクス・コレクションに含まれる以下のトレードカードを参照せよ――William Chance (Banks, 68.32), John Dawson (Banks, 68.39).

*61 以下を参照せよ――Bickham, 'Eating the Empire', p. 88.

*62 John Heigham Gresham, Banks Collection (Banks, 68.56); Jane Taylor, Heal Collection (Heal, 37.47); John Harling, Heal Collection (Heal, 68.134).

*63 Bickham, 'Eating the Empire', p. 88.

*64　James Randall, Banks Collection (Banks, 68.104); William Barber, versions in both Banks and Heal Collections (Banks, 68.7 [though catalogued at D,2.2364]); Heal, 68.16).

*65　Trade card of John Reece, Banks Collection (Banks, 68.106 [though catalogued at D,2.2367]).

*66　Trade card of George Harris, Banks Collection (Banks, 68.60 [catalogued at D,2.2380]). 以下も参照せよ——Bickham, 'Eating the Empire', p. 90.

第七章　イギリス式の茶

*1　これらの茶器の年代特定に関しては、ゴールドスミス・ホールのデイヴィッド・ビーズリーから助言を受けた。記して感謝したい。

*2　Kate Retford, *The Art of Domestic Life: Family Portraiture in Eighteenth-century England* (New Haven, CT, and London, 2006).

*3　Marcia Pointon, *Strategies for Showing: Women, Possession, and Representation in English Visual Culture, 1665–1800* (Oxford, 1997), p. 28.

*4　Paul H. Varley and Isao Kumakura, *Tea in Japan: Essays on the History of Chanoyu* (Honolulu, 1989).

*5　*London Chronicle or Universal Evening Post*, 21 March 1765.

*6　*A Treatise on the Inherent Qualities of the Tea-herb: Being an Account of the Natural Virtues of the Bohea, Green, and Imperial Teas* (London, 1750), p. 6.

*7　Lynette Hunter, 'Women and Domestic Medicine: Lady Experimenters, 1570–1620', in *Women, Science and Medicine, 1500–1700: Mothers and Sisters of the Royal Society*, ed. Lynette Hunter and Sarah Hutton (Stroud, Gloucestershire, 1997), pp. 89–107.

*8　Nahum Tate, *Panacea: A Poem Upon Tea: in Two Canto's* (London, 1700), p. 44.

*9　Ibid.

*10　Catherine Beth Lippert, *Eighteenth-century English Porcelain in the Collection of the Indianapolis Museum of Art* (Indianapolis, IN, 1987), pp. 59, 214.

*11　表舞台／舞台裏の役割の区別は、アーヴィング・ゴフマンに負っている (Erving Goffman (*The Presentation of Self in Everyday Life* (Garden City, NY, 1959))［E・ゴッフマン『行為と演技——日常生活における自己呈示』石黒毅訳、誠信書房、一九七四年］。同様にゴフマンの理論を援用した研究としては、以下を参照せよ——Lorna Weatherill, *Consumer Behaviour and Material Culture in Britain, 1660–1760* (London, 1996).

*12　Robert Dodsley, 'The Footman. An Epistle to my Friend Mr Wright', in *A Muse in Livery; or, The Footman's Miscellany* (London, 1732), pp. 17–21.

*13　Duncan Campbell, *A Poem upon Tea: Wherein its Antiquity, its several Virtues and Influences are Set Forth* (London, 1735), p. 17.

*14　Ibid., pp. 10, 11.

*15　*Tea, a Poem: In Three Cantos* (London, 1743).

*16　Ambrose Philips, *The Tea-pot; or, the Lady's Transformation: A New Poem* [Dublin?, 1725?], in *The Poems of Ambrose Philips*, ed. M.

G. Segar (Oxford, 1937), pp. 164–5.

*17 *Tea: A Poem; Or, Ladies into China-Cups; a Metamorphosis* (London, 1729).

*18 Alexander Pope, 'The Rape of the Lock' [1714], in *The Twickenham Edition of the Poems of Alexander Pope*, vol. II: *The Rape of the Lock and other Poems*, ed. Geoffrey Tillotson, 2nd revd edn (London and New Haven, CT, 1954), Canto II, ll. 105–6; Canto III, ll. 158–61.

*19 以下を参照せよ——Elizabeth Kowaleski-Wallace, *Consuming Subjects: Women, Shopping, and Business in the Eighteenth Century* (New York, 1997), pp. 52–4. また、以下も参照せよ——Moira Vincentelli, *Women and Ceramics: Gendered Vessels* (Manchester, 2000).

*20 Benjamin Franklin, *Poor Richard: The Almanacks for the Years 1733–1758*, ed. Norman Rockwell (New York, 1976), p. 187. [ベンジャミン・フランクリン『プーア・リチャードの暦』真島一男監訳、ぎょうせい、一九九六年]

*21 Thomas Tickell, *Kensington Garden* (London, 1722), pp. 23–4.

*22 Juliet Claxton, 'The Countess of Arundel's Dutch Pranketing Room', *Journal of the History of Collections*, XXII/2 (2010), pp. 187–96.

*23 Arthur Lane, 'Queen Mary II's Porcelain Collection at Hampton Court', *Transactions of the Oriental Ceramic Society*, 25 (1949–50), pp. 21–31; Peter Thornton, *Seventeenth-century Interior Decoration in England, France and Holland* (New Haven, CT, and London, 1978), pp. 249–50.

*24 Stacey Sloboda, 'Fashioning Bluestocking Conversation: Elizabeth Montagu's Chinese Room', in *Architectural Space in Eighteenth-century Europe: Constructing Identities and Interiors*, ed. Meredith S. Martin and Denise Amy Baxter (Burlington, VT, 2010), pp. 129–48.

*25 Elizabeth Montagu to Edward Montagu, Tunbridge, 8 September 1751, Huntington Library, San Marino, CA, MO2241.

*26 Marie-Anne du Boccage, *Letters concerning England, Holland and Italy*, 2 vols (London, 1770), vol. I, pp. 7–8.

*27 Geoffrey Godden, *Oriental Export Market Porcelain and its Influence on European Wares* (London, 1979), pp. 15–42.

*28 Despatches to the East, India Office Records E/3/94, fols 230r–235r.

*29 Godden, *Oriental Export Market Porcelain*, p. 42.

*30 Elinor Gordon, *Chinese Export Porcelain: An Historical Survey* (New York, 1975), p. 75.

*31 Aubrey Toppin, 'The China Trade and Some London Chinamen', *Transactions of the English Ceramic Circle*, 3 (1935), pp. 37–56.

*32 Steele, *The Spectator*, no. 552 (3 December 1712), vol. IV, p. 478.

*33 Robert Finlay, 'The Pilgrim Art: The Culture of Porcelain in World History', *Journal of World History*, IX/2 (Fall 1998), pp. 141–87 (pp. 166–7).

*34 Robert Finlay, *The Pilgrim Art: Cultures of Porcelain in World*

History (Berkeley, CA, 2010), p. 16.

*35　Geoffrey Godden, *Godden's New Guide to English Porcelain* (London, 2004), pp. 71–5.

*36　*London Daily Advertiser*, 8 February 1753.

*37　Mark Elliott, *Emperor Qianlong: Son of Heaven, Man of the World* (New York, 2009), pp. 107–25.

*38　*Public Advertiser*, 14 July 1770.

*39　Jean Joseph Marie Amiot, 'Vers sur le Thé', in *Éloge de la ville de Moukden, et de ses environs; poëme, composé par Kien-Long, Empereur de la Chine, & de la Tartarie* (Paris, 1770), pp. 329–37.

*40　*Public Advertiser*, Monday, 9 March 1772, p. 2; Sir William Chambers, *A Dissertation on Oriental Gardening*, 2nd edn (London, 1773), pp. 118–21.

*41　*Kien Long: A Chinese Imperial Eclogue. Translated from a Curious Oriental Manuscript* (London, 1775).

*42　Peter Pindar, 'Ode to Coffee: In the Manner of Kien Long', in *The Works of Peter Pindar, Esq.*, (London, 1809).

第八章　密輸と課税

*1　[William Dent], *Catlap for Ever; or, the Smuggler's Downfal* (London, 1784), The British Museum 1868,0808.5356. 以下も参照せよ――Frederick George Stephens and Mary Dorothy George, *Catalogue of Political and Personal Satires in the British Museum*, 12 vols (London, 1870–1954), vol. VI (1938), pp. 158–9.

*2　[Francis Grose], *A Classical Dictionary of the Vulgar Tongue* (London, 1785), pp. 41 and 179.

*3　ジョージ二世治世第一九年法律第三四号 (19 Geo. II, c. 34) の表題で与えられた密輸の定義。

*4　'A Grant of Certain Impositions upon Beer, Ale and other Liquors, for the increase of his Majesty's Revenue during his Life', 12 Car II, c. 23. 以下も参照せよ――Robert Wissett, *A View of the Rise, Progress and Present State of the Tea Trade in Europe* ([London], 1801), sig. B4r–C1v.

*5　22 & 23 Car. II, c. 5.

*6　1 Wil. & Mar., Sess. 2, c. 6; 4 & 5 Wil. & Mar., c. 5, section 13; 6 & 7 Wil. III, c. 7; 9 & 10 Wil. III, c. 14; 12 & 13 Wil. III, c. 11; 3 & 4 Ann., c. 4; 6 Ann., c. 22; 7 Ann., c. 7; 10 Ann., c. 26; 3 Geo. I, c. 7.

*7　William J. Ashworth, *Customs and Excise: Trade, Production, and Consumption in England, 1640–1845* (Oxford, 2003).

*8　Dorothy Marshall, *Eighteenth Century England* (London, 1962), p. 164; Paul Langford, *The Excise Crisis: Society and Politics in the Age of Walpole* (Oxford, 1975), pp. 31–3; Peter Linebaugh, *The London Hanged: Crime and Civil Society in the Eighteenth Century*, 2nd edn (London, 2006), p. 178; J. V. Beckett, 'The Levying of Taxation in Seventeenth- and Eighteenth-century England', *English Historical Review*, 100 (1985), pp. 285–308 (p. 303); Ashworth, *Customs and Excise*, pp. 69, 76.

*9　10 Geo. I, c. 10. 以下も参照せよ――Langford, *The Excise Crisis*, p. 32.

*10　Hoh-Cheung Mui and Lorna H. Mui, *The Management of Mo-*

nopoly: A Study of the English East India Company's Conduct of its Tea Trade, 1784–1833 (Vancouver, 1984), p. 32.

＊11　Mui and Mui, '"Trends in Eighteenth-century Smuggling" Reconsidered', *Economic History Review*, new series 28 (1975), pp. 28–43 (p. 33).

＊12　Langford, *The Excise Crisis*, pp. 26–8.

＊13　例えば *Instructions to be Observed by the Officers Employ'd in the Duty on Coffee, Tea, and Chocolate, in London* (London, 1724) を参照せよ。以下の茶文献選集に再録されている——*Tea and the Tea-table in Eighteenth-century England*, ed. Markman Ellis, Richard Coulton, Matthew Mauger and Ben Dew, 4 vols (London, 2010), vol. III, pp. 7–15. また、以下も参照せよ——Miles Ogborn, *Spaces of Modernity: London's Geographies, 1680–1780* (New York, 1998), p. 194.

＊14　Ashworth, *Customs and Excise*, pp. 118–19.

＊15　London, National Archives, Treasury Papers T 1–495, pp. 311–12.

＊16　Mui and Mui, '"Trends"', p. 29.

＊17　[Jonas Hanway], *A Journal of Eight Days Journey from Portsmouth to Kingston upon Thames . . . To which is added, An Essay on Tea, Considered as Pernicious to Health, Obstructing Industry, and Impoverishing the Nation* (London, 1756), p. 310.

＊18　一七三三年と一七四六年の議会委員会報告書を最も容易に参照できる文献としては、以下を見よ——*Smuggling Laid Open, in all its Extensive and Destructive Branches; with Proposals for the effectual Remedy of that most Iniquitous Practice* (London, 1763).

＊19　'First Report from the Committee appointed to enquire into the Causes of the most Infamous Practice of Smuggling', ibid., pp. 1–60 (pp. 15–16).

＊20　Mui and Mui, '"Trends"', pp. 34–6; 即時払いによる割引は一七八四年に中止され、減損見越し添え量自体も一八〇〇年に廃止された（p. 36）。

＊21　'First Report', p. 29.

＊22　Louis Dermigny, *La Chine et l'Occident, le commerce à Canton au XVIII siècle, 1719–1833*, 4 vols (Paris, 1964), vol. II, pp. 659–68; Ashworth, *Customs and Excise*, p. 177; Mui and Mui, 'Smuggling and the British Tea Trade before 1784', *American Historical Review*, 74 (1968), pp. 44–73 (p. 50). マン島については Ashworth, *Customs and Excise*, pp. 197–200 を参照せよ。

＊23　'An Account of the particular Instances of Frauds which have come to the knowledge of the Commiss:rs of the Customs relating to Tea and Brandy in London and the Out Ports with the Proceedings which have been had thereupon', Treasury Papers T 64/149.

＊24　'The Report of the Committee Appointed to inquire into the Frauds and Abuses in the Customs', *House of Commons Parliamentary Papers* (London, 1733), p. 610.

＊25　これらの事件については 'An Account', pp. 20, 24 and 25 を参照せよ。

＊26　Ibid., pp. 34, 41, and 47.

＊27　9 Geo. II, c. 35. 以下を参照せよ——Frank McLynn, *Crime and Punishment in Eighteenth Century England* (London, 1989), p.

184.

*28 'First Report', pp. 18–19.

*29 'Further Report from the Committee appointed to Enquire into the Causes of Smuggling', in *Smuggling Laid Open*, pp. 61–149 (p. 65).

*30 'Further Report', p. 64.

*31 Eric J. Hobsbawm, *Primitive Rebels: Studies in Archaic Forms of Social Movement in the 19th and 20th Centuries* (Manchester, 1959). [E・J・ホブズボーム『素朴な反逆者たち——思想の社会史』水田洋・堀田誠三・安川悦子訳、社会思想社、一九八九年]「義賊」の概念をさらに発展させたのが、同著者の *Bandits* (Harmondsworth, 1972) [エリック・ホブズボーム『匪賊の社会史』船山榮一訳、ちくま学芸文庫、二〇一一年] である。

*32 Walvin, *Fruits of Empire: Exotic Produce and British Taste, 1660–1800* (London, 1997), p. 19.「モラル・エコノミー」の概念は、*Customs in Common* (London, 1991) におけるE・P・トムソンの仕事に拠っている。以下も参照せよ——John Stevenson, *Popular Disturbances in England, 1700–1870* (London, 1979).

*33 'First Report', p. 45.

*34 各人の主張については、'First Report' を以下の通りに参照せよ——Sclater, p. 11; Walter, pp. 23–4; Adams, p. 25; Mawhood, p. 13. また別に、四〇〇万ポンド (p. 31) あるいは二〇〇万ポンド (p. 48) と主張する者もいた。

*35 *The Report of the Committee*, pp. 610–11.

*36 'An Account', p. 15.

*37 'First Report', p. 24.

*38 Ibid., p. 19.

*39 サミュエル・ウィルソンの証言。以下を参照せよ——'First Report', pp. 39–40.

*40 'Returns showing the Number of Pounds Weight of Tea sold by the East India Company, for Home Consumption, in each Year from 1740 down to the Termination of the Company's Sales', *House of Commons Parliamentary Papers* (London, 1845), pp. 2–5. 以下も参照せよ——Mui and Mui, "Trends", pp. 30–31.

*41 *Daily Journal*, 27, 29, 30 and 31 January 1733.

*42 *The Case of the Dealers in Tea* ([London, 1736]).

*43 Horatio Walpole, 'Some Thoughts on Running Tea' [dated 29 March 1745] (British Library Add MSS 74051), fols 123–5 (fol. 124).

*44 18 Geo. II, c. 26; 'A True State of the Smuggling, &c. Of Tea, with an Effectual Method for Preventing It' (British Library Add MSS 74051), fol. 121.

*45 'Returns . . . of Tea sold by the East India Company', 1845に拠る。

*46 Dermigny, *La Chine et l'Occident*, vol. II, p. 448.

*47 Mui and Mui, 'Smuggling', pp. 56–7.

*48 'Summary of Volume of Tea Smuggled into Britain from Sweden and Denmark', Treasury Papers T 1/425/199–200. チャネル諸島に関する報告については、以下を参照せよ——T 1/429/11–19, T 1/431/56–59 and T 1/433/101–103. また、

以下も参照せよ——Dermigny, *La Chine et l'Occident*, vol. II, p. 662.

＊49　Officers of the Leith Custom House to the London Customs surveyors, 9 July 1762 (Treasury Papers T 1/426/339–342).

＊50　この数字については、以下を参照せよ——Mui and Mui, 'Smuggling', p. 53; and Wissett, 'Total Quantities of Tea exported from *Canton to Europe* and *America', in A View of the Rise . . . of the Tea Trade in Europe*, sig. ii3v.

＊51　Ashworth, *Customs and Excise*, pp. 178–9.

＊52　'Returns . . . of Tea sold by the East India Company', 1845に拠る。

＊53　'Excise Memorial relative to Smuggling', Treasury Papers T 1/489/147–148.

＊54　Mui and Mui, *Management of Monopoly*, p. 13. スコットランドにおける密輸茶については、以下を参照せよ——Mui and Mui, 'Smuggling', pp. 56–8; Ashworth, *Customs and Excise*, pp. 179–81.

＊55　Ashworth, *Customs and Excise*, pp. 186–9.

＊56　National Archives, Chatham Papers PRO 30/8/293 and PRO 30/8/294.

＊57　Mui and Mui, 'William Pitt and the Enforcement of the Commutation Act, 1784–1788', *English Historical Review*, 76 (1961), pp. 447–65. 以下も参照せよ——Lucy S. Sutherland, *The East India Company in Eighteenth Century Politics* (Oxford, 1952).

＊58　Mui and Mui, 'William Pitt', pp. 450–51.

＊59　*Tea and the Tea-Table*, IV, pp. x–xiii and 301–2.

＊60　'Returns . . . of Tea sold by the East India Company', 1845に拠る。

＊61　Hoh-Cheung Mui and Lorna H. Mui, *Shops and Shopkeeping in Eighteenth Century England* (London, 1989), pp. 161–4.

＊62　減税法第五項より (24 Geo. III, sess. 2, c. 38).

＊63　Mui and Mui, *Shops and Shopkeeping*, p. 255. 以下も参照せよ——Mui and Mui, *Management of Monopoly*, p. xi.

＊64　Mui and Mui, 'William Pitt', p. 460.

＊65　Mui and Mui, *Management of Monopoly*, pp. 95–7.

＊66　Wissett, 'An Account of the Quantities of Tea Exported from China in English and Foreign Ships, from the Year 1768', in *A View of the Rise . . . of the Tea Trade in Europe*, sig. i3r–ii2r.

＊67　'Returns . . . of Tea sold by the East India Company', 1845に含まれるデータに基づく算定。

＊68　以下を参照せよ——Mui and Mui, 'The Commutation Act and the Tea Trade in Britain, 1784–1793', *Economic History Review*, new series, 16 (1963), pp. 234–53 (p. 252).

＊69　Mui and Mui, 'Commutation Act and the Tea Trade', p. 244.

＊70　Mui and Mui, *Shops and Shopkeeping*, p. 251; Walvin, *Fruits of Empire*, pp. 18–19.

第九章　喫茶の民主化

＊1　William Cowper, 'The Task: A Poem', IV. 5–6, 36–41, in *The Poems of William Cowper*, ed. John D. Baird and Charles

Ryskamp, 3 vols (Oxford, 1980–95), vol. II (1995), pp. 187–8. ［ウィリアム・クーパー『ウィリアム・クーパー詩集――『課題』と短編詩』林瑛二訳、慶應義塾大学法学研究会、一九九二年］

*2　London, National Archives, Treasury Papers, T 1/542, fol. 229r.

*3　National Archives, Chatham Papers, PRO 30/8/294, fol. 176r.

*4　National Archives, Chatham Papers, PRO 30/8/294, fol. 168r.

*5　[Robert Wissett], *A View of the Rise, Progress and Present State of the Tea Trade in Europe* ([London, *c.* 1801]), sig. c4v.

*6　Short, *Dissertation*, p. 3; John Wesley, *A Letter to a Friend, Concerning Tea*, 2nd edn (Bristol, 1749), p. 4.

*7　[Jonas Hanway], *A Journal of Eight Days Journey from Portsmouth to Kingston upon Thames . . . To which is added, An Essay on Tea, Considered as Pernicious to Health, Obstructing Industry, and Impoverishing the Nation* (London, 1756), p. 272.

*8　'Returns showing the Number of Pounds Weight of Tea sold by the East India Company, for Home Consumption, in each Year from 1740 down to the Termination of the Company's Sales', *House of Commons Parliamentary Papers* (London, 1845), pp. 2–5.

*9　Hoh-Cheung Mui and Lorna H. Mui, '"Trends in Eighteenth-century Smuggling" Reconsidered', *Economic History Review*, 2nd series, 28 (1975), pp. 28–43.

*10　W. Scott Tebb, *Tea and the Effects of Tea Drinking* (London, [1905]).

*11　John Burnett, *Plenty and Want: A Social History of Diet in England from 1815 to the Present Day* (London, 1966), pp. 1–50; John Burnett, *Liquid Pleasures: A Social History of Drinks in Modern Britain* (London, 1999), pp. 49–69.

*12　Peter H. Lindert and Jeffrey G. Williamson, 'English Workers' Living Standards during the Industrial Revolution: A New Look', *Economic History Review*, 2nd series, 36 (1983), pp. 1–25; Joel Mokyr, 'Is There Still Life in the Pessimist Case? Consumption during the Industrial Revolution, 1790–1850', *Journal of Economic History*, 48 (1988), pp. 69–92; Charles Feinstein, 'Pessimism Perpetuated: Real Wages and the Standard of Living in Britain during and after the Industrial Revolution', *Journal of Economic History*, 58 (1998), pp. 625–58; Maxine Berg, 'Consumption in Eighteenth- and Early Nineteenth-century Britain', in *The Cambridge Economic History of Modern Britain*, ed. Roderick Floud and Paul Johnson, 3 vols (Cambridge, 2004), vol. I, pp. 357–86.

*13　Carole Shammas, 'The Eighteenth Century English Diet and Economic Change', *Explorations in Economic History*, 21 (1984), pp. 254–69.

*14　Duncan Campbell, *A Poem upon Tea* (London, 1735), p. 13.

*15　Jonathan Swift, *Directions to Servants* (London, 1745), pp. 81–2. ［ジョナサン・スウィフト『召使心得　他四篇――スウィフト諷刺論集』原田範行編訳、平凡社ライブラリー、二〇一五年］

*16　[John Shebbeare], *Letters on the English Nation*, 2 vols (London, 1755), vol. II, p. 38.

*17 [Hanway,] *A Journal of Eight Days Journey*, p. 243.

*18 National Archives, Chatham Papers, PRO 30/8/293, fol. 26r.

*19 David Davies, *The Case of the Labourers in Husbandry Stated and Considered, in Three Parts* (London, 1795), pp. 136–87.

*20 Sir Frederic Eden, *The State of the Poor: or, An History of the Labouring Classes in England*, 3 vols (London, 1797), vol. II, pp. 14, 280, 404; vol. III, p. 779.

*21 S. R. Bosanquet, *The Rights of the Poor and Christian Almsgiving Vindicated* (London, 1841), pp. 91–102.

*22 *Report from the Select Committee on The Tea Duties: with Minutes of Evidence* ([London], 1834), p. 77. このデイヴィッド・デイヴィーズは、『農業労働者の実情』（一七九五年）を著わした聖職者とは別人物。

*23 *1834 Select Committee*, p. 40.

*24 Ibid., p. 42.

*25 Ibid., p. 11.

*26 Ibid., p. 44.

*27 Ibid., pp. 50–57, 76.

*28 Ibid., pp. 33, 38.

*29 Ibid., p. 62.

*30 Ibid., p. 79.

*31 [Hanway,] *A Journal of Eight Days Journey*, pp. 229, 269.

*32 George Gabriel Sigmond, *Tea: Its Effects, Medicinal and Moral* (London, 1839), p. 62.

*33 Burnett, *Liquid Pleasures*, pp. 29–48.

*34 Factory Enquiries Commission, *Supplementary Report of the Central Board of His Majesty's Commissioners . . . as to the Employment of the Children in Factories, and as to the Propriety and Means of Curtailing the Hours of their Labour*, 2 vols (London, 1834), vol. I, pp. 255–68.

*35 Friedrich Engels, *The Condition of the Working Class in England* [1892], ed. Victor Kiernan (Harmondsworth, 1987), pp. 107, 125.［エンゲルス『イギリスにおける労働者階級の状態（上）』浜林正夫訳、新日本出版社、二〇〇〇年］

*36 'Letters For and Against Tea-drinking'. ナサニエル・ミストの『ウィークリージャーナル』より。以下に再録されている――*Tea and the Tea-table*, ed. Markman Ellis, Richard Coulton, Matthew Mauger and Ben Dew, 4 vols (London, 2010), vol. I, pp. 49–59.

*37 [Hanway,] *A Journal of Eight Days Journey*, pp. 244–5.

*38 Ibid., p. 223.

*39 Ibid., p. 274.

*40 *Tea and the Tea-table*, vol. III, pp. 59–61.

*41 [Walter Harte], *Essays on Husbandry*, 2 vols (London, 1764), vol. I, p. 166.

*42 [Arthur Young], *The Farmer's Letters to the People of England* (London, 1767), pp. 171–2.

*43 Eden, *The State of the Poor*, vol. I, pp. 535, 548.

*44 *An Essay on Tea, Sugar, White Bread and Butter, Country Alehouses, Strong Beer and Geneva, and other Modern Luxuries* (Salisbury,

1777), pp. 14–27.

*45 *Cobbett's Cottage Economy*, 1 August 1821, pp. 13, 20; 以下も参照せよ――Leonora Nattrass, *William Cobbett: The Politics of Style* (Cambridge, 1995), pp. 153–6.

*46 John Bowes, *Temperance, as it is Opposed to Strong Drinks, Tobacco and Snuff, Tea and Coffee* (Aberdeen, [1836?]), p. 12. 以下も参照せよ――James Henry, *A Letter to the Members of the Temperance Society showing that the Use of Tea and Coffee cannot be Safely Substituted for that of Spirituous Liquors* (Dublin, 1830), pp. 15–16, 20.

*47 J. N. Surgeon, *Remarks on Mr Mason's Treatise upon Tea* (London, 1745), p. 16.

*48 [Hanway,] *A Journal of Eight Days Journey*, p. 244.

*49 *Modern Luxuries*, p. 20.

*50 Godfrey McCalman, *A Natural, Commercial and Medicinal Treatise on Tea* (Glasgow, 1787), pp. 119–20.

*51 Christopher Berry, *The Idea of Luxury: A Conceptual and Historical Investigation* (Cambridge, 1994), pp. 126–76.

*52 Ibid., pp. 3–13.

*53 Ibid., pp. 101–25.

*54 Wissett, *A View of the Rise, Progress and Present State of the Tea Trade*, sig. [C4r].

*55 Ibid., sig. [C4v].

*56 John Ramsay McCulloch, 'Observations on the Trade with China', *Edinburgh Review; or Critical Journal*, 39 (1823–4), pp. 458–67 (p. 463).

*57 R. Montgomery Martin, *The Past and Present State of the Tea Trade of England, and of the Continents of Europe and America* (London, 1832), p. 80.

*58 David Macpherson, *The History of the European Commerce with India* (London, 1812), p. 132.

*59 [William Smith], *Tsiology; A Discourse on Tea* (London, 1826), p. 105; 作者の特定については、以下を参照せよ――Hoh-Cheung Mui and Lorna H. Mui, *Shops and Shopkeeping in Eighteenth Century England* (London, 1989), p. 353.

*60 Sigmond, *Tea*, pp. 2–3.

*61 Davies, *Labourers*, p. 39.

*62 *1834 Select Committee*, p. 67.

*63 Charles Knight, 'Dear and Cheap', in *Once Upon a Time*, 2 vols (London, 1854), vol. II, pp. 180–208 (p. 192).

*64 Ovington, *Essay*, pp. 8, 15.

*65 11 Geo. I, c. 30 (1724), 'CAP. XXX. An Act for more effectual preventing Frauds and Abuses in the Publick Revenues'.

*66 *The Tea Purchaser's Guide; or, The Lady and Gentleman's Tea Table and Useful Companion* (London, 1785), pp. 32–8.

*67 *1834 Select Committee*, pp. 8–9.

*68 11 Geo. I, c. 30, 'An Act for more effectual preventing Frauds and Abuses in the Publick Revenues' (1724); 4 Geo. II, c. 14, 'An Act to prevent Frauds in the Revenue of Excise, with respect to Starch, Coffee, Tea and Chocolate' (1730); 17 Geo. III, c. 29, 'An Act for the more effectual Prevention of the manufacturing of Ash, Elder, Sloe, and other Leaves, in Imitation of Tea, and to prevent Frauds in the Revenue of Excise in respect to Tea' (1776).

*69 *First Report from the Committee, Appointed to Enquire into the Illicit Practices used in Defrauding the Revenue (24th December, 1783)* (London, 1784), p. 15.

*70 *Poisonous Tea! The Trial of Edward Palmer, Grocer* (London, 1818); *Morning Post*, 18 May 1818.

*71 Sigmond, *Tea*, p. 54.

*72 [Frederick Gye?], *The History of the Tea Plant* (London, [1819]), p. 48; 以下も参照せよ――'The Tea and the Sloe', *Literary Journal, and General Miscellany of Politics, Science, Arts, Morals, and Manners*, 1 (1818), p. 201.

*73 *Morning Chronicle*, 18 September 1833.

*74 *Morning Chronicle*, 26 September 1833.

*75 *Morning Post*, 18 October 1833.

*76 McCalman, *A Natural, Commercial and Medicinal Treatise on Tea*, pp. 118–19.

*77 Isaac Watts, *Logick; or, The Right Use of Reason in the Enquiry after Truth* (London, 1725), p. 87.

*78 *The Times*, 4 August 1784.

*79 *Morning Herald*, 5 June 1794, *Felix Farley's Bristol Journal*, 20 October 1787.

*80 *Dr Solander's Sanative English Tea* ([London], [1795]); H. Smith, 'An Essay on Foreign Teas', in *An Essay on the Nerves, Illustrating their Efficient, Formal, Material, and Final Causes* (London, [1795]).

*81 *Patronized and Used by their Majesties and Nobility. Rev. J. Gamble's British Medicinal Tea* ([London], [1801?]).

*82 Count Belchilgen and J. A. Cope, *An Essay on the Virtues and Properties of the Ginseng Tea* (London, 1786); 以下も参照せよ――*Tea and the Tea-table*, vol. II, pp. 181–3.

*83 *The Black Dwarf, a London Weekly Publication*, 20 October 1819, 27 October 1819, 1 December 1819, 22 December 1819, 12 January 1820, 19 January 1820, 2 February 1820, 13 December 1820, 7 March 1821.

*84 'The Culloden Papers' (review), *Edinburgh Review; or, Critical Journal*, 26 (1816), pp. 109–35 (p. 117).

第十章　帝国の政治における茶

*1 Alfred Young, *The Shoemaker and the Tea Party: Memory and the American Revolution* (Boston, MA, 1999), pp. xv, 87, 102.

*2 Ibid., p. 87.

*3 T. H. Breen, *The Marketplace of Revolution: How Consumer Politics Shaped American Independence* (Oxford, 2004) および同著者の '"Baubles of Britain": The American and Consumer Revolutions of the Eighteenth Century', *Past and Present*, 119 (1988), pp. 73–104.

*4 以下に引用されている――Esther Singleton, *Social New York under the Georges, 1714–1776* (New York, 1902), pp. 22–4.

*5 Andrew F. Smith, *New York City: A Food Biography* (Lanham, MD, 2014), pp. 119–20.

*6 Robert Wissett, 'Tea Imported and Exported, made up from the Custom-house Books', in *A View of the Rise, Progress and Present State of the Tea Trade in Europe* (London, 1801), sig. ii3r–4r.

*7 一七五五年から一七六四年の間に、国債は七二二八万九六七三ポンドから一億二九五八万六七八九ポンドに増加した (T. L. Purvis, 'The Seven Years' War and its Political Legacy', in *A Companion to the American Revolution*, ed. J. P. Greene and J. R. Pole (Oxford, 2004), p. 115.)

*8 Breen, *The Marketplace of Revolution*, p. 218, and "Baubles", p. 89.

*9 Breen, *The Marketplace of Revolution*, pp. 218–22, and "Baubles", pp. 89–97. 以下も参照せよ――Edmund S. Morgan and Helen M. Morgan, *The Stamp Act Crisis: Prologue to Revolution* (Chapel Hill, NC, 1953); and Merritt Jensen, *Founding of a Nation: A History of the American Revolution* (Oxford, 1968) (特に第十章から第十二章).

*10 7 Geo. III, c. 46.

*11 Robert Tucker and David Hendrickson, *The Fall of the First British Empire: Origins of the War of American Independence* (Baltimore, MD, 1982), pp. 278–9. 以下も参照せよ――Benjamin Laberee, *The Boston Tea Party* (New York, 1964), pp. 70–73.

*12 13 Geo III, c. 44.

*13 Breen, *The Marketplace of Revolution*, p. 300.

*14 Laberee, *The Boston Tea Party* (特に pp. 126–45).

*15 James Murray, *An Impartial History of the War in America*, 2 vols (Newcastle-upon-Tyne, 1782), vol. I, p. 397. 扮装の使用については、以下を参照せよ――D. A. Grinde Jr and B. E. Johnson, *Exemplar of Liberty: Native America and the Evolution of Democracy* (Los Angeles, CA, 1991). [ドナルド・A・グリンデ・Jr、ブルース・E・ジョハンセン『アメリカ建国とイロコイ民主制』星川淳訳、みすず書房、二〇〇六年]

*16 Young, *The Shoemaker and the Tea Party*, p. 102.

*17 この日の出来事の実見談は、一七七三年一二月二四日付『ペンシルヴェニア・ジャーナル』特別号に掲載された（この号のタイトルは『ペンシルヴェニア・ジャーナル購読者へのクリスマスの贈り物』であった）。以下の選集に再録されている――*Tea and the Tea-table in Eighteenth-century England*, ed. Markman Ellis, Richard Coulton, Matthew Mauger and Ben Dew, 4 vols (London, 2010), vol. IV, pp. 47–50.

*18 L. H. Butterfield et al., eds, *Diary and Autobiography of John Adams*, 4 vols (Cambridge, MA, 1961), vol. II, pp. 85–7.

*19 「ティーパーティー」運動発足後の比較的早い時期から、この関連について論評する報道記事が見られた。例えば以下を参照せよ――David Servatius, 'Anti-tax-and-spend Group Throws "Tea Party" at the Capitol', *Deseret News*, 7 March 2009, www.deseretnews.com. 政治的示威行動における茶の象徴的使用は、「ティーパーティー」運動以前にさかのぼる。以下を参照せよ――'Demonstrators Hurl Tea Bags in Bid against Rising Taxes', *Victoria Advocate*, 23 July 1991, p. 6.

*20 Frederic Wakeman Jr, 'The Canton Trade and the Opium War', in *The Cambridge History of China*, 15 vols (Cambridge, 1978–), vol. X: *Late Qing, 1800–1911* (1978), ed. John K. Fairbank, pp. 163–212 (pp. 166–7).

*21 'Returns Showing the Number of Pounds Weight of Tea sold by the East India Company, for Home Consumption, in each Year from 1740 down to the Termination of the Company's Sales', *House of Commons Parliamentary Papers* (London, 1845), pp. 2–5.

*22 [William Smith], *Tsiology; a Discourse on Tea* (London, 1826). 作者の特定については，以下を参照せよ——Hoh-Cheung Mui and Lorna H. Mui, *Shops and Shopkeeping in Eighteenth-century England* (London, 1989), p. 353.

*23 この問題に関するさまざまな見解については，以下を参照せよ——[Smith], *Tsiology*, p. 224; John Ramsay McCulloch, *Effects of the East India Company's Monopoly on the Price of Tea* (London, 1824); McCulloch, *Observations on the Influence of the East India Company's Monopoly on the Price and Supply of Tea* (London, 1831); James Silk Buckingham, *History of the Public Proceedings on the Question of the East India Monopoly, during the Past Year* (London, 1830).

*24 W. C. Bentinck, 'Minute by the Governor-General' (24 January 1834), in 'Return to an Order of the Honourable House of Commons . . . for Copy of Papers Received from India relating to the Measures Adopted for Introducing the Cultivation of the Tea Plant within the British Possessions in India', *House of Commons Parliamentary Papers* (London, 1839), pp. 5–6 (以下 *Papers Received from India* と略記).

*25 Nathaniel Wallich, 'Observations on the Cultivation of the Tea Plant, for Commercial Purposes, in the Mountainous parts of Hindostan', in *Papers Received from India*, pp. 12–15 (p. 14).

*26 Walker, 'Proposition to the Honourable the Directors of the East India Company to Cultivate Tea upon the Nepaul Hills, and such other parts of the Territories of the East India Company as may be Suitable to its Growth', in *Papers Received from India*, pp. 6–12 (p. 6).

*27 Ibid., pp. 6–7.

*28 Ibid., pp. 7–12.

*29 Wallich, 'Observations on the Cultivation of the Tea Plant', p. 15.

*30 C. A. Bruce, Superintendent of Tea, to Captain F. Jenkins, Agent to Governor-General, Gowahatty, 20 December 1836, in *Papers Received from India*, p. 91.

*31 N. Wallich, Esq., MD, to J. W. Grant, Esq., 3 March 1836 (in *Papers Received from India*, p. 61).

*32 C. A. Bruce, Esq., Commanding Gun Boats, to Lieutenant J. Miller, Commanding at Suddeya, 14 April 1836, in *Papers Received from India*, pp. 71–72.

*33 N. Wallich, Esq., MD, Secretary to the Tea Committee, to W. H. Macnaghten, Esq., Secretary to Government of India, 5 September 1837, in *Papers Received from India*, pp. 92–3.

*34 以下に引用されている——W. Nassau Lees, *Tea Cultivation, Cotton, and other Agricultural Experiments in India: A Review* (London, 1863), pp. 26–7. このオークションについてより詳しくは，以下を参照せよ——Denys Forrest, *Tea for the British: the Social and Economic History of a Famous Trade* (London, 1973), pp.

110–12.

*35 Roy Moxham, *Tea: Addiction, Exploitation, and Empire* (London, 2003), pp. 101–4.

*36 Robert Fortune, *A Journey to the Tea Countries of China; including Sung-Lo and the Bohea Hills; with a Short Notice of the East India Company's Tea Plantations in the Himalaya Mountains* (London, 1852), p. 395.

*37 Julie E. Fromer, *A Necessary Luxury: Tea in Victorian England* (Athens, GA, 2008), p. 65.

*38 Hunt Janin, *The India–China Opium Trade in the Nineteenth Century* (Jefferson, NC, 1999), p. 170.

*39 Paul Van Dyke, *The Canton Trade: Life and Enterprise on the China Coast, 1700–1845* (Hong Kong, 2005), p. 105.

*40 ジョン・リーヴズの証言。以下を参照せよ――*Report from the Select Committee on the Tea Duties* (House of Commons, 1834), pp. 1–2.

*41 Brian Inglis, *The Opium War* (London, 1976), pp. 18–22.

*42 代理商会については、以下を参照せよ――Wakeman, 'The Canton Trade and the Opium War', p. 167.

*43 Jack Gray, *Rebellions and Revolutions: China from the 1800s to 2000*, 2nd edn (Oxford, 2002), p. 28; Wakeman, 'The Canton Trade and the Opium War', p. 168.

*44 Wakeman, 'The Canton Trade and the Opium War', pp. 173–4.

*45 以下を参照せよ――ibid., pp. 185–8; Inglis, *The Opium War*, pp. 116–21.

*46 以下を参照せよ――Inglis, *The Opium War*, pp. 126–7.

*47 John Francis Davis, *The Chinese: A General Description of the Empire of China and its Inhabitants*, 2 vols (London, 1836), vol. II, pp. 435–6.

*48 *Quarterly Review*, 112 (June 1836), pp. 489–521 (p. 518).

*49 Charles Bruce, 'Report on the Manufacture of Tea, and on the Extent and Produce of the Tea-Plantations in Assam', *Edinburgh New Philosophical Journal*, 27 (April 1839), pp. 126–61 (p. 157).

*50 Algernon Thelwall, *The Iniquities of the Opium Trade with China* (London, 1839), p. 40.

*51 以下を参照せよ――Inglis, *The Opium War*, pp. 124–6.

*52 Wakeman, 'The Canton Trade and the Opium War', pp. 211–12; June Grasso et al., *Modernization and Revolution in China* (New York, 1997), pp. 39–40; Inglis, *The Opium War*, pp. 164–5.

*53 John Fairbank, 'The Creation of the Treaty System', in *The Cambridge History of China*, vol. X: *Late Qing, 1800–1911*, pp. 213–63 (p. 223).

*54 この時期のイギリス財政にとっての茶の重要性について、より詳しくは以下を参照せよ――Inglis, *The Opium War*, p. 198.

第十一章　ヴィクトリア朝イギリスの国民飲料

*1 Samuel Phillips Day, *Tea: Its Mystery and History* (London, 1878), p. 68.

*2　[Anon.], 'Tea Statistics', in *Tea and Tea Blending* (London, 1886), pp. 36–7.

*3　W. Scott Tebb, *Tea and the Effects of Tea Drinking* (London, [1905]), p. 7. 以下も参照せよ——John Burnett, *Liquid Pleasures: A Social History of Drinks in Modern Britain* (London, 1999), p. 57; and Roberto A. Ferdman, 'Where the World's Biggest Tea Drinkers Are', *Quartz*, 20 January 2014, http://qz.com/168690 (accessed 1 April 2014).

*4　Edward Smith, 'On the Uses of Tea in the Healthy System', *Journal of the Society of Arts*, 9 (1861), pp. 185–97 (p. 186).

*5　John Sumner, *A Popular Treatise on Tea: Its Qualities and Effects* (Birmingham, 1863), p. iii.

*6　[William Smith], *Tsiology: A Discourse on Tea* (London, 1826), pp. 107–25; 以下も参照せよ——Markman Ellis, Richard Coulton, Matthew Mauger and Ben Dew, eds, *Tea and the Tea-table in Eighteenth-century England*, 4 vols (London, 2010), vol. III, pp. 167–8; and Moffat's *Sale List of the East India Company's December Tea Sale, 1827* (London, 1827).

*7　John Crawfurd, *Chinese Monopoly Examined* (London, 1830); R. Montgomery Martin, *The Past and Present State of the Tea Trade of England* (London, 1832). 以下も参照せよ——Hoh-cheung Mui and Lorna H. Mui, *The Management of Monopoly: A Study of the English East India Company's Conduct of its Tea Trade, 1784–1833* (Vancouver, 1984).

*8　Burnett, *Liquid*, pp. 58–9.

*9　*Tea Blending*, pp. 34–7.

*10　David R. MacGregor, 'The Tea Clippers, 1849–1869', in *British Ships in China Seas: 1700 to the Present Day*, ed. Richard Harding, Adrian Jarvis and Alston Kennedy (Liverpool, 2004), pp. 217–24; Malcolm Cooper, 'From *Agamemnon* to *Priam*: British Liner Shipping in the China Seas, 1865–1965', in *British Ships*, pp. 225–38; Immanuel C. Y. Hsü, *The Rise of Modern China*, 6th edn (Oxford, 2000), pp. 205–19; John K. Fairbank, 'The Creation of the Treaty System', in *The Cambridge History of China*, ed. John K. Fairbank and Denis Twitchett, 15 vols (Cambridge, 1978-), vol. X: *Late Qing, 1800–1911* (1978), pp. 213–63 (pp. 243–61). 後述および第十章も参照せよ。

*11　*Morning Herald*, 4 November 1786; *E. Johnson's British Gazette and Sunday Monitor*, 16 May 1784. 以下も参照せよ——*Bath Chronicle*, 3 June 1784; *Felix Farley's Bristol Journal*, 13 January 1787; *Lloyd's Evening Post*, 4–6 September 1799; Mui and Mui, *Shops*, pp. 268–72.

*12　*Morning Post*, 30 October 1818.

*13　*Trewman's Exeter Flying Post or Plymouth and Cornish Advertiser*, 12 August 1819; *Morning Chronicle*, 6 November 1819.

*14　*Morning Post*, 7 November 1818, 17 November 1818, 19 November 1818.

*15　例えば以下を参照せよ——*The Essex Standard, and General Advertiser for the Eastern Counties*, 6 February 1857.

*16　以下も参照せよ——Steven A. Leibo, 'The Sino-European Educational Missions, 1875–1886', *Asian Profile*, 16 (1998), pp. 443–51.

*17 Day, *Tea*, pp. xii–xvi.

*18 *Tea Blending*, pp. 97–117. 以下も参照せよ――Jane Pettigrew, *A Social History of Tea* (London, 2001), p. 93; Burnett, *Liquid*, pp. 62–4, 67–8; and Ken Teague, *Mr Horniman and the Tea Trade* (London, 1993).

*19 Arthur Hill Hassall, *Food and its Adulterations* (London, 1855), pp. iv–v, 268–320.

*20 *Tea Blending*, pp. 34–5.

*21 Ti Ping Koon, *Death in the Tea Pot* (London, 1874), pp. 11–13.

*22 J. Sheridan Le Fanu, 'Green Tea', in *In a Glass Darkly*, 3 vols (London, 1872), vol. I, pp. 1–95. [J・S・レ・ファニュ「緑茶」、A・ブラックウッド他『怪奇小説傑作集 一(英米編一)』平井呈一訳、創元推理文庫、二〇〇六年]

*23 Koon, *Death in the Tea Pot*, pp. 3, 8.

*24 Julie E. Fromer, *A Necessary Luxury: Tea in Victorian England* (Athens, OH, 2008), (特に pp. 26–115).

*25 Day, *Tea*, p. 71.

*26 Ibid., p. 63. 以下も参照せよ――*The Private Life of the Queen, by a Member of the Royal Household* (New York, 1901), pp. 276–7, 280–81.

*27 Leitch Ritchie, 'The Social Influence of Tea', *Chambers Edinburgh Journal*, 29 January 1848, p. 65.

*28 James F. W. Johnston, *The Chemistry of Common Life*, 2 vols (Edinburgh, 1855), pp. 169–76. 以下も参照せよ――John Woods, *A Brief History of Tea, with a Glance at the Flowery Land* (Richmond, [1853]), p. 8; and George Vivian Poore, *Coffee and Tea* (London, 1883), pp. 3–11.

*29 John H. Weisburger and James Comer, 'Tea', in *The Cambridge World History of Food*, ed. Kenneth F. Kiple and Kriemhild Coneè Ornelas (Cambridge, 2000), pp. 712–20 (pp. 718–19) [『ケンブリッジ 世界の食物史大百科事典 三 飲料・栄養素』小林彰夫監訳、朝倉書店、二〇〇五年]; 'Physiological and Pharmacological Effects of *Camellia sinensis* (Tea): [Proceedings of the] First International Symposium', ed. John H. Weisburger, *Preventive Medicine*, 21 (1992), pp. 329–91, 503–53.

*30 Bennett Alan Weinberg and Bonnie K. Bealer, *The World of Caffeine: The Science and Culture of the World's Most Popular Drug* (London, 2001), pp. xvii–xxi. [ベネット・アラン・ワインバーグ、ボニー・K・ビーラー『カフェイン大全――コーヒー・茶・チョコレートの歴史から、ダイエット・ドーピング・依存症の現状まで』]

*31 Smith, 'On the Uses of Tea in the Healthy System', p. 188.

*32 Isabella Beeton, *The Book of Household Management*, 2 vols (London, 1861), p. 880.

*33 John Tyndall, *Heat: A Mode of Motion*, 3rd edn (London, 1868), p. 274.

*34 *Tea Blending*, p. 105; Koon, *Death in the Tea Pot*, p. 10.

*35 Koon, *Death in the Tea Pot*, p. 9.

*36 T. Bland Garland, 'Tea v. Beer in the Harvest Field', in John Abbey, *Intemperance: Its Bearing upon Agriculture*, 3rd edn (London, 1882), pp. 19–20.

*37 Day, *Tea*, p. 68.

*38 Gordon Stables, *Tea, the Drink of Pleasure and of Health* (London, [1883]), p. 77.

*39 [Eliza Cheadle], *Manners of Modern Society: Being a Book of Etiquette* (London, [1872]), p. 158.

*40 Letter from Fanny Kemble, Belvoir Castle (Northumberland), 27 March 1842. 以下に引用されている――Pettigrew, *A Social History of Tea*, p. 102.

*41 [Cheadle], p. 158; Charles Oliver, *Dinner at Buckingham Palace*, ed. Paul Fishman and Fiorella Busoni (London, 2003), p. 20.

*42 Pettigrew, *A Social History of Tea*, pp. 102–5.

*43 Agnes C. Maitland, *The Afternoon Tea Book* (London, 1887), p. vii.

*44 Fromer, *A Necessary Luxury*, pp. 198–210, 263–75.

*45 Charles Barwell Coles, *Tea: A Poem* (London, 1865).

*46 Ibid., p. 44.

*47 Arnold Palmer, *Movable Feasts: Changes in English Eating-habits*, ed. David Pocock (Oxford, 1984), pp. 101–3.

*48 [Anon.], *Questions for our Sunday Tea-table* (Liverpool, 1863); [Anon.], *Evenings at the Tea-table* (London, 1871).

*49 *The History of a Cup of Tea in Rhymes and Pictures* (London, 1860), pp. 8, 11.

*50 *A Tale of Tea, by a Teapot* (London, [1884]), pp. [11–16].

*51 以下も参照せよ――*The Cat's Tea-party*, Aunt Mavor's Picture Books for Little Readers (First Series), 13 (London, [1854]); Richard André, *The Animated Tea Service* (London, [1882]).

*52 Robert Rhodes Reed (lyric) and Carlo Minasi (music), *The Song of the Tea-pot* (London, [1855]).

*53 Edward Edmondson, *A Poem on a Cup of Warm Tea, for a Vote of Thanks* (Leeds, [1865]), p. [4].

*54 Alexander T. Teetgen, *A Mistress and her Servant (from Daily Life)* (London, [1870]), pp. 12–13.

*55 Bayle Bernard, *A Storm in a Tea Cup: A Comedy, in One Act* (Leipsic, OH, 1856); *A Cup of Tea: A Comedietta in One Act*, Lacy's Acting Edition, 83 (London, [1869]).

*56 James Taylor Staton, *The Husbands' Tea Party* (Manchester, 1875), p. 15.

*57 C. D. Hickman (lyric) and J. Ellis (composer), *Sitting Down to Tea* (London, [1891]).

*58 Leslie Harris, *Middle Class Society Tea* (London, [1894]).

*59 *Kettledrum: A Magazine of Art, Literature, & Social Improvement* (London, 1869), pp. 1–2.

*60 [Anon.], 'Tea Statistics', in *Tea and Tea Blending by a Member of the Firm of Lewis & Co.*, 4th edn (London, 1894), pp. 60–61; 以下も参照せよ――Tebb, *Tea and the Effects of Tea Drinking*.

*61 *The Tea Cyclopædia* (Calcutta, 1881), p. 324.

*62 J. G. Hathorn, *A Handbook of Darjeeling; with Brief Notes on the Culture and Manufacture of Tea* (Calcutta, 1863), p. 121.

*63 *Tea Blending*, p. 98.

*64 *The Happy Blend; or, How John Bull was suited to a T.* (London, [1885]).

*65 Hathorn, Darjeeling, p. 121.

＊66　Edward Money, *The Tea Controversy (a Momentous Indian Question)*, 2nd edn (London, 1884), p. 1.

＊67　Money, *Controversy*, pp. 8–11.

＊68　Stables, *Tea, the Drink of Pleasure and of Health*, pp. 15, 24.

＊69　Ibid., pp. 47–8.

＊70　Ibid., p. 17.

＊71　Pettigrew, *A Social History of Tea*, p. 96.

＊72　Bob Crampsey, *The King's Grocer: The Life of Sir Thomas Lipton* (Glasgow, 1995), pp. 45–52.

＊73　*Tea Blending*, pp. 74–7. 以下も参照せよ――Edward Money, *The Cultivation and Manufacture of Tea*, 4th edn (London, 1883), pp. 222–71.

＊74　E. F. Bamber, *Tea* (London, 1868), pp. 38, 40. 以下も参照せよ――E. F. Bamber, *An Account of the Cultivation and Manufacture of Tea in India, from Personal Observation* (Calcutta, 1866).

＊75　F. W. Emery, *Hindoo Mythology Popularly Treated: being an Epitomized Description of . . . the Silver Swami Tea Service, Presented . . . to HRH the Prince of Wales* (Madras, 1875).

＊76　Vidya Dehejia, 'Whose Taste? Colonial Design, International Exhibitions, and Indian Silver', in Dehejia et al., *Delight in Design: Indian Silver for the Raj* (Ocean Township, NJ, 2008), pp. 8–37 (p. 13).

＊77　Stables, *Tea, the Drink of Pleasure and of Health*, p. 35.

＊78　Ibid., pp. 98–101.

第十二章　二〇世紀の茶

＊1　'Tea auction 1936', *London Sound Survey*, www.soundsurvey.org.uk/index.php/survey/radio_recordings/1930s/1416 (accessed 23 November 2013).

＊2　*Tea and Tea Blending: A Guide for the Young Grocer* (London, 1952), pp. 5–6.

＊3　Cuthbert Maughan, *Markets of London: A Description of the Way in which Business is Transacted in the Principal Markets and in many Commodities* (London, 1931), pp. 97–102.

＊4　Philip Jordan, 'The Romance of Tea', *Fortnightly Review*, 135 (February 1934), pp. 220–29.

＊5　David A. S. Cairns, *The Monopolies and Restrictive Practices Commission. Report on the Supply of Tea* (London, 1956–7); *National Board for Prices and Incomes. Report no. 154. Tea Prices* [Cmnd. 4456] (London, 1970–71), Maughan, *Markets of London*, pp. 100–101.

＊6　John Maynard Keynes, *The Economic Consequences of the Peace* (1920), in *The Collected Writings of John Maynard Keynes*, ed. Donald Moggridge (London, 1989), vol. II, p. 11. [J・M・ケインズ『平和の経済的帰結』早坂忠訳、東洋経済新報社、一九七七年]

＊7　'Stocks of Staple Commodities', *London and Cambridge Economic Service, Special Memorandum No. 1* (April 1923).

＊8　'Stocks of Staple Commodities', *London and Cambridge Economic Service, Special Memorandum No. 6* (June 1924).

＊9　André Salmon, *L'Art Vivant* (Paris, 1920), p. 135.

＊10　Mark Antliff and Patricia Leighton, *Cubism and Culture* (London, 2001), p. 79.

*11 D. H. Lawrence to Edward Garnett, 19 November 1912, No. 516, *The Letters of D. H. Lawrence*, ed. James T. Boulton, in *Works* (Cambridge, 1979), vol. I, p. 476. ［D・H・ロレンス『D・H・ロレンス書簡集 三／一九一二』吉村宏一・田部井世志子他編訳、松柏社、二〇〇五年］

*12 D. H. Lawrence, *Sons and Lovers*, ed. Helen Baron and Carl Baron, in *Works* (Cambridge, 1992), pp. 37–8. ［D・H・ロレンス『息子と恋人』小野寺健・武藤浩史訳、ちくま文庫、二〇一六年］

*13 Ibid., pp. 45, 47, 56.

*14 Ibid., p. 367.

*15 Muriel Harris, 'The English Tea', *North American Review*, 215 (1 January 1922), pp. 229–36.

*16 Agnes Repplier, *To Think of Tea!* (London, 1933), pp. 235–6.

*17 Helen Jerome, *Running a Tea-room and Catering for Profit* (London, 1936).

*18 'The Cheerful Room with Cosy Service', *Luncheon and Tea-room Journal*, I/1 (May 1934), pp. 3–4.

*19 Pierre Dubois, *How to Run a Small Hotel or Guest House, etc. With a Chapter on Running a Tea Room* (London, 1945), p. 71.

*20 'The Importance of "Atmosphere"', *Luncheon and Tea-room Journal*, II/11 (March 1935), pp. 70–71.

*21 John Betjeman, *Ghastly Good Taste: Or, A Depressing Story of the Rise and Fall of English Architecture* (London, 1970), p. 108.

*22 'Catering Companies', *The Times*, 19 October 1912, p. 16.

*23 '"A.B.C." Jubilee To-morrow: Tea Shops and Temperance', *The Observer*, 27 October 1912, p. 15.

*24 Erika Diane Rappaport, *Shopping for Pleasure: Women in the Making of London's West End* (Princeton, NJ, 2000).

*25 Theodore Dreiser, 'Some More About London', in *A Traveller at Forty, etc.* (London, 1914), pp. 80–81.

*26 Peter Bird, *The First Food Empire: A History of J. Lyons & Co.* (London, 2000), p. 99.

*27 Scott McCracken, *Masculinities, Modernist Fiction and the Urban Public Sphere* (Manchester, 2007), pp. 128, 96.

*28 'Catering Companies', *The Times*, 19 October 1912, p. 16.

*29 McCracken, *Masculinities*, p. 97.

*30 Georgina Ferry, *A Computer Called LEO: Lyons Tea Shops and the World's First Office Computer* (Hammersmith, 2003).

*31 *A Song for Ceylon*, dir. Basil Wright, prod. John Grierson, Empire Marketing Board, 1934, 40 mins, B&W, www.colonialfilm.org.uk.

*32 Richard Farmer, *The Food Companions: Cinema and Consumption in Wartime Britain, 1939–45* (Manchester, 2011), pp. 186–7.

*33 R. D. Morrison, *Tea: Memorandum relating to the Tea Industry and the Tea Trade of the World* (London, December 1943), p. 57.

*34 Richard Dimbleby, 'That Weapon – Tea', in *Tea on Service* (London, 1947), pp. 25, 30.

*35 'Tea is Important Sinew of War', *Tea and Coffee Trade Journal*, LXXXII/1 (January 1942), pp. 30–32.

*36 Noel Streatfeild, 'Tea on a Mobile', in *Tea on Service*, p. 53.

＊37　Robert Mackay, *Half the Battle: Civilian Morale in Britain during the Second World War* (Manchester, 2002); Ina Zweiniger-Bargielowska, *Austerity in Britain: Rationing, Controls, and Consumption, 1939–1955* (Oxford, 2000). 配給制については，以下を参照せよ——Angus Calder, *The People's War: Britain, 1939–45* (London, 1969), pp. 380–87.

＊38　'The Backroom Story', in *Tea on Service*, pp. 92–3; Morrison, *Tea*, pp. 57–60.

＊39　'Tea Allocation Agreement Planned to Stabilize the World Tea Market', *Tea and Coffee Trade Journal*, LXXXII/8 (August 1942), p. 10.

＊40　Vernon Dale Wickizer, *Coffee, Tea and Cocoa: An Economic and Political Analysis* (Stanford, CA, 1951), p. 207.

＊41　George Orwell, 'A Nice Cup of Tea', in *Smothered Under Journalism*, vol. XVIII: *1946*, in *The Complete Works of George Orwell*, ed. Peter Davison (London, 1998), no. 2857, pp. 33–5.［G・オーウェル「1杯のおいしい紅茶」］

＊42　Fiona McClymont, 'The Knack: How to Make a Cup of Tea, by Sam Twining', *The Independent*, 1 August 1998.

＊43　British Standards Institution, 'Tea: Preparation of Liquor for Use in Sensory Tests', BS 6008:1980; Royal Society of Chemistry, 'How to Make a Perfect Cup of Tea' (2003), www.rsc.org (accessed 13 November 2013).

＊44　'Tea Off Ration from Sunday', *The Times*, 3 October 1952, pp. 6–7.

＊45　'End of the Road for City Tea Auctions', *The Times*, 29 June 1998, p. 45.

＊46　R.G. Lawson and M. McLaren, 'Tea-leaf Holder', United States Patent Office, patent 723287, issued 24 March 1903.

＊47　'Tempest in Tea', *Klipinger Magazine*, I/12 (December 1947), pp. 43–4 (p. 43).

＊48　Wickizer, *Coffee, Tea, and Cocoa*, p. 403.

＊49　'Tempest in Tea', p. 43.

＊50　Mercutio, 'A Nice Cup of Tea', *Manchester Guardian*, 23 May 1953.

＊51　*The Times*, 29 March 1958, p. 1.

＊52　*The Times*, 12 April 1958, p. 1.

＊53　John Price, 'The Quiet Revolution of Tea Bags', *The Times*, 17 November 1967, p. 20; 'Tea Bags Stir Up Competition', *The Times*, 1 November 1972, p. 19.

＊54　*Key Note Market Assessment: Hot Beverages*, ed. Robert Hucker (London, 2013), pp. 34, 54.

＊55　Nick Hall, *The Tea Industry* (Burlington, VT, 2000), pp. 25–32.

＊56　デイヴィッド・ウォーカーの言葉。以下に引用されている——Wendy Komancheck, 'From the Field to the Cup', *Tea & Coffee Trade Journal*, CLXXXI/11 (November 2009), pp. 36–42; online www.teaandcoffee.net (accessed 7 April 2014).

エピローグ——グローバル・ティー

＊1　'Hot Drinks in 2013: Creating an Experience, Finding the

Value', *Euromonitor*, July 2013, p. 2; 'Unilever Group in Hot Drinks (World)', *Euromonitor*, June 2014, p. 2.

*2 Andrew Wood and Susan M. Roberts, *Economic Geography: Places, Networks and Flows* (London, 2011), p. 76.

*3 以下に引用されている——Keith Forster, 'The Strange Tale of China's Tea Industry during the Cultural Revolution', *China Heritage Quarterly*, 29 (2012), www. chinaheritagequarterly.org (accessed 14 April 2014).

*4 *Tea Production in China: IBIS World Industry Report No. 1539* (Melbourne, June 2013).

*5 Dan Etherington and Keith Forster, *Green Gold: The Political Economy of China's Post-1949 Tea Industry* (Hong Kong, 1993).

*6 Tom Miller, 'Why Foreigners are Beating China's Tea-makers on Their Home Turf', *Financial Times*, 15 September 2009: http://blogs.ft.com.

*7 Marion Cabell Tyree, *Housekeeping In Old Virginia: Containing Contributions From Two Hundred and Fifty of Virginia's Noted Housewives, Distinguished for Their Skill In the Culinary Art and Other Branches of Domestic Economy* (Louisville, KY, 1878), p. 64.

*8 Tea Association of America, New York, 'Tea Fact Sheet – 2013', www.teausa.com (accessed 14 April 2014).

*9 '2013 Beverage Report, Part 5: Iced Tea', *CSP Daily News*, 12 March 2013, www.cspnet.com (accessed 12 March 2014).

*10 'Drinking Cultures of the World: Globalization Creates Opportunities', *Euromonitor*, March 2010.

*11 Howard Schultz and Dori Jones Yang, *Pour Your Heart Into It: How Starbucks Built a Company One Cup at a Time* (New York, 1997), p. 37. [ハワード・シュルツ、ドリー・ジョーンズ・ヤング『スターバックス成功物語』小幡照雄・大川修二訳、日経BP社、一九九八年]

*12 Sanne van der Wal, *Sustainability Issues in the Tea Sector: A Comparative Analysis of Six Leading Producing Countries* (Amsterdam, 2008), pp. 7–11.

*13 Gethin Chamberlain, 'How Poverty Wages for Tea Pickers Fuel India's Trade in Child Slavery', *The Observer*, 20 July 2013.

*14 Barbara Crowther, 'Fairtrade: The Real Cost of Cheap Tea', *Guardian Professional* www.theguardian.com (accessed 16 May 2014).

*15 Van der Wal, *Sustainability Issues in the Tea Sector*, pp. 41–2.

*16 'Tea 2030', *Forum for the Future*, www.forumforthefuture.org (accessed 16 May 2014).

*17 Lujeri Tea, www.lujeritea.com (accessed 16 May 2014).

*18 Hester Lacey, 'The Inventory: Henrietta Lovell', *Financial Times*, 29 November 2013.

参考文献一覧

Ashworth, William J., *Customs and Excise: Trade, Production, and Consumption in England, 1640–1845* (Oxford, 2003)

Ball, Samuel, *An Account of the Cultivation and Manufacture of Tea in China* (London, 1848)

Bamber, E. F., *An Account of the Cultivation and Manufacture of Tea in India, from Personal Observation* (Calcutta, 1866).

——, *Tea* (London, 1868)

Berg, Maxine, 'Consumption in Eighteenth- and Early Nineteenth-century Britain', in *The Cambridge Economic History of Modern Britain*, vol. I: *Industrialisation, 1700–1860*, ed. Roderick Floud and Paul Johnson (Cambridge, 2004), pp. 357–86

——, and Helen Clifford, 'Selling Consumption in the Eighteenth Century: Advertising and the Trade Card in Britain and France', *Cultural and Social History*, IV (2007), pp. 145–70

Bickham, Troy, 'Eating the Empire: Intersections of Food, Cookery and Imperialism in Eighteenth-century Britain', *Past and Present*, CXCVIII (2008), 71–109

Bird, Peter, *The First Food Empire: A History of J. Lyons & Co.* (London, 2000)

Boulton, William Biggs, *The Amusements of Old London: Being a Survey of the Sports and Pastimes, Tea gardens and Parks, Playhouses and other Diversions . . . from the 17th to the Beginning of the 19th century* (London, 1901)

Bowen, Huw V., 'Tea, Tribute and the East India Company, *c.* 1750–*c.* 1775', in *Hanoverian Britain and Empire: Essays in Memory of Philip Lawson*, ed. Stephen Taylor, Richard Connors and Clyve Jones (Woodbridge, 1998), pp. 158–76

——, *Revenue and Reform: The Indian Problem in British Politics, 1757–1773* (Cambridge, 1991)

——, Margarette Lincoln and Nigel Rigby, eds, *The Worlds of the East India Company* (Rochester, NY, 2003)

Bowes, John, *Temperance, as it is Opposed to Strong Drinks, Tobacco and*

Snuff, Tea and Coffee (Aberdeen, [1836?])

Boxer, Charles Ralph, *Dutch Merchants and Mariners in Asia, 1602–1795* (London, 1988)

Bramah, Edward, *Tea and Coffee: A Modern View of Three Hundred Years of Tradition* (London, 1972)

Breen, T. H., *The Marketplace of Revolution: How Consumer Politics Shaped American Independence* (Oxford, 2004)

Brenner, Robert, *Merchants and Revolution: Commercial Change, Political Conflict, and London's Overseas Traders, 1550–1653* (Princeton, NJ, 1993)

Brewer, John, and Roy Porter, eds, *Consumption and the World of Goods* (London, 1993)

British Standards Institution, 'Tea: Preparation of Liquor for Use in Sensory Tests', BS 6008 (1980)

Broadbent, Humphrey, *The Domestick Coffee-man, Shewing the True Way of Preparing and Making of Chocolate, Coffee and Tea* (London, 1722)

Brown, Peter B., *In Praise of Hot Liquors: the Study of Chocolate, Coffee and Tea-drinking, 1600–1850* (York, 1995)

Burnett, John, *Liquid Pleasures: A Social History of Drinks in Modern Britain* (London, 1999)

——, *Plenty and Want: A Social History of Diet in England from 1815 to the Present Day* (London, 1966)

Cairns, David A. S., *The Monopolies and Restrictive Practices Commission: Report on the Supply of Tea* (London, 1956–7)

Campbell, Duncan, *A Poem upon Tea: Wherein its Antiquity, its several Virtues and Influences are set forth* (London, 1735)

Carnell, Rachel, 'The Very Scandal of her Tea Table: Eliza Haywood's Response to the Whig Public Sphere', in *Presenting Gender: Changing Sex in Early-modern Culture*, ed. Chris Mounsey (Lewisburg, PA, 2001), pp. 255–73

Carruthers, Bruce G., *City of Capital: Politics and Markets in the English Financial Revolution* (Princeton, NJ, 1996)

The Case of the Dealers in Tea (London, 1736)

Chang, Elizabeth Hope, *Britain's Chinese Eye: Literature, Empire, and Aesthetics in Nineteenth-century Britain* (Stanford, CA, 2010)

Chatterjee, Piya, *A Time for Tea: Women, Labor, and Post/Colonial Politics on an Indian Plantation* (Durham, NC, 2001)

Chaudhuri, K. N., *The English East India Company: The Study of an Early Joint-stock Company, 1600–1640* (London, 1965)

——, *The Trading World of Asia and the English East India Company, 1660–1760* (Cambridge, 1978)

Cheong, Weng Eang, *Hong Merchants of Canton: Chinese Merchants in Sino-Western Trade, 1684–1798* (Richmond, 1997)

Ching, Julia, and Willard G. Oxtoby, eds, *Discovering China: European Interpretations in the Enlightenment* (Rochester, NY, and Woodbridge, 1992)

Claxton, Juliet, 'The Countess of Arundel's Dutch Pranketing Room', *Journal of the History of Collection*, XXII/2 (2010), pp. 187–96

Cole, R. B., 'Form versus Function: A Study of Some Early Worcester Tea Wares', *Journal of the Northern Ceramic Society*, XX

(2003/4), pp. 59–64
Cole, W. A., 'The Arithmetic of Eighteenth-century Smuggling: Rejoinder', *Economic History Review*, XXVIII (1975), pp. 44–9
Cook, Harold John, *Matters of Exchange: Commerce, Medicine, and Science in the Dutch Golden Age* (New Haven, CT, and London, 2007)
Cooper, Michael, 'The Early Europeans and Tea', in *Tea in Japan: Essays on the History of Chanoyu*, ed. Paul Varley and Kumakura Isao (Honolulu, HI, 1989)
Crampsey, Bob, *The King's Grocer: The Life of Sir Thomas Lipton* (Glasgow, 1995)
Day, Samuel Phillips, *Tea: Its Mystery and History* (London, 1878)
Dikötter, Frank, Lars Laaman and Zhou Xun, *Narcotic Culture: A History of Drugs in China* (London, 2004)
Drake, F. S., *Tea Leaves: Being a Collection of Letters and Documents Relating to the Shipment of Tea to the American Colonies in 1773, by the East India Tea Company* (Boston, 1884)
Dubois, Pierre, *How to Run a Small Hotel or Guest House, etc: With a Chapter on Running a Tea Room* (London, 1945)
Ellis, Markman, Richard Coulton, Matthew Mauger and Ben Dew, eds, *Tea and the Tea-table in Eighteenth-century England*, 4 vols (London, 2010)
——, *The Coffee-house: A Cultural History* (London, 2004)
Emmerson, Robin, *British Teapots & Tea Drinking, 1700–1850: Illustrated from the Twining Teapot Gallery, Norwich Castle Museum* (London, 1992)
Etherington, Dan, and Keith Forster, *Green Gold: The Political Economy of China's Post-1949 Tea Industry* (Hong Kong, 1993)
Evans, John C., *Tea in China: The History of China's National Drink* (New York and London, 1992)
Fan, Fa-ti, *British Naturalists in Qing China: Science, Empire, and Cultural Encounter* (Cambridge, MA, 2004)
Farrington, Anthony, *The English Factory in Japan, 1613–1623* (London, 1991)
——, *Trading Places: The East India Company and Asia, 1600–1834* (London, 2002)
Feld, Steven, 'The Tea Ceremony: A Symbolic Analysis', in *Empire of the Senses: The Sensual Culture Reader*, ed. David Howes (Oxford and New York, 2005)
Ferry, Georgina, *A Computer Called LEO: Lyons Tea Shops and the World's First Office Computer* (Hammersmith, 2003)
Finlay, Robert, 'The Pilgrim Art: The Culture of Porcelain in World History', *Journal of World History*, IX/2 (1998), pp. 141–87
——, *The Pilgrim Art: Cultures of Porcelain in World History* (Berkeley, CA, 2010)
Forrest, Denys, *Tea for the British: The Social and Economic History of a Famous Trade* (London, 1973)
Forster, Keith, 'The Strange Tale of China's Tea Industry during the Cultural Revolution', *China Heritage Quarterly*, XXIX (March 2012)
Fortune, Robert, *A Journey to the Tea Countries of China: Including Sung-Lo and the Bohea Hills with a Short Notice of the East*

India Company's Tea Plantations in the Himalaya Mountains (London, 1852)
Fortune, Robert, *Three Years' Wanderings in the Northern Provinces of China* (London, 1847)
Frank, Caroline, *Objectifying China, Imagining America: Chinese Commodities in Early America* (Chicago, IL, 2011)
Fromer, Julie, '"Deeply Indebted to the Tea Plant": Representations of English National Identity in Victorian Histories of Tea', *Victorian Literature and Culture*, XXXVI (2008), pp. 531–47
——, *A Necessary Luxury: Tea in Victorian England* (Athens, OH, 2008)
Frost, Thomas, 'The Tea-gardens of the 18th Century', in *Bygone Middlesex*, ed. W. Andrews (London, 1899), pp. 164–74
Furber, Holden, *Rival Empires of Trade in the Orient, 1600–1800* (Minneapolis, MN, 1976)
Gardella, Robert, *Harvesting Mountains: Fujian and the China Tea Trade, 1757–1937* (Berkeley, CA, and London, 1994)
[Garway, Thomas], *An Exact Description of the Growth, Quality, and Vertues of the Leaf Tee, alias Tay* (London, 1664)
Glamann, Kristof, *Dutch-Asiatic Trade: 1620–1740*, 2nd edn (The Hague, 1981)
Godden, Geoffrey, *Godden's New Guide to English Porcelain* (London, 2004)
——, *Oriental Export Market Porcelain and its Influence on European Wares* (London, 1979)
Goodman, Jordan, 'Excitantia or how Enlightenment Europe took to Soft Drugs', in *Consuming Habits: Deconstructing Drugs in History and Anthropology*, ed. Jordan Goodman (London, 1995), pp. 126–47
Greenberg, Michael, *British Trade and the Opening of China, 1800–42* (Cambridge, 1951)
Griffiths, John Charles, *Tea: The Drink that Changed the World* (London, 2007)
Griffiths, Percival Joseph, *The History of the Indian Tea Industry* (London, 1967)
Gye, Frederick, *The History of the Tea Plant* (London, [1819])
Hall, Nick, *The Tea Industry* (Burlington, MA, 2000)
Hanway, Jonas, *A Journal of Eight Days Journey from Portsmouth to Kingston upon Thames . . . To which is added, An Essay on Tea* (London, 1756)
Harler, Campbell Ronald, *The Culture and Marketing of Tea* (London, 1933)
Harris, Muriel, 'The English Tea', *North American Review*, CCXV (1 January 1922), pp. 229–36
Harvey, Karen, 'Barbarity in a Teacup? Punch, Domesticity and Gender in the Eighteenth Century', *Journal of Design History*, XXI/3 (2008), pp. 205–21
Hathorn, J. G., *A Handbook of Darjeeling: With Brief Notes on the Culture and Manufacture of Tea* (Calcutta, 1863)
Heckethorn, C. W., 'Old London Taverns and Tea Gardens', *Gentleman's Magazine*, CCLXXXVII (September 1899), pp. 223–46

Heiss, Mary Lou, *The Story of Tea: A Cultural History and Drinking Guide* (Berkeley, CA, 2007)

Henry, James, *A Letter to the Members of the Temperance Society showing that the Use of Tea and Coffee cannot be Safely Substituted for that of Spirituous Liquors* (Dublin, 1830)

Hillemann, Ulrike, *Asian Empire and British Knowledge: China and the Networks of British Imperial Expansion* (Basingstoke, 2009)

Hsia, Adrian, *The Vision of China in the English Literature of the Seventeenth and Eighteenth Centuries* (Hong Kong, 1998)

Huang, H. T., *Science and Civilisation in China*, vol. VI: *Biology and Biological Technology*, Part 5: *Fermentations and Food Science* (Cambridge, 2000)

Instructions to be Observed by the Officers Employ'd in the Duty on Coffee, Tea, and Chocolate, in London (London, 1724)

Israel, Jonathan I., *Dutch Primacy in World Trade, 1585–1740* (Oxford, 1989)

Janin, Hunt, *The India-China Opium Trade in the Nineteenth Century* (Jefferson, NC, 1999)

Jerome, Helen, *Running a Tea-room and Catering for Profit* (London, 1936)

Jordan, Philip, 'The Romance of Tea', *Fortnightly Review*, CXXXV (February 1934), pp. 220–29

Jörg, C.J.A., *Porcelain and the Dutch China Trade*, trans. Patricia Wardle (The Hague, 1982)

Keay, John, *The Honourable Company: A History of the English East India Company* (London, 1991)

Kennedy, Rachel, *Between Bath and China: Trade and Culture in the West Country, 1680 to 1840* (Bath, 1999)

Kitson, Peter, *Forging Romantic China: Sino-British Cultural Exchange, 1760–1840* (Cambridge, 2013)

Kowaleski-Wallace, Elizabeth, 'Tea, Gender, and Domesticity in Eighteenth-century England', *Studies in Eighteenth-century Culture*, XXIII (1994), pp. 131–45

——, *Consuming Subjects: Women, Shopping, and Business in the Eighteenth Century* (New York, 1997)

Laberee, Benjamin, *The Boston Tea Party* (New York, 1964)

Lach, Donald F., and Edwin J. Van Kley, *Asia in the Making of Europe*, vol. III: *The Century of Advance* (Chicago, 1998)

Lane, Arthur, 'Queen Mary II's Porcelain Collection at Hampton Court', *Transactions of the Oriental Ceramic Society*, XXV (1949–50), pp. 21–31

Lawson, Philip, *The East India Company: A History* (London, 1993)

Lees, W. Nassau, *Tea Cultivation, Cotton, and other Agricultural Experiments in India: A Review* (London, 1863)

Lettsom, John Coakley, *The Natural History of the Tea-tree, with Observations on the Medical Qualities of Tea, and Effects of Tea-drinking* (London, 1772)［ジョン・コークレイ・レットサム『茶の博物誌——茶樹と喫茶についての考察』滝口明子訳、講談社学術文庫、二〇〇二年］

Liu, Tong, *Chinese Tea* (Cambridge, 2012)

Liu, Yong, *The Dutch East India Company's Tea Trade with China, 1757–1781* (Leiden and Boston, MA, 2007)

McCalman, Godfrey, *A Natural, Commercial and Medicinal Treatise on Tea* (Glasgow, 1787)
McCracken, Scott, *Masculinities, Modernist Fiction and the Urban Public Sphere* (Manchester, 2007)
McCulloch, John Ramsay, *Effects of the East India Company's Monopoly on the Price of Tea* (London, 1824)
——, *Observations on the Influence of the East India Company's Monopoly on the Price and Supply of Tea* (London, 1831)
Macfarlane, Alan, and Iris Macfarlane, *Green Gold: The Empire of Tea* (London, 2003) ［アラン・マクファーレン、アイリス・マクファーレン『茶の帝国——アッサムと日本から歴史の謎を解く』鈴木実佳訳、知泉書館、二〇〇七年］
McKendrick, Neil, John Brewer and J. H. Plumb, *The Birth of a Consumer Society: The Commercialization of Eighteenth-century England* (London, 1983)
Mair, Victor H., and Erling Hoh, *The True History of Tea* (London, 2009) ［ヴィクター・H・メア、アーリン・ホー『お茶の歴史』忠平美幸訳、河出書房新社、二〇一〇年］
Maitland, Agnes C., *The Afternoon Tea Book* (London, 1887)
Markley, Robert, *The Far East and the English Imagination, 1600–1730* (Cambridge, 2006)
Martin, R. Montgomery, *The Past and Present State of the Tea Trade of England, and of the Continents of Europe and America* (London, 1832)
Mason, Simon, *The Good and Bad Effects of Tea Consider'd* (London, 1745)
Mathee, Rudi, 'Exotic Substances: The Introduction and Global Spread of Tobacco, Coffee, Cocoa, Tea, and Distilled Liquor, Sixteenth to Eighteenth Centuries', in *Drugs and Narcotics in History*, ed. Roy Porter and Mikulás Teich (Cambridge, 1995), pp. 24–51
Maughan, Cuthbert, *Markets of London: A Description of the Way in which Business is Transacted in the Principal Markets and in Many Commodities* (London, 1931)
Merritt, Jane T., 'Tea Trade, Consumption, and the Republican Paradox in Prerevolutionary Philadelphia', *Pennsylvania Magazine of History and Biography*, CXXVIII/2 (2004), pp. 117–48
Mintz, Sidney W., *Sweetness and Power: The Place of Sugar in Modern History* (London, 1986) ［シドニー・W・ミンツ『甘さと権力——砂糖が語る近代史』川北稔・和田光弘訳、平凡社、一九八八年］
Money, Edward, *The Tea Controversy (A Momentous Indian Question)*, 2nd edn (London, 1884)
Morrison, R. D., *Tea: Memorandum Relating to the Tea Industry and the Tea Trade of the World* (London, 1943)
Morse, Hosea Ballou, *The Chronicles of the East India Company Trading to China 1635–1834*, 5 vols (Oxford, 1926–9)
Motteux, Peter Anthony, *A Poem upon Tea* (London, 1712)
Moxham, Roy, *Tea: Addiction, Exploitation, and Empire* (London, 2003)
Mui, Hoh-Cheung, and Lorna H. Mui, 'Smuggling and the British

Tea Trade Before 1784', *American Historical Review*, LXXIV/1 (1968), pp. 44–73

——, 'The Commutation Act and the Tea Trade in Britain, 1784–1793', *Economic History Review*, XVI/2 (1963), pp. 234–53

——, 'Trends in Eighteenth-century Smuggling Reconsidered', *Economic History Review*, 2nd series, XXVIII (1975), pp. 28–43

——, 'William Pitt and the Enforcement of the Commutation Act, 1784–1788', *English Historical Review*, LXXVI (1961), pp. 447–65

——, *Shops and Shopkeeping in Eighteenth-century England* (London, 1989)

——, *The Management of Monopoly: A Study of the English East India Company's Conduct of its Tea Trade, 1784–1833* (Vancouver, 1984)

Mui, Lorna H., 'Andrew Melrose, Tea Dealer and Grocer of Edinburgh, 1812–1833', *Business History*, IX (1967), pp. 31–45

Nelson, Claire, 'Tea-table Miscellanies: The Development of Scotland's Song Culture, 1720–1800', *Early Music*, XXVIII/4 (2000), pp. 596–620

O'Connell, Helen, '"A Raking Pot of Tea": Consumption and Excess in Ireland', *Literature and History*, XXI/2 (2012), pp. 32–47

Orwell, George, 'A Nice Cup of Tea', in *Smothered under Journalism*, vol. XVIII: *1946*, in *The Complete Works of George Orwell*, ed. Peter Davison (London, 1998), no. 2857, pp. 33–5 [G・オーウェル「一杯のおいしい紅茶」、小野寺健訳、『新装版　オーウェル評論集 四――ライオンと一角獣』川端康雄編、平凡社ライブラリー、二〇〇九年]

Ovington, John, *An Essay upon the Nature and Qualities of Tea* (London, 1699) [近藤浩「イギリス人のインドへの旅――オーヴィングトンのスーラト訪問と喫茶擁護論」『旅の文化史――生きられたアジアの風景』追手門学院大学東洋文化研究会編、駸々堂、一九九三年、一四三―六二頁に、『茶の属性と特質に関する小論』として訳出されている]

Parmentier, J., *Tea Time in Flanders: The Maritime Trade between the Southern Netherlands and China in the 18th Century* (Bruges-Zeebrugge, 1996)

Pettigrew, Jane, *A Social History of Tea* (London, 2001)

——, *Design for Tea: Tea Wares from the Dragon Court to Afternoon Tea* (Stroud, 2003)

Pocock, John Greville Agard, *Barbarism and Religion,* vol. IV: *Barbarians, Savages and Empires* (Cambridge, 2005)

Porter, David, 'A Peculiar but Uninteresting Nation: China and the Discourse of Commerce in Eighteenth-century England', *Eighteenth-century Studies*, XXXIII/2 (Winter 2000), pp. 181–99

——, 'Writing China: Legitimacy and Representation, 1606–1773', *Comparative Literature Studies*, XXXIII (1996), pp. 98–122

——, *Ideographia: The Chinese Cipher in Early Modern Europe* (Stanford, CA, 2001)

——, *The Chinese Taste in Eighteenth-century England* (Cambridge, 2010)

Rahusen-de Bruyn Kops, Henriette, 'Not Such an "Unpromising Beginning": The First Dutch Trade Embassy to China, 1655–1657', *Modern Asian Studies*, XXXVI (2002), pp. 535–78

Rappaport, Erika Diane, *Shopping for Pleasure: Women in the Making of London's West End* (Princeton, NJ, 2000)

Repplier, Agnes, *To Think of Tea!* (London, 1933)

Robins, Nick, *The Corporation that Changed the World: How the East India Company Shaped the Modern Multinational* (London, 2006)

Royal Society of Chemistry, 'How to Make a Perfect Cup of Tea', undated press release (London, 2003)

Schama, Simon, *The Embarrassment of Riches: An Interpretation of Dutch Culture in the Golden Age* (London, 1987)

Schiebinger, Londa, *Plants and Empire: Colonial Bioprospecting in the Atlantic World* (Cambridge, MA, 2004) [ロンダ・シービンガー『植物と帝国――抹殺された中絶薬とジェンダー』小川眞里子・弓削尚子訳、工作舎、二〇〇七年]

Schivelbusch, Wolfgang, *Tastes of Paradise: A Social History of Spices, Stimulants, and Intoxicants*, trans. David Jacobson (New York, 1992) [ヴォルフガング・シヴェルブシュ『楽園・味覚・理性――嗜好品の歴史』福本義憲訳、法政大学出版局、一九八八年]

Schlegel, George, 'First Introduction of Tea into Holland', *T'oung Pao*, second series, I/5 (1900), pp. 468–72

Scott, J. M., *The Tea Story* (London, 1964)

Sen, Sudipta, *Empire of Free Trade: The East India Company and the Making of the Colonial Marketplace* (Philadelphia, PA, 1998)

Shammas, Carole, 'The Eighteenth-century English Diet and Economic Change', *Explorations in Economic History*, XXI (1984), pp. 254–69

Shapin, Steven, *Changing Tastes: How Foods Tasted in the Early Modern Period and How They Taste Now*, The Hans Rausing Lecture 2011, 14 (Uppsala, 2011)

Sherman, Sandra, 'Impotence and Capital: The Debate over Imported Beverages in the Seventeenth and Eighteenth Centuries', in *1650–1850: Ideas, Aesthetics, and Inquiries in the Early Modern Era*, ed. Kevin L. Cope and Anna Battigelli (New York, 2003), vol. IX

Short, Thomas, *A Dissertation upon Tea* (London, 1730)

——, *Discourses on Tea, Sugar, Milk, Made-wines, Spirits, Punch, Tobacco, &c., with Plain and Useful Rules for Gouty People* (London, 1750)

Sigmond, George Gabriel, *Tea: Its Effects, Medicinal and Moral* (London, 1839)

Sloboda, Stacey, 'Fashioning Bluestocking Conversation: Elizabeth Montagu's Chinese Room', in *Architectural Space in Eighteenth-century Europe: Constructing Identities and Interiors*, ed.

Meredith S. Martin and Denise Amy Baxter (Burlington, VT, 2010), pp. 129–48
Smith, William, *Tsiology: A Discourse on Tea* (London, 1826)
Smith, Woodruff, 'Complications of the Commonplace: Tea, Sugar, and Imperialism', *Journal of Interdisciplinary History*, XXIII/2 (1992), pp. 259–78
——, 'From Coffee-house to Parlour: The Consumption of Coffee, Tea, and Sugar in North-western Europe in the Seventeenth and Eighteenth Centuries', in *Consuming Habits: Deconstructing Drugs in History and Anthropology*, ed. Jordan Goodman (London, 1995), pp. 148–63
Stables, Gordon, *Tea: The Drink of Pleasure and of Health* (London, 1883)
Steensgaard, Niels, 'The Growth and Composition of the Long-distance Trade of English and the Dutch Republic before 1750', in *Rise of Merchant Empires: Long Distance Trade in the Early-modern World, 1350–1750*, ed. James Tracey (Cambridge, 1990), pp. 102–52
——, *The Asian Trade Revolution of the Seventeenth Century: The East India Companies and the Decline of the Caravan Trade* (Chicago, 1975)
Sumner, John, *A Popular Treatise on Tea: Its Qualities and Effects* (Birmingham, 1863)
Surak, Kristin, *Making Tea, Making Japan: Cultural Nationalism in Practice* (Stanford, CA, 2012) [クリステン・スーラック『MTMJ――日本らしさと茶道』廣田吉崇監訳、井上治・黒河星子訳、さらはで社、二〇一八年]
Surgeon, J. N., *Remarks on Mr Mason's Treatise upon Tea* (London, 1745)
Tate, Nahum, *Panacea: A Poem Upon Tea in Two Canto's* (London, 1700)
Tea Bureau, *Tea and Tea Blending: A Guide for the Young Grocer* (London, 1952)
The Tea Cyclopædia (Calcutta, 1881)
Tea on Service (London, 1947)
The Tea Purchaser's Guide; or, The Lady and Gentleman's Tea Table and Useful Companion (London, 1785)
Tea: A Poem in Three Cantos (London, 1743)
Tea: A Poem; or, Ladies into China-cups; a Metamorphosis (London, 1729)
Teague, Ken, *Mr Horniman and the Tea Trade: A Permanent Display in the South Hall Gallery of the Horniman Museum* (London, 1993)
Tebb, W. Scott, *Tea and the Effects of Tea Drinking* (London, [1905])
Thomas, Peter David Garner, *Tea Party to Independence: The Third Phase of the American Revolution, 1773–1776* (Oxford, 1991)
Thomson, Gladys Scott, *Life in a Noble Household, 1641–1700* (London, 1937)
Toppin, Aubrey, 'The China Trade and Some London Chinamen', *Transactions of the English Ceramic Circle*, XXX (1935), pp. 37–56
A Treatise on the Inherent Qualities of the Tea-herb: Being an Account of

the Natural virtues of the Bohea, Green, and Imperial Teas* (London, 1750)

Twining, Richard, *Observations on the Tea and Window Act, and on the Tea Trade*, 2nd edn (London, 1785)

Twining, S. H., *The House of Twining, 1706–1956: Being a Short History of the Firm of R. Twining and Co. Ltd. Tea and Coffee Merchants* (London, 1956)

Ukers, William H., *All About Coffee* (New York, 1922)［ウィリアム・H・ユーカーズ『ALL ABOUT COFFEE——コーヒーのすべて』山内秀文訳・解説、KADOKAWA、二〇一七年］

——, *All About Tea* (New York, 1935)［ウィリアム・H・ユーカース『日本茶文化大全 日本茶篇』静岡大学 All About Tea 研究会編訳、小二田誠二監修、鈴木実佳監訳、知泉書館、二〇〇六年（原著第一巻第一六章、二巻第一二章、第二巻第一九章の訳）］

Van der Wal, Sanne, *Sustainability Issues in the Tea Sector: A Comparative Analysis of Six Leading Producing Countries* (Amsterdam, 2008)

Van Dyke, Paul, *The Canton Trade: Life and Enterprise on the China Coast, 1700–1845* (Hong Kong, 2005)

Varey, Simon, 'Three Necessary Drugs', in *1650–1850: Ideas, Aesthetics, and Inquiries in the Early Modern Era*, ed. Kevin Cope (New York, 1998), vol. IV, pp. 3–51

Varley, Paul H., and Isao Kumakura, eds, *Tea in Japan: Essays on the History of Chanoyu* (Honolulu, HI, 1989)

Vincentelli, Moira, *Women and Ceramics: Gendered Vessels* (Manchester, 2000)

Voskuil, Lynn, 'Robert Fortune, *Camellia sinensis*, and the Nineteenth-century Global Imagination', *Nineteenth-century Contexts*, XXXIV (2012), pp. 5–18

Wakeman, F., 'The Canton Trade and the Opium War', in *Cambridge History of China*, vol. X, part 1, ed. J. Fairbanks (Cambridge, 1978), pp. 163–212

Walvin, James, *Fruits of Empire: Exotic Produce and British Taste, 1660–1800* (London, 1997)

Waugh, Mary, *Smuggling in Devon and Cornwall, 1700–1850* (Newbury, 1991)

——, *Smuggling in Kent and Sussex, 1700–1840* (Newbury, 1985)

Weatherill, Lorna, *Consumer Behaviour and Material Culture in Britain, 1660–1760* (London, 1988)

Weinberg, Bennett Alan, and Bonnie K. Bealer, *The World of Caffeine: The Science and Culture of the World's Most Popular Drug* (London, 2001)［ベネット・アラン・ワインバーグ、ボニー・K・ビーラー『カフェイン大全——コーヒー・茶・チョコレートの歴史から、ダイエット・ドーピング・依存症の現状まで』別宮貞徳監訳、八坂書房、二〇〇六年］

Wesley, John, *A Letter to a Friend, Concerning Tea*, 2nd edn (Bristol, 1749)

Wickizer, Vernon Dale, *Coffee, Tea and Cocoa: An Economic and Political Analysis* (Stanford, CA, 1951)

Wills, John E., *Pepper, Guns, and Parleys: The Dutch East India Com-

pany and China, 1662–1681 (Cambridge, MA, 1974)

Winslow, Cal, 'Sussex Smugglers', in *Albion's Fatal Tree: Crime and Society in Eighteenth-century England*, ed. Douglas Hay et al. (London, 1975), pp. 119–66

Wissett, Robert, *A View of the Rise, Progress and Present State of the Tea Trade in Europe* (London, 1801)

Woods, John, *A Brief History of Tea, with a Glance at the Flowery Land* (Richmond, [1853])

Young, Alfred Fabian, *The Shoemaker and the Tea Party: Memory and the American Revolution* (Boston, MA, 1999)

Zhang, Jinghong, *Puer Tea: Ancient Caravans and Urban Chic* (Seattle, WA, 2014)

Zhuang, Guotu, 'The Impact of the International Tea Trade on the Social Economy of Northwest Fujian in the Eighteenth Century', in *On the Eighteenth Century as a Category of Asian History: Van Leur in Retrospect*, ed. Leonard Blussé and Femme Gaastra (Brookfield, VT, 1998)

——, *Tea, Silver, Opium and War: The International Tea Trade and Western Commercial Expansion into China in 1740–1840* (Xiamen, 1993).

謝辞

本書は、真の意味での共同研究の所産である。したがって、本書が提示する議論や事実にいかなる美点または瑕疵（かし）が見出されるにせよ、それらに対しては著者たち全員が共同で責任を負っている。しかし、各章の執筆は一人の著者によって主導されたものであることに鑑み、また研究評価の目的上からも、章ごとの分担を以下の通りに明らかにしておきたい——エリス（第二、第四、第七、第十二章）、コールトン（第一、第五、第九、第十一章）、メージャー（第三、第六、第八、第十章）。

このプロジェクトを進める過程で、私たちは多くの人々の恩義を受けた。助言をくださった方々、辛抱強く質問に答えてくださった方々、研究の糸口を与えてくださった方々、援助の手を差しのべてくださった方々、皆さんに心より御礼を申し上げる——お名前を挙げれば、ジョン・バレル、ミシェル・バレット、レベッカ・ビーズリー、ジェン・チェンキン、ジュリエット・クラクストン、マーク・カリー、エリザベス・イーガー、ジル・ゲイジ、ジョナサン・グッドハンド、チャーリー・ジャーヴィス、マーガレット・メイクピース、アンソニー・オッサ＝リチャードソン、ヴィクトリア・ピカリング、ニディア・ピネダ、クリス・リード、ベヴァリー・スチュアート、サム・トワイニング、テッサ・ホワイトハウス、ジェニファー・ウッド、そしてトーリー・ヤングの諸氏である。本書の初稿を通読し、コメントをくださったベン・デュー、リチャード・ハンブリン、そして担当編集者のベン・ヘイズには格別の謝意を表したい――彼らの助言はもっぱら本書の改良に役立つものであった。マーク・フィッチ基金とロンドン大学クイーンメアリー校英文学・演劇学科には、本書の図版に関して惜しみない援助をいただいたことを感謝している。リチャード・コールトンとマシュー・メージャーは、ニューヨーク大学（ロンドン）から受けた支援に対しても謝意を表したい。本書の内容に関連した口頭発表は、以下の諸機関において行われた――ディレッタンティ協会、ピーターシャム・ナーサリーズのカントン・ティーカンパニー、米国現代語学文学協会、ジェフリー博物館、ロンドン大学バークベック校、イギリス一八世紀学会、ロンドン大学クイーンメアリー校、ロンドン・スクール・オブ・エコノミックスのドイツ経済財団ＵＫグループ。そして本書執筆のための研究調査は、以下の諸機関において行われた――大英図書館、ボドリアン図書館、ウェルカム図書館、セネット・ハウス図書館、国立公文書館、ロンドン首都公文書館、ゴールドスミス・カンパニー図書館、ヴィクトリア＆アルバート博物館国立美術図書館、自然史博物館植物学図書館およびスローン腊葉（さくよう）館、リンネ協会図書館、王立協会図書館、ハンティントン図書館、加えて以下の各大学の図書館――ロンドン大学クイーンメアリー校、カリフォルニア大学バークレー校、カリフォルニア大学ロサンゼルス校、スタンフォード大学、ヴィクトリア大学ウェリントン校。援助と支援をいただいた全ての図書館の司書とスタッフの皆さんに御礼を申し上げる。

マークマンは、家族と友人たちに格別の個人的な感謝を捧げたい——とりわけベッキーには。彼女の知的な応答がなければ、多くのアイデアが唇とカップの間をすり抜けてしまっていたに違いない。リチャードは、エルフリダ、クレメント、アニスそしてシェルの愛情と忍耐に対して心からの感謝を送る——最初に名を挙げた末娘にとっては、本書の執筆は彼女がこれまで生きてきた時間そのものよりも長くかかった（そして最後に名を挙げた妻にとっても、大体同じように思われたのではないかと想像する）。マシューにとっては、彼が共著者たちと共に「一杯のお茶」を飲みながらボウのロード・トレデガー亭で過ごしたいくつもの晩に関する、ケリー（それにシャーナ、アッシャー、エリアン）の寛大さは、ここに記して感謝するに値するものである。

訳者あとがき

本書は、Markman Ellis, Richard Coulton and Matthew Mauger, *Empire of Tea: The Asian Leaf that Conquered the World* (Reaktion Books, 2015) の全訳である。

一七世紀にロンドンのコーヒーハウスで（最初は緑茶（グリーンティー）として）市民に提供されて以来、そのエキゾチックな風味、色、香りによってイギリス人を魅了し続け、（紅茶（ブラックティー）として）一八世紀末までにはコーヒーを押しのけて「国民的飲料」の地位を確立し、一九世紀以降は「イギリス的生活様式」の中心として国民のアイデンティティ統合のシンボルとなった茶――「アジアの葉」から作られるこの不思議な飲み物は、過去四〇〇年間のイギリス社会・文化においてどのように消費、受容、表象されてきたのか。本書は、歴史、文学、科学、美術、社会史、商業史等の諸領域を自在に横断しながら、多角的かつ新鮮な視点からこの問いに迫った文化史の力作である。

本書は、いずれも一八世紀イギリス文学・文化を専門とし、ロンドン大学クイーンメアリー校で教鞭を執る三人の研究者によって書かれた。著者たちの業績を簡単に紹介しておこう。

マークマン・エリスは、一八世紀研究の分野で際立って優れた業績を挙げている研究者であり、本書でも主導的な役割を果たしている。彼は現在までに三冊の単著を出版している――すなわち、感受性と政治論争の関連という視座から一八世紀の感傷小説（センチメンタル・ノヴェル）を論じた *The Politics of Sensibility: Race, Gender and Commerce in the Sentimental Novel* (Cambridge University Press, 1996)、ゴシック小説における歴史概念に焦点を当てた *The History of Gothic Fiction* (Edinburgh University Press, 2000)、そして一七世紀中葉から一八世紀中葉までのコーヒーハウス文化史 *The Coffee-House: A Cultural History* (Weidenfeld & Nicolson, 2004) である。エリスはまた、コーヒーハウス関連文献を集成した資料集 *Eighteenth-Century Coffee-House Culture*, 4 vols (Pickering & Chatto, 2006) を編纂している。彼の学問的関心領域は非常に幅広く、上記の著作のほかにも、一八世紀イギリス文化・社会の諸相と奴隷制および売春の関係を探究した二冊の論文集を編纂している――*Discourses of Slavery and Abolition: Britain and its Colonies, 1760–1838* (Palgrave Macmillan, 2004; Brycchan Carey, Sara Salih との共編)、*Prostitution and Eighteenth-Century Culture: Sex, Commerce and Morality* (Pickering & Chatto, 2012; Ann Lewis との共編)。

リチャード・コールトンは、エリスの指導の下で二〇〇五年にロンドン大学で博士号を取得した、比較的若手の研究者である。一八世紀の文学と科学を専門とし、特に世紀前半の園芸学と博物学を多様な文化史的コンテクストに位置づける研究を行っている。主な論文として、（本書第五章でも扱われる）ロンドンの商業的な植物育種場を、知識の生成や都市の社交性の問題と関連づけながら論じた "Curiosity, Commerce, and Conversation: Nursery-Gardens and Nurserymen in Eighteenth-Century London" (*London Journal* 43 [2018], pp. 17–35) などがある。

マシュー・メージャーもやはり二〇〇五年にロンドン大学で博士号を取得した、コールトンと同世代の研究者である。ロマン派を中心としたイギリス詩（特にウィリアム・ブレイク）を専門とするが、近年は文化的・商業的中心地としての首都ロンドンを多角的な視点から捉え直す研究を行っている。主な論文として、同時代の法学的言説で使用された建築のイメージャリーがブレイクの預言書にどのように反映されているのかを検討した "'He Turns the Law into a Castle!': Blake's Use of Eighteenth-Century Legal Discourse in *The Four Zoas*" (*Romanticism* 12 [2006], pp. 165–76) などがある。

メージャーとコールトンは本書原著の出版後に、クリストファー・リード (Christopher Reid) との共著で *Stealing Books in Eighteenth-Century London* (Palgrave Macmillan, 2016) を上梓している。この本は、（本書第六章と同様に）中央刑事裁判所の審理記録を一次資料として利用し、一八世紀のロンドンにおける書籍の窃盗を論じたもので、犯罪史と書物史の交点を複合的に探究することを目指した、ユニークな研究書である。

以上三人の著者たちは、ベン・デュー (Ben Dew) との共編で、一八世紀の茶関連英語文献を網羅した *Tea and the Tea-Table in Eighteenth-Century England*, 4 vols (Pickering & Chatto, 2010) を編纂している。本書のリサーチのベースともなった重要な一次資料集である。また彼らは、本書と連動したブログ Tea in Eighteenth-Century Britain をウェブ上で公開している (https://qmhistoryoftea.wordpress.com/)。その記事は本書の内容をよりインフォーマルなエッセイに仕立て直したもので、どれも楽しく読むことができる。

さて、エリス、コールトン、メージャーの共著となる本書は、英語圏ではおそらく初めての、英文学研究者の手になる本格的な茶の歴史である（実のところ、英語圏で出版される茶の本は何らかの意味における業界関係者が著者である場合が多く、*学者の書いたものはそもそも極めて少数なのだ）。文学作品（詩・戯曲・小説）、新聞・雑誌、旅行記、日誌、書簡、裁判記録、医学書、博物学書から、絵画、風刺漫画、広告チラシ、写真、植物標本、陶磁器類に至るまで、本書が取り上げる素材の幅広さには目を見張らせるものがある。文字資料と視覚資料の双方にわたる、これほど広範なリサーチに基づいて書かれたアカデミックな茶の歴史は、本書以前にはなかったと言ってよい。趣味的なものが多い一般的な「紅茶本」と並べてみれば、その周到な文献注と参考文献一覧を瞥見(べっけん)しただけでも、本書の学術性の高さは一目瞭然であろう。（*例えば以下を参照せよ――William H. Ukers, *All About Tea* [Tea and Coffee Trade Journal, 1935]; Denys Forrest, *Tea for the British: The Social and Economic History of a Famous Trade* [Chatto & Windus, 1973]; Jane Pettigrew, *A Social History of Tea* [The National Trust, 2001]）

以下、本書の概要をやや詳しく紹介することにしたい（イントロダクションとエピローグを除き、各章の執筆分担者を括弧内に示す）。

最初に「イントロダクション」で読者は、「植物質八五七」に出会う――ロンドン自然史博物館のダーウィン・センターに保管された、イギリス最古の茶の標本である。これは一七〇〇年頃に博物学者のジェームズ・カニンガムが中国で入手したものだが、単なる茶樹の乾燥標本ではなく、三〇〇年前の市場で商品として売買されるために加工された茶葉である点が注目に値する。「植物質八五七」は、大英博物館創立の基礎となったサー・ハンス・スローンのコレクションの一部であったという。したがってそれは、膨大な数の自然物と人工物を蒐集・展示したスローンの有名な珍品陳列室（キャビネット・オブ・キュリオシティーズ）に収蔵されていたと考えてよいだろう。実際、イギリス人がロンドンでそれを飲み始めてからまだ半世紀も経っていない一七世紀末の時点では、エキゾチックな茶はまさに、人々の好奇心を掻き立ててやまない珍品にほかならなかったのである。最初は希少な外来品であった茶は、その後どのような軌道（トラジェクトリー）を辿って、「イギリス的アイデンティティの決定的なシンボル」（一一頁）となり、あらゆる社会格差を超えて国民生活の隅々にまで浸透するようになるのか――著者たちはこのように、一七世紀の茶葉の標本を導きの糸口として、読者を茶文化史の世界へ誘（いざな）うのである。イントロダクションではまた、本書全体を理解するうえで特に重要なポイントが二つ述べられている。一つ目は、“Empire of Tea”というタイトルに込められた意味である。「紅茶の帝国」がまず、一八世紀以降のイギリス帝国そのものを指すことは言うまでもない。しかしそれは同時に、イギリス人の（そして世界中の人々の）味覚を征服／植民地化することによって茶自体が築いた帝国をも意味する。つまり、本書の著者たちは、茶を単に受動的なモノまたは商品としてではなく、能動的な力を備えた主体（エージェント）として捉えようとするのだ（“empire”という単語には「支配力」という重要な意味があることをここで思い出してみてもよい）。本書の中ではしばしば茶を擬人化した書き方がなされるのもこのためである。イントロダクションの中盤では、茶のそうした「能動力（エージェンシー）」が、「生きている葉」の印象的な図版に即して分かりやすく説明されている。そして二つ目のポイントは、“tea”という語自体が次の五つの意味を持つことである――「（一）茶の木、（二）茶の木から採れる葉、（三）葉を乾燥させて作る加工品、（四）加工品を煎じた液体、（五）煎じた液体を飲むための機会」（一五頁）。ごく大雑把に整理するならば、博物学・植物学がその対象とするのは（一）と（二）であり、商業的・経済的関心の焦点となるのは（三）と（四）、茶論争に関わった医学者が主に注意を傾けたのは（四）、ティーテーブルに集う男女（特に女性）が楽しむのは（四）と（五）、そして詩人や画家が芸術的表現を与えるのは（五）、ということになるだろうか。茶の歴史が多様な分野にまたがることが、"tea"の多義性にそっくり反映されているわけなのだが、本書が扱う領域の広さと豊かさの一端が垣間見られて興味深いところである。

第一章「ヨーロッパと茶の初期の出会い」（コールトン）は、一六、一七世紀に中国と日本を訪れた宣教師や商人の著作に現れる茶の記述の読解を中心に据え、ヨーロッパと茶の最初の邂逅を跡づける章である。言うまでもなく、ヨーロッパ人に初めて発見される時までに、茶は東アジア（特に中国）において長い歴史と伝統を持ち、多様かつ複雑な文化的・社会的意味を付与されていた――まずこの点をコールトンは、唐代の「茶の哲人」陸羽の『茶経』（七六〇年頃成立）に即して確認する。続いて、ヨーロッパ人が茶について記述した最初期の文献が検討される。ヨーロッパの言語で初めて茶に言及したラムージオの『航海記・旅行記集成』（一五五九年）、リンスホーテンの『東方案内記』（一五九六年。一五九八年の英訳版は「茶（Chaa）」という語の初出例として『オックスフォード英語辞典』に引用されている）のほか、ダ・クルス、リッチ、ド・ロードといったイエズス会宣教師たち、そして平戸のイングランド商館員ウィッカム、オランダ東インド会社のニューホフらのテクストが手際よく分析されていく（それらはおおむね断片的な叙述ではあるが、各人の茶体験報告記として興味深く読める）。コールトンが指摘する通り、茶とその文化をヨーロッパ人として最も早く経験したこれらの人物は、「文化的傲慢と困惑が入り混じった……驚異の感覚」（三二頁）を経験したに違いない。そして本章の末尾では、（おそらくオランダ経由でもたらされた）茶を一六五〇年代にロンドンのコーヒーハウスで販売したトマス・ギャラウェイの有名な新聞広告文が取り上げられ、"tea"という語の成立と英語への定着が説明される。コールトンは本章を以下のような結論で締めくくっている――茶がもともと東アジアで有していた多元的で多層的な意義は、一六、一七世紀の最初期の媒介者たちによってヨーロッパへ伝えられ、各国に固有の文化的環境の中で再解釈されながら、喫茶の経験を内面化し始めたヨーロッパ人の茶受容のあり方に、深い影響を及ぼしていくのである。

第二章「イギリスにおける茶嗜好の確立」（エリス）は、茶がイギリスに初上陸し、上流階級を中心として徐々に普及し始める一七世紀に焦点を合わせる。本章の前半では、イギリスにおける茶嗜好の確立に先駆的な役割を果たした三つの集団――科学者（ヴァーチュオーソ）、商人（東インド会社）、宮廷の女性たち（キャサリン王妃と女官）――が論じられる。まずヴァーチュオーソについては、サミュエル・ハートリブを中心とする知識人サークルが、茶受容の先達であるオランダ人の業績に依拠しながら、この新飲料に関する研究を一六五〇年代後半という非常に早い時期から行っていたことが指摘される。茶の正確な情報・知識が、茶葉の現物そのものと同じくらい貴重であり、当時の人々に切実に求められていたことをエリスは強調する。茶の情報は東インド会社にとっても価値の高いものであったはずで、実際、同社役員会は一七世紀後半から少しずつ、このアジアの新商品に関する知識を蓄えてゆくことになる。しかし、当時の東インド会社はまだ中国との間に定期的な交易関係を持っていなかった。茶貿易が本格的に開始され、イギリス市場に茶が広く流通するには次の世紀まで待たなければならない（これが次章の主題となる）。一方、宮廷の女性たちに関しては、イギリスに初めて茶を伝えたのはキャサリン王妃または彼女を取り巻く貴族女性たちであったとする俗説が、批判的に検討される。つまり、そうした説は結局のところ真偽が定かでなく、後世の歴史家が作り上げ、マーケティングに余念のない茶会社が維持し続けてきた「神話」以上のものではない、とエリスは喝破するのだ（ただし、一七世紀当初から喫茶とエリート層の女性の間に緊密な結びつきが存在したということ自体は確かであり、その点を思い出させてくれる限りにおいて、キャサリン王妃らをめぐる逸話には重要な意味がある）。以上三つの集団との接触を通じて茶と出会ったとされるのが、本章後半の主人公、ジョン・ロックである。一六八〇年代にオランダで亡命生活を送ったロックは、アムステルダムで医学者を中心とする私的な研究クラブ（「結社（コレヒー）」）に加わったことで、喫茶を通じた社交の喜びを発見した。彼は当時のロンドンで大流行していたコーヒーハウスの「公共的」な社交形態を嫌い、より「親密」で「私的」なティーテーブルの集いを好んだという。ロックは茶の治療的特性に関する覚書や具体的な淹れ方（レシピ）の詳細を日誌に記録していたけれども、彼が茶に関する文章を公刊することはなかった。またロックは、ロンドンの商店で複数の種類の茶が売られていることを知っており、「結社」の仲間を通じて高級品を入手するために相当の金を費やしてもいたが、茶に関する彼の鑑識眼にはおのずと限界があった。なぜなのだろうか。それは、一七世紀末の時点では、エリート文化における茶嗜好の洗練化に、言語・知識の洗練化が追いついていなかったためである。両者が釣り合うようになるのは、ジョン・オーヴィントンの『茶論』（一六九九年）が出版されて以降のこととなる――エリスはこのように結論づける。

次の第三章から第九章までは、三人の著者たちが専門とする一八世紀、あるいはいわゆる「長い一八世紀」、つまりおよそ名誉革命（一六八八年）からジョージ三世の死（一八二〇年）までの時代に焦点を合わせる。イギリスにおける茶の歴史の最重要時期に当たるこの時代を論述の中心に据えている点にこそ、本書の最大の特徴があると言える。

第三章「中国との茶貿易」（メージャー）では、イギリスと中国の茶貿易が本格的に始動する一八世紀初頭にロンドン‐広州間の航海を行った東インド貿易船、ストレタム号の物語が語られる。本章で提示される時系列はいささか入り組んでいるので、読者が話を追いやすいようにここで整理しておくと、大体以下の通りになる。ストレタム号は一七〇三年二月にロンドンを出港し、八月初旬にアフリカ大陸最南端の喜望峰を回り、一〇月にスマトラ島‐ジャワ島間のスンダ海峡を通過した。フランスの軍艦に脅かされてマラッカに避難した後、一二月末にはマラッカ海峡を通ってベンガル湾に達した。この時に船長のマイヤーズが病死したため、代わってトマス・フリントが指揮を執ることになる。そして一行は翌一七〇四年二月に、聖ジョージ要塞がある東インド会社の拠点マドラスに寄港するが、到着直後に一等航海士の乱暴行為によって船内の規律に深刻な乱れが生じる。次いで、当初の目的地だった厦門（アモイ）でイギリス商人を取り巻く状況が悪化しているとの知らせを受け、ストレタム号は急遽行き先を広州へ変更する。また、マドラスでは後に東インド貿易に関する重要な著作を出版するチャールズ・ロッキャーが一行に加わった。ストレタム号は五月半ばにマドラスを出港し、七月初旬にプロ・コンドールに寄港した後、南シナ海へ出て、八月八日、澳門（マカオ）近くの珠江（しゅこう）河口で錨を降ろした。八月一九日には澳門を出帆し、珠江三角州の入り組んだ水路をさかのぼる危険な航行を経て、同月二四日に黄埔島南の停泊地に達する。そこから上級船員たちは小型帆船に乗り換え、ようやく目的地の広州に上陸するのであった。ところが当初の予定を大幅に遅れていたせいもあって、彼らはすでに商売敵のオランダ東インド会社に先を越されており、十分な量の茶の入手は困難な状況となっていた。にもかかわらず、クリストファー・ブリュースターらストレタム号の管貨人（supercargo）たちは、油断のならない当地の役人や商人を相手にした四か月に及ぶ交渉を何とか無事に完了させる。一行は一二月中旬に広州を出帆し、イギリスへの帰路に就く。彼らが最終的にロンドンに帰港したのは一七〇七年三月のことであった。以上に概略を述べたストレタム号の苦難に満ちた航海を、メージャーは大英図書館所蔵のインド省文書に含まれる東インド会社関係資料に基づいて緻密に再構成していく。一次資料から事実を一つひとつ丹念に拾い上げて語られるこの物語には、さながら精緻な海洋小説を思わせるところがある。そして、この物語の重要な背景を成すのが、当時進行中だった東インド会社の改組である。つまり、ストレタム号の航海（一七〇三―〇七年）は、旧会社（一六〇〇年設立）と新会社（一六九八年設立）の合併が一七〇二年に取り決められてから、一七〇八年に合同会社が発足するまでのあわいの時期とぴったり重なるのである。この時期が茶貿易の歴史における重大な転換点となったのは、新・旧両会社が繰り広げる激しい競合が市場を活性化したためである、とメージャーは指摘する。本章はまた、東インド会社の代理人として積み荷の管理と取引を担った管貨人の存在をクローズアップし、その業務を詳細に跡づけている点も見逃せない。

　第四章「茶の価値の向上」（エリス）は、一八世紀前半のイギリスにおける茶の文化的価値の向上を、オーヴィントンの著作と、それ以降のさまざまな文学テクストに即して解き明かしていく。本書前半のハイライトとなる章と言ってよいだろう。まずエリスは、オーヴィントンの『スーラト渡航記』(一六九六年)と『茶論』を取り上げる。前者は作者のインド滞在の体験に基づき、旅行記としても興味深い作品だが、茶の異なる種類(ボヒー、ビング、シンロ)を初めて明確に区別した英語文献として高い価値を持つ。後者は茶の諸特性を一般読者にも分かりやすく解説した小冊子で、茶に関する知識の改善に大きく貢献した画期的な作品である。『茶論』の献辞においては、洗練された文化と悠久の歴史を持つ文明国からイギリスへ渡ってきた、育ちの良い異邦人として茶が表象される。つまりオーヴィントンにとって、茶はそれ自体が「文明化されていると同時に文明化を促すものであった」(二二一頁)。オーヴィントンの論考は、茶を描写する言語の洗練化をもたらし、茶を題材とする文学作品が書かれるための豊かな素地を準備したと言える。そして本章の中盤では、ネイハム・テイトの傑作『万能薬』(一七〇一年)を嚆矢とする、一連の新古典主義的な茶礼賛詩が論じられる。従来の「茶の文学史」ではほとんど顧みられることがなかったこれらの詩は、茶をギリシャ・ローマ神話の世界に(半ば強引に)配置するという大胆な「神話化」を試みる。これは、異国からもたらされる新奇な外来物を既知のものの枠組みに取り込むことで、その脅威を緩和し、異質性を無化しようとする文化的戦略にほかならなかった(エドワード・サイードが『オリエンタリズム』で分析した「エキゾチックなものの馴化」の一変奏であるとも言えるが、これらの詩自体は、疑似英雄詩体という内容と形式のギャップで読者を笑わせる遊びの文学であることに気を付けたい)。本章の後半では、茶の価値向上のもう一つの重要な局面として、女性の世界、特にそこで行われる洗練された会話との結びつきが検討される。例えばジョゼフ・アディソンとリチャード・スティールによる日刊紙『スペクテイター』（一七一一―一四年）の場合、女性が中心となって家庭のティーテーブルで交わされる会話に焦点を合わせたことが、その成功の大きな要因であったとされる。しかし、本章の最後に論じられる逸名詩人の詩（一七四三年）や、貴婦人たちの茶会を描いた版画（一七二〇年）が明らかにする通り、ティーテーブルは上品で理性的な会話が交わされるだけの場であったわけではなく、時に悪意をはらんだゴシップが交換され、破壊的なスキャンダルが生み出される空間でもあった。茶とそれを介した社交のこうした両義性を、具体的な作品に密着しながら分析するエリスの手腕は見事というほかない。

第五章「茶の自然哲学」（コールトン）は、茶を正確に理解するために苦闘し続けた一八世紀の植物学者、医学者、園芸家たちによる知的、実践的、商業的な試みを論じる。まず植物学については、イントロダクションにも登場した博物学者カニンガムの活動が論じられる。彼は二度の中国滞在を通じて茶樹を原産地で直に研究し、緑茶と紅茶（ボヒー茶）が同一の植物から採れることを確証した。カニンガムによるこの発見は、一八世紀中最大の影響力を振るったエンゲルベルト・ケンペルの茶論「日本の茶の話」（一七一二年）の議論とも完全に合致するものであった。しかし、カニンガム、ケンペルらの見解は、植物学の王カール・リンネが緑茶とボヒー茶を異なる種として誤って分類したために、その後一世紀半もの間、植物学界で正当に受け入れられることがなかったのである。続いてコールトンは、一八世紀の医学言説における茶の捉え方を検討していく。ここで取り上げられるのは、トマス・ショート、トマス・パーシヴァル、ジェームズ・カークパトリック、ジョン・コークレイ・レットサムらによる議論である。植物学の場合と同様、医学の分野でもやはり、茶は捉えどころがなく、厳密な定義づけを施されることを頑なに拒んだ。その結果、当時の医学言説では、茶はさまざまに異なる——時に著しく矛盾する——身体的／心理的な作用を持つ飲料として認識されたのである。一方、園芸家たちは植物学者と協働しながら、ヨーロッパの土壌で茶を栽培することを目指した。一七五〇年代と六〇年代に密に文通を交わしたリンネとイギリス人博物学者ジョン・エリスは、それぞれの祖国に茶樹を根づかせ、ゆくゆくは自国に（エリスの場合、さらには北米植民地に）プランテーションを設立し、茶の栽培と生産を始めることを夢見た。しかしまたしても、茶はヨーロッパ人の理解の枠組みに取り込まれることに抵抗した。エリスとリンネの存命中に、彼らが望んだ「自国産の茶」が生まれることはついになかった（イギリス人がその夢を植民地インドで実現させるのは、一八三〇年代まで待たなければならなかった）。食品・嗜好品としてはますます広く普及し、万人の日常生活に浸透しつつあった一方で、植物としての——「自然哲学的」探究の対象としての——茶は、あくまでも捉えがたく謎めいた「既知の未知（ノウン・アンノウン）」（一八三頁）であり、ヨーロッパ人による自然界の分類体系に包摂・整序されることに抗い続けたのである。

　第六章「イギリスの茶市場」（メージャー）は、一七五九年にロンドンの食料品店で起こった茶葉窃盗未遂事件の叙述から始まる——さまざまな商品が売買される店内の様子ばかりか、店員と顧客と「犯人」の息遣いまでが感じられそうな、臨場感あふれる描写である。本章でメージャーは、この一見取るに足りない犯罪事件を始めとする、茶が生み出した社会的・文化的事象のささやかな断片をつぶさに検討することで、一八世紀のイギリス市場において、茶が実際にどのように流通し、販売され、宣伝されたのかを明らかにしていく。茶の積み荷は、ロンドン港で東インド貿易船から陸揚げされると、東インド会社所有の倉庫に運ばれて一定期間保管された。その後オークションで競りにかけられて価格が決まると、茶は仲買業者を通じて各都市や町の小売店に卸され、最後に店員が量り売りして顧客の手に渡された。以上のプロセスにおける各段階を、メージャーは一つひとつ丁寧に描写していく。中でも特に面白いのは、倉庫で働く労働者が手を染めた「抜き荷」の実態（この辺りは「窃盗の文化史」に関心を寄せるメージャーの十八番（おはこ）だろう）や、レドンホール・ストリートの東インド館（イースト・インディアハウス）で行われた「ろうそく方式」オークションの様子（ピュージンとローランドソン作の版画［一八〇八年］がその活気をあますところなく伝えている）が、生き生きとした筆致で語られるくだりである。そして本章を締めくくるのは、一八世紀の茶商店が主に宣伝のために発行した「トレードカード」の分析である。中国の茶とカリブ海の砂糖という「東西両インド」の物産が遭遇する場としての食料品店を象徴的に表現したものや、シノワズリー的モチーフを駆使しながらロンドン／テムズ川と広州／珠江の情景を二重写しにしたものなど、奇想あふれる図像が次々と精緻に読み解かれ、興味が尽きない。

第七章「イギリス式の茶」（エリス）は、本書全体の佳境である。エリスはまず、一幅の家族団欒図（カンバーセーション・ピース）を読者に見せる。そこに描かれているのは、上層中流階級と思われる富裕な一家である。彼らの前のテーブルには、いかにも高級そうな茶道具一式が並べられている。両親と幼い娘が優雅なポーズでカップを手に持ち、家族のお茶会を楽しんでいるところだ。「見せびらかし」を目的とした「顕示的消費」の典型的な場面だが、高価な銀器や磁器を優雅に使いこなして「喫茶の儀礼」を適切に行う様を描かせることは、モデルたちの富と地位を誇示するための最良の手段なのであった。本章の序盤でエリスは、この絵を含む何点かの家族団欒図に描かれた「イギリス式の茶」を、（アーヴィング・ゴフマンの演劇的自己呈示の理論を援用しながら）日常的・家庭的状況における社交上の「パフォーマンス」として読み解いていく――そこでは、中・上流階級の男女が表舞台の役者となり、使用人たちが舞台裏の裏方を務め、そしてティーテーブルと茶道具が舞台装置の機能を果たすのである。このパフォーマンスには女性も男性も参加したが、中心的な役割を担ったのはあくまで女性たちであった。本章の中盤では、茶と（特にエリート層の）女性との結びつきという、第二章と第四章でも論じられた主題が別の角度から敷衍（ふえん）される。アレグザンダー・ポープの名作『髪の毛盗み』（一七一四年）を始めとする新古典主義の詩における「女性と茶道具の象徴的な等価性」（二三九頁）が論じられる。エリスによれば、それらの詩では、女性のセクシュアリティが――美しく貴重であるがもろく壊れやすいものとして――繊細な磁器と同一視されるという。そして本章の終盤では、一八世紀に大流行したもう一つの中国物産である磁器そのものに焦点が当てられる。エリスは、シノワズリーに影響された「ブルー・ストッキング（青鞜）の女王」ことエリザベス・モンタギューの「中国部屋」を検討してから、ヨーロッパおよびイギリスにおける磁器製造の開始と発展を概観する（この時代には、茶と磁器は相互に需要を高め合ったことが指摘される）。本章最後のセクションでは、一七七〇年にロンドンの新聞に掲載された、中国皇帝・乾隆帝の茶詩が取り上げられる（図版にはその詩を銘文としてあしらった茶碗を見ることができる）。この「皇帝詩」に触発されて、それ以降数多（あまた）の風刺的パロディが書かれたが、そうした作品が浮き彫りにするのは、中国人とイギリス人が喫茶に対して抱く態度の本質的な差異にほかならなかった。それはとりもなおさず、イギリス人が彼らに固有の喫茶の方法、つまり「イギリス式の茶」を今や生み出しつつあったことの証左でもあるだろう――エリスはこのように結論づける。

第八章「密輸と課税」（メージャー）は、茶に課せられる税を約一〇分の一に引き下げた減税法（一七八四年）を成立させた首相、ウィリアム・ピットを描いた風刺漫画の分析から始まる。メージャーによれば、この図像を読み解く鍵は、当時の茶が帯びていた二重性にあるという。つまり茶は、万人の日常生活に浸透した平凡で無害な「猫なめ水（catlap）」であると同時に、非合法の闇市場で取引される危険な「醜聞汁（scandal broth）」でもあったのだ。後者のイメージは、本章の主題である密輸と深く結びついている。（一七世紀のチャールズ二世時代に設けられ、その後廃止されていた）消費税を初代首相のロバート・ウォルポールが復活させた一七二〇年代から、減税法が導入されて価格が大幅に下がった一七八〇年代まで、茶の密輸はイギリス国内全域にわたって驚くほど大規模に行われた。密輸茶すなわち「醜聞汁」としての茶に終止符を打ち、この飲料を決定的に「猫なめ水」として定義づけたのが、ピットの減税法にほかならなかった――風刺漫画のタイトルにあるように、「猫なめ水よ永遠に」というわけである。本章でメージャーは、中央刑事裁判所の審理記録に残された税官吏と（元）密輸業者の証言を主な資料として、取り締まる側と取り締まられる側双方の視点から、一八世紀における茶の密輸の実態を余すところなく描いている。武装した密輸団と対峙する税官吏は、数のうえで圧倒的不利に立たされ、しばしば生命の危険にさらされた（実際に殉職する者も多くいた）。しかし興味深いことに、地方の貧しい人々は、正規の茶よりも安価な非合法茶を提供する密輸業者たちを英雄視し、進んで手を貸す――「共謀する」――ことも珍しくなかったという。その意味で、一八世紀の茶密輸業者たちを「義賊（social bandit）」（エリック・ホブズボームの用語）として捉えることもできる。ブリテン島の津々浦々に広範な闇取引ネットワークを張り巡らせ、安価な商品を地方の貧困家庭にも供給した密輸業者たち。彼らが茶の全国的普及に果たした役割には決して無視できないものがある――実際その点においては、公式的な流通ルートを掌握した東インド会社よりも影響力が大きかったとさえ言えるだろう。茶を（スコットランドの辺鄙な田舎までも含めた）イギリスの「国民的飲料」にした影の功労者は、彼ら密輸業者だったのかもしれない。

第九章「喫茶の民主化」（コールトン）では、一八世紀における下層階級への茶の普及が論じられる。本章でコールトンは、当時の貧しい家庭が茶の購入に費やした金額や、下層民が飲んでいた茶の種類とその淹れ方、砂糖の消費などを、綿密な文書調査に基づいて記述していく――把握が必ずしも容易でない貧民の喫茶の実態をつぶさに跡づける描写は、実に魅力的である。最初に中・上流階級の間で広まった喫茶は、次第に下の階級へも浸透していくが、社会の下層に属する人々の中で真っ先に茶を飲み始めたのは、（主人の習慣を模倣する）「家事奉公人」、すなわち貴族や郷紳階級の屋敷に仕える使用人たちであった。例えばジョナサン・スウィフトの『奴婢訓』（一七四五年）でも、女中は「茶と砂糖なしでは……生きてはいけない」とされる。使用人を含めた下層階級が茶という「贅沢品」を消費することの是非は、本章の議論の中心となる「茶論争」における最も重要な争点の一つであった。この論争では、貧民の喫茶を「無益な習慣、不合理な出費」と呼んで糾弾した茶反対運動の驍将ジョナス・ハンウェイを筆頭に、健康、道徳、経済上などさまざまな見地から茶排斥論を唱えた「否定派」が、当初は優位に立った。しかし、茶を全国民のための「必要不可欠な奢侈品」として再定義し、それが国家、家庭、個人にとって有益であることを説いた「肯定派」が、一八世紀末から次の世紀にかけて優勢に転じていく――この過程をコールトンは、贅沢の観念史を瞥見しつつ、両陣営のテクストを精読することによって解き明かしていく。そして本章の終盤では、主に貧困層の消費者が飲んでいた「偽茶」や「代用茶」が、その原料や製法とともに詳述される。こうした「模造品」の横行は、茶の需要の驚異的高まりの副産物であるとも言える。一八世紀末までには、この「アジアの葉」はイギリス全土を「植民地化」し、社会的にも経済的にも不可欠の食品として、イギリス的生活様式の要となったのである。

第十章「帝国の政治における茶」（メージャー）では、ボストン茶会事件（一七七三年）とアヘン戦争（一八三九―四二年）という、茶と結びついた世界史的出来事が取り上げられる。一七七三年一二月一六日に北米植民地人が三四二箱の茶を投棄して、「ボストン港をティーポットに」したことは、茶を通じたイギリス本国の政治的・文化的支配に対する象徴的な反逆行為であったとされている。しかしそもそも――とメージャーは鋭く指摘する――、当時はもっぱら中国から輸入される完全な外来品であった茶を、イギリスの権威の代行者（エージェント）とすること自体に、相当の無理があったのではないか。実際のところ、国民の社会生活と経済生活に欠かせない飲み物の原料を、アジアの一国に依存し続けているという「屈従の感覚」（三四二頁）は、今や世界帝国としての自信をつけつつあったイギリスにとって、長い間脇腹に突き刺さった棘のようなものであった。さらには、（一九世紀前半にある論者が言った通り）その「健康的な葉」の代金として銀が流出して生じる膨大な貿易不均衡を是正するため、中国人に「有害極まりない麻薬」（三五〇頁）つまりアヘンを売ることへの罪悪感にも、拭い難いものがあったであろう。そうしたのっぴきならないジレンマからの解放をもたらす契機となったのが、一八二〇年代から三〇年代にかけての、植民地インドにおける茶樹の発見であった。しかし、初の「帝国産」の茶がロンドン市場で一八三九年に売り出されてから、インドの茶産業が軌道に乗り始めるまでには、さらに数十年もの時が必要であった。それまでは――つまり一八四二年のアヘン戦争終結後もかなりの間は――、イギリス人が主に飲んでいたのは依然として中国茶であったし、それを購入するための資金源も相変わらず、インドのプランテーションで生産されるアヘンだったのである。本章でメージャーは、一八世紀後半のアメリカ、一九世紀前半の中国およびインドとイギリス帝国との政治的・経済的な関係を有機的に連関させながら論じることで、本書が語る茶の物語に世界史的な奥行きを与えていると言うことができる。

第十一章「ヴィクトリア朝イギリスの国民飲料」（コールトン）の冒頭を飾るのは、一八三七年六月二〇日に即位した直後のヴィクトリア女王が、「お茶と『タイムズ』を持ってきなさい！」と命じたというエピソードである。（真偽のほどはともかく）この印象的な逸話は、若き女王が喫茶という慣行を通じて国民全体と一体化したいと願ったことを表わしている。文字通り「宮殿から田舎家まで」あらゆる場所で飲まれた茶は、階級を問わず全てのイギリス人に共通のアイデンティティ感覚を抱かせる機能を果たしたのである。本章でコールトンは、一八世紀を経てイギリス社会に遍（あまね）く普及し、国民意識（ナショナル・アイデンティティ）の担い手として揺るぎない地位を築いた茶を、ヴィクトリア時代のさまざまな社会的・文化的コンテクストに位置づけながら多角的に考察している。本章序盤ではまず、一九世紀中に起こった、茶を取り巻く全般的状況の変化が跡づけられる。ここでは以下の事柄が論じられる――すなわち、フレデリック・ガイとジョン・ホーニマンによる国内茶産業の変革、茶の成分（カフェイン等）の科学的研究の進展、湯沸かしやティーコージーといった新しい茶道具の普及、上流階級から中流階級へと伝播したアフタヌーンティーの流行である。続いて中盤にさしかかったところで、本章中コールトンが最も力を注いで論じるのは、一九世紀イギリス文学を代表する作家たち（ブロンテ姉妹、ディケンズ、ギャスケル、エリオット、ハーディーら）の小説――ではなく、むしろ、「純文学作品以上に茶へ集中的な関心を向ける」（三七四頁）一連の大衆文化的なテクストである（右に挙げた文豪の作品と茶の関わりについては、本書でも何度か言及される、ジュリー・フロマーによる決定的な研究がある）。コールトンは通俗的な長編詩、児童書、ミュージックホールの歌、喜劇的風刺作品等を検討し、ヴィクトリア朝の生活の中心に位置する茶の役割を、家族、ジェンダー、階級の観点から明快に分析していく。そして本章の終盤では、「茶の審美家」ゴードン・ステイブルズが「未来の茶」と呼んだインド茶の躍進が考察される。初めてイギリスに伝えられて以来二世紀もの間、常に（サミュエル・ピープスが日記に記した通り）「中国の飲み物」として経験されてきた茶は、インド茶が本格的に普及し始める一八七〇年代頃から、その意味を根本的に変化させていく。「教養ある」イギリス人が運営するプランテーションで栽培され、産業革命の粋（すい）を集めた機械類を駆使して製造・加工されたインド茶は、「帝国産の」（すなわち「イギリスの」）茶として、やがて中国茶に取って代わっていく――それに伴い、茶に本来的に備わっていた「エキゾチックな他者性」（二一頁）は、イギリス人の集合的記憶から徐々に薄れていくこととなるのだ。

　第十二章「二〇世紀の茶」（エリス）ではまず、「ティー・ストリート」の異名を持つミンシング・レーンで一九三六年に行われたロンドン・ティーオークションの様子が再現される。（第六章で見た東インド会社の「ろうそく競売」の後身である）このオークションの活況は、当時「イギリスの茶」が世界の市場を支配していたことを象徴するものであった。二〇世紀に入って過去最大の消費量に達した茶は、「ありふれた日常生活の流れの中に吸収されたものとして」（四〇七頁）経験されていた。そのことは、世紀初頭のモダニズム芸術における茶の表象によっても裏付けられる――ここで取り上げられるのは、ジャン・メッツァンジェの絵画『お茶の時間』（一九一一年）とD・H・ロレンスの小説『息子と恋人』（一九一三年）で、エリスは両方の作品に簡潔で鋭い分析を加えている。そして多くのモダニズム作家たちも関心を寄せたのが、一九世紀末に誕生した茶の新しい小売形態、「ティーショップ」であった。かつてのコーヒーハウスとは異なり、男女を等しくもてなしたティーショップは、二〇世紀前半の女性の解放にも貢献した革新的な都市空間であった。続いて本章の中盤でエリスは、第二次大戦中にイギリスの（それどころか帝国全体の）「戦力源」として、茶が不可欠の役割を果たしたことを強調する（ここで特に興味深いのは、市民と兵士に茶を提供しただけでなく、戦時中の新たな社交空間ともなった「ティーカー」の存在であろう）。終戦翌年には、戦後も続いた茶の配給制を背景として、ジョージ・オーウェルが「一杯の美味しい紅茶」を発表した。「二〇世紀半ばのイギリス式の茶」（四二四頁）のマニフェストとも言えるこの有名なエッセイで、オーウェルは完璧な茶の淹れ方を一一項目にわたって詳述した。しかしこの伝統的方式はティーポットの使用を前提としたものであり、したがって戦後はティーバッグの流行によって急速に廃れていくことになる（イギリス人が飲む茶の九割以上は今や、ティーバッグで淹れられているという）。最後にエリスはこう述べて本章を終えている――「共同体的な」ティーポットから「孤独な独り者」のティーバッグへの移行は、喫茶にとって本質的な（そして本書が繰り返し論じてきたところの）「社交性」（四三一頁）そのものを変質させたのである、と。

「エピローグ――グローバル・ティー」は、二〇世紀後半のグローバル多国籍企業によるイギリスの老舗茶会社の買収を中心的に扱い、国と大陸をまたいで過去四〇〇年もの間絶え間なく変容してきた「アジアの葉」の物語の結びとしている――特にインド企業によるタイフーとテトリーの買収が、「あたかも帝国が自らを喰らったかのよう」（四三八頁）と評されるのは印象深い。加えて、アイスティーとハーブティーの発達による新たな市場の開発や、アジア・アフリカ諸国のプランテーションで茶摘みに従事する人々の労働環境の問題にも触れながら、二一世紀の世界の茶産業を取り巻く現状と課題が概観される。そして最後に著者たちは、それぞれの生活と茶の関わりをめぐる三つの短い省察を述べ、本書を締めくくっている――それはささやかな日常習慣の反復を通じて「人々を一つに結び合わせる」（四四九頁）茶に対する、三者三様の賛歌でもあるのだろう。

以上の梗概からも部分的に分かることかと思うが、本書では視覚資料が非常に大きな役割を果たしている。一九九五年から二〇〇〇年にかけて刊行された研究社・リアクション叢書（高山宏監修、全五巻）のファンの方ならご存じの通り、この版元の本の素晴らしさは、テクスト（本文）とヴィジュアル（図版）の巧みな融合という点にある。高山氏が同叢書の最初の一冊『悪魔』の「訳者後記」で指摘しておられる「大量のヴィジュアルを、しかも本文との関連で実に有意味に使う編集方針」の妙は、本書でも存分に味わえるのではないかと思う。また本書では、七七点の図版自体に（異例とも言うべき長さの）実に行き届いた説明文（キャプション）が付されている。読者は本文の前にまず図版頁だけを通読することによっても、全体の概要を把握することができるだろう。

紙幅も尽きてきたが、茶の文化史に興味を持たれた読者のために、最後に簡単な文献案内を付しておこう。茶の歴史・文化に関する書物はほとんど無数に出版されているが、ここでは、本書を翻訳するうえで訳者にとって特に有益だったものを挙げるにとどめておきたい。概説書として最も優れているのは、名著の誉れ高い角山栄『茶の世界史――緑茶の文化と紅茶の社会 改版』(中公新書、二〇一六年)である。川北稔『砂糖の世界史』(岩波ジュニア新書、一九九六年)はタイトルの通り茶のパートナーに関する本だが、茶文化の入門書としても最適である。次の三冊はやや総花的(そうばな)なきらいはあるものの、いずれも茶の通史として、また貴重な情報源として重宝する作品である――ヴィクター・H・メア、アーリン・ホー『お茶の歴史』(忠平美幸訳、河出書房新社、二〇一〇年)、春山行夫『紅茶の文化史』(平凡社ライブラリー、二〇一三年)、W・H・ユーカース『ロマンス・オブ・ティー――緑茶と紅茶の一六〇〇年 新装版』(杉本卓訳、八坂書房、二〇一八年)。レファレンスとしては、大森正司他編『茶の事典』(朝倉書店、二〇一七年)が最も詳細で信頼が置ける(ただ、索引はもう少し使いやすくする必要があると思われる)。そして、本書の読者に特にお薦めしたいのは英文学者・滝口明子氏の著作である。中でも『英国紅茶論争』(講談社選書メチエ、一九九六年)は、本書中盤の一八世紀を扱った諸章とも関連が深く、必読と言えよう。また、『茶の文化史――英国初期文献集成――A Collection of Early English Books on Tea 別冊解説』(ユーリカ・プレス、二〇〇四年)は一七、一八世紀の主要な茶文献を明快に解説しており、本書を理解するうえでも極めて有益である。加えて、最近の英語文献として挙げておきたいのは Erika Rappaport, *A Thirst for Empire: How Tea Shaped the Modern World* (Princeton University Press, 2017) と、A. McCarthy and

T. M. Devine, *Tea & Empire: James Taylor in Victorian Ceylon* (Manchester University Press, 2017) である。前者は、ヨーロッパのみならず北米、アジア、オセアニア、アフリカをも射程に収め、一七世紀から二〇世紀に至る世界商品としての茶の歴史を、特に生産とマーケティングの側面に重点を置きながら、近代的消費文化の形成と関連づけて論じている。茶文化研究に新生面を切り拓く画期的な大著である。後者は、「セイロン紅茶の父」と呼ばれるスコットランド出身の農園主（プランター）ジェームズ・テーラーの詳細な伝記である。イギリス帝国最盛期の植民地における茶プランテーションの実像を、従来の研究では利用されてこなかったテーラーの書簡を徹底的に精査することによって鮮やかに描き出しながら、「帝国の茶産業」の成長と発展を跡づけた学問的労作である。以上の二著は、本書では一八世紀に比べると記述が手薄な一九世紀に関して特に参考になる。最後にもう一点——Markman Ellis, "The British Way of Tea: Tea as an Object of Knowledge between Britain and China, 1690–1730", in Adriana Craciun and Mary Terrall eds., *Curious Encounters: Voyaging, Collecting, and Making Knowledge in the Long Eighteenth Century* (University of Toronto Press, 2019), pp. 19–42. これは、一八世紀におけるヨーロッパ世界と非ヨーロッパ世界の「奇妙な邂逅」を通じた知識の生成をテーマとする論集に収められた、エリスの最新論文である。本書前半から中盤の諸章（特に第二、第四、第五、第七章）の忠実なレジュメとして読むことができるが、ここではピエール・ブルデューのハビトゥス概念を援用して「イギリス式の茶」を再定義する試みが行われている。本書で展開された「イギリス茶文化の詩学」を着々と更新中のようであるエリスの研究からは、今後も目が離せそうにない。

本書の編集に際しては、研究社編集部の松本千晶氏にひとかたならずお世話になった。氏は文献注や索引の作成という手のかかる作業を緻密にこなして下さった。それだけでなく、単純なミスや誤りの指摘から、訳文に関する具体的で適切なサジェスチョンに至るまで、終始多大なご助力をいただいた。ここに記して深甚の謝意を表したい。また、訳者の不手際で本書の刊行が遅れてしまったことをお詫び申し上げたい。組版と装丁をご担当いただいたタイプショップgの宇野智美氏には、初校の段階における訳者の尋常ならざる量の赤入れのために大きなご負担をおかけしたことをお詫びするとともに、本書の内容にぴったりの洒脱な装丁に仕上げて下さったことに心より御礼を申し上げたい。原著者のエリス氏、コールトン氏、メージャー氏には、訳者からのたび重なる細かい質問にその都度メールで丁寧にご回答いただき、厚く御礼を申し上げる。そして、本書の企画化のきっかけを作って下さった研究社社長の吉田尚志氏にも格別の感謝の念を表したい。今からもう十数年前のこと、初めてお会いした時に氏は、「重厚な本でしょう」という一言とともにリアクション叢書の一冊（確か『蒐集』であったと思う）を取り出して私に見せて下さった。まさか自分が後にその版元の本を訳すことになるとは夢にも思っていなかったが、本書が氏のご期待に少しでも応えられるものになっていることを願うばかりである。

最後に、この拙い訳書を美術史家の父と作曲家の母に捧げることをお許し願いたい。

二〇一九年　七月

越　朋彦

図版使用の謝辞

著者たちと出版社は、図版を複写して本書に転載することを許可して下さった以下の諸機関と関係各位に感謝の意を表したい。

Beinecke Rare Book and Manuscript Library, Yale University, New Haven, CT: p. 117; The Bodleian Library, University of Oxford (John Johnson Collection): pp. 300 (Trade in Prints and Scraps 2 (57)), 307 (Trade in Prints and Scraps 9 (38a)); By permission of the British Library: pp. 40–1 (152.i.5), 159 (443.i.1(1)), 378 (H.1652.m(17)), 388 (8435.eee.4), 394 (7076.aa.51(5)); By permission of the British Library (India Office Records) pp. 92 (E/3/92), 103 (E/3/95), 193 (H/763A); By permission of the British Library (Map Collections): p. 156 (c.22.d.30); © The Trustees of the British Museum, London: pp. 108, 242, 254, 362; © The Trustees of the British Museum, London (Banks Collection) pp. 13, 215, 216, 217; collection of Richard Coulton: p. 391; collection of Markman Ellis: photo Factorylad, p. 441; pp. 431, 435; By permission of the Folger Shakespeare Library, Washington, DC: p. 30; Travis Fullerton © Virginia Museum of Fine Arts, Richmond, VA: p. 396; The Worshipful Company of Goldsmiths, London: p. 222; Hong Kong Museum of Art Collection, Hong Kong: p. 349; By permission of The Trustees of the Imperial War Museum, London: p. 422; © The J. Paul Getty Museum, Los Angeles, CA (image courtesy of the Getty's Open Content Program): p. 76; courtesy of The Lewis Walpole Library, Yale University, Farmington, CT: pp. 140, 212, 213, 259, 305; Courtesy of the Library of Congress, Washington, DC, Prints & Photographs Division: p. 336; By permission of the City of London, London Metropolitan Archives: pp. 195, 199, 364, 366; © National Maritime Museum, Greenwich, London: pp. 189, 346; © The Trustees of the Natural History Museum, London: p. 180; © The Trustees of the Natural History Museum, London (Sloane Herbarium): pp. 6, 160, 161; Photography Courtesy Peabody Essex Museum, Salem, MA: p. 353; Philadelphia Museum of Art, Philadelphia, PA (The Louise and Walter Arensberg Collection): p. 406; © Press Association: p. 17; Rijksmuseum, Amsterdam: pp. 65, 69, 83, 129; © Tate, London: pp. 227, 412; © Victoria and Albert Museum, London: pp. 23, 49, 80, 135, 143, 144, 190, 247, 248, 291, 315, 352; © Victoria and Albert Museum, London (Pilgrim Trust Collection) p. 414; Wellcome Library, London: pp. 26, 106, 181, 270, 339; Collection of the Winnipeg Art Gallery, Winnipeg (gift of the Everett Family from the Everett Collection, in memory of Patricia Everett): p. 372; Yale Center for British Art, New Haven, CT: p. 226; Yale Center for British Art, New Haven, CT (Paul Mellon Collection): pp. 63, 231.

欧文

や行

ら・わ行

ま行

は行

な行

さ行

か行

索引

[イタリックの数字は図版の頁を示す]

《著者・訳者紹介》

マークマン・エリス

ロンドン大学クイーンメアリー校 英文学・演劇学科教授。主な著書に、*The Coffee House: A Cultural History*, *The History of Gothic Fiction*, *The Politics of Sensibility: Race, Gender and Commerce in the Sentimental Novel* など。

リチャード・コールトン

ロンドン大学クイーンメアリー校 英文学・演劇学科上級講師。主な著書に、*Stealing Books in Eighteenth-Century London*（共著）など。

マシュー・メージャー

ロンドン大学クイーンメアリー校 英文学・演劇学科上級講師。主な著書に、*Stealing Books in Eighteenth-Century London*（共著）など。

越 朋彦（こし・ともひこ）

英文学研究者。1975年生まれ。首都大学東京人文社会学部 准教授。上智大学文学部英文学科卒業。英国・レディング大学大学院英文学専攻博士課程修了（PhD）。専門は17世紀イギリス文学。主な編訳書に『イギリスの新聞を読む』（編註、研究社）、『図説 サインとシンボル』（共訳、研究社）など。主な論文に、"The Communicative Rhetoric of Thomas Traherne's *Select Meditations*"（『人文学報』首都大学東京）など。

紅茶の帝国—世界を征服したアジアの葉

2019年8月30日　初版発行

著　者　マークマン・エリス、リチャード・コールトン、マシュー・メージャー
訳　者　越　朋彦

発行者　吉田尚志
発行所　株式会社　研究社
〒102-8152　東京都千代田区富士見2-11-3
電話　営業 (03) 3288-7777 (代)
　　　編集 (03) 3288-7711 (代)
振替　00150-9-26710
印刷所　研究社印刷株式会社
装丁・組版　宇野智美 (TypeShop_g)

KENKYUSHA
〈検印省略〉

http://www.kenkyusha.co.jp/
ISBN 978-4-327-37747-2　C0039　Printed in Japan